叢書・ウニベルシタス　548

ドイツ人論

文明化と暴力

ノルベルト・エリアス（ミヒャエル・シュレーター編）
青木隆嘉 訳

法政大学出版局

Norbert Elias (edited by Michael Schröter)
STUDIEN ÜBER DIE DEUTSCHEN
Machtkämpfe und Habitusentwicklung
im 19. und 20. Jahrhundert

This book is published in Japan by arrangement with
Liepman AG
through Orion Literary Agency, Tokyo.

目次

序論

1　ここに発表されるいくつかの論文の背後に——なかば隠れて——いるのは、ほぼ九十年にわたって出来事を体験してきた目撃者である。当事者のもつイメージは、距離をとって研究者の目で冷静に眺める場合に現れるイメージとはふつう非常に異なっている。カメラを例にとればいい。研究者は対象に対して——接近したり、少し離れたり、遠く隔たったり——さまざまに距離をとることができる。時代の体験者であるとともに研究者である者の目も同様である。

以下の論文の大半は国家社会主義の台頭から戦争へ、そして強制収容所へ、さらにはドイツの分割へ至った経緯を、自分と読者のために明らかにしようとする努力から生まれている。その中心になっているのは、ヒトラー時代の急激な脱文明化を可能にしたドイツ人の国民的体質の発達を解明して、その発達を長期にわたるドイツ国家形成と結びつけようとする試みである。こういう問題を設定する場合に、ある種の困難に出会うのは覚悟しておかざるをえない。

国民的体質の共通性が自民族よりも他民族について捉え易いのは最初から明らかである。イタリア人やイギリス人と付き合ってみると、ドイツ人は個人的性格の違いと思われるものに国民性の違いが秘められていることにすぐ気づいて、「あれはイタリア人に典型的なもの、これはイギリス人に典型的なものだったのだ」と言うだろう。ところが自分が属する民族の場合はそうはゆかない。自分の国民的体質の特殊性を認めるためには、自分に対して距離をとる特殊な工夫が要る。

ドイツ人の国民的体質に触れようとすると、タブー視されている領域にどうしても近づかざるをえなくなる。国家社会主義の思想を想起させるものに対して感情的になってしまい、「国民性」の問題については何も言わないことがある。だがそれだからこそ、このテーマは人間科学的に冷静に論じなければならないのである。冷静に論じさえすれば、民族の国民的体質というものが決して生物学的に固定したものでないことはすぐ分かる。国民的体質はむしろ国家形成の過程に密接に結びついていて、種族や国家と同様に時代の流れのなかで発達し変化するものである。民族の間に遺伝的、生物学的な違いがあるのは疑う余地はないが、類似した人種が混交して出来た民族、あるいは同じような人種の混交によって出来た民族でも人々の交流の仕方によっては、国民的な体質または気質に大きな違いが見られるのは珍しくない。オランダやデンマークでも、ゲッベルスの時代なら、多分ゲルマン人の原型とされたような人たちに出会うことがある。ところがオランダ人やデンマーク人の国民的体質には、ドイツ人の体質とは非常に異なる特徴が見られるのである。

2　ドイツ的な体質やヒトラー時代での体質の変化を理解するうえで特に重要だと思われるものとして、ドイツの複雑に交錯している国家形成の過程の四つの側面を挙げておきたい(1)。第一は、最初はゲルマン語を使い、後にはドイツ語を使うようになった民族集団の、ドイツ語以外の言語を使う隣接集団との関係の状況やそこに起こった形態の変化に関わる側面である。

数世紀にわたる民族移動において、エルベ河西方のヨーロッパ平地や、ヨーロッパ平地とアルプスとの間の広い地域に住んでゲルマン語を使っていた種族は、ラテン語系の言語を使う種族とスラヴ語を母語とする東方の種族とに挟まれていた。これらの種族の間には、千年以上にもわたって居住地の境界をめぐる争いが続いていた。その境界は、東西の両種族に有利になるときもあれば、ゲルマン語かドイツ語を使っていた中央の種族に有利になることもあった。ラテン系集団とゲルマン系集団との争いの例としては、ゲルマン系フランク王国の一部が今ではフランスとして知られている国家になったこと、また数世紀のちにエルザス‐ローリンゲンがフランス領になったこと、さらには今日のベルギーでワロン人とフラマン人が争いを続けていることが挙げられる。ドイツ語を使う種族がエルベ河を越えて進出したところにも、ゲルマン系種族とスラヴ系種族との軋轢が続いていたことが示されている。さらに第二次世界大戦の結果、ロシアとポーランドという二つのスラヴ系国家とドイツとの国境が西へ動かされたのも、そういう軋轢の最後のあらわれなのかもしれない。

こういう三つの民族ブロックのうちでドイツ人が中央に位置していたことが、ドイツ人の国家形成過程に大きな影響を与えている。ラテン系グループとスラヴ系グループは、多くの人口を抱えるドイツ国家にいつも脅威を感じていたし、形成途上にあったドイツ国家の代表者たちも両側からの脅威をいつも感じていた。どちら側もチャンスさえあれば容赦なく領土を拡張しようとしていた。ドイツとの連合を抜け出した周辺地域が次々に独立国家になったのは、諸国家のこういう位置関係によるものであった。そういう周辺地域の古い実例がスイスやオランダの成立であり、後代の実例がドイツ民主共和国の成立である。ドイツ民主共和国の成立は、ヒトラーの戦争によって新たに勢いを得たドイツ国家に対して隣接諸国家が抱き続けている恐怖のあらわれである。

3　ドイツ的体質の独自性を作り上げたドイツの国家形成過程の第二の側面は、第一の側面と密接に結びついている。

これまでのヨーロッパ発展の経過においても人類発展の事実においても、決定的な役割を演じているのは種族統合の際の国家のような集団の間の競争である。人類は今日では戦争という形での競争は止めるところに達しているように見えるが、まだまったく不確実なことにすぎない。激しい争いで敗北を喫し、二度と一流の国家や種族になれず——おそらく下位に甘んずるほかないと思って生きてゆかねばならない国家や種族は少なくない。そういう国家や種族は偉大だった過去の栄光の陰に生きている。

こう言いたくなる人があるかもしれない。「それがどうしたと言うのだ？　自分の国が一流であるか、それとも二流か三流でしかないことを誰が気にするだろうか？」　ここでは、願望や理想について述べるわけではないが、競争でトップに立つ資格を失った国家その他の社会体に属する人々が、変化した状況とそれに伴う自尊心の喪失に対応できるようになるまでには、長い期間どころか数世紀もかかるのは、人類史の歴然たる事実である。それに対応できない場合もある。現代のイギリスは、一流の強国が二流、三流の国家に転落した場合、それへの対応がいかに困難であるかを示している印象的な例である。

こういう場合によく起こる反応の一つが、自分が転落したという現実の否定である。何も変わっていないように振る舞うのである。種族や国家の序列で自分の社会がトップグループに入る見込みはなくなり、独立性さえ一部失ったことを隠しておけなくなると、社会を構成する人々のハビトゥスにふつう意気消沈の兆しが現れる。偉大な栄光が消えたのを悲しむ。オランダやスウェーデンのことを考えてみよう。十七世紀にはオランダは海洋国としてイギリスに立ち向かえた。スウェーデンは十八世紀まではロシアと競争していたが敗北を喫した。今日ではヨーロッパ全体が、十七世紀頃からヨーロッパ諸国が求めてきた世界中の民族に対する独占的な指導権を失ってしまった。こういう状況に対して、ヨーロッパ人がどう対応するかは今後を待たねばならない。

ドイツ人にとっては、偉大な過去の栄光の陰に生きることは決して未体験のことではない。中世のドイツ帝国や特に中世の卓越した皇帝たちが、失われた偉大なドイツの象徴として――ヨーロッパにおいて優位を求める努力の象徴としても――長い間使われてきた。しかし、ドイツの国家形成過程の中世の段階こそ、ドイツの国家形成過程が他のヨーロッパ社会の国家形成過程に遅れをとった大きなファクターだったのである。

フランスやイギリス、スウェーデンやロシアのような国では、中世の封建的な身分制国家から、権力闘争ではふつう優位に立つ高度に統合された絶対君主制国家への変化は連続的であった。ところがドイツでは、皇帝による統合の段階から諸侯による統合の段階への権力の重心の移動は遅々として進まなかった。他のヨーロッパ地域の中央集権化の進みとは逆に、ドイツ帝国は中央権力の解体を体験した。ハープスブルク家を見れば、皇帝権力がハープスブルク家が従来有していた力に依存するようになっていった過程をたどることができる。中世的な帝国は数世紀のうちにしだいに力を失っていった。帝国の内部でも十八世紀には、プロシアの諸侯とオーストリアのハープスブルク家の支配者たちが競り合いを始めていた。プロシアは十九世紀にはビスマルクのもとに、再びそういう競り合いに取り組んだ。そこで起こったのは明らかにドイツ帝国で継続されてきた覇権争いにほかならなかった。プロシアがその争いに勝ったとき、オーストリアの支配者も帝国との連盟から離れていった。オーストリアの支配者たちは、もう役立たなくなった昔のドイツ帝国の庇護をかなぐり捨てて、自らオーストリア皇帝を名乗った。

ドイツ人の神聖ローマ帝国は、初期には、西ローマ帝国の一種の再生として正統化されていた。この国家発展の初期段階には、フランク人、ザクセン人、ホーエンシュタウフェン家のいずれであれ、ドイツの支配者たちはすべて今日「ヨーロッパ」と呼ばれている地域を事実上包括していたローマ教会と連盟して優勢を保っていた。何よりも戦士と僧侶との間の――つまり物理的な力という権力手段を独占する者と、不可視の霊界の力と結びついて権力手段を有している者との間の、優位をめぐる争いが続いたのはこういう状況のあらわれであった。ドイツ以外のヨーロッパの国家陣営には、その当時、ドイツ民族ブロックの力に対する恐怖がすでに働き出していたのかもしれない。言うまでもないが、ドイツの国家形成の特殊性は、中心をなす帝国の弱点が顕わになることにドイツ以外の諸国家が関心を寄せ、覇権を求める帝国の要求に反対していたことから生まれているのである。

数多くの隣接諸国がきわめて効果的に中央集権化し、国内的には平和な君主国に変化していった時代にあって、統合の歩みが比較的緩やかだったことは、明らかにドイツ帝国の構造上の大きな弱点であり、それが帝国崩壊の原因となった。十六世紀のくすぶり続けた宗教戦争が終わり、国内的にはプロテスタントの諸侯とカトリックの王家が分裂したが、十七世紀になるとドイツは主要な戦争の展示場と化した。カトリックかプロテスタントである他の諸国の君主と軍隊がドイツで鎬を削った。諸侯の軍隊がドイツ領土で戦い合った。軍隊にはそれぞれの土地で食料と宿舎が必要だった。状況はますます不安定になるばかりであった。焼き払ったり殺傷したりしながら、軍隊がドイツ国中を進軍した。ドイツ人の大半が貧困になった。専門家の報告によると、ドイツは三十年戦争で人口の三分の一を失ったとされている。

話をドイツの発展だけに限れば、この三十年間の戦争は破局的なものだった。それがドイツ人の体質に後々まで残る傷痕を残した。フランス人やイギリス人やオランダ人にとっては、十七世紀は発展の最も輝かしい思い出であって、大きな文化的創造力に満ち溢れた時代であり、人間がしだいに平和になり文明化していった時代である。ところがドイツにとっては、この世紀は貧困化の時代であって、文化的にも衰退し、人間がしだいに野蛮化した時代であった。十九世紀および二十世紀初頭の学生のビールの飲み方のうちに生き続けていたドイツ人独特の飲み方は、（もっと遡ることができるかもしれないが）十七世紀に出来上がったものであり、大小いずれの諸侯の宮廷でも見られた飲み方であった。それは上流社会でも泥酔するまで飲むのを認めると同時に、泥酔しても自分を抑制し、酒飲みと争わず、羽目をはずさない飲み方であった。

深酒を勧めると同時に一定の酔い方を叩き込むこういう社会慣習を見ると、そこに深い不幸感があることがうかがわれる。苦しいけれども逃れようのない社会的な苦境に対して、明らかに人々はこういうやり方で耐えようとするものだ。よく指摘されるように、近代的統一国家の形成が遅れたことがドイツの発展の基本的特質の一つである。多分それほど明らかではないが、他国と比べて自分の国が相対的に弱いことは、その国の人々にとっては特殊な非常事態となる。人々は物理的不安定に苦しみ、自分たちの価値に疑念を抱き、自分たちの価値が低下したように感じて、そういう状況をもたらした者に対する復讐を夢みることになりがちである。

十七世紀後半には、ルイ十四世の軍隊がドイツ領土で皇帝軍と争って勝利を収めた。その際にハイデルベルク城が炎上したのを思い出す人もあるかもしれない。十九世紀には、ナポレオンの率いる革命軍がフランスの主導によるヨーロッパ統一をめざしてドイツに侵入した。効果的に中央集権化した隣国に比してドイツの弱さがまたも露呈された。近づくフランス軍から逃れたプロシア女王が、しばらくの間ドイツの屈辱の象徴となった。ドイツの学生たちは義勇軍を組織してナポレオンの占領軍をてこずらせた。フランス、イギリス、オランダその他の安定した国家の代表的な詩人は、軍事に関することはめったに歌わなかったが、そういう時代に学生の一人だったテオドール・ケルナーは、有名になったある詩のなかで「われに武力あり」と歌い上げている。

ドイツ国家の組織上の弱点に乗じて、近隣諸国が次々に侵入してきた。国家組織上の弱点を抱えていたドイツ人の間では、それに対抗するために戦闘的な態度や戦士的な行動が理想化され、高く評価されるようになった。苦しい戦いを続けてなんとか勝利を手にしたとき、王家の作った比較的若いドイツ領邦が軍事力によってドイツ挽回の旗手となったために、戦闘的な態度や戦士的な行動が理想化され高く評価されるようになったのである。プロシアのブランデンブルク家は、ドイツの王家となったあと、国家闘争のダイナミックスによってヨーロッパの覇権争いへ突き進んでいった。数年後ドイツ国内での覇権争いで勝利を収めたのち、ブランデンブルク家は、自分よりも高い統合レベルに達していた最強のライバルであるフランスと争って勝利を収めた。一八七〇—七一年の戦争での勝利は絶対君主国家挽回の終わりとなるはずだったが、ドイツは実質的には依然として絶対君主国家であった。国家の発展段階によっては、君主制をとることが強国と対抗するうえでの決め手となりえたのである。アメリカが西側連合国を支援して戦争に介入しても、皇帝が選任した政治家たちがドイツの勝利をほとんど疑うこともなく、突如として新しい戦争に突入したのはそのためであった。

一九一八年の敗北は、多くのドイツ人にとっては意外な経験であり、彼らに深い傷痕を残した。敗北は国民的体質に大きな打撃を与え、自分の国に外国の軍隊が侵入して来たことは、偉大な過去の陰に生きていた弱小ドイツの時代に逆行したように感じられた。ドイツが遅れを取り戻そうとしてきた過程全体が怪しげなものになった。ドイツの中流、上流階級の多くの人々は——おそらく大半の人々は——、この屈辱に耐えて生きることはできない、何をなすべきかは分からないが、とにかくドイツの勝利をめざして次の戦争の準備をせねばならない、と感じていた。

ヒトラーの台頭を理解するためには、ワイマール共和国を支持する集団が最初からごく少数だったという事実を思い出す必要がある。支持集団に属していたのは、まず社会民主党系の多数の労働者であり、その次に少数になったリベラルな市民階級の集団であった。それにはユダヤ人も含まれていた。中流、上流階級の大半の人々は反対の立場に立っていた。伝統的な上流階級を代表する者は老若ともに、大衆と容易に交わることができず、反対する側に依然として立っていた。だが彼らには、ヴェルサイユ条約を廃止して報復戦争を起こすために広範な運動を推進する力はなかった。彼らには、大衆の要求に応えるレトリックと戦略を駆使して大半の大衆を動員できる人物が必要であった。そこで彼らはヒトラーにチャンスを与えた。だが、事態がそこまで進んだときには、ヒトラーが彼らを圧倒してしまった。

偉大な過去の陰から逃れられる望みが新たに生まれてきた。夢が実現しそうだった。最初にドイツ国民の中世的帝国が実現され、次にはビスマルクが帝国を作り上げたが、これは一九一八年に敗戦によって崩壊し、その次にアードルフ・ヒトラーの統率のもとに第三帝国が続くはずだった。だが、この希望も打ち砕かれてしまった。

4 ヒトラー帝国の終焉をどう見るにせよ、そこには、ドイツ的体質の発達にとって重要なドイツの国家形成過程の構造的特質が明らかに示されている。他のいくつかの国の国家形成過程や文明化過程と比べれば、その著しい特色が明らかになる。

たとえばフランス、イギリス、オランダのような他のヨーロッパ社会と比べると、ドイツの国家発展には、はるかに多くの断絶とそれに伴う飛躍が見られる。フランス、イギリス、オランダ三国の首都を考えれば、その違いがすぐ感じられる。ロンドンはウィリアム一世（征服王）の主要拠点の一つだった。ウィリアム一世がロンドンに根城を造ったのは千年以上も前のことである。ロンドン塔にはイギリス諸王の王冠が今も保存され、ロンドン塔にはイギリス王朝のほとんどすべての人々が足跡を残している。首都としてのロンドンのこういう連続性は、イギリスの国家発展の連続性や、それに結びついているイギリスの文化的発展、文明化の発展の高度の安定性を反映している。フランスの首都パリも同様である。パリでは中世のノートル・ダム寺院や、その対岸に今世紀に建てられたルーヴルのガラス張りのピラミッドが、フランスの生き生きと続いている伝統の象徴となっている。

フランスの国家形成過程については、別の個所でいくらか詳しく調べたことがある。フランスの国家形成過程は驚くほど連続的かつ直線的である。フランス国家形成の中心だった支配者たちはほとんど敗北を喫したことがない。パリやオルレアンの王たちは、軍事作戦の成功や有利な結婚、戦略上防衛に適した国境を築いて領地をしだいに拡大していった。フランス革命が国家的伝統の連続性を断ち切ったのは疑いがないが、その頃にはフランス語もフランス的体質もほぼ安定して、アンシャン・レジームとの断絶にもかかわらず多くの領域で発展の連続性が保たれていた。国家組織の強力な中央集権化や文化的生産においても同様である。市民階級が主導的なパワーグループとなっても、フランス語の宮廷的、貴族的な特徴が失われることはなかった。プルーストの小説とサン・シモンの回想録との類似が見落とされることはあるまい。私の知っているいくつかの十九世紀のフランスの詩は、十六世紀のプレイヤッド派の偉大な詩人を思わせるが、紛れもなく十九世紀の作品である。ところがドイツ古典派時代の代表者にとっては、バロック時代の先駆者たちの詩は耐え難いものであり、十八世紀の宮廷文化はドイツ的体質にほとんど跡を残していない。

パリやロンドンと比べると、ベルリンは若い都市である。ベルリンが重要になったのは、ホーエンツォレルン家の領地の首都としてであった。外交的手腕によって同家が内外に勝利を収めたおかげで、ベルリンの地位は高まり、特に十八、十九世紀にはドイツ帝国の首都になった。プロシア王がハープスブルク家との争いに一回でも敗れておれば、ベルリンの興隆は永久に停まっていただろう。七十年戦争のときにはフリードリッヒ二世は何度もそういう羽目に陥りかけた。ハープスブルク家の皇帝たちの時代には、ウィーンがしばしば帝国の首都の役割を果たしていたことも付け加えておいたほうがいいかもしれない。プラハがその役割を担ったこともある。ハープスブルク家が宮廷を置くまでは、ウィーンは長い間ドイツ帝国の一つの都市だった。ヴァルター・フォン・デア・フォーゲルヴァイデが、十二世紀末にウィーンのバーベンベルク家の宮廷に属していたことは覚えられているだろうか？　――とにかく断絶だらけの発展だったのである。

こういう特質を示す例をもう一つ挙げれば、中世ドイツの自由都市の生活様式や活動は、そこに生活しているドイツ人が同化できる国民的発展の重要な部分であるとはほとんど感じられていなかった。リヒャルト・ヴァーグナーは『マイスター・ジンガー』でこういう都市市民層をいくらか重視しようと努めた。だが彼のオペラが成功してもドイツ人の自画像のなかでは、中世都市文化は今日に至るまでほとんど問題にもなっていない。ハンザ同盟都市のような例外を除けば、伝統は断ち切れている。その断絶の深さを知るには、ドイツの発展を、現代でも自由都市の伝統が生きているオランダのような国の発展と比較してみればいい。

5　オランダの都市とそれに所属する地域は、スペインのハープスブルク家の支配要求に抗して独立を守り抜いたのち、十七世紀にドイツ帝国との同盟から決定的に離脱した。それらの地域はアムステルダムの指導のもとに、ベネツィアやスイス諸州と並ぶヨーロッパ唯一の共和国を作り上げた。その他のすべての国が絶対君主制をとっていたのに対して、オランダでは各都市は自治であったが、対外政策を管轄し七つの州の国内問題にも影響力をもつ統合政府が発展していた。この共和国の中央組織である統合政府を占めていたのは、ほとんどが都市貴族であった。

イタリア、ドイツ、イギリスにも似たような都市市民層が存在していた。ところがドイツでは、高度に集権化した絶対君主制のもとで宮廷に所属する戦士貴族が力をもってきたために、最初は同じように存在していた議会制の都市自治政府は、十六、十七世紀には一般に姿を消してしまった。フィレンツェでは同様な貴族層はそれ以前にメディチ家の従臣となっていた。イギリスのチャールズ一世が反対派議員を武力で従えようとしたときには、ロンドン市民の幹部たちは武装した都市警備隊を動員して、市民警官や商船や軍艦の乗組員たちとともに反対派議員を支援した。イギリスでは――ドイツその他のヨーロッパの君主国と同様に――市民層の幹部は二流の人々であった。彼らは君主や宮廷貴族の中枢に劣り、時には地方貴族にさえ劣っていた。この種の市民集団が社会階層のトップに立っていたのはオランダとおそらくスイスの一部だけであった。彼らは都市だけでなく共和国全体を支配して、中世以来の自治の伝統を引き継いでいた。そういう階層の人々の集団の代表的な肖像としては、レンブラントの『夜警』が最も有名なものである。そこには彼らの誇りと自信がはっきりと示されている。

国家発展の過程において、自国の武力に支配されずに、どのようにして市民は外からの強力な侵入から身を守れたのか、という問いに模範的な解答を与えているのは、オランダの都市市民である。彼らの船長は司令長官に至るまで一部は中流市民や小市民の階層の出で、特に技術的な専門知識が必要な海戦に適した特性を備えていた。国内的にはオランダの人々は、実質上はプロテスタント貴族の王家であるオランニェ家の代表者のもとに独立を戦い取って、プロテスタントの共和国を打ち立てた。こうした貴族的な「総

督」とオランダ議会で行政に携わるブルジョア的貴族との間に、時代とともに信頼関係が出来上がってい
った。激しい争いがなかったわけではないが、そういう紛争も乗り越えられるだけの堅い信頼関係があっ
た。

同盟してナポレオンの支配の野望を打ち砕いた君主たちは、ウィーン会議でオランダの新体制を決議した。メッテルニヒにとっては、フランス革命への反撃として、共和制の廃止と絶対君主制が原則となった。それに従って、オランダは従来の世襲総督を国王に戴く王国として体制を整えた。君主の宮殿が市民議会になった例もあるかもしれないが、アムステルダムでは都市議会が宮殿になった、――これはそういうケースのヨーロッパでは唯一の例であろう。現在もオランダ王室であり続けているオランニェ家と国民のあらゆる集団との数世紀に及ぶ関係が、オランダの発展の連続性と堅固さの印である。

オランダ議会は、オランダが絶対君主制になるとともに決定権の範囲は狭まったが、都市貴族の伝統と広い意味で市民的、商人的である伝統に基づく重要な権力手段を有し、依然として国家の問題に重要な役割を果たしていた。軍人的な態度や評価を重んじようとする試みにも欠けていなかった。そしてオランダの植民地支配がそういう傾向を強めることになった。植民地ではオランダ人はすべての植民地支配者と同様に過酷で圧制的に振る舞ったが、それはすべて本国から遠く離れた所での出来事であり、本国にいる事情を知らない人々は、それについてほとんど知るよしもなかった。

模範的階層だった都市貴族は、市民上層部を従えた支配的な軍人貴族とはまったく異なる行動や評価の伝統を作り上げた。オランダ議会は、武器でなく言葉によって意見を左右しようとする議会であった。アムステルダムやユトレヒトのような都市の市民たちは、自分たちの遺産をオランダの国家発展とオランダ的体質の発展に取り込んだのである。交渉と妥協によって支配する技術が各都市に広まっていった。それ

に反してドイツでは、命令と服従という軍事的モデルが、さまざまなレベルで交渉や説得という都市的なモデルを圧倒していた。

こういう伝統の違いや世代を超えて、社会的な行動様式や感じ方に影響を及ぼす力を見事に示している実例は、両国における親子関係である。よく言われるように——また実際に観察してみれば分かるように——オランダ人はドイツ人よりも子供を放任している。上品なドイツ語で言えば、オランダの子供のほうが行儀が悪い(unartig)。

その他の領域と同様にこの領域でも、オランダの発展の高度に市民的な特色はその一貫性と徹底性であって、その特色は、人間の平等がオランダ人のスローガンとなったところに現れている。十七、十八世紀および十九世紀のヨーロッパの市民的都市貴族の上層部が、他国の支配的な宮廷貴族や軍人貴族と同等であることを力説したことを想い起こせば、この態度を理解するのは簡単である。だがその同じ人々が、自分の都市貴族としての特権を維持し、自分の国の下層の人々に対しては一貫して不平等だった。市民上層階級のこうした逆説的な態度がオランダ人の体質に深い痕跡を残している。平等の維持が優先されることは、たとえば圧倒的にプロテスタント的であるこの国における、カトリックやユダヤ人に対するかなり寛容な態度に示されている。今日でも人間的不平等の徴候に対する反感のうちにそれが認められる。それにもかかわらず、軍事的モデルによらない都市貴族的な不平等が依然として維持されている。それは、古い都市貴族の子孫に見られる、他人との交際における礼儀や控えめな好意という独特の態度に現れるひそかな要求のうちに生きている。ドイツの貴族が市民的要素とかけ離れて続いてきた家系によって自分の特権を正当化するのに対して、オランダ都市貴族のひそかな要求は——イギリスの貴族と同様に——特殊な態度によって正当化される。「そのようなことはオランダ人はしないものだ」という感情、社会的に優越した地位が、個人の義務のうちに深く刻み込まれている。

6 オランダ人の体質が、——身体的には似ているにもかかわらず——今日でも、ドイツの伝統的体質と非常に異なっているのは明らかである。ドイツの体質には特に一八七一年以来、軍人的モデルが深く沁み込んでいるが、特にプロシアの発展の特徴であるその種のモデルは、ドイツ市民に一挙に浸透したわけではない。それは、この連関で重要な——ドイツの国家形成の第四段階である——一つの過程の結果として浸透していったのである。

ドイツの文学や哲学の古典時代はドイツの社会的発展の一段階である。その段階においては市民と宮廷貴族が激しく対立していたために、市民は軍人的な考え方や評価に対して強い反発を感じていた。そのうえ市民の大半は、市民の顧問であるドイツ帝国の大小の君主を助ける場合以外は、軍事活動からほぼ完全に離れていた。

『文明化の過程』第一章で詳しく述べたように、十八世紀における市民層と宮廷貴族層との対決は階層間の闘争のあらわれであった。今日ではそのことがややもすると見落とされている。それは、階級闘争という観念が十九、二十世紀のブルジョアと労働者との経済的対決から造り出されたものだからである。昔の場合は、経済的利害の衝突が一役買っていたにしても、それを貴族と市民階級との対立という複雑な全体から切り離して捉えることはできない。十八世紀の絶対君主制の枠内では、対立は政治的であると同時に文明化に関わるものであり、また経済的な対立でもあったのである。フリードリッヒ二世が同時代のブルジョア的文学を軽蔑して寄せつけようとしなかったのは有名なことで、ゲーテの『ゲッツ・フォン・ベルリヒンゲン』は彼を身震いさせた。ゲーテ自身も古典派となった老年には、自分の若い日の作品を少しは不愉快に思ったかもしれない。彼は非常に小さな都市の——領主の宮廷という——非常に小さな宮廷で、大臣の位にまで昇りえた当時のブルジョア・エリートの数少ない代表者の一人だった。ドイツ古典派の代表者たちには、政治の重要な地位に達する道はふつう閉ざされていた。彼らの理想主義にはそういうアウトサイダー的な立場が反映している。

古典派の理想主義的ヒューマニズムは一時、野党的なドイツ市民階級の政治的努力に決定的な影響を与えていた。十九世紀および二十世紀初頭のブルジョアの政治には、大きく分けて理想主義的でリベラルな傾向と保守的なナショナリズムの傾向という二つの傾向が認められる。そのいずれにとっても主な目標の一つはドイツの統一、つまり分邦体制の終焉であった。この計画が挫折したことが、市民階級のドイツ的な体質の発達にとって決定的に重要なのである。プロシア王である一人の領主がフォン・ビスマルクを助言者として、平和的手段では実現できなかったドイツ統一の願いを戦争の勝利という軍事的な手段で実現したとき、その挫折が与えた衝撃はいちだんと深刻なものとなった。フランスに対するドイツ軍の勝利は同時に、ドイツ市民階級に対するドイツ貴族の勝利にほかならなかったからである。

ホーエンツォレルン家の国には、戦争の勝利によって繁栄を手に入れた軍国主義的国家のあらゆる特徴が備わっていた。指導者たちは産業化と広義の近代化を急激に推し進めた。ブルジョア的な企業家や資本家は国家の指導的上層部にはなっていなかった。上流の強力な社会階層だった軍人貴族や宮廷貴族は、一八七一年の勝利によって温存されたばかりか、いちだんと強力な階層となったのである。ブルジョアの全部ではないにしても大半はこの事態にかなり速やかに順応した。彼らは体制に順応した二流の階級として帝国の社会秩序に収まった。マックス・ヴェーバーおよびアルフレート・ヴェーバーの家族が、リベラルな市民階級の伝統が消えていないことの証明になるかもしれない。だが一九一四年には、どういう種類の政権が帝国に取って代わるのか想像もできなかったのを忘れてはならない。ドイツ市民階級の多くの人々は、軍国主義的国家に順応してそのモデルや規範を受け入れていた。

こうして独特の市民階級が登場してきた。軍人貴族の生き方や規範を身につけた市民階級が登場した。ドイツ古典派の理想が切り捨てられたのはそのことと結びついている。古典派に属する階層はドイツ統一という理想が軍人貴族の指導で実現されたのを見て、理想を実現しようとする努力を止めた。その結果、市民階級の大半が貴族へ屈服したとも言うべき状況が起こった。市民階級は古典的な理想主義に決定的に背を向けて、権力の見せかけの現実主義に屈服してしまったのである。それもまた——ドイツの国家発展の特定の段階に正確に対応した体質変化という——ドイツの発展の断絶の一つの証明である。その場合、貴族的モデルを誤解して受け入れた場合が多く、そのためその断絶にはいちだんと重要な意味がある。宮廷貴族は、文明化の流れをかなり明確に受け継いでいるのが普通であるが、市民階級の集団が貴族のモデルを受け入れたときには、彼らは貴族のモデルの適用の限界についての感覚を持ち合わせていなかった。市民階級の集団が権力と暴力の限りない介入を支持することになったのはそのためである。

ドイツ市民階級への軍国主義的モデルの浸透を少し詳しく述べたのは、こういう連関を抜きにしては、国家社会主義とそこに具現された脱文明化を理解することはできないと思われるからである。貴族モデルを受け入れそれを粗悪化した簡単な一例として、「アーリア人」たる者はすべて一定数の「アーリア系」の祖先を挙げて、自分がアーリア人であることを証明せねばならないという要求を挙げることができる。ヒトラー主義の核心である暴力、ヒトラーが権力を掌握するための唯一の現実的な重要な政治手段とした途方もない暴力を、全体的に理解するためには特にこのような背景を捉える必要がある。

7　ヒトラーの終焉はドイツの発展における一つの断絶であった。二度の大きな敗北はたしかに重大な結果を伴った。ドイツ人がこの動揺から立ち直り、業績を上げうる民族となったのはドイツ人の抵抗力の強さを証明している。ドイツ人の今後の発展が、従来のように断絶や非連続性に苦しむことがないように願わずにはおれない。ドイツのために、今後は直線的で連続的な発展が続くことを希望するのみである。

もう一度立ち戻って、少し距離をおいてドイツの情景を眺めてみよう。二度の敗戦はドイツ人に、滅亡に瀕して貶められ軽蔑された人間集団という刻印を押したわけではない。それどころかドイツは、繁栄しているとは言わないまでも豊かな国であり、全体として、昨日の敵国を始めとする世界中の他の諸国の注目を浴びている。今日では諸外国の多くが一方では西ドイツの連合国となり、他方では東ドイツの連合国となっている。この状態は十分に考えられているとは言えない。ドイツ人が二度も激しい破壊的な戦争を経験しながら一部は人種的条件による生来の優越性を確信し、少なくとも西ドイツが豊かな産業国家として正常に存在していることは、現代人類の文明水準の高さを示すものである。この状態は諸国家が地球規模で高度の相互依存の状態にあることを示している。ほとんど破壊された西ドイツの再生を支援することが西側勝利国自身の利益になる。しかし、敗北を喫した民族を貧困と飢餓による荒廃から救うことが勝利国自身の利益であるということは、脅威がようやく消えた直後の勝利国としてはやはり驚くべき注目に値することである。この前の戦争で東西で連合軍が進撃を続けていた頃の、ある指導的国家社会主義者の発言が思い出される。それを読んだのはロンドンのチャタム・ハウスでだったが、一九四五年まではそこに当日の国家社会主義の新聞が置いてあって、会員はそれを自由に読むことができた。ゲッベルスだったかゲーリングだったかはともかくとして、――その言葉が忘れられない。「われわれがこの戦争にまたも敗れるようなことがあれば、ドイツはおしまいだ」。しかし、おしまいではなかったのである。

しかし多くのドイツ人にとって、出来事の心理的処理は容易ではない。世代が変わるごとにドイツ人は「われわれ」のイメージがナチの過激な行動の記憶によって汚され、ヒトラーとその文化による犯罪が自分の良心に重くのしかかっている事実と改めて対決しなければならない。それを見ても、まったく自立した個人という人格の観念は偽りだと言わねばならない。欲するか否かにかかわらず、われわれはさまざまな集団の一員である。われわれの語る言葉は集団の言葉にほかならず、われわれは集団の行なったことについて連帯責任がある。数世紀にわたって教会は、私の祖先であるユダヤ人はイエスの十字架について責任があるとしてきた。自分が他の集団に対して侮辱的なイメージを抱いていないか、他の集団に属する者に出会ったとき自分の抱いている型通りの集団イメージを相手のなかに無意識に見いだそうとしないか、この重要な問いをわれわれは自分に問いかけてみなければならない。

男女いずれであれドイツ人であることにどういう価値があり、どんな意味があるかは非常に不確かなことである。ドイツの発展が断絶しているために、それは早くから不確かだったが、今日では以前にもまして不確かなものとなっている。それを確かめるのが以前より困難なのは、国民的自尊心の問題が相変わらず解明されていないからである。この問題が公に論じられたことはほとんどない。このテーマが論じられなくなったのはナチ政権下で国民の自尊心が歪められたことが忘れられないためだが、熱いうちに鉄を打つことをためらうべきではない。危険で不快な形の国民的自尊心があるのは事実だが、問題は国民的自尊心を高く評価しているかどうかではない。重要なのは事実の問題である。公平に見れば、地球上のあらゆる国の人々が国民的自尊心の問題と対決を迫られ、種族という発展段階にある人々が種族の自尊心の問題と対決せねばならないのは明らかである。フォークランド諸島とその英語を母語とする住民の支配をめぐる戦争での敗北を、アルゼンチンの政治家が軍事行動か平和的な行動かで埋め合わせをつけないかぎり、アルゼンチン国民には十分に未来があるとは言えそうもない。合衆国はこれまで世界中からの移民をアメリカ人にするのに驚くほど成功してきた。軍隊勤務やアメリカ国旗崇拝や学校の授業計画など——多種多様な仕組みが、移民というアウトサイダー集団を数世代でアメリカ国民に同化させ、アメリカ人としての国民的自尊心を彼らに植えつけるのに貢献してきた。

強大な国でも国民的自尊心はその国民の人格構造における厄介な問題である。これは時代とともに国家序列において転落を経験した国家にとっては、いちだんと厄介な問題である。すでに述べたように、今日ではイギリスやフランスも国民的自尊心を問題とせざるをえなくなっている。かつては強大な海洋国だったオランダでは、国民は勢力を失ったことに慣れているものの、やや意気消沈の気配や偉大な過去へのほとんど言葉にならない悲しみが、国民のハビトゥスの一部となっている。人々は自分の国を愛し、レンブラントからヴァン・ゴッホに至るオランダ人の業績を誇りにしていて、オランダの植民地時代についてはさほど心を痛めてはいないが、一抹の自嘲を込めて「われわれはいまでは弱小国の一つにすぎない」と言うこともある。

弱小国の国民であって国民的自尊心の問題を非常にうまく克服したいい例はデンマーク人である。ドイツとの戦争に敗れたために、シュレースヴィッヒ‐ホルシュタインの一部をオーストリアとプロシアに強制的に割譲させられたのち、デンマークの存在は深刻な脅威にさらされていた。デンマークが国家を維持するためには一連の改革が必要であった。今日ではデンマーク人はバランスを取り戻している。彼らは自分たちはこじんまりした国民であり、デンマーク人であることは快適なことだと思っている。特に戦後、住民の間に「きみ」と呼び合う親密な関係が広まった。それはデンマーク国民の親密さのあらわれであり、自分自身にかなり満足していることのあらわれだった。デンマークの知人と一緒に散歩していたとき、その知人の知らないデンマーク人の夫婦に出会ったことがある。その婦人の小さな叫び声とデンマーク語でのちょっとしたやりとりで、何が起こったのか分かった。後で確かめてみると、その婦人はこう言ったのである。「彼はデンマーク人なのに、私のことを〈あなた〉と呼ぶのよ」。

8 民族の運命が結晶すると、社会の多種多様な人々に同じ特色を身につけさせ、同じ国民的体質を与える仕組みが出来上がる。共通の言語がその手近な例だが、そのほかにも多くのものがある。以下において私は、制度が国民的体質を作り上げるうえで影響を与えた模範的なケースとして、ドイツで特に顕著な決闘の発展を調べてみた。決闘は国境を超えた貴族文化に遡るヨーロッパ共通の慣習だが、ほかの国々では市民階級の台頭とともにしだいに意味を失った。ところがドイツでは決闘がほとんど正反対の方向で発展したのが認められる。一八七一年以後またはそれ以前に、中産階級が貴族モデルを引き継いだことと関連して、決闘は中産階級の学生の間にも強制的な制度として広まり、私の二人の上級教諭は決闘による刃傷沙汰を目撃していた。私は決闘を特定の社会文化の象徴として選んだ。決闘は特定の人間的な態度、すなわち社会的に規制された暴力行為が奨励されることの象徴だったのである。学生や将校が決闘文化の主な担い手であった。決闘には厳密な階層秩序という人々の間の不平等に慣れさせる力があった。ヒトラーが現れえた事情を問題にする場合、この暴力行為や社会的不平等を社会的に公認したこういうモデルが普及していたことが、彼が登場する前提の一つだったことは明らかである。

この例を見れば、従来ほとんど捉えられていなかった一つの広大な研究分野が開かれることが分かるだろう。その中心問題は、民族の運命が数百年のうちにどのようにして、その民族に属する個人の体質となるかという問題である。ここで社会学者が直面する課題は、フロイトが取り組んだ課題を思い出させる。

フロイトは人間の個人的な、特に衝動の運命と個人的体質との関係を見いだそうとした。それと似た関係が民族の長期にわたる運命や経験とその民族の社会的体質との間にも認められる。人格構造の——暫定的に「われわれの層」と呼ぶ——この層には、力においても苦しみにおいても、個人のノイローゼにも劣らない障害やコンプレックスがあることが多い。そのいずれの場合も重要なことは、——しばしば起こる強い抵抗に逆らって——忘れられたものを想い起こすことである。社会学でもフロイトの場合と同様に、その種の試みには自己からの一種の隔たりが必要である。それが——うまくゆけば——固定した行動様式を緩めるのに役立つのである。

ある民族の現在の社会的、国民的な体質をそのいわゆる「歴史」やその国家発展と結びつけることは、今日でもまだ一般になされていない。「十二世紀や十五世紀、あるいは十八世紀に起こったことは過ぎ去ってしまった。それが私に何の関係があろうか？」と内心思っている人は多いと思われる。しかし現実には、一つの集団の現在の問題は決定的に過去の運命によって規定され、始まりのない生成過程からの規定を受けている。ここに社会学の未解決の問題の一つがあり、——民族の過去を克服するうえで助けになりうる方法が示されている。本書は何よりもこういう問題に理論的、実践的に取り組む道を切り開くことをめざしているのである。それによって過去と現在の関係を捉え、自分自身の社会的発展を理解することによって、自分自身について新しい認識が開けるという浄化作用が起こることも期待できる。

9 ドイツで自分たちの過去が、特にヒトラー時代の経験がはたして十分に考えられているか、どの程度考えられているかは分からない。こういう出来事に対して距離を置くのは容易なことではない。多くの場合、ヒトラーという目の上の瘤がまだ取れていないと感じられている。化膿してうずいているが、膿がまだ出ていないのだ。以下の研究はもっぱらドイツの過去の諸問題を対象としている。以下の研究によってヒトラーの遺産がいくらか克服し易くなるだろう。一つの民族の過去はつねにそれ自身を超えたものを指し示している。共通の未来への態度を決めるには、過去を知ることが決定的に重要なのである。

ヒトラーは、古いヨーロッパやその覇権争いの問題に結びついている。彼が歯を食いしばってヨーロッパにおけるドイツの覇権を打ち立てようとしたのは、ヨーロッパ以外の世界に対するヨーロッパの覇権が明らかに終わりに近づいていた時期だった。ヨーロッパはいまや地球上のヨーロッパ以外の地域で競争相手からますます圧迫されている。ヒトラーが目的を達成していたら、周辺諸国はドイツに制圧されて、そこに不可避的に起こる解放運動によってヨーロッパの力は大幅に低下していたことだろう。今日ではヨーロッパは十分にその力を発揮することができる。なぜならヨーロッパは、自由な諸国家の連合だからである。しかしヨーロッパ諸国間の連帯と競合のバランスも、地球上の他の民族グループの場合に劣らず、決して簡単に作り出せるものではない。そのうえ人類全体が環境破壊や核戦争の可能性におびやかされていることも明らかである。それとともにヒトラーの問題をはるかに超えた生命の問題が現れている。

過去の問題は重要である。多くの点で過去はまったく未解決のままだ。だがわれわれは今日一つの転換点に立っているのである。体質の問題を含めて古い問題の多くが現実性を失い、史上空前の新しい問題がいたるところに現れている。

I　文明化と逸脱

1

A　二十世紀におけるヨーロッパ的行動基準の変化*

　二十世紀のヨーロッパ社会全体、特にドイツの社会には行動基準の変化が認められる。それを適切に説明するためには、その時期における社会全体のある種の構造変化をあらかじめ見ておく必要がある。その変化のうちでも、行動の変化に関する私の主張にとって重要と思われる五つの側面を手短に述べておくことにしたい。

a　大半のヨーロッパ諸国の国民総生産高は、二十世紀にその規模においてもその速さにおいてもほとんど独特とも言える増大を示した。この方向への驚くべき動きは十八世紀中頃から徐々に始まっていたが、二十世紀の変動とともに、特にヒトラーに対する戦争の後いちだんと加速した。たとえば一九五一―一九七六年のヨーロッパ経済共同体諸国の国民総生産高は、国民一人あたり年平均三、四パーセントの増加を示した。これは大ざっぱに見積っても百パーセントの増加である。この割合を凌ぐものは、十九世紀イギリスのように初期産業化段階にある国々か二十世紀ロシアだけであろう。しかし産業化の初期段階にある国々では、その増加は何よりも投資のためだったのに対して、産業化の後期段階にある諸国では生活水準の向上のために使われることが多かった(1)。

産業化の後期段階にある社会の貧困層を飢餓や食糧不足から救う相当高度の保護、つらい肉体労働からの同様に高度の解放、労働時間の短縮や独特の機械的な生活手段の豊かさと結びついた史上空前の規模の生活の（国内における）物理的保証――こういうことがすべて新たな人間的な問題、人間の共同生活の問題を顕わにしたが、あまり豊かでない社会では労働の苦しみや寿命の短さや、貧困な大衆と少数の富める者との大きな落差のために、そういう問題が被い隠されている。産業化の後期段階ではこういう新しい問題の特徴は消費市場の拡大に示されている。その問題のいくつかについては後で述べる。

b 二十世紀における社会全体の構造変化の第二の側面は、今世紀における一連の解放運動である。この側面は現代における行動様式や感じ方の変化を理解するうえで重要な側面である。問題は有力者集団と多様なアウトサイダー集団との間の力関係の変化である。その変化に伴って後者が優勢になり前者が弱体化した。台頭してきたアウトサイダー集団のほうが優勢になって、社会の権力の場である市民階級と貴族との関係で、以前の独占資本家集団が独立のパワー・ファクターとしての役割を果たさなくなった解放運動は一つしかない。ドイツにおける展開がそれである。

二十世紀初頭の十八年間には、皇帝と宮廷がドイツの有力者の中心だったことは記憶に新しいことである。中産階級の代表者に――ためらいながらではあったが労働者にも――国家行政の要職に近づく道が開かれたのは、ワイマール共和国になってからのことであった。[2] 貴族は中産階級の集団と連帯しなければ認めてもらえなくなった。しかし軍事や外交の最高の地位は相変わらず貴族が握っていた。ナチスの実験の指導者が初めて貴族の特権的地位に最終的に決着をつけて、それとともに意図的ではなかっただろうが、貴族と市民階級との間の中世にまで遡る数世紀にわたる階級闘争に決着をつけることになった。そこには二十世紀の大きな解放運動が見いだされるのであって、その運動において、以前はアウトサイダーだった階層が台頭するとともに旧体制は実質的に消滅した。行動基準の連続性と変化にとって、この過程は非常に大きな意味をもっている。

c 二十世紀におけるその他のあらゆる上昇運動も、人々の共同生活と人間関係における行動や感情にとって同様に注目すべき結果をもたらしたが、それによって有力者集団が消滅することはなく、強力な集団と弱小集団との間の力の格差が減っただけであった。その点については手短に列挙するだけにしておきたい。二十世紀には、

——男性と女性との関係で、

——両親と子供との関係、あるいはもっと一般的に言えば、年長者と年下の者との関係で、

——ヨーロッパ社会と以前植民地だった社会、世界のヨーロッパ以外の部分との関係で、

——留保が要るが——支配者と被支配者との関係で、力の落差が縮まった。

以前は弱小だったアウトサイダー集団のこうした社会的台頭運動の強さは、こういう具合にまとめてみると、たしかに驚くべきものである。この構造変化をここで説明しようとは思わないが、それがもたらした二つの結果については後で述べなければならない。

d きわめて多様な集団の力関係の変化は、この変化の渦に巻き込まれた多くの人々に不可避的に大きな不安をもたらした。かなり厳密に階層化されていた従来の集団の間での交わりにおける行動基準は、もはやその代表者たちの現実の関係にはそぐわないものになった。さまざまな実験を繰り返して、別の基準が徐々に形成されてきた。要するに今世紀は、地位が著しく不安定になった世紀なのである。社会的アイデンティティの問題も、こういう力関係の変化とともに、それほどダイナミックでなかった社会とは比べものにならないほど明確な形をとった。地位の不安定、アイデンティティの模索とともに不安が増大する。

疑いもなく二十世紀は不安な世紀だが、――それは二つの大戦だけのせいではない。

e　特に二十世紀後半にしだいに重要になってきた不安の根源の一つとして、上に挙げたあらゆる集団の間での大部分は計画なしにもたらされた力の縮小が、多くの人々にこういう力の大きさと、それらが突きつけている問題を初めて意識させた。それを一つの実例について明らかにしておきたい。

われわれは今日では、人類の圧倒的多数が生涯を通じて永続的に多くの場所で飢餓の限界に立っていることを以前より強く意識している。これはたしかに新しい問題ではない。少数の例外を除けば飢餓という苦境は人類につねに度々現れる現象の一つである。しかし貧困と高い死亡率を、神によって与えられた人間生命の当然の条件だと思えないところに現代の特徴がある。豊かな国の多くの国民は他の人間集団の貧困に対して何かするのが義務だと感じている。それについては誤解の余地はなく、事実、誤解の起こる恐れはほとんどない。二十世紀には、良心の構造が変化したのである。人間同士の連帯責任の感情は、それだけ見ればたしかに非常に微々たる増大であるが、以前に比べればはるかに大きくなっている。

これはその事態の評価を述べているのではなく事実の確認にすぎない。以前の有力者グループが勢力を失い、以前アウトサイダーだった集団が優勢になるとともに、そのいずれにも構造の変化が起こっているのである。

2

おそらくお分かりだろうが、私は今日支配的な行動理論の意味で人間の行動を調べようと思っているわけではない。以下において取り上げる基準の変化は、社会の大きな構造変化と堅く結びついている。したがって私には、心理学者が人間行動の研究において採用してきた分類や、政治学者が力関係の研究で採用してきたような従来の分類は、観察される事実に対応しているとは思えない。そこで私は、十八世紀の資料に見られるような支配・被支配の関係について、人間の行動を見てゆこうと思う。

一七七八年八月、長い間ザルツブルク宮廷の副楽長だったモーツァルトの父は、前任者が死亡して空席になった楽長の地位に就くべく、領主司教に次のような請願書を出した。(3)

恵み深き領主様！
最も尊敬する神聖ローマ帝国の領主様！
寛大な領主たる殿様！
領主様の御恵みに伏してお願い申し上げます。領主様、楽長が永遠の旅路につきましたので、この楽団には俸給を頂いている者は副楽長しかいなくなりました。殿様の寛大さは非常によく存じ上げておりますゆえ、私はすでに三十八年間も殿様の宮廷にお仕えして参り、一七六三年からは副楽長として十五年間、大半のお勤めを、いやほとんどすべてのお勤めを何の不服も言わずに遂行し、現在もそのように遂行しているところでございます。それゆえ寛大なる領主様に、私めを推挙申し上げる次第でございます。

恐惶謹言

恵み深き
寛大なる領主様
殿様

頓首九拝
レーオポルト・モーツァルト

モーツァルト自身がザルツブルクの領主である主人に請願するとき、これほど卑屈ではないにしても似たような言い方をしている。彼も領主を「帝国の領主様、寛大なる領主様」とか――われわれには特に奇妙に思えるが――「殿様！」と呼びかけている。こういう言葉やそこに示されている行動様式を――「儀礼的」とか「型通り」とか「形式ばった」とか――どういう風に理解したらいいのだろうか？　いずれにせよ、下位の者が身分の高い者に陳情する場合に強いられる儀礼は力の落差に対応する。下位の者は自分の身分が低いことや上に立つ者への服従を、上位の者に対する儀礼を守ることによって示さなければならない。

しかし、こういう行動の形式化は決して当時の人々の生活全般に広まっていたわけではない。事実、上の引用にはその規模において、現代の議会制度を備えた産業社会のどういう儀礼をも凌ぐ儀礼的な形式が見られるが、また同時に、当時の社会のその他の領域においては、こう言ってよければ、現在の基準をはるかに凌ぐほどの逸脱に達している行動様式や感じ方も見られる。もう一度、モーツァルトを引けば、彼はザルツブルクでの吹き矢大会のために、ゲーテの『ゲッツ・フォン・ベルリヒンゲン』[4]によって社交界でも使えるようになった言葉を絵柄にした標的を彼の名で作らせるように父親に頼んでいる。現代の学問的著作の著者にはできないようなことを、彼はあからさまに言っているわけである。そこに示されているのは、モーツァルトの個人的な欠点ではなくて[5]、彼の属する社会集団の現代とは異なる社会的‐社交上の行動様式や感じ方なのである。

人間の動物的な行為を口にすることは今日では、特に男女が一緒にいるときには、せいぜいで例外的か付けたしかであって、上品に声を低めてしかできないことだが、モーツァルトの周辺では非常にあからさまに行なわれていた。そういうことを口にするのは、男性も女性も社交の楽しみを高めるための気軽な侵犯とみなされていたのであって、彼らはそういうとき、今日なら異性の前だけでなく、男性ばかりのときにも不快や羞恥や苦痛を感じさせるような言葉を使うことができた。

したがってモーツァルトの社会は、社会的に上位の者と下位の者との交際では、その厳しい儀礼においては現代よりはるかに厳しかったが、それと同時に、今日では身分の開きのない人々の社交で許される逸脱よりも甚だしい逸脱が、集団の内部では許されていたところに特徴がある。その時代の文明化のさまざまな側面を正確に捉えなければならない。その時代以上に細分化された社会やもっと単純な社会でも、社会的基準によって実質的には慣習通りの行動である形式的な行動が要求される領域がある。それと同時に別の領域では、逸脱した行動つまり多少とも高度の逸脱を行なっても基準に反することはない。文明化のこういう側面を研究するためには、明確な概念を使って方向を見定める必要がある。社会学的に明らかにしなければならないのは、一言で言えば、社会の慣習からの逸脱の幅なのである。つまり問題は、一つの社会における形式的行動と逸脱行動を定めるものであり、別の言い方をすれば、慣習と逸脱との共時的な落差なのである。その落差は、社会展開の継起における逸脱の落差、すなわち通時的な逸脱の落差とは異なる。

われわれ自身の社会に関して言えば、私が考えている事態は、あらゆる人が多かれ少なかれ知っていることである。つまり、どこかに招待されていくらか緊張して行く場所では、――そこに出ている人はみな感情を抑え、丁寧かつ慎重にものを言う。家に帰るといくらかくつろいで好き勝手なことをすることもできる。同じ人物がいわば慣習通りの社会領域と逸脱した社会領域にまたがっているわけである。現代の多くの高度産業国家では、慣習と逸脱との落差は、――若い世代では――以前よりもかなり小さくなっている。それは明確に意識されているわけではないが、以前の社会段階や、構造が自分の社会の以前の段階に対応している同時代の他の社会を、いわば鏡を見るように見ることはできない。そういう場合には、先に見たモーツァルトの時代の例が助けになるかもしれない。そこに示されているように、慣習のパラメーターには共時的落差が存在するだけではなく、その落差は変化しうるのであり、実際に変化してきた。その変化の諸段階は、今日生きている者の記憶からも完全に消え去ってはいないかもしれない。

第一次世界大戦以前のハープスブルク家、ホーエンツォレルン家、ロマノフ王朝のようなヨーロッパの偉大な王朝の時代には、慣習と逸脱との落差は十八世紀ほど大きくなかったが、それでもワイマール共和国に比べればかなり大きかった。ナチスの支配下で新たに落差が大きくなったが、戦後は再び落差が縮まり続けている。その際、戦前の生活を経験した古い世代と戦後生まれの世代との間には顕著な違いがあるように思われる。若い世代には行動の慣習を壊そうとするきわめて意識的な試みが認められる。だがそれと同時に、逸脱が見られる主な領域でも、逸脱の幅は狭まってきているのであって、その事実があまり知られていないだけかもしれない。その傾向は――意図的でない場合もあれば、意図的な場合もあるが――あらゆる生活状態で、同じ行動をする方向へ向かっている。若い世代が集まって著しい逸脱行動をやっているが、そういうことが、形式や規範をなくそうとする傾向が、いかに抵抗し難いものであるかを分かりにくくしているのかもしれない。

しかし以前の形式的行動の減少は若い世代を超えて進行しているのであって[6]、それを示す明白な実例がある。手紙でも以前使われていた敬意を示す多くの決まり文句が消滅しており、以前はドイツ人なら「敬白（Mit vorzüglicher Hochachtung Ihr sehr ergebener...)」と書いたところを、英語の Yours sincerely や米語の Yours truly と同様に「敬具（Mit freundlichen Grüßen)」と書くのが一般的になっている。官庁や大臣や大統領、あるいは王や女王に手紙を書くときも、モーツァルトが使った「恐惶謹言（Ich werfe mich Ihnen ehrerbietigst zu Füßen)」とか――同じことだが、ヴィルヘルム二世宛の書簡でまだ使われていた「謹言再拝（Euer Majestät untertänigster Diener)」と書こうとは思わないだろう。あるいはヴィルヘルム二世時代の社会のフロックコートやシルクハットを着用する儀式や、ヴィルヘルム二世が儀式化した将校や学生の酒場での無礼講や、馬鹿騒ぎに見られる傾向を考えてもらいたい。そこには皇帝の時代である今世紀初頭には、形式的行動と逸脱行動との落差がいかに大きかったか、そして――ヒトラー時代の反動はあったものの――その落差がしだいに縮まってきたことが歴然と示されている。そこにはそれと同時に役割の民主化過程という、支配者と被支配者との間の力の落差、つまり国家の有力者とアウトサイダーである大衆との間の力の落差の急激な縮小が行動基準のこうした変化と関わりがあることも示されている。

なお、ついでに次の点も指摘しておこう。慣習と逸脱との共時的な落差には、同じ時期でも異なる国では非常に異なる構造が認められる。この点ではイギリスとドイツとの違いが顕著な例である。ドイツでは慣習と逸脱との落差は明らかに大きく、形式的行動のほうがイギリスよりもはるかに目立つ。しかし――似たものの間では、特に同じ階層では――、勝手気ままな逸脱行動をする機会はイギリスよりも多い。人が来るときも立ち去るときも、パーティでは出席者全員が手を振るという、ドイツではふつうに行なわれる形式的行動とは異なり、イギリスでは会釈するだけだったり、別に挨拶しないで立ち去るといった、確立しているが気楽で目立たない儀礼が行なわれている。

つまり現代社会の（そしておそらくあらゆる社会の）行動や感情のコードや基準は統一のとれたもので

はなくて、それぞれの社会には、相対的な慣習と相対的な逸脱との間に大小さまざまのかなり明確な落差があるのが確認される。この落差の構造は、国家社会の発展過程に応じて変化してゆく。特定方向への社会発展は文明化過程の一面なのである。

3

ここでは、文明化過程の本性やその方向について詳しく述べる必要はないだろう。第一次世界大戦後には小さな波が見られ、第二次世界大戦後にはもっと大きな強い波が見られた独特の逸脱を説明するためには、わずかな示唆と注で十分だろう。この経過を解明する際の困難を克服するためには、そうした示唆や注が要るように思われる。私の文明化理論の鍵は、中世のある作法書の「昔は許されていたことが、今では禁じられている」(7)と訳される文章にあると言われることがある。しかもその場合にはすぐに、そういう変化は三十年前から逆になっているのではないか、今日では「以前は禁じられていたことが、今では許されている」と言わねばならないのではないか、われわれは文明化の後退期、再野蛮化の時代に生きているということになるのではないか(8)、と問われるのは明らかである。しかし、そういう問いは文明化理論の不十分な理解によるものだと思われる。

あらゆる文明化過程を最も単純な形で言えば、文明化過程で問題になるのは、いつも新たに欲求を阻害し合って欲求不満に陥ったり抑圧したり損なったりせずに、つまり個人や集団の基本的欲求の満足が別の個人や集団の欲求満足を犠牲にすることなく、共同生活のなかでいかにして人々は基本的な動物的欲求を満たしうるかという問題だと言うことができる。社会発展の初期段階では、共同生活の独特の形態、つまり独特の社会的由来が当然のもののように思われている。ところが人類が発展を遂げ、人間的な共同生活の原型は非常に多様で変化することがしだいに意識されるようになった現代では、共同生活の独特の社会的由来そのものが問題化している。そうなったときに初めて人々は高度の反省を行なって、計画なしに起こるそうした社会的原型の変化を説明し、探求し、長期にわたる将来の変化を計画しようと努力するようになる。

人間的な問題へのアプローチ、したがって文明化の問題へのアプローチの核は、人々を束縛する拘束の研究である。大まかに分ければそういう拘束は四種類に区別することができる。

a　動物的本性のために人間が縛られる拘束。飢えや性衝動の拘束がこのタイプの拘束の最も明白な例である。この種の拘束には、歳をとり老化して死ぬという拘束や人間のうちに自発的に生ずる好意や愛情、憎悪や友情といった欲求も含まれる。

b　自然の出来事に人間が依存するために生まれる拘束。これには何よりも食欲による拘束や厳しい天候から身を守らなければならないという拘束が挙げられる。

c　共同生活において人間が他人に与える拘束。これは「社会的拘束」として捉えられることが多い。だが、いわゆる社会的または経済的な拘束はすべて、相互依存の関係に基づいて人間が人間に対して与える拘束であることを明確にしておかねばならない。他人へのこういう拘束は、二人の関係にも三人の関係にも認められる。他人とともに生活し他人に依存しているすべての人間は——われわれはみなそうだが——、その依存関係から生まれる拘束を受けている。われわれは五千万人とともに生きているときでも、他からの拘束を受けている。たとえば、税金を払わなければならないのがそれである。

d　人間の動物的本性に基づく拘束、特に衝動的本性に基づく拘束と、もう一つのタイプである「自制」

のような概念で示される個人的拘束とは区別しなければならない。「知性」と呼ばれるものも自己規制の装置だが、「良心」も同様である。生物学的には、自己拘束の可能性が与えられているだけで、「知性」や「良心」による拘束は自然衝動による拘束とは異なる。学習や経験によって実現されなければ、自己拘束の可能性はあくまでも可能性にとどまる。その実現の程度や形態は社会に依存しており、人類発展の過程のなかで特殊な仕方で変化してゆく。

文明化の理論が始まるのは、まさにここのところである。四種類の拘束の相互作用や状況は変化する。人間本性による基本的な拘束である最初のタイプの拘束は、人間の発展のどういう段階でも比較的わずかしか変化せず、ホモ・サピエンスのどの人種においても似たようなものである。それに対して自己規制の形態は経験と結びついて発展するものであって、きわめて多種多様である。このことは発展段階の異なる社会での他人による拘束と自己拘束との関係に特に顕著に見られるが、それほど顕著ではないが同じ段階にある異なる社会においても認められる。

私の知るかぎり、人間の基本的な動物的衝動の抑制が他人からの強制のみに基づく社会、つまり他者への恐怖や他者からの圧力に基づく社会は存在しない。知られている限りのあらゆる人間社会で、自己規制の原型は幼児期の教育における他者からの強制を通じて形成される。比較的単純な社会である世界中の農耕社会における自己規制装置は、高度に分化した産業社会、特に多党制をとる産業社会で発展している装置と比べるとかなり弱く、穴だらけだとも言える。すなわち農耕社会の人々は、自己規制のためには他者が与える恐怖や圧力によって強化されなければならない。そういう圧力は酋長や先祖や精霊や神々のような想像上のものによって与えられる。その形態がどうであれ、そこでは人々が自己規制の仕組みを強化するためには、他者による非常に強い拘束が必要であるが、そういう自己規制の仕組みは、人々の内的完成や生き延びるために――ともに生きている他者にとっても――必要なものである。

調べたかぎりでは、文明化の過程は他者による社会的強制と自己強制の変化によって特徴づけることができる。それはさまざまな基準の一つであるが、ここではそれだけに話を限定する。そうすれば現代の逸脱という決して単純でない問題に対しても比較的単純な道が開けるからである。

行儀が悪いと見えるたびに、怒りっぽい父親からよく殴られる一人の子供を考えてみよう。こういう子供は父親への恐怖から望ましくない行動をやめることを学ぶ。だがそうであるかぎり、子供の自己規制装置の発展はきわめて不完全である。自己を規制するために、そういう装置は他者による脅迫に依存したままである。自己規制の能力が強力になるには、父親は説得したり根拠を挙げたり、望ましいイメージを示したりして、好ましくない行動を子供が自分で止めるようにせねばならないだろう。よく叩かれる子供は他者による拘束や父親による処罰という脅迫がなければ自分を抑制できず、憎悪や敵意を抱きがちである。こういう子供は無意識に父親に倣って乱暴者になる可能性がきわめて大きい。

この例は政治体制にも簡単に応用できる。警察国家と呼ばれる形で長い間、絶対主義的に上から支配される国家社会の人々もまったく同様な人格構造を発展させる。彼らにあっては自己規制の能力が他者による強制、外部から処罰によって脅迫する強い暴力の命令を受け続けている。多党制による絶対主義的でない支配には、はるかに強力で確定した個人的な自己規制装置が必要である。そういう装置が個人のうちに築き上げられるのは、杖や処罰という暴力によってではなく説伏や説得によってである。絶対主義的、専制的な支配や酋長の支配から多党支配への移行が、きわめて困難である理由の一つはここにある。――現代のような多党制による支配でも、被支配者の参加や判断力の形成はまだかなり狭い範囲に限られている。人格構造という意味では有権者である個人の判断力の形成や自己規制のささやかな要求も、酋長の支配下に生きている人々にとっては恐ろしく困難な要求であって、情緒的に制御される選挙戦やそこに求められる激情の抑制も同様である。この困難は非常に大きくて、暴力を伴わない政党の争いに人格構造がなじむまでにはふつう三世代か四世代、あるいは五世代かかる。

文明化の過程において、他者による規制よりも自己規制の装置のほうが強くなってゆく。自己規制の装置のほうが、他者による規制以上に一定したものとなり全面的になってゆく。この最後の点についても例を挙げれば、力量に非常な落差がある社会では、自己規制の装置は主として、有力者や権力者や上流階級と同等の者の間で発展する。身分の低い者との交際においては、言葉が示しているように、自分を抑える(＝低く押しつける)必要はなく勝手放題である。十二世紀にアンドレアス・カペラーヌスは男女の行動の規則について書いたが、彼は社会的に上位の女性、同位の女性、「平民の」女性に対して、貴族はそれぞれの場合どう振る舞うべきかを詳述している。農夫の娘との交際を述べるとき、彼は「したいことは何をしてもいい」[9]と言っているも同然である。十八世紀の宮廷の婦人は浴場で侍従に世話させる。侍従は婦人にとっては男ではなく、恥じる必要のある人間ではない[10]。昔のこういう社会と比べれば、現代社会では恥の感情は全体に及ぶものになっている。社会的な落差はたしかにまだかなり大きいが、民主化の過程において力の差は少なくなった。社会的に下位にある人々を含めて、あらゆる人々との交際でかなり高度の自己規制を発揮しなければならないのはこういう事情に基づいている。

4

ここで、考察の中心である現代の逸脱現象に向かうことにしよう。その際それが特に明確に見られる男女関係と、高齢世代と若年世代との関係という二つの領域に話を限定する。

男女関係においてどういう逸脱現象が見られるかは、第一次世界大戦以前の学生に発展した性関係の基準と今日の学生に発展している基準を比較すれば、最もよく明らかにすることができるだろう。第一次世界大戦前は、大半の学生は豊かな中流階級の出であった。彼らはたいてい学友会に所属し、しかも多くの場合は決定的に結びついていて、決闘を許され、その訓練もしていた。彼らにとっては、女性には二種類の区別があった。一方には同じ社会階層に属し——結婚できる女性がいた。そういう女性には触れてはならなかった。そういう女性に対してはお辞儀をし、手にキスをし、決められた仕方で踊り、許された場合にキスをし、必要なら両親のいるところで語り合うという上流社会の交際形式が成り立っていた。——要するに、彼女たちとの交際については、固定した形式的な行動基準が支配していた。他方には、女郎屋の売春婦とかプチブルや労働者階級の娘といった、別の社会階層に属する女性がいて、彼女たちとの交際は許されていた。

明らかに、この領域で事情は大きく変化した。売春や「交際」は私の知るかぎりでは、ほとんど完全に学生の視野から消えてしまった。「お嬢様」の儀礼も敬称の「あなた」も、異性との交際では、大学だけでなく全般的にすたれてしまった。学生は男女を問わず、世代が違っても、——初対面の場合でも——当然のように「きみ」と呼び合っている。

つまり、ここに見られるのは逸脱現象の単純な実例だが、その問題は明らかである。先に述べた二十世紀初頭の世代には、若い男女間には求婚の厳密に決められた儀礼が存在していた。学友会の新しい学生である「新入生」がその儀礼を少しも弁えていない場合には、学友会の女性や学友会以外の結婚できる女性に対する良い行動の規則が、正規会員によってさっそくコンパや決闘の儀式と同様に教え込まれた。こういうことはドイツの歴史の一部であるが、伝統的な歴史叙述にとっては研究する価値が認められていなかった。社会学者にとってはそれは非常に重要であるが、それは過去をけなしたり称賛したりするためでも、また「政治史」に対して「文化史的」考察を対置させるためでもない。その種のカテゴリーはもう使いようがない。大学の変化を包括的な国家社会の変化からどうして切り離すことができるのだろうか？　まず行動の変化の大筋を理解できるようにし、以前の段階の構造と比較して現代の段階の問題を明確にしなければならない。

以前は無力な集団だった女性が解放されるとともに、少女たちがしだいに同等の権利をもつ人間として大学に進学できるようになった。そういう状況のなかで、ヨーロッパ社会における男女関係を支配していた従来の非常に独特の儀礼はその機能の大半を失ってしまった。そういう儀礼はいまや辛うじて痕跡をとどめているにすぎない。だが、そういう儀礼が男性にも女性にも互いの交際に一種の支えを与えることによって、男性も女性も比較的弱い自己規制の装置を備えた人間として振る舞うことができた。学友会の儀式はいろいろな点でこういう役割を担っていた。学友会の会員はその儀式によって、軍隊の場合と同様に外部から規制する規律に慣らされていたのである。

こういう社会的にあらかじめ与えられた外的な規制装置からの解放が意識的な反逆の形で起こることもあった。それは、今日では若者たちが大学の内外で、お互いの交際において社会的にほとんど決められていない課題に突き当たっていることを示している。以前は男性の側からは「御機嫌取り」などとも言われていた――求婚から結婚に至る全過程は、当事者を以前よりもはるかに自分自身に投げ返すことが多い。別の言い方をすれば、求婚と結婚が高度に個人化されたわけである。それは一見逆説じみているが、上述の社会的儀礼という外的強制からの解放という逸脱の過程は、当事者である個人の自己規制装置により高度の要求を突きつける。その過程はパートナーが互いに交際において自分を吟味することを求め、その際彼らは自分自身以外には、つまり自分の判断と感覚以外には何ものにも誰にも頼ることができない。

それにもかかわらず、新しい行動基準が作られる手がかりはあって、集団的な規制の手がかりもある。当事者の関係が困難に陥った場合や知人たちの判断ではペアの片方の相手に対する態度が悪い場合には、友人や知人たちが介入することがある。しかし共同生活を築き上げる困難の重荷は、当事者たる個人にかかっているのであって、逸脱が進むとともに自己規制装置を強化して何度も検討することが求められ、構造的に不安定になってゆく。すなわち手本に頼ることができず、求婚の方式も共同生活の方式もいろいろ検討して自分ひとりで見つけださねばならなくなる。

大学の異性関係を例にして示そうとしたことは、広い意味での男女関係の発展にもあてはまる。アメリカの雑誌『タイム』誌がたまたま、古い慣習がまだ残っている人々の経験する不安について次のように報じている。(11)

ダウンタウンのバスのなかでは、男は女性に席を譲るまでに自己点検の苦しみを味わうかもしれない。ドアを女性に開けてやるまえに、年齢や教養の程度や何らかの女性的約束事で女性を評価して、こうしても彼女を侮辱しないかどうかを見定められるようにならねばならない。ドアを女性に開けてやるのを故意に断るのが性的に解放されていることなのか、それとも、それは無教養な無作法さにすぎないのか、まったく曖昧になってしまった。

最近のあるアメリカの作法の書物には、次のような規則が掲げられている。(12)

先になった人は、あとの人のためにドアを開けておくこと。

こういうことがすべて、この関係での社会学的には特に重要な、二十世紀に起こった逸脱現象の特色を示すとともに、それを大まかに説明している。この現象の構造を認識し理解して初めて、その際に起こっていたのが再野蛮化の始まりだったのか、つまり、ヨーロッパの文明化の運動の終わりの始まりだったのか、それとも新しいレベルでのその継続であったのかという問いに答えることができる。異性関係という一つの例は、古い行動様式や感じ方の崩壊が、その関係を社会的に規制している社会集団間の力関係の変化といかに密接に結びついているかを示している。ヨーロッパ社会の上流や中流の階層における男女関係の行動基準の社会発生には、ここではこれ以上立ち入らないでおく。この基準については、女性の社会進出という特徴が男性の下降と注目すべき形で結びついていることを指摘しておくだけで十分であろう。要するに、上位の人間との交際でのお辞儀や手へのキスのように明白な行動様式が、まったく別の起源をもつ行動基準と統一されたのである[13]。この変化は、力関係の全体が上に述べた異性間の交際の基準の変化に示されている、平等化へ向かう両義的変化である。

5

過去について明確な社会学的な考えをもっていないと、現代の社会的諸関係についても歪んだイメージをもつことになる。異性関係についても、戦前世代と戦後世代との関係についても事情は同じである。この場合も、両世代の比較から明らかになる行動様式や感じ方の変化を、まず大学の世代である学生について簡単に述べてみよう。

私の若い頃の学生生活と現代の学生の生活とを比べると、皇帝時代には身分によって大きく異なる行動様式があったのに対して、第二次世界大戦後の世代には非常に平等な態度が目立つのが分かる。第一次世界大戦以前には学生の大半は団体の会員であって、学生団体は今でもそういう態度を教えているかもしれないが、学生団体は上下関係に応じて非常に異なる態度を教え込んでいることを考えれば、この違いは歴然としている。イギリスのパブリック・スクールの同様な関係で新入生が毎日、先輩の靴を磨いていたようなことはしなくても、新入生は先輩のためにいろんな世話をしなければならなかった。ビールを飲む作法によれば、先輩が乾杯するたびに、新入生はそれにならって飲まなければならなかった。気分が悪くなればトイレに行けばよかった。ドイツの大学には伝統的に学生の社交用の施設がなく、大学は「精神」だけに集中して、その他の人間的なことには無関心だったので、学生団体がかなり重要な補完的な役割を果たしていたわけである。

さらに、私の見るところでは、第一次世界大戦までは、学生の大半は父親から学資をもらって大学で学んでいた。それが、非常に特殊な社会的選別にもなっていた。統計に基づくまでもなく、第一次世界大戦以前はドイツの大学生の九十パーセントが裕福な中産階級の出だったと見られる。[14]それに対して、一九七八年のドイツ連邦共和国の大学生の父親を職業別に分ければ、次のようになっている。

労働者	一八・一％
サラリーマン	三四・六％
公務員	一九・五％

自営業者　二〇・五％
その他　七・二％

これは総人口における両親の職業別の割合とは一致していないが、一九一〇年と比べると、ここには力の配分がどのように変化したかが示されている。

詳しく見ると、学生では階層の違いよりも世代による違いのほうが大きいことが分かる。いろいろな変化が起こりかけているのかもしれない。現在のところでは、ドイツの学生の間に、戦争を体験した古い世代に対するその世代特有の不信感が広まっているのが認められる。詳しく分析するまでもなく、それは忘れたいと思われており、若い世代は自分には無関係だと思っている戦争やナチ時代のさまざまな出来事のせいだと考えられる。「われわれには関係がない」という感情が、「何か関係のある」古い世代から若い世代を引き離し、ますます引き離しているのである。古い世代は連邦共和国を深く信頼しているが、私の見るところでは、学生たちはそういう信頼を抱いているようには見えない。

新しい世代の非常に平等主義的な傾向は、特に学生の間での「きみ」という呼び方に示されている。そういう呼び方は、若い講師や教授にもある程度広がっている。一頃は教授にさえ肩書き抜きで、ただ「……先生」と呼びかけるのが当たり前のことだったのであって、――それは明らかな逸脱の傾向のあらわれであるとともに、教授との関係で学生の力が大きくなっている証拠である。この傾向が今度どう展開するかは分からないが、結局、大学で今後どう展開していくかは、連邦共和国の発展の全体にかかっている。連邦共和国で権威主義的な傾向が強まれば、大学でもそういう傾向が強まっていくことだろう。

特にオランダを取り上げたある論文[15]では、国家による規制を否定すべきものとみなしている多くの若い世代の間に、「社会的拘束から個人を完全に解放する」ことを望む声が非常に高まっていることが力説されている。しかし、若者が意味のある課題を自分で見いだそうとしていた昔とは違って、

「解放を求める世代には、個人的な自己充足や自己実現を集団または社会的運動のなかに求める強い傾向がある。この点では、ここに見られる強い個人主義的傾向には、政治的あるいは文化的なリベラリズムとはまったく別の性格がある」。それゆえ、「集団や運動のなかでの生活を個人に無理に押しつける拘束は、個人的自由への幻想的期待を絶えず……妨げることになるだろう」。

一般化しないように注意していても、ここには逸脱と密接に関わりのある問題が認められる。かつての――学生組合、学友会、体育クラブなどの――学生団体の高度に形式化された組織やその階層的な権威主義的形態と、今日の学生に見られる平等主義的な組織形態を比べてもらいたい。そうすれば、その違いが分かるとともに、現代学生のこういう努力が突き当たっている特殊な困難も見えてくるだろう。平等な集団を作り上げようとしている今日の若い人々の連合は、多くの場合一つの階層化にゆきつく。そして人間の共同生活はすべて、共同して生活する者を拘束するものだから、この事実を認めずに（ありもしない）拘束のない生活を実現しようとする連合は、不可避的に幻滅に終わる（と言っていいだろう）。

世紀の変わり目の頃のドイツの学生団体と比べれば、当時と現代との世代の関係の違いの重要な点が明らかになる。特に目立つのは重要な二点である。すなわち団体の衰退、つまり団体から自由な学生の勢力増大は個人化の大きな動きであり、コンパの無礼講でも会員を自由にさせなかった形式的な集団的訓練からの解放である。非常に個人化した若い世代は自分の将来のためにもはや先輩の保護を頼る気はなく、先

輩を頼るどころか先輩世代と平等な地位を求めた。一連の複雑なファクターが働いて、二つの世代の間で若い世代へ勢力が移っていった。この点では、大学の男女学生への国家補助が充実したことと、国家社会主義に協力したために、一般的には敗戦のために、代表者に限らず古い世代の多くの人々が非難の対象とされたことが大きな役割を果たしている。だがこれはほんの一例にすぎない。完全になくなることのない世代間の争いで戦後若い世代の力が増大したところには、さまざまなファクターが複雑に絡み合って働いたのである。

こういう状況によく見られることだが、若い世代の代表者のなかには、勢いを得るとともに自分の力を過信している者も少なくない。彼らが現実にもっている力がこれまではほとんど無視されていたが、彼らはいまや望むものは何でも手に入れられると考えている。以前は古い世代が若い世代に対する優位を形式的な行動様式で示していたが、いまや現在の若い世代の代表者たちは、世代間の争いだけでなく人々との交際においても、形式ばったことはすべて壊そうとしている。六〇年代や七〇年代を振り返れば、期待ばかりが過剰になり、しかもその期待が実現されなかったために、事態の推移とともに多くの人々が苦々しい幻滅を味わったことが思い出される。期待ばかり膨れ上がった無益な勢力争いのために、騒然たる争いが収まっても社会的発展は以前の形式化の段階へ戻ることはないという単純な事実が被い隠されてしまう。しかし夢想は実現されず、世代間の勢力分布も、世代間の争いが大々的に始まったときと全然変わりがない。

そのことが特に明らかに現れる領域は、未婚の娘と両親との関係であり、一般的に言えば、若い女性と古い世代であるその家族との関係である。形式化または逸脱の型や世代の力関係において今世紀に起こったあらゆる変化のうちでは、未婚の若い女性の力の増大が最も顕著で影響の大きい変化の一つである。二十世紀の初期までは、こういう女性の生活は多くの市民階級や貴族の場合、もっぱら家族によって規制されていた。そうした階層の若い娘に可能だった個人的な自己規制の範囲はごく限られたものであった。年長者による規制が、彼女たちの生活を全面的に取り囲んでいた。家族を離れた若い娘と一緒に部屋にいたり、二人だけで通りを歩いたりするのは非常に不作法なことだった。婚前性交は体面を重んじる女性に生涯にわたる恥辱を与えた。ゲルハルト・ハウプトマンの悲劇『ローゼ・ベルント』は、立派な農家の美しい一人の娘をありのままに描いている。男たちが狩りでもするようにその娘を追い回し、娘は一人の男の誘惑にかかって、そのため自分と家族に与えた恥辱のために倒れてしまう。忘れてならないことだが、このような両親や教会、国家や仲間による若い女性の行動や感情に対する規制も一種の形式化であった。そういう規制は当時の世代や男女の間の力関係に対応したものだったのである。

百年もしないうちに、明らかに根本的な変化が起こった。今世紀も終わりに近づいた今日では、若い娘が若い男と一緒になって子供が出来ても、多くの場合、両親にも若者たちにも恥辱になることはない。発展した社会のどの階層や領域にも同じようなことが起こっているわけではないが、この点での逸脱の現象は明白である。しかし論議される場合でも、実際に変化したのは何であり、その変化の構造はどのようなものかが曖昧な場合が少なくない。規則の消滅だけが変化だと考えられていることも珍しくない。変化は社会を維持する行動や感じ方の基準が弛緩したことのあらわれとしか思われていないのである。こういう見方では、現実の事態を正しく捉えることはできない。若い未婚女性の生活を規制している社会規範が変化したことは疑う余地がなく、そこには決断や規制の重荷が、両親や家族ではなく娘自身にかかっていることが示されている。世代間の関係についても自己規制が社会的に重視されていること、言い換えれば、個人化の現象が起こっていることが重要なのである。こういう変化を脱文明化と見るのは文明化理論に関する一つの誤解である。

B　決闘を許された社会

1

社会的階層の形成にはいろんな側面があるが、特に一九〇〇年頃のドイツには、よく知られていながら科学的考察や体系的研究では無視されがちな側面があった。社会的な階層形成の問題を研究する際の——職業や階級で所属階層を決める——科学的研究の二つの顕著なタイプを考えてもらえばいい。職業と階級という二つの基準は、階層を分けるうえで不可欠ではあるが、実際に見られる上流と下層との分け方を捉えるにはいずれも不十分である。その分け方を捉えるためには、ある社会で力も地位も異なる人々が、自分自身や他人をどう分類しているかをぜひ見なければならない。

社会を単に「彼ら」という第三人称複数で捉えて、社会のなかでの人々の階層化の仕方を表わす階層化の基準のほかに、研究者が第一人称複数と第三人称複数との体験を検討して、研究される側自身のパースペクティヴを自分のうちに再構成することによって得られる基準がある。[16] 特定の社会で共同生活をしている人々が自分自身や他人の社会階層での段階について抱いているイメージを、研究者のパースペクティヴでの階層化の基準と総合して、包括的なモデルを作った場合に初めて、そのモデルがその後の研究を実り豊かなものとする。当事者の階層化の体験そのものが、階層構造を構成する要素の一つだからである。階層化の経験の構造を視野に入れ、つまりパースペクティヴしだいでは階層化を歪めたり妨げたりすることを視野に入れている場合に、研究者は観察される事態に概念を一致させることができるのであって、そうでないかぎり、研究者は客観的モデルと主観的モデルとを対立させるだけで、研究によって現実を干涸びさせることにしかならない。

経済的分類という階層化のイメージは、重農主義者が最初に作り上げたもので、後にマルクスが綱領として定式化したが、そういうイメージだけに頼っていると、生産手段の所有の有無だけで、ドイツ帝国の社会的階層化が決められたように思いかねない。そうなると、当時の勢力の差異や社会的な上下関係を、財を生産し配分する「経済的な」特殊階層である企業家と労働者との関係という基準で理解せざるをえなくなってしまう。そのときには、資本を有する企業家をドイツ帝国で社会的に最も有力で地位の高い階層とみなすほかないように思われるかもしれない。だがそれは、一八七一年から一九一八年までのドイツ社会の適切なイメージではない。

当時の社会の人々がいかに多様な社会階層に分かれていたかを見れば、企業家とか大商人や銀行家その他の集団が最高の階層だったわけではないのは明らかである。高級官僚や市民のほうが、豊かな商人よりも社会的に断然優位に立っていた。弁護士や医者のような大学を出たやや豊かな者のほうが、大学を出ていないはるかに豊かな商人や企業家よりも社会的な身分は高かった。財力のある資本家なら大学を出ていなくても、資力のない大学卒業者よりも社会的に有力だったろうと思われるかもしれない。しかし、そういう考えには十分用心したほうがいい。交際における階層のランクづけである社会的序列のイメージは、彼らの間の実際の力の落差と異なることはめったにない。たしかに過渡期には、階層の順位のイメージが力の順位と食い違っていることがある。過渡期に見られるそうした食い違いを除けば、当事者である階層がもっている地位の序列のイメージこそ、彼らの間における現実の力の配分を示している大いに信頼できるメルクマールなのである。

ドイツ帝国の「上流社会」での人々の社会的地位の基準としては、今日とは違って、そのほかに家柄、つまり両親や祖父母の社会的地位が挙げられる。役人や軍人の場合は、家柄は最初から問題ではない。大学出身者の場合にも問題ではなかっただろう。ほどほどに裕福な家族しか息子を大学に行かせられないのは当然だと思われていたかもしれない。父親自身は上流階級に属していなくても、学友会や学生団体の入会儀式に合格すれば、その事実が——後には学位が——さほどでない家柄の出であることは忘れさせてくれた。しかし帝国の「上流社会」では、豊かにはなったが大学出ではなく軍人になったこともない商人や企業家の場合は、「下層」の出の「成り上がり者」「成金」という汚点が消えることはなかった。

「資本主義社会」という概念を広い意味で使う場合に見られるように、一八七一年以降は、財力のある資本家が社会的に最も強力なドイツ社会最高の階層だったわけではない。ドイツが国民国家になるのが遅れたために、ドイツにおける大ブルジョアジーの富の発展も、近代としてはかなり遅れた。現代の知識レベルでは、十九世紀後半の豊かな商人や企業家のどれだけが、「成り上がり者」と呼ばれた大ブルジョアジーの第一世代だったか簡単には言えないが、彼らがかなりの割合を占めていたと考えてもそれほど見当違いではない。とにかく、一九一八年までのドイツ帝国の社会構造では、高級官僚や将校や外交官の地位をほぼ独占していたのは「古い」世代の代表者たちだった。彼らは社会的力においても社会的地位においても「資本家」を明らかに凌いでいた。ハインリッヒ・マンは彼の小説『臣民』で、貴族の出である国家代表と企業家との関係を戯画化している。総理大臣のような国家当局を代表する貴族は格段優れた者として、企業家は力の劣る部下として描かれている、力の落差についてもありのままの記述が見られる。

一つの例をとって、十九世紀後半から二十世紀初頭にかけての、ドイツにおける力や地位の序列を当事者自身がどのように見ていたかを眺めてみることにしよう。『新入生』[17]というヴァルター・ブレームの学生小説から引いてみる。

マールブルク市民は、「社会」と「社会」以外の者という二つの階層に分かれていた。個人や個々の家族がどの階層であるかを見分けるごく簡単な目安があった。〈ムゼーウム〉という団体のメンバーが「社会」であり、この団体に入っていない者は資格のない生き物だった。この団体に所属していたのは、官庁や大学や市役所の関係者か狙撃大隊士官か民間の大学出身者か豊かな商人たちであった。学生たちは安く特別会員資格を得られたので、学生組合や学友会や同郷人会や大学の体育クラブに所属する者は、例外なく〈ムゼーウム〉会員たる資格があった。

「社会」の内部にも多くのもっと小さな団体があり、細かな点では競争もあったが、そういう団体には大体において、最初は急激で後は緩やかな下降線を描く社会的序列があった。

団体所属の若い学生はそういう序列の特定の最高の階層だけを頼りにすべきであることを、入会式のたびに新入生訓練係から叩き込まれた。そういうわけで、〈ムゼーウム〉の最初の集会に行ったときにも、すでにヴェルナーは、気に入った娘と決して踊ってはならないことも、その娘が団体の出入りしている世界の女であるかどうかを、自己紹介するまえに会員に毎回知らせなければならないことも心得ていた。しかし、彼はまだ人生をあまり知らなかったので、快楽や刺激を求めていい範囲についての厳しい制限をそれほど窮屈とは思わなかった。彼はしだいにキンベル族になっていたので、〈キンベル族の女性〉としか踊らないことを当然と思うようになっていた。彼のゲルマン人的感情にとっては、キンベル族以外の女性は、古代ローマの市民にとっての縁もゆかりも（commercium et connubium）ない異国の女性と同じくらい問題にならなかった。

この叙述には、一九〇〇年頃のドイツの小さな大学都市の――上流階級から見た――社会構成が非常によく現れている。批判的に使えば、小説も過去の社会とその権力構造を思い描くのに大いに役立つ。大小さまざまなドイツ都市のどことも同じように、マールブルクにも都市住民のなかでも際立った集団である「上流社会」が存在していた。上流階級の人々はネットワークを作って、内心は競争心や敵意を抱きながらも自分たちを同類と感じ、自分たちだけで閉鎖集団を作って、他の人々は交際範囲から排除する力を十分にもっていた。こうした「上流社会」への所属の閉鎖性は、〈ムゼーウム〉のような小さな団体の一員であることのうちに示されていた。特に会の舞踏会や大きなダンスパーティのような会の催しに参加する権利をもつことは、「上流社会」に属する者からそれに属することを認められるか認められないかの、制度化されず目立たない境目を明確に制度化した識別基準であった。つまり〈ムゼーウム〉への入会許可は「上流階級である」ことの明確な印ではあったが、入会することで上流階級になれるわけでもその地位を与えられるものでもなかった。その地位は、小さな団体や学友会が結びついたその土地の「上流社会」のネットワークでの目立たない口コミによる意見の交換で決められていたが、その基準は、血筋や肩書き、職業上の地位や教養、名声や収入の高さなどであった。

マールブルクの〈ムゼーウム〉の会員とされたのは、まず官庁、大学、市行政機関、将校団体などに所属する者とその家族、都市の大学出身者や出身地団体の会員であった。もう少し範囲を広げると豊かな商人で会員になった者もいた。第二帝国における権力配分に応じて、ここでも国家の代表者たちが筆頭の地位を確保していた。経済界の代表である商人は力も地位も彼らよりかなり劣っていた。団体の若い学生が「団体が出入りしている」世界の女や商家の可愛い娘を好きになったりすれば、相当の抵抗を乗り越えねばならず、仲間の顰蹙《ひんしゅく》を買うだけだった。

したがって、――ブレームが赤裸々に述べているように――そういう世界にもいろんな段階があった。自分の擢《ぬき》んでた地位を危うくしないで誰と交際できるかは、団体への所属でだいたい決まっていた。団体への所属が個人を「上流社会」の一員であり、広い意味ではドイツ支配階級の一員であることを示すものであった。団体に所属していないことは、権力ある地位につくことも上の階級と交際することも禁じられたアウトサイダーという烙印を押されているも同然であった。

2

「上流社会」は特殊な社会階層である。それはどこでも支配階級に相応のものとして形成され、支配階級に属する個人や家族の社交界であり、世代を超えて独占的な地位を保持することのできる階層である。宮廷社会は「上流社会」の一つの特殊な形態であった。たいていの独裁体制は「上流社会」を形成するには若すぎて不安定である。だが、国家社会主義のドイツにも、またそれ以上に安定したソヴィエト連邦にも、こういう階層が形成される素地が見いだされる。イギリスでは、宮廷が最近まで序列のトップに立ってそれを統合する中核だった(『タイムズ』紙の「宮廷欄」が掲示板の役目を果たしていた)が、そこには長い伝統のある「ソサイエティ」が見られる。国の統合が不完全であるか、統合が遅れた場合には、ドイツのように多くの小さな「上流社会」が発展する。その場合にはどの「上流社会」も他の「上流社会」

に優越することはなく、所属を示す行動基準その他の基準の模範になることもない。イギリスやフランスでは、首都の上流社会が地方のすべての上流社会より決定的に優越していたが、合衆国ではワシントンのソサイエティはそうした機能を発揮し始めたばかりだったのに対して、統一されたドイツ帝国では、短期間だけ限られた形で集約し統合する役割を果たせたのはベルリンの宮廷社会であった。

ドイツでそういう統合の機能を発揮していたのが、軍隊と決闘の掟をもつ学生団体だった。評判のいい学友会に入ることは、若者が一つの都市や大学都市に限らず広く支配階級に達するための登龍門だった。帝国内のどこにおいても、また地方の支配階級のなかでも、行動様式や感じ方が当時のドイツの上流階級独特の基準に従うことが、学友会に所属する者である証拠であった。それが、決定的なことだった。一八七一年から一九一八年までは、場所による違いはあっても、上流社会の人々の間に同じように広まっていた特殊な行動様式や感じ方を教え込むことが、決闘を掟とする学生団体の主な役割であった。それらの団体に共通の基準が、似ているがニュアンスの異なる将校教育の基準と結びついて、第二帝国時代のまだ統一されていなかったドイツの上流階級の行動様式や感じ方を統一するのに大いに役立った。この二つの規則を結びつけていた中心的要素が私的な決闘の強制であった。

学生ならびに将校の基準は——実質ではなく機能に関しては——イギリスの紳士の基準に相当するドイツの基準であった。イギリスの基準は、土地を有する貴族集団の時代からさまざまな変化をへて徐々に他の階層に伝わったものであるが、こういう変化によって、上流階級の基準だったものが国民の大部分に吸収されたために、イギリス社会の発展の特徴だった社会的階層の境界はかなり緩くなっていた。ドイツと比べると、イギリスの紳士の基準にはドイツと異なる慣習や逸脱が明らかに認められる。十九世紀にはその違いは、当時のドイツの基準について認められる違いほど顕著なものではなかった。要するに、時代とともにイギリスの慣習は緩み、イギリスの逸脱はドイツ以上に公然たるものになっていった。それは、部分的には、国民的な基準の根源の一つだった陸軍将校の戦士の基準が、ドイツほど機能していなかったことに関係がある。イギリスでは、決闘に一種の共感を抱いていたアルバート皇太子が生きていた十九世紀半ばには、陸軍将校の基準からさえ決闘の強制は消滅していた。イギリスでは十七世紀以来「海軍」——l'armée navale, the Navy——が、防衛と攻撃の力では陸軍より優位に立ったという事実が、その点では重要なことであった。

大陸のほとんどの国々と同様に、ドイツでは国家が分裂し、国土が繰り返しヨーロッパの戦場となったこともあって、発展はイギリスとは異なる経過をたどった。特にプロシアとオーストリアでは、「名誉」ある身分の高い階層の特徴だった戦士の道徳通念や私的な決闘の強制が、二十世紀まで重要な役割を果たしていた。フランスのような他の大陸諸国と同じように、国家の法律や法廷に訴えずに自ら体を張って名誉を挽回する決闘という貴族の慣習が、台頭してきた市民階級の間にも広まっていた。それとともに、道徳通念や決闘が訓練の手段となると同時に、決闘の傷痕は学生が支配階級に受け入れられ、ドイツ帝国の高い地位につく可能性を示す一種の所属証明ともなった。

上に述べたように、一八七一年以後もまだ極端な分裂状態にあり、統一されていなかったドイツ帝国では、学生団体や学友会が国家統一にとって重要な役割を果たした。学生団体や学友会は、ドイツの多種多様な地方からきた人々に、学友会内部での階層の違いはあっても比較的同じような特徴を与えていた。モデルを与える首都のソサイエティもなければ、イギリスのパブリック・スクールのような統一的な特徴を与える教育機関もない、統一の遅れたドイツでは、決闘を掟とする学友会が（将校団とともに）上流階級に共通の行動様式や感じ方を与える場として機能していた。学友会が与えようとしたのは、まさに行動の独特の原型にほかならなかった。ドイツの多くの国々や都市の上流階級と同じように、種々雑多な上流階級は一つの大きな決闘を許された社会を作り上げていたと言っていい。その社会は、他人から侮辱されたと感じた場合には、その社会の誰に対しても武器を使って名誉挽回を求める特権を有し、逆にこの社会の他の人が名誉を汚されたと感じた場合には、決闘を受けて立つ義務を有する人々の社会であった。

　暴力の独占が進むにつれて、昔から戦士社会に特徴的だった人間関係の形式は、共同生活の多くの領域でしだいに衰えていったが、ドイツ社会では、他のいくつかの国々と同様に、有力な階級に属する印として二十世紀まで、そういう形式が生き続けていた。肉体的に弱く武器にも長けていない者に対して、肉体的に強く暴力手段も使える者が無理やり最高の名誉を獲得することを認める戦士の基準が、今日の祖父母の世代の時代まで決闘という形で維持されていたのである。その後、特に高度産業国家では、肉体的な強さや武器を操る手腕は、地位や人望にとって以前もっていた意味のほとんどを失った。他人を自分の意志に従わせるために、武器を使っても使わなくても、暴力をふるう者はふつうあまり尊敬されなくなった。昔はそうではなかった。どういう戦士社会（たとえば古代アテネの社会）でも、争いに勝ったり、場合によっては人を殺したりして、闘争で肉体的な強さを証明することが人望を得るための不可欠な要素だった。しかし現代の軍事的伝統は、肉体的暴力を使う訓練をできるだけ、自国以外の人々に対する暴力に限ろうとしている。決闘は、社会内部でも争いで暴力が広く使われ、弱者または下手な者は強者の言いなりになっていた時代の遺物なのである。

　争いごとを解決する手段に決闘を用いる伝統は、国家の中央君主が支配領を平定して、領内で暴力を行使する権利を自分と自分の代理人だけに限ろうとした時代、言い換えれば、中央君主が暴力行使の独占を示そうとしていた時代に遡る。中央君主はそのようにして、社会的弱者である下層民との関係においても同格の者との争いにおいても、自分の国の戦士貴族から彼らの最も重要な武力を奪っていた。だが君主に服した戦士階級の間には、強大化する中央君主に対する抵抗や反抗の印として、少なくとも自分たちの間での個人的名誉に関わる争いを、集権化した国家の法律の求めに従って中央君主の裁判に訴える代わりに、国家的には禁じられた暴力の個人的行使を決闘という形にして決着をつける慣習がしだいに広まっていった。同じ地位にある者同士の決闘という慣習は、しだいに国家装置に統合されていく戦士貴族が、同じような状態にある上流階級と共有する感じ方や行動様式のいわば最後の賛美だった。そこでは、「束縛装置と国家の法律は不穏な大衆の間に秩序を維持するために有効である。しかし戦士であり支配者たるわれわれは国家秩序を堅持する者だ。われわれは国家の主人なのだ。われわれは、われわれ自身が定めたわれわれの規則に従って生きる。われわれには、国家の法律は通用しない」と考えられていた。

ドイツ帝国でも、私人による武器使用と決闘は、真剣な場合も遊びの場合も深い傷を与えがちであるため、法律によって禁じられていた。決闘は国家による暴力独占への明白な違反だったが、上流階級の人々が自ら自分に課した彼ら特権階級にしか通用しない規則に従って、個人的な問題に決着をつけようとする最後の逃げ道であった。しかし、一八七一年から一九一八年までのドイツでは、権力ある重要な地位は、決闘を許された社会に属する者によって占められるか、彼らによって統制されており、国家による暴力独占に対する私人の侵犯を処罰する法律の番人自身が、法律を破る特権をもち、決闘を許された社会に属していた。このため、決闘の場合には犯罪者に対して、警察のような国家権力の執行機関が動員されることはなかった。官庁の負担を軽くし、決闘による国法侵害を見逃すために、——おそらく許された暴力行使を国民大衆の目につかないようにするためにも——、決闘は関係者以外は利用できない村の特設の納屋とか、ピストルでの決闘の場合には森の空地といった場所で行われた。だが、それは無論ほとんどあらゆる人がよく知っていることだった。

3

本論の最初の部分に示したように、慣習と逸脱との落差の構造は、社会の権力の落差の構造と密接に結びついている。二十世紀の七〇年代のドイツ連邦共和国と比べれば、一八七一年から一九一八年までのドイツ帝国における慣習と逸脱との落差は非常に大きかった。だが過去は決して単に過去ではない。過去は――状況に応じて強さは異なるが――規定する要因として現在にも影響を与えている。しかも、それは盲目的に引き継がれてきた伝統の重さによるだけではなく、いかにねじ曲げられ歪められているにしても、社会の過去の段階のイメージは現代人の意識のうちに生き続け、人々が自分を他者として見る鏡の役目を果たしているからである。そこで、一八七一年と一九一八年との間でのドイツの発展の構造的特性をいくつか指摘しておいたほうがいいだろう。それらはドイツ人の行動様式や感じ方の発展だけでなく、ドイツ人の慣習と逸脱との落差にとっても重要なものである。

ドイツ国家の政治的統一、プロシアの国王をドイツ皇帝に抜擢したこと、プロシアの首都だったベルリンをドイツ帝国の首都にしたことは、諸地方の地域的な上流社会の統合やその行動様式や感じ方を一挙に統一したわけではない。しかし、それは上流社会の統合にとって制度的な枠を作り出し、それが統一ドイツの上流階級が形成される大きなきっかけとなった。

ドイツの伝統的な上流階級は、その特有の帰属感からして独自のものであった。つまり、彼らの忠誠心はあらゆる意味で各州へ向けられていて、帝国には向けられていなかった。ビスマルクの忠誠心はまず第一にプロシア国王に向けられていた。ドイツの国家統一を旗印にする都市ブルジョア集団はいたが、その目標への彼らの努力はおのずから、数世紀にわたるブルジョア集団と貴族集団との支配的地位をめぐる階級闘争と結びついたものであった。ドイツの国家統一は、ブルジョアジーの先駆者たちの目には、貴族の支配的地位を打破するための一歩——民主化への一歩——と見えていた。だが、主権を有する多くの国家に分裂していたこともあって、ドイツの市民階級にはそれに必要な力が根本的に欠けていた。その結果、ドイツ社会の発展にはきわめて逆説的な状況が生まれた。すなわち、ドイツの市民階級の先駆者たちがこの目標を達成するための戦いに失敗したのは、何よりも諸侯ならびに各国独自の貴族がブルジョアジーの階級闘争の目標を正しく見届けていたためであり、また分邦体制であるために、伝統的な上流階級の力が中流階級の力よりはるかに大きかったからである。ところが特にドイツと他の諸国とが競合する国際関係のダイナミックスとの関連もあって、分邦体制の代表だった貴族が、ドイツの分邦体制を終わらせることになったのである。

こうして新たに統一されたドイツ帝国内では、ドイツの伝統的な上流階級である諸侯および貴族が優越していた。そして統一が棚ぼた式に実現してしまったために、ブルジョアジーの先駆者たちは、彼らの階級的な目標である貴族からの権力剝奪、ドイツ社会の民主化を実現することができなかった。こうした逆説的な状況が、ドイツの発展全体にとって重大な結果をもたらしたのである。古い上流階級はドイツ諸国における自分たちの役割についての伝統的な考えを、新しい統一された帝国における自分たちの役割にもそのまま持ち込んだ。彼らは以前同様に、自分たちがドイツの本来の権力者であり、まさにドイツの体現者だとみなし続け、かつてのドイツ各国と同じように、それを当然のことだと考えていた。彼らはドイツ領内における生来の上流階級としての自分たちの伝統を維持し、ドイツ統一やそれに伴う市民階級と労働者との統一が、いずれは社会組織における自分たちの従来の地位をおびやすようになることに対応しようとはしていなかった。

統一とともにほとんど自動的に、ドイツは自分以上に古いヨーロッパの強大な社会に対して、急速に追いつき追い越そうという過程に突入した。つまりドイツは、そういう競争の重圧のもとに急速な近代化過程に吸い込まれ、それが経済的な専門家集団である実業家や貿易商であるブルジョアや、生産にたずさわる労働者集団を台頭させることになった。こういう状況では、長い間支配的だったドイツの無力さについての痛切な感情が、自国は強力であるという激しい感情に一変したのは当然だった。皇帝や貴族は自分たちはドイツの当然の支配者であるという考えが、自分たちがドイツの統一に重要な役割を果したことによって確証されたと思っていた。ドイツが戦争に勝ったおかげで実現したことが、この社会における貴族階級の将校ならびにすべての軍人の特権をいちだんと強化した。

この新しいドイツ社会の市民階級の力が強まったという事実が考慮されていなかったわけではない。しかし、商人の活動は必ずしも名誉あるものではないという戦士貴族の伝統的な確信が、皇帝の宮廷社会にも貴族階層にもまだ十分に生き残っていた。今世紀初頭にも『ドイツ貴族新聞』は、商人階層に対抗する小さなキャンペーンを展開していた。大土地所有と産業との間に繫がりがあったが、地位の高い貴族では特に、営利業は貴族の地位にふさわしくないという考えがそのまま生き続けていた。そして、そういう職業の代表である市民階級への烙印は相変わらず残っていた。たしかに帝国の宮廷社会は以前よりも広く市民階級の人々に開かれたが、宮廷社会に属したのは、何よりも大学教授や特に著名な学者を含む高い地位にある役人であった。宮廷社会にふさわしいとされた者がまず大学出身者だったのを見れば、そういう関係での重要な結びつきがいかに重視されていたかは明らかである。

新たに統一されたドイツ帝国は短期間しか存続しなかったが、その間にすでに述べた独特の構造を有する上流階級が徐々に形成されてきた。ドイツの特殊な発展に基づいて、あらゆる領邦や都市にはそれぞれに独自の上流階級が存在していたが、上流階級に所属することの基準は統一されていった。貴族がブルジョアより優位に立っていた従来の序列が完全に保たれていたが、しだいにブルジョアや貴族が上流階級に含まれるようになった。その際の前提は、ブルジョアが決闘を許されていること、つまり、侮辱されたときには武器を手にして汚名を晴らすことができるということであった。それが許されるのはだいたい、ブルジョアが予備将校であっても将校であるか、重要な団体の一員であることだった。名誉ある決闘という基準が唯一の基準だったわけではないが、決闘を許されたという統一的な所属基準が、ドイツ帝国の政治的統一の後で徐々に生まれ、ブルジョアが統合されてかなり拡大したドイツ社会の上流階級の最も顕著な特徴であった。[18]

皇帝の宮廷に形成されてきた宮廷社会が、決闘を許された社会の最高の地位を占める統合の中心をなしていた。[19]宮廷社会での軍人の大きな役割を考えれば、それに属する男たちが共通の道徳通念に縛られていると感じ、お互いの交際では通念に従って行動すると思われていたのは当然だった。この大きな宮廷社会に属する人々は、少なくともお互いに名前や評判を知っているのが普通のことだった。

すべてのドイツの貴族も同様であった。貴族たちが個人的な知り合いでなくても、貴族たちはドイツ中どこへ行ってもお互いを間違えることはなかった。予備将校を含めて将校たちは所属連隊によって身分を証明し合った。職業や肩書きで身分を明らかにできない場合には、大学卒業者は自分が属する団体によって身分を明らかにした。決闘の傷痕を見れば一目で所属団体が分かった。地位の高い貴族から予備将校や地方の大学卒業者まで、こうした人々はすべて決闘を許されていた。商人はいかに豊かであっても、別の資格がないかぎり決闘を許されなかった。決闘を許されていないグループには、さらに商店主や手工業者、労働者や農夫、ユダヤ人が含まれていた。十九世紀にはユダヤ人でも学友会に入ることを認められた者たちもいたが、十九世紀末になると、彼らは公式に学友会から排除されてしまった。

皇帝という社会的地位は、その地位にある者にパレードの主役とか国家統一の象徴のような、大衆の父親という形の権限を与えただけではない。その当時、その地位にある者にはもっと大きな権限が与えられていた。その地位にある者は軍最高司令官として、国家による暴力独占のかなりの部分を掌握していた。だが彼は高いところから眺めていたために、軍隊が国民皆兵の義務に基づき、戦争が国民全体の動員を求めることが、大衆の力を強化し、皇帝の権力を弱めることにほとんど気づけなかった。彼の同盟者やライバルだったオーストリアやロシアの皇帝と同様に、（ともかく身分の高い）皇帝は自分と利害をほぼ同じくする貴族である将校団の忠誠心にもっぱら頼っていた。だが、昔の貧しい農民や職人の息子たちからなる雇兵による戦争と、兵役義務についた各階層の人々による現代の戦争とは違っていた。皇帝や将軍たちがそのことを自覚していたかどうかはともかく、彼らにはこうした構造変化が彼らの指揮権や、戦時や平時における権限に与える影響に関する意識が欠けていた。国民大衆自身にもまだその自覚はなかった。その結果、専制という外見も生まれ、皇帝や将軍たちの伝統的な権力要求のほうが、（そういった外見を徐々に壊していった）一九一四／一八年の戦争までは、彼らの現実の権力をはるかに上回っていた。

それでも彼らの権力は、二十世紀初頭には、七十五年前の同様な地位にあったヨーロッパの各領主の権力よりはるかに大きかった。対外政策は皇帝の個人的決断や同情や反感によって大きく左右された。戦争や和平についての決定権は、最終的には皇帝が握っていた。国内政治に影響を与える皇帝の権限もかなり大きかった。帝国では政党が皇帝の任命した内閣を打ち倒すことも不可能ではなかったが、プロシアと同様に帝国においても、——警察を支配する内務大臣を含めて——大臣を任命するのは皇帝であった。皇帝には高級官僚を任命し認証する権限があった。つまり皇帝は文官による行政と軍隊との二本の柱によって支えられていたのである。少数の例外を除けば、そのいずれの柱においても、皇帝はプロシアの伝統に従って、中間的な地位にある貴族の上にトップとして君臨していた。部分的だが明らかに下層階級が圧力を増しつつある状況のなかで、身分の高い貴族も自分の屋敷から、その仲間は皇帝の背後から、ホーエンツォレルン家を時にはうらやましげに眺めていた。ドイツの貴族の大半はほぼ似たようなものであった。ドイツの貴族たちは一九一八年までは、内部の分裂はあったが、社会的階層としては強固な権力の地位に就く権限をもち、最高の社会的身分を求める基礎が固まったために、かなり大きな連帯感を抱いていた[20]。

社会的序列で言えば、貴族階級の次はブルジョアの高級官僚で、それはふつう法律家からなっていた。官庁の高級官僚の間では、貴族とブルジョアが密接に接触する機会が多く、ほとんどの場合、彼らは同じような位の職務に就いていた。プロシアでは、貴族とブルジョアとの関係で権力の移動が徐々に起こっていたが、それは進展する都市化と産業化がもたらした予期せぬ結果であり、貴族に比べてブルジョア官僚が確実に増えたのが目立つ[21]。社会的地位が貴族より低いブルジョア官僚のなかには、大学のあらゆる学部の教授もいた。それとほぼ同じ地位にいたのがプロテスタントの高位の聖職者と、一種の制約はあったがカトリックの聖職者たちであった。その次に、博士号で学問的業績を誇示するブルジョア官僚が続いていた。つまり、司法・行政の官僚だけでなく、ギムナジウムの上席教師もいた。大学を卒業して成功はしたが公職に就いていない多種多様な人々はその後であった[22]。

当時の上流階級だけでなくその仲間にとっては重要な団体、とりわけ士官候補生の団体や学友会は若者が上述の専門職、特に国務に当たる専門職に就くのに必要な性格を形成するための——大学による純粋に専門的——学問的な教育を補う——準備段階であると思われていた。そういう団体の教育はドイツ社会で上流階級に属するための教育だったのである。そしてこの時期の重要な団体での若者たちの共同生活の独特の特徴だった行動様式や感じ方は、多くの点でドイツ帝国の上流階級そのものの特徴だったのである。[23]

こうした上流階級とその基準の形成を理解するためには、上流階級における力関係が、大学の課題や学問研究の目標に関する支配階級の考え方にも影響していたことを指摘しておいたほうがいいだろう。現代では学校や大学を、若者たちが経済や貿易や産業で活躍しようという志望に合わせようとするある種の動きがあるが、ドイツ帝国では古来の伝統通りに、国務に就く準備こそ大学の第一の課題だという考えがまだ一般的だった。その考えに従って、学友会所属の学生たちは、自分は国民大衆を擢んでて社会上層部に登りつめる——つまり何よりも地位の高い公務に就くか、自由な専門職に就く——道を進むのだと思っていた。団体に所属する者たちが、商業や貿易や産業で活躍しようとするのはかなり珍しいことで、その方面での活躍はふつう、成功している家庭に生まれて、企業に確実に入れるような学生がめざす目標であった。学友会所属のブルジョア学生たちにも、帝国以来の伝統をもつ決闘を許された社会と同じ意味で、商業や商業の代表者を二流とみなす傾向があった。彼らは商人を社会階層のうえで自分に劣る人々とみなしがちであった。[24]

決闘を許された者たちの社会では貴族とブルジョアが段階的に階層化され、彼らは同じような社交形式をもち、相互の間には同じような自己規制の基準があった。その社会を構成していたのは武官と文官であった。武官の場合には、幼年学校から士官学校などの施設を通って将校になる道が開かれていた。一般市民の場合には、連隊を選ぶ余地はなかったが、連隊では少佐まで進むことができ、うまくすればもっと高い階級まで登ることもできた。特に優秀な連隊の最高の地位や中級の地位の多くは貴族が占めていた。文官の場合は大学を出て――プロシア以外の地域ではかなり違いがあったが――、国家行政の（行政、教育、司法といった）さまざまな分野で上級職に就き、最後には最高の地位に登る道が開かれていた。この二本の柱には数多くの横の繋がりがあり、それらが結び合ったピラミッドの頂点には、ドイツ政府や宮廷社会あるいは皇帝という個人が立っていた。

4

表面的に見れば、最後のホーエンツォレルン家の宮廷社会、特に皇帝ヴィルヘルム二世の宮廷社会は、――たとえば――ルイ十四世の宮廷社会と基本的には違いがないように思われるかもしれない(25)。厳格に守られる儀式、舞踏会やオペラ観劇や皇太子の結婚式といった式典は、その儀礼的な性格において二百年前のフランス宮廷にほとんどひけを取らなかった。そして、女性の化粧や軍人や文官の宮廷衣装についても同様であった。しかしながら、両者の間には非常に大きな違いがあった。ここでは、そのうちの二つが特に重要である。

国家統合までかなり連続的な歩みを続けてきたフランスでは、ルイ十四世が儀礼の伝統や宮廷組織の伝統の上に立って大きな権力で伝統をさらに発展させ、自分の目的のために利用することができた。ところがホーエンツォレルン家の皇帝には、プロシア宮廷のいささかみすぼらしい伝統しかなかった。皇帝となって手に入れた新たな富は新たな責務を課して、皇帝や皇帝顧問官は儀礼を挙行するにあたって、いろいろな点で新しい課題に直面せざるをえなかった。

もっと重要なのは政権の確保に関する違いである。フランスの君主制は――十七世紀中葉から十八世紀後半まで――国内でも外部からもほとんどおびやかされることがなかった。その高度の安定性がフランス貴族の指導的な人々を宮廷人としたのである。その安定性が当時の行動様式や感じ方の展開を支えた条件だったが、同時に行動様式や感じ方が固定する条件にもなった。ドイツ第二帝国で形成されつつあった体制はそれと比べると、はるかに安定性を欠いていた。その新しい体制は――それまでのプロシア王の宮廷の組織や儀礼を皇帝の宮廷としての新しい役割に合うように発展させねばならなかった。戦時に統一されていたドイツ帝国は隣国にとっては脅威だった。だがドイツ帝国にとっても、ドイツの脅威を感じていた国々が脅威であった。ドイツの統一によって国内的には経済が発展し、経済的発展は長期的に見れば、台頭してきた貿易や産業に携わる中産階級と産業労働者階級の勢力を、従来の君主制的な貴族体制とは比較にならぬほど増大させていった。

フランスに対して勝利を収め皇帝のもとで帝国として統一され、新しい大国となったことは、もちろん短期的には貴族体制を強化した。だが、産業労働者階級の勢力が増大し、その代表たちが彼らなりに権力を求めるようになった頃には、ドイツ中産階級の相当の人々が貴族と肩を並べるまでになっていた。一八七一年から一九一四年までの間に、ドイツの中産階級の大半が、特権を有する上流階級に接近していた。だが貿易やいわゆる商売に携わる代表的な人々は、従来同様に有力者から軽蔑されていた。有力者たちは相続や結婚によって得られた財産を尊重し、労働で得られた富を蔑視していたからである。貿易や商売を営む商人や工場主が不満を抱いていたのは言うまでもない。『フォス新聞』が特権階級とは反対の評価をすることがあったが、高級官僚や高い地位に就いた大学出身者など市民たちの大半は、宮廷や貴族の政治的、軍事的な指導に喜んで従い、熱狂的に従うことも珍しいことではなかった。彼らは新しい帝国の栄光にあずかる者と自認して、二流の階層という地位に甘んじていた。中間層はその名の示す通り――上と下に対する——二つの前線をもっていたが、それが一つの前線をもつ階層になったのである。その先端グループは上流階級の下層に達し、そこでは表面上、前線は姿を消した。それだけに、中産階級はもう一つの方向での戦いに全力を尽くし、その戦いでは、中産階級と上流階級の利害が一致していた。宮廷や貴族が力を増したのはこのためである。

それと同時に、従来は反宮廷的で社会的平等をめざしていた市民の基準のなかに、君主制の貴族的な基準がこれまで以上に強力に浸透してゆくことになった。君主制の貴族的な基準は、その基準を保ってきた階層の社会的地位や伝統に従って戦士的エートスに合ったもので、人々の間での不平等を維持し、強者を優者とみなして、過酷な生活の永続を認めていた。ナポレオン戦争(そしておそらくそれよりずっと後)までは、宮廷貴族や土地貴族が都市市民階級を厳しく排除していたために、ドイツの市民文化と宮廷文化が混ざり合うことはあまりなかった。そのため市民文化には、市民特有の性格がイギリスやフランスの場合以上に高度に保たれていた。[26] こういうドイツの発展過程の特質が一八七一年以前にどれほど変化したかは、今後解明すべき課題である。ともかく一八七一年以後、ドイツでは市民階級と貴族階級が著しく接近し、それに応じて、市民的な行動様式や感じ方のなかにこの時期の貴族の基準から生まれた評価や態度が浸透した。[27] ドイツの学生の儀礼決闘法と貴族の決闘法との統一はその一つのあらわれである。

ヨーロッパの多くの社会では、商人や労働者が社会的に台頭するにつれて、貴族的な行動様式や感じ方の要素が彼らの基準に入り込んで市民のものとなり、少し曖昧な言い方をすれば、国家社会の「国民性」と呼ばれるものの一面をなすものとなった。十八世紀から十九世紀にかけてのウィーン宮廷とパリ宮廷という二つの強力な宮廷に属していた地域の、女性の特殊な魅力やさりげない優雅さを見れば、もともと貴族のものだった基準が国民の行動や感情のモデルとなり、上流階級に限られていたイギリスの紳士の基準がイギリス国民の基準に広がり、市民の基準になったことがある程度分かってくる。ドイツ貴族、特にプロシアの貴族の行動様式や感じ方も市民の間に広がって、ドイツ人の国民性を構成する一つの要素になった。帝国が成立する以前にも、民衆の間にこういう特徴が広まっていたのは確かだが、ドイツ貴族には市民階級と距離を取ろうとする傾向があったため、ある階層の行動様式や感じ方は別の階層へは伝わりそうもなかった。帝国が成立した後、市民階層が――たとえば肩書きとか勲章を通じて――宮廷の貴族制になじむにつれて、貴族の模範が市民階級に流れ込み、スムーズに国民の模範となった。

ところがプロシアの貴族の行動様式や感じ方や、統一以前もドイツと呼んでよければ、ドイツの貴族の行動様式や感じ方には特殊な性格があった。十七、十八世紀にも、一種の宮廷貴族的な文化がたしかに存在していた。その行動様式や感じ方は、ヴェルサイユから形を変えながらヨーロッパ中の宮廷に広まり、市民の間にまで広がったものであった。だが、プロシアは比較的貧しい国であり、戦争に揺さぶられて、その世紀のフランス中心の宮廷文化から見れば周辺地域であった。皇帝フリードリッヒ二世はフランスを手本としてベルリンに宮廷を作り上げようと努力したが、それも格別の影響は残さなかった。プロシアは戦乱のなかで大きくなっていっただけに、度重なる戦乱によって、貴族の行動や感情においても、戦士の価値が宮廷人の価値よりも重んじられていたのである。

さらに、もっと別の事情があった。フランスで戦士貴族の運命を決定したのは、貴族と市民階級が十八世紀までずっとほぼ同じくらいの勢力をもちながら、両者の間には（ここでは詳しく述べる必要のない理由で）かなり大きな軋轢があったという事情であった。ルイ十四世のもとでこの状況は意図的に押し進められて、制度化された部分もあった。こういう状況こそ、フランスの諸王が大きな勢力を得た最も重要な条件の一つだったからである。この状況を利用して、王とその代表者たちは階層や身分の異なる人々を互いに反目させることができた。貴族との独特の結びつきを保ったまま貴族から距離を取ることができたおかげで、王は（王によって他のあらゆる者と同様に家臣にされていると不満を抱いている）特に危険な位の高い貴族たちを法律に従わせ、抑え込むことができた。イギリスでは、貴族階級と市民階級との間の緊張はすでに十七世紀中に減少し、そのどちらの階級も王権を制限できるようになっていた。そのためイギリスでは十八世紀には、複雑な緊張関係が発展して、王や宮廷が権力上の——最大のものではなかったが——一方の重心となり、貴族と市民のグループ（つまりgentry）は結束して、——より強力な——同様に重要な権力のもう一方の重心となっていた。

それに対してプロシアでは、戦士貴族は依然として貧しかった。他の諸国と同様に、戦士貴族は最初のうちは中央君主に抑え込まれていたが、常置の軍隊が出来上がるとともに、彼らは君主国の暴力独占の条件とも象徴ともなった。プロシアでも、土地を有する比較的自由な騎士的な戦士たちは、中央君主に仕える将校になった。だがプロシアは比較的貧しい都市を抱えていて、貴族と市民階級との勢力関係では貴族のほうがはるかに優勢で、両者の関係はかなり不均衡だった。ドイツのどの地域とも同じように、両者の間には非常に大きな社会的緊張があった。それに応じて、王／貴族／市民という三つの権力の重心の間の緊張は、貴族と王が暗黙に連合した形でバランスを取っていた。一方では、貴族は他の多少は集権化した諸国との対決では、世襲の王室を必要としていた。つまり、軍隊組織ならびに官僚組織の最高の調整者である統帥としても、貴族と市民階級との争いを解決し和解させる審判としても、王が貴族にとって必要であった。周辺の高度に集権化された君主国家との対決で暴露される、貴族のみによる支配の弱点は、選定侯国を備えたポーランドの貴族共和国に明白に示されていた。この理由からだけでも、貴族は王を頼りにせざるをえなかったが、もう一方では市民階級がかなり弱かったために、君主国家に貴族が大きく関与して、貴族が王に服従するという状況が生まれた。貴族は将校として王に仕え、宮廷や公務でも王に仕えていた。しかし同時に王も貴族に従っていたのであって、王は貴族の国内最高の身分としての優越を認めることを約束していた。王は暗黙の了解で貴族の特権の保護者となっていた。貴族は宮廷や軍務や行政において最高の地位に就くことを要求する特権を有し、息子たちの養育のためには中間職でも最高の地位に就くことを要求する権利をもっていた。

国境を守りきれず、国内ではつねに新たに戦争が起こり、国土は荒廃して、全面的な脅威にさらされている状況にあったため、戦士たちはあまり文明化していなかった(28)。国王による暴力独占が進むとともに、またそれと密接に結びついて社会が商業化し金銭を重視するようになると、戦士貴族が変化したのは確かであるが、その変化にもかかわらず、プロシア貴族の基準では、宮廷の基準よりも軍事的基準のほうがはるかに重んじられていた。

ドイツ帝国は、プロシアやバイエルンやザクセンの過去の要素である上流階級が入り込んではいたものの、特に伝統豊かであるわけでもなく、基本的に不安定で危険にさらされていた社会だった。このことを考えておかないと、地主や戦士である貴族集団と都市の市民集団が接近するにつれて、徐々にドイツの支配的な国民的基準となった行動様式や感じ方の特性を正しく理解することはできない。その背後には、ヨーロッパのもっと古い強大国の伝統豊かな力と比べれば、ドイツ地域が相対的に無力だった長い時期があった。帝国が成立したおかげでわずか数十年のうちに、劣等感は正反対のものに変化してしまった。特にヴィルヘルム二世時代のドイツの有力者は、内外の脅威にさらされていただけでなく、一種の成金であるために自分に自信をもてない不安定な指導者層であった。帝国の模範的な上流階級の状態や構造をこのように簡単にでも見ておかないと、たとえばドイツ人に顕著な慣習の特質も、それに伴う慣習と逸脱との落差の特色も捉えることができない。一八七一年以後、もともと宮廷にそれほど抑えられていなかった戦士貴族の行動モデルを、市民階級が大いに吸収した結果、そのモデルが、ドイツ人の国民性とふつう呼ばれているものを、正確に言えばドイツ特有の行動様式や感じ方の伝統を強く規定することになったのである。

5

貴族の社交だけでなく将校の階層制では低い階級の者においても決闘が果たしていた役割に、特にプロシアの中央君主と戦士貴族とのパワーバランスの発展の特徴をうかがうことができる。同じ集団に属する者の間での個人的争いは国王の権威ある決定や国王の裁判に委ねずに、国王による暴力独占を犯して、武器を手に自分たち自身の道徳基準の規約に従って調停しようとする貴族の要求は、すでに指摘しておいたように、最高の階級であるだけでなく国家の体現者であるという貴族の自覚の象徴的なあらわれにほかならなかった。そういう者として有力者を代表する者たちは、自分たち自身の規約や行動基準や生活術に従っていた。彼らはある点では国法を犯す権利があると考え、国法は国王に服従した民衆を規制するためのものだと思っていた。特に位の高い貴族は、相続財産を維持することができさえすれば、自分は実際には君主の部下ではないと考えていたのである。(29)

たしかに、ヨーロッパの他の国々の上流階級も、二十世紀初頭までは、貴族的な道徳基準の規約は国法に反する場合でも、拘束力のあるものだと考えていた。だが、ほとんど他のどの国でも、オーストリアを含むドイツ地域のように、一九一八年になっても上流階級だけでなく中間層の上層部でも、また貴族や将校団だけでなく、市民である学生団体や大学出身者でも、決闘が道徳基準の中核をなしていた国はない。

しかも決闘は昔の時代の特殊ななごりとして、そういう役割を果たしていたわけでもなかった。決闘の意味は二人だけの暴力的な果たし合いに限られるものではなくなった。決闘の意味は、決闘がいつどこでも弱者に勝る力を強者に与え、防衛に優れた者に防衛に劣る者にまさる力を与えうる不気味な可能性であるところにあった。それゆえ強者は自分の優越を意識して、和解や弁解という形式を拒否することができた。

言い換えれば、決闘は平和でなかった昔の社会に普及していた社会戦略的な行動の特徴をなすものだったが、その後、儀礼として形式化されて、はるかに平和になった後の時代の社会でも、中央君主や国家による暴力独占を犯すものであるにもかかわらず、生き続けていた社会戦略的な行動の特徴ともなったのである。決闘は、貴族や将校団員とか重要な市民的学生団体の会員やその先輩たち——つまり決闘を許された階層——という特定の社会階層の人々を、国民大衆から際立たせるものであった。そのために彼らは特定の場合には、たとえ殺人に至ることがあっても、形式に従って暴力を行使することを義務とする特殊な規範の強制に従った。こういう形で、先に示唆した戦士階級に典型的な社会戦略が維持され、肉体的な強さや進んで戦う覚悟や、最高にではなくても高く技量を評価する一種の価値尺度が維持されたのである。それに応じて、その他のもっと平和な形の競争や交際の仕方、特に言葉による説得という対決の技術は過小評価されるか、まさに軽蔑すべきものとみなされた(30)。

十九世紀半ばの一つの挿話には、伝統的なプロシアの力関係のもとでは、国王やその執行機関たる警察さえも、貴族の道徳基準や形式化されていても不法な暴力行為に屈するほかなかったことが端的に示されている。

一八四八年、領主である男爵の令嬢と結婚していたフォン・ヒンケルダイ氏はベルリンの警察署長になった。彼は忠実な生一本の男で、国王の見るところでは、当時の民主主義的扇動に対してまさに適任で、扇動者たちに厳格な国法を思い知らせる男だと思われていた。彼は法律の代表者として、貴族が反対するところでも法律を適用することが自分の義務だと考えていた。賭博クラブで遊ぶのは、貴族たちの歓楽界の習慣となっており、それは非合法ではあったが、それまでは身分の高い者たちがクラブに行っても、警察はそれを黙認していた。ところがフォン・ヒンケルダイ氏は、断固たる処置に出る決心をした。ある夕方、彼は自らある貴族の賭博クラブを閉鎖させるのに加わった。その際に、彼はフォン・ロホウ゠プレソウ氏と争い、その貴族は彼から侮辱を受けたと感じて、彼にピストルによる決闘を申し入れた。「ある目撃者によって」書かれた誹謗文書にその出来事が述べられている。[31] 目撃したのは、ヒンケルダイを何度も治療したことのある医師ルードヴィッヒ・ハッセル博士だった。

ハッセルは「一八五六年三月九日に、当時警察長官だったパツケから、三月十日の朝〈医学上の名誉ある用件で〉上席枢密顧問官ミュンヒハウゼン男爵のお宅に包帯資材をもって行くように頼まれた。そこで二台の車でシャルロッテンブルクへと赴いた。最初の車にはヒンケルダイとミュンヒハウゼンが乗り、後の車にはハッセル博士だけが乗った。車はシャルロッテンブルクの街道沿いの宿の近くで止まった。そこでわれわれは老齢の警察署長であるマース博士に会った。車を走らせる前にヒンケルダイは博士と少し言葉を交わした。そこから急いでケーニヒスダム営林署宿舎を過ぎて、シャルロッテンブルクの処女林と称される林へ向かった。林を抜けてから、出会いの場所へ歩いて行ったが、そこにはフォン・ロホウ氏が介添え人と一緒にもう待っていた。だが、審判人である貴族院議員フォン・マルヴィッツがまだ来ていなかった。彼が現れたのは十五分後だった。――河船を通すために橋が上げられたために遅れたのだった。

決闘は型通り始まった。マルヴィッツがもう一度和解させようとしたが——無駄だった！」。ハッセルの報告によれば「ヒンケルダイの身も心もひどい状態で、この不幸な男は不吉な予感を抱いて、哀れな妻と七人の子供たちのことを思わずにおれなかった」。決闘の始まりに、ヒンケルダイのピストルは故障していたので、彼は二つ目のものを渡してもらった。そうして射撃が起こった。「ロホウは無傷だったが、ヒンケルダイは半円を描いて、ハッセルとミュンヒハウゼンの腕のなかに倒れ込んだ。二人は彼をそっと地面におろした。ハッセルには傷が致命傷であるのがすぐ分かった。動脈から出る血が射たれた男の口から流れ出ていた。弾が肺を貫いていた。二人の御者と召使いに助けられて、ヒンケルダイは車に運び込まれた。それから、ロホウが逮捕されないように、彼らはベルリンに戻らずに、ヒンケルダイをマース警察署長のところに運んで行った。

それからハッセルとミュンヒハウゼンは、そのときシャルロッテンブルク城に逗留していた国王に報告した［……］。「国王は二人の話を聞いて深く心を動かされて、涙を流しながら歩き回り、絶望しているように見えた。ヒンケルダイの家族に知らせることがまだ残っていた［……］。埋葬の日には、国王も王子を連れてヒンケルダイの住まいに現れて、失神して倒れた未亡人を慰めた」。

ここには、成文化された法律のような公式のものだけを根拠にしているかぎり、人々の共同生活を理解することも説明することもできないことがまざまざと示されている。大半は成文化されていない社会的規約が、国家による暴力独占の公的なあらわれの一つである国法と同様に、社会的規約によって社会化されている人々の行動様式や感じ方の示唆的であるとともに不可欠な側面をなしているのである。現代では、こうした多少とも私的な行動や体験の仕方の観察や研究の道具として、日常という概念がよく使われる(32)。

だが、今日それを哲学者や社会学者が使う場合がそうだが、この概念は、残念ながら研究手段としてはまったく役に立たないのである。それは次のようなことを見れば明らかである。下層階級の殴り合いと同様に上流階級の決闘もおそらく、現代社会学の断片化した現象学やエスノメトドロギーといった哲学的部門では「日常」に入れられることだろう。だが正しく使わないかぎり、この概念は人々の共同生活の構造の理解、特に権力構造の理解を麻痺させるのである。この概念は、個々の状況をまるで社会的な真空に存在するかのように孤立させて研究し、途方もない恣意的な解釈に夢中にさせるのだ。そうなると、コンパスをもたずに挿話の大海に乗り出すも同然である。上流階級の決闘や下層階級の殴り合いのような日常の出来事を、両者を包括している社会構造の理論的モデルを明らかにしなくても、学問的に生き生きと捉えることができると、どうして考えられるのだろうか？

決闘と殴り合いを比べれば、両者をよく理解することができる。さらにその比較によって、社会における権力の配分を理解することができる。決闘も殴り合いもいずれも私的な戦いであり、争いに伴って起こる現象である。(33) しかし決闘は国家の暴力独占を突破する高度に形式化された暴行の形態であり、貴族を始め特に士官や相当に地位の高い市民である文官に認められていた暴行の形態であった。身分の低い人々は互いに争う場合には形式もなく殴り合った。彼らが重傷を負わないかぎり、そのために国家から追及されることはなかった。こういう人々が武器を手にして殴り合う場合には、彼らは可能なかぎり監禁された。他人を争いで打ち殺した場合には、国家の名において処刑されることになっただろう。それに反して、決闘の場合には、国家官庁は、その種の不法行為が騎士による不法行為であって、それは他の社会階層による暴力行為と同じように処罰することはできないと暗黙のうちに認めていた。したがって決闘した者たちは、裁かれて刑務所や監獄に入れられるのではなく、要塞禁固の刑を言い渡されたが、それも傷の程度によって期間が決められていた。死にいたらしめた場合には、生き残った者はしばらくの間、外国に逃れることが多かった。

上に紹介したような事件は特定の社会に典型的なものである。その構造はその社会の構造なのであり、特にその社会における権力構造、――ここでは、プロシア帝国およびその継承者たるドイツ帝国の社会の最高級幹部の間での権力配置にほかならない。最近まで真剣に敵として立ち向かっていても、国家暴力に対しては、上流階級の社会的基準がその階級に属する者たちを、どれほど当然のように連帯させたかを見るのは非常に印象的なことである。貴族の道徳基準のほうが、国法より優先していたのである。国王さえも貴族の道徳基準には従わざるをえなかった。国法の番人さえもひとりでに、身分の低い殺人犯ならすぐ処罰されるところを、身分の高い殺人犯が法律の番人によって処罰されないように努めるのであった。

後の学生の儀礼的決闘や決闘の場合と同様に、ここにも武器使用とその結果としての国家の裁判や法律の介入を回避するために、関与した全員が一致して協力するところに、ドイツの上流階級に認められるだけでなく、ドイツの最近の発展にも影響が残り、現在でもその影響が認められる確信が示されている。それは上流階級の確信であるが、一八七一年以後にもう一度浮上してきた確信である。その確信によれば、ある意味では最強のグループが――つまりその当時なら皇帝、宮廷社会、貴族、さらには国家を守る文官や武官こそが――本来のドイツなのである。彼らと比べれば、その他の社会階層はつけたしではないにしても、とにかく下等なもの、支配されるもの、部外者とみなされていた。指導者層を「民族」または「国民」と同一視するのも同じような形であった。少なくとも平時には、「民族」または「国民」は強い情動を伴った空想の象徴として、抽象的には国民全体を包括するものだったが、実際には指導者自身の階層しか含まないものであった。

「民族」または「国民」を補完する観念としてそれに対応していたのが、国家によるドイツ国民大衆というイメージであった。国民大衆の代表者たちは、自分たちが協力して作り上げた国家を、政府とか高位の支配者、指導者、命令者として自分の外部に存在するもののように見ていた。支配者と被支配者、支配する指導者層と支配される部外者との間の実際に観察されうる権力配置という意味では、こういう観念は皇帝時代にも現実とはかなりずれていて、以前のプロシア帝国とは事情が違っていた。しかし、ドイツ諸国では一般に、多少とも絶対主義的で専制的な政府の特殊な状態に対応し、また命令と服従という伝統的基準とも結びついて、人々の人格構造は厳密に専制的な段階構造の社会秩序に順応していた。個人の体質のうちに専制的な支配形態が定着していたことは、そういう人格構造に対応する社会構造、つまり支配と隷属という社会的隔たりの形式化された固定的な儀礼に見られるような段階構造を求める強い要求をつねに新たに作り出した。というのは、命令と服従の範囲を社会的に形式化することが、そういう性質の人格構造にとっては、社会的交わりでの方向づけやその際生ずる問題の解決を容易にするからである。そういう形式化は、各個人の決定領域を制限して、言い換えれば、個人の決定する権限を厳しく制限して、段階構造をもつ社会装置の弱化や動揺の際にはすぐ高まる人格的緊張を、比較的簡単に制御することができるようにしたのである。

6

紹介した出来事は同時に、形式化の問題を展開するうえで有益な出発点にもなりうる。あの出来事は、単にプロシアの上流階級が仲間に許したり勧めたりしていた勝手な暴力行為だったのではなかった、――

あれは厳密に形式化された暴力行為だったのである。激情や不安がそこに働いていたのは確かだが、それらは事細かに定められた社会的儀礼によって「容赦ない監視」のもとに置かれていた。ヒンケルダイとロホウの決闘にはそういう印象がある。ベルリンの警察署長が自分の相手を恐れていたのはまったく確かなことである。技術的に劣っているという恐れのために降伏するのは異常なことではなかった。ヒンケルダイが相手が優れた射手であることを知っていたのは疑いがなく、相手が自分を殺そうと思っているのも彼には分かっていた。しかしながら、自分にのしかかる恐ろしい圧力、自己抑制を強いる外からの強制には選択の余地がなかった。決闘を放棄して逃げたりすれば、地位を失うばかりか、人生に意味を与え、人生を充実させていたものをすべて失うことになっただろう。(34) ロホウは自分のほうが射撃がうまいことをおそらく知っていた。自分のゲームの楽しみを邪魔する警察官に自分の身分を思い知らせてやることが、彼にとっては一つの喜び——残忍な喜び——だったかもしれない。彼は相手の肺を撃ち抜いた。大した問題にはならないことが分かっているので、彼が相手を殺そうとしたのは明らかである。

ここには、上流階級が従っていた交際形式の強制が、非常にはっきりと認められる。慣習と逸脱との落差について言えば、それは狭い意味での作法の領域だけに関するものではない。それは、訪問の際に居合わせる誰とでも握手するか、目を合わせて「やあ」と言うだけにするか、奥さんに花をもって行くかどうか、というようなことだけに関するものではない。そこでは、人々の行動が交際において——自分の命を捨てねばならないほど——束縛されている社会的儀礼の範囲と厳密さが問題なのである。

この出来事を見てわれわれが突き当たるもう一つの問題は、社会構造と人格構造との関係の問題である。非常に形式化されたやり方であるにしても——この場合のように、肉体的暴力を振るうことが人々の交際において許され求められさえする社会では、肉体的に強いほうが相手に「無礼を働」いたり、相手のうちに弱点を見つけたりして、そこに快感や喜びを感ずるような感じ方や付き合い方が助長される。決闘という形式化された形態ではあるにせよ、肉体的暴力に社交における中心的位置が認められるような人間集団に内在的なダイナミックスが、その集団の内部において、肉体的な強さや巧みさによって際立つだけでなく、機会さえあれば、他の人々を武器や言葉で叩き倒すことに快感や喜びを感ずるようなタイプの人間に働くのは珍しいことではない。平和でないもっと素朴な社会と同様に、儀礼化した暴力行為から派生した形態が、平和な社会でも肉体的に強い者や巧みな者、攻撃的人間や乱暴者や暴れ者に、他人を独裁的に支配して社会的に尊敬される機会を与える。決闘という形式化された暴力行為は、すでに述べたように、孤立した社会事象ではない。それは特定の社会構造の徴候であり、それを行動の仕方とする社会階層にとって特定の機能を有している。すなわち決闘は、そういう集団では支配的な特殊なタイプの交際戦略の特徴であるとともに、人間の特殊な評価の特徴でもあったのである。

主要な社会階層にとって決闘が有していた機能について述べる場合には、その集団を構成している人々によって、明らかに、決闘が訓練の目的として認められ、説明されていたことも述べておかなければならない。こういう機能の特性の一つとして、こういう連関だけに限らず、もっと詳しく調べなければならない事実がある。その階層の人々はやや不明確にだが、決闘のような身分の違いを示す慣行が自分たちの階層としての社会的存在にとって特殊な役割を有することを心得ていた。しかし、仲間同士や他の集団との交流では、決闘のこういう役割を認めることは間接的に示されることはあっても、直接に示されることはなかった。さらに、決闘の社会的機能を暴露するよりも隠すのに役立って、決闘を直接に正当化するものがあった。たとえば士官はあらゆる機会に自分の勇気を示し、自分自身や自分の家族の名誉が陰口で汚されるのをいつでも武器を取って防ぐ用意をしておかねばならないと言われていた。一般市民にとっても、決闘には国家に奉仕する任務への準備としての大きな教育的価値があると言われていた。

決闘についてのこの種のあからさまな正当化の背後には、別種の社会的機能が隠されていた。それは、上流階級の同等の者の間のもめごとの調停手段としての決闘を、もう一度、下層階級の個人的なもめごとの調停手段と比べてみれば一番はっきりする。殴り合いを考えてみよう。殴り合う二人の敵意には長い間わだかまっていた理由があるにしても、殴り合いでは、暴力行為はふつうもめごとが起こったとたんに始まる。そのときには、怒りや憤慨や憎悪といった感情が自動的に生まれ、激情が噴き出す。武器を使わない暴力的な対決では、肉体的戦いを特定の形態に限定する社会的な訓練によって殴り合いが抑えられるようなことはない。決闘と比べれば、殴り合う者の自動的な殴り合いは、ボクシングやレスリングのような格闘を手本にしているところがあるにしても、ほとんど形式化されていないのが特徴である。それに対して決闘は比較的高度に形式化された形の肉体的な対決である。決闘では、敵同士は怒りや憎しみのあまりとっさに対決するわけではない。そこでは定められた儀礼が、まず初めに敵意を完全に抑制して筋肉や行動から攻撃衝動を切り離すことを求める。社会的基準という外部からの強制が、きわめて強烈な自己抑制を要求するのである。これは、感情や行動様式の形式化の本性的特徴だと言えるかもしれない。

決闘の例で明らかになったのは、形式化のもつ一つの中心的な社会機能である。それは明らかに、最高の地位にある集団の標識であり、上流階級の者と下層階級の者とを区別する記号である。上流階級の他の儀礼と同様に、決闘という儀礼は、支配階級に属する者を下層に位置する大衆から引き離し、際立たせるものであった。つまり決闘は、引き離す手段でもあったのだ。決闘という細かく規定された暴力行為と、もっと素朴な階層の人々の間のあまり形式化されていない殴り合いとの違い、つまりそこに見られる慣習と逸脱との落差の程度が、その二つの階層の間の社会的落差の基準ともなっていたのである。

さらに、上流階級と下層階級とを区別し隔てるという決闘の機能には、上層集団そのものを統合する機能が結びついていた。つまり、下層階級とは別だという感情が、上流階級への帰属感や上流階級たるプライドを強化していた。そこには、指導的な階層の行動様式の形式化に多い二重の機能が見られるのである。上流階級はそれに属する者に発展や境遇に応じて独特の自己抑制や断念を求めたが、そういう自己抑制や断念が、隔たりの標識とか優秀さの特徴、優越性の象徴として役立った。自己抑制や断念はその報酬や報奨として、自分の人格価値が高まり、自分は優れた者の集団に属し、優れた人々の一人であることを意識させて、そのとき感じられる深い満足を彼らに与えた。その階級に属する者が幼年時代から吸収する「上流階級」の詳しい交際術を習得することは、特に価値ありとみなされる集団に属する印であり、その戦術を実際に使うたびに自分の価値を確証したいという欲望を育て上げる。その欲望が集団との連帯を強化し、自分は人間として優越しているという感情、つまり他者に対する優越感を強めるのである。

上流階級の基準がその階級の人々に課す集団特有の断念や欲求不満も、それに属する個人が強力で身分が高く人間的にも価値がまさるとみなされる集団に属するという感情から生まれる、いわば欲望を抑える自己抑制の報奨として得られる喜びも、その指導者層の力が揺らぐときに、激しい強烈なものになる。そういう場合にはよく、特に若い仲間や新しい世代には自分の集団の価値が疑わしくなり、集団が個人に要求していた自己鍛練や束縛の価値も、支配の手段や少数精鋭の者を支配するための必須の道具としても、選ばれた者の一人であることの象徴としても疑わしくなる。階級特有の禁止や命令の遵守と表裏一体となっていた報奨としての自己陶酔的な喜びも、自分の人格価値が向上したという誇らしい感情も減退し、弱まってゆく。それに応じて、階級特有の基準に従う力や、基準が個人に課す強制に伴う欲求不満に耐える力も弱くなってしまう。

こういう場合には、ある特定の形式が全体的に動揺して形式が失われる現象が見られる。特定の形態の自己抑制を特徴とする礼儀正しさが壊れ、崩れ去るが、その代わりとなりうる別の礼儀正しさは見いだされようもない。それまで支配を維持する条件としても機能していた断念の意味も価値も、その崩壊とともに失われ、支配が失われるとともに、この集団に属する個人にとって集団のもつ意味や価値が疑わしくなる。こういう状況にあっては、衰退する集団に属する者にとっては、自分たちに共同生活を――彼らにとって――意味があり価値が高いと思われる規制を可能にする、別の基準を作り上げたり採用したりすることはほとんど不可能である。

こういう形式の根本的な消滅過程の一つとして、ヨーロッパ人による植民地化や伝道が進むにつれて、素朴な民族に意味を与えていた儀礼や、尊重されてきた共同生活の形式が破壊されたことが挙げられる。手短にそれを指摘しておいたほうがいいかもしれない。集団が無力化するとともに、意味と指針を与えていた集団の基準が価値を失った極端な実例の一つは、スペイン人とポルトガル人による植民地化とキリスト教化によって、中央アメリカや南アメリカの上流階級が排除されたことである。たしかに、この場合には、古い体制は新しい体制によって取り替えられたわけだが、新しい体制の共同生活の新しい基準や規則は、征服された民族にとっては始めは訳の分からないものであった。それで意味の喪失を償うことはほとんど不可能であった。こういう経過に見られる人間的な側面は、まだほとんど研究されていないように思われる。ある民族の意味と価値を生み出す生活様式に対する他者によるかなり急激な破壊や、新しい体制による別の基準の強制的な接ぎ木が当事者たちにとってどういう意味をもつかは、さらに詳しく研究する必要がある。その場合には、「キリスト教化」のような言葉はほとんど役に立たない。それは征服者の見解を示しているだけで、征服された人々の見解を表わすものではないからである。

インカやアステカの場合には、古い社会組織とその基準のほとんど全面的な崩壊が起こっている。古い体制はフランス革命のような場合よりも徹底的に破壊され、それに取って代わった新しい体制は比較にならぬくらいなじみのないものであった。土着農民の大半は数百年後も、スペイン人やポルトガル人による打撃から必ずしも回復していないように思われる。彼らの国の古い言語はラテンアメリカでは農民の間で復活した所もあるが、そこの人々は数百年間も支配者に踏みつけにされていたために、彼らには最初の頃の無感覚がそのまま残っているように見える。同様なことを、イギリスの民族学者リヴァースが、プロテスタントの宣教師がメラネシア諸島の住民に与えた影響について詳しく報告している。強大な集団による古い生活様式の廃止は、そういう場合、おそらくその他の多くの場合にも、医学では抑鬱状態と呼ばれる深い悲哀の様相の徴候を引き起こしている。ただそこに見られるのは、個人の抑鬱状態ではなくて集団の抑鬱状態である。(35)

体制が継続している場合は、それほど徹底的な断絶はふつう起こらない。ヨーロッパ社会の歴史にも似た構造の出来事があるはずだが、まだあまり知られていないようだ。ヨーロッパの歴史と呼ばれているものはこれまでは勝利者の観点からしか書かれていなかったために、ふつうのヨーロッパの歴史には敗者の見解はめったに現れないからである。そのため、生活様式の多声的な構成、中流や下層の階級による上流階級の模範の独特の模倣、下層や中流の階級の行動様式や感じ方の向上、社会構造の変化、その形式の変化の枠組みもほとんど研究されていない。

7

形式化や逸脱を問題にしようとすれば、最後に挙げたような特定の社会的な権力移動において起こる事態が重要である。特に最後のような形の出来事は最近よく議論されて「寛大な社会」というような言葉で指摘されるが、こういう概念では、議論の対象になっている出来事を正しく論ずることはできない。実質的には従来の形式化の慣習が、部分的に解体しているのは確かである。形式化は上流階級や中産階級上層部の権力の相対的な強さの特徴を示しているが、そういう形式化の性格や程度を見失わないようにしないと、二十世紀における多くの前進や後退を伴う逸脱過程の性格や程度が明確に捉えられないのはそのためである。それを明確にして初めて、共同生活の基準的な多くの規則の弛緩や消滅をめぐる研究課題が正確に捉えられるようになる。現代の逸脱の原因や構造の問題に答えるためには、以前の段階の逸脱に目を向けねばならない。ドイツについて言えば、帝国の宮廷体制によるドイツの領土統一と連関して進む進展に目を向けなければならないのである。そういう広い目で見る場合に、現代の逸脱で起こっていることが文明化の自己制御そのものなのか、それとも社会変動のなかで——全部か一部——機能しなくなった形式化の崩壊であるのかを議論することができる。

以前はプロシア国王の宮廷社会だったが、ドイツ皇帝の宮廷社会となったドイツにおける上流階級や中流階級上層部の行動様式の発展を見ると、交際形式に一種の緊張があり、礼儀や儀式が強調されていたのが認められる。そこで起こったのは急激な過程ではなかった。この方向への変化は前国王の生前にはほとんど気づかれなかった。その変化が強まるのは、ヴィルヘルム二世が支配するようになってからである。

前国王は舞踏会でも見知らぬ人々の前に好んで姿を見せて、彼らと談笑した。ヴィルヘルム二世は見知らぬ人々とは距離を置いていた。彼の時代に、儀式ははっきりした形式をとり贅沢なものになった。人々の動きは活発になり、女性の化粧は優雅に、趣味は豊かになった。拡大した「上流社会」では、それと同時に地位争いが激しくなって、争う者たちは自分の家を飾り立てたり、客人をもてなす食卓を豪華にしたり、賭博の賭け金を増やしたり競馬に大金を賭けたりして、他の人々の上に立とうとした。ヴィルヘルム二世は、ルイ十四世と同じように儀式で威厳や偉大さをしきりに誇示した。どちらの場合も、そうした自己誇示の仕方が権力を示し、社会的な落差を見せつける象徴として役立った。——それは、支配の手段だったのである。

ドイツでは二十世紀初めの十年間か二十年間、中産階級上層部にも広がった決闘を許された者たちの団体からなる上流階級として、強力な宮廷社会が存在していた。今日では、それが忘れられていることが多い。例を挙げれば、思い出すのに役立つかもしれない。それは、フェードル・フォン・ツォーベルティッツが古い新聞記事を集めて、一九二二年に『最後の帝国の社会年代記』という題で発表したものに出ている例である。(36)

［一八九七年］一月二十三日

豪華な宮廷の祝宴が始まった。十八日に黒鷲勲章受章騎士たちの集まりで、実に華やかな儀式が繰り広げられた。そこでなされたオイレンブルク伯爵の発表を読むと、最初のプロシア国王の時代に戻ったような気がする。燦きと華やかさが圧倒的であるのは、どう見ても否定することができない。今年はザクセンの世襲領主とシュヴァルツブルク゠ルードルシュタットの領主とヴィートの領主という三名の貴族とヘーニッシュとゼークトの将軍たち、それにデルブリュックの州務大臣という六名の新しい騎士の叙任式が執り行なわれるのである。豪華な行列は皇帝の間に続くいわゆる森の廊下から進んできた。先頭には古いドイツ衣装をまとった二名の公爵が立ち、次にはトロータ皇帝の小姓とレッヘンブルク男爵、その後にビロードの台に載った新しい騎士たちの勲章をもった金縁の赤い服の宮廷小姓たち、叙勲局長であるボルク宮中枢密顧問官、法典をもった叙勲局事務長カーニッツ伯爵、式部長官のオイレンブルク伯爵、綬や鎖つきの豪華な制服とマントを着た勲章受章者団体の騎士たち、皇子たちと領主の騎士たち、そして最後に皇帝自身が続いた。行列が「騎士の間」についたとき、トランペット隊がいわゆる銀鈴の合奏を行なった［……］ファンファーレが鳴り響いた。近衛隊と近衛騎兵隊がこのトランペットを吹くことになっている。トランペットは長くて古めかしく、リボンが巻きつけられていて、宮廷の祝宴でだけ使われるものだ。今回は特に招待者が多かった。勇ましい宮廷下士官全員だけでも堂々たる列をなしているが、彼らの制服は等級によって、金メダルで飾られた宮廷服と飾りのない紺色の侍従用燕尾服に分かれている。さらに大臣や陸海の将軍たちの大群がいる。制服を着用し全員スカルパンを履いた第一級の枢密顧問官たちは、その間に挟まれて影が薄い——まさに正式の堂々たるパレードだ。離れたトランペット隊の吹くファンファーレが鳴りやむと、皇帝が玉座について大礼服を型通り整えられる。これでようやく叙任式の開始だ。ヨーハン・フォン・メクレンブルク公爵やザクセン＝コーブルクのお世継ぎの場合は、新たに騎士団に入る領主に貴族たちが付き添い——他の新しい騎士には二名の将軍が付き添って玉座まで進むと、皇帝は騎士団の団長として彼らに鎖を掛けてやって騎士に任命し、騎士の義務の誓いの後で彼らと握手する。［……］

水曜日の大式典はそれほど堅苦しくなく厳粛でもなかったが、その代わりもっと活気があり、前に劣らず絢爛たるものだった。この機会に初めて宮廷に入った若い将校たちにとっては、実に素晴らしい日であった。こういう日には、城の客は物凄く多いのが普通だから、式部官は到着や集会を取り仕切るのにけっこう忙しくしていた。一階の書庫の部分までも使われるありさまだった。今回は行列は皇帝の居間から始まった。侍従長であるホーエンローエ＝エーリンゲンのお世継ぎを始めとする宮廷侍従全員がいわば先遣隊として先頭に立ち、その後に皇帝両陛下と親王殿下たちが続いた。小姓たち全員が呼び集められていた。皇后陛下と皇女の小姓たちが裳裾をかかげていたが、それは見た目ほど楽ではなさそうだった。ご婦人方の動きについていくには熟練が必要で、しかも絶えず注意していなければならないからである。昔は士官候補生のなかで小姓仕えを命じられた者は、「リュックサック」役の年下の士官が腰に結びつけた大きなシーツを相手に裳裾を支える練習をしたものだ。皇帝両陛下が玉座について、その左右に親王たちが席につき、廷臣たちやその他の客が並ぶと、音楽が響くなかで分列行進が始まった。

ドイツ第二帝国の最も重要な祭日の一つは皇帝の誕生日だった。ヴィルヘルム二世のときに、一月二十九日というこの日が全ドイツ国民の儀式の多い祭日となった。将校や学生たちは会食室や家でこの日を祝い、学校は休みで、ドイツの大都市では旗がはためき、ベルリンでは祝賀行列が実施された。旗で飾られた城へ行く道は、大勢の人々を抑えるために封鎖された。重々しい豪華な儀典用馬車が身分の高い人々を乗せて通るのを見ようと、大勢の人々が――「群れをなして」――やってくるからだった。城での祝賀行列がすむと、その後で大閲兵式という軍隊の儀式が行なわれた。雪の降ることも多く、「ホーエンツォレルン天気」と呼ばれた。人々は式典のときには晴天であることを願った。次は同じ一八九七年の皇帝誕生

日の閲兵式の報告である。(37)

突然、遊歩庭園から鈍い発射音が聞こえた。砲兵隊の礼砲だ――城で祝賀行進が始まったことを知らせているのである。それと同時にフランツ皇帝近衛歩兵連隊の一中隊が、音高く歩調を合わせて近づいてきて兵器庫の前で整列した。見物人たちが騒ぎだした。素晴らしいパレードが出発する時間が迫っているのだ。群衆が集まってきた。いつものように礼儀正しい警官たちは、押しかける人々を止めることができない。……やがて遠くに「万歳」という叫びが起こり、それがだんだん大きくなって、嵐のような歓声になる。城から絢爛たる一隊が兵器庫に近づいてくる。先頭には、今日誕生日を迎えた皇帝が馬にまたがり、大きな襟巻きのついたグレーのマントを羽織り、黒鷲勲章のオレンジ色の綬をつけ、飾り緒をかけて、頭には羽飾りのついたヘルメットを被っている。やや紅潮した顔から至極健康なことがうかがわれる。皇帝の隣のフォン・ヴィンターフェルト近衛連隊総司令官が、時々皇帝と言葉を交わしている。その後ろに司令部の将軍や副官などの高官たちが続々と続いている。皇帝が隊列を離れて、兵器庫の前の指揮官に挨拶する。いつもどおり今日も「皇帝陛下万歳」と唱えられる――誓約式の間、音楽隊が楽しいアレクサンドラン風のマーチを演奏している。そこにドラムとホーンとピッコロが入って――行進が始まり、……再び「万歳」と歓声が湧き起こる。儀式が終わると、司令部が陛下に付き添って城へ戻ってゆく。……

商工業の促進がヴィルヘルム皇帝とその政府の政策であった。ベルリン勧業博覧会の開会初日も非常に儀式ばった出来事になった。一八九六年五月の第二回ベルリン勧業博覧会の初日についてのツォーベルテイッツの報告が、その儀式を生き生きと伝えている。制服を着ていない者は燕尾服を着て、もっている勲章を全部つけるものとされていた。首には聖庁最高勲章の十字架をかけ、胸にはギリシア風の救世主勲章をつけた明らかにユダヤ人らしい男のことを、ツォーベルティッツは嘲り気味にこう描いている。(38)

意地の悪い一人は、これは主が十字架で彼の虚栄心を追い払うのをお忘れになったその十字架なのだと言った。われわれが制服を着る時代に生きていることは、上級顧問官や下級顧問官、枢密顧問官や一等顧問官といった多数の高級官僚たちが、金糸で刺繍した上着に金糸の飾り紐のついたズボンという出立ちで現れたのを見ても明らかだった。昔は制服を作る官僚など一人もいなかったし、燕尾服にしても同じだった。ところが時代が変わって、官僚がそういうのを着ているのだ。

労働委員会は陛下からもう少し歓迎されることを期待していたようだ。雑多な嵐が起こらずにはいなかった。たとえばこういう話がある。いつもは非常に上品で勤勉な三人のうちの一人が、皇帝と話すときに鼻眼鏡を外すのを忘れた。それはご機嫌を損ねたはずだ。皇帝は「ブレーメン号」の甲板で側近と一緒に摂る朝食に労働委員会を招待しなかった。それが実際にいろいろ評判になった。労働委員会が皇帝の側近に、朝食に「招待する」気があるかどうかを尋ねておけばよかったのだ。——フォン・ミルバッハのような誰か有力者に、皇帝の前ではどう振る舞うべきかを前もって問い合わせておけば一番よかったのだ。そうすれば間違いもせずにすみ、不愉快な思いをすることもなかったのだ。トプレプトウの川下りが期待はずれになったと不平を言わずにすんだろうし、ベルリン証券取引所で「助けて」と叫ばずにすんだであろう。何と言ってもわれわれは外面的な形式が重んじられる時代に生きているのだ。宮廷用の弁髪をもう少し短くしたほうがいいかどうかはともかく、——もし髪が長ければ、そのことは前もって考えておかねばならない。

宮廷では制服を着るようになったのは明らかだが、特に商工業に携わる市民たちは必ずしもそれに完全に従ってはいなかった。勤勉な商工業者のうちでも最も勤勉で有能な代表者たちの間では、皇帝に挨拶するときには、尊敬をしかるべく表わすために、深々と頭を下げると同時に鼻眼鏡も取らねばならないという話が広まっていた。落ち込んだ労働委員会のメンバーをヨットでの朝食に招かなかったのが、皇帝の不興の証拠だった。身分の高い人に挨拶するときには、尊敬を表わす上品な形式として鼻眼鏡を取るところに――形式化が進展する徴候の小さな雛型を見ることができる。それと同時に、その背後には勢力争いがあるのも明らかである。皇帝には恩恵与奪の力がある。皇帝の宮廷社会と比べれば力も地位においても二流の階層である商人や企業家という中産階級にとって、皇帝の不興を買うことは重大なことだった。信頼できる人物である宮廷人の助言を前もって受けておくことを、ツォーベルティッツは勧めている。

ヴィルヘルム二世時代における形式化の進展は、別の形ではこういう場合に、「上級顧問官」や「下級顧問官」、「枢密顧問官」や「一等顧問官」といった「高級官僚」が金糸の刺繍のついた宮廷服を着てくるところに現れている。ドイツの第二帝国の宮廷‐貴族社会では、ヴィルヘルム二世のときに、制服が特別高く評価された。燕尾服を着た文官たちは、制服がないということだけでもう二流の人間だとされるのであった。したがって皇帝は、自分の恩恵を示すために、他の領主たちと同じように、軍服を着ることのできない高位の文官たちに、地位にふさわしい宮廷服を着用する権利を認めた。この点ではかなり批判的な目をもっていたツォーベルティッツは、宮廷官吏のこういう金ぴかの高価な制服を趣味が悪くなる一方だと言っている。パリの大きなホテルのドアマンのように見える者も見受けられる、とも彼は述べている。

ツォーベルティッツが書いている「宮廷用の弁髪」とか「外面的な形式が重んじられる」時代に生きているということ――これも、立憲君主制への実業者階級の圧力が増すにつれて、指導者によって慎重かつ巧みに変えられてゆく、有力者の間での形式化の進展を示している。だが、支配階級の規範には、命令と服従という軍隊のあまり柔軟でない伝統の特徴が多く残っていた。皇帝およびその宮廷人たちの自己理解のうちに本来のドイツが示されていた。ルイ十四世でもおそらく公然とは言えなかった「朕は国家なり」といった皇帝の自己理解は、はっきり言えるところではすでに公然たる批判にさらされていた。ところがそういう自己理解と皇帝の有する専制的な統治機構の伝統のために、現代の多くの独裁者も心からそう思うことだろうが、皇帝は支配者に対する反対は自国に対する裏切りだと思っていたようである。ヴィルヘルム二世時代が脅威におびえ、それゆえ不安定な支配体制だったことに注意していないと、帝国の戦術やその当時の形式化の動きが、独特の懸命の試みであったことを正しく捉えることはできない。一八七一年以後のドイツの追い抜こうとする著しく急速で全面的な産業化は、宮廷や軍隊や広く全国で皇帝を中心にして集まっていた古来の特権階層の優位を弱めることになった。王朝によってもたらされ、そのため皇帝や軍隊や宮廷がその象徴になっていた国家統一が体制を強化していった。

こういう形式化の動きのイメージは、その動きに対する上流階級のひそかな反対や完全な無理解を少なくともいくらか指摘しておかなければ、バランスを失することになる。敢えてもう一度、ツォーベルティッツの『年代記』から引用せずにおれない。それは、小さな例を挙げて、「祖国なき若者たち」に対する特権階級の態度や慣習の滑稽さを描いたものである。(39)

［一八九五年］九月八日

セダンの大騒ぎは収まったが、社会民主党があの大祭を妨害するために催した醜い幕間劇はまだ続いている。この頃は夜遅くベルリンのメインストリートをブラブラ歩いていると、いつも若い学生の一団が追いかけてくる。彼らは新聞の束を小脇に抱えて歩道をあちこち歩き回りながら、かん高い声で通行人に「〈前進〉ですよ。［……］九月二日の〈前進〉です！」とうるさく呼びかける。社会民主党の中央機関紙の所有者は、自分たちの祖国喪失を商売にも利用しようとしているわけだ。偉大な老皇帝を始め、軍隊や国民のお祭り気分に対する罵倒や他人の私信を掲載して、毎号評判の悪い『前進』が一部二十ペニヒで物好きな連中に何千部も売れている。何よりも商売というわけだ！　昨日になってようやく警察が介入して、販売禁止にして押収した。祭りの最後の日の警察の態度は、ともかく無条件に称賛に値するものであった。もっとも、記念教会の落成式の際の隔離処分は少し行き過ぎだった。人々はせきとめられて、クーアフュルステンシュトラーセの終わりからクーアフュルステンダムまでひしめきあい、事故が起こらなかったのは奇跡と言うべきだった。

　ヴィルヘルム皇帝記念教会の落成式でのちょっとした奇妙な事故のことは、見たかぎりでは、どの新聞もニュースで取り上げていなかった。一人の友人が私にクーアフュルステンダムに面したバルコニーの席を提供してくれた。そこから高貴な方々の到着を落ち着いて見ることができた。真向かいのクーアフュルステンダムの反対側には動物園の塀が続いている。鐘が鳴り始めて、皇帝陛下がいまにも到着するというときに、突然、リズミカルに金属の響きが聞こえて、遠くから聞こえ始めた人々の万歳や歓声に混じって奇妙な雑音が聞こえてきた。動物園の猛獣たち、特に狼が落ち着かなくなったのだ。犬の檻でも吠え声が起こった。長く響く遠吠え、駄犬がキャンキャン鳴く声、狼のかすれた吠え声が鐘の平和な響きに混じって、人々の歓声に合わせて響いた。それは予測されていなかったことだった。馬に乗った一人の警官が猛烈な勢いで動物園へ急いでいった。数人の警察官が雪崩れ込んで、彼らの職務と権威によって吠える動物を鳴き止めさせようとしたが、反抗する動物には青い制服への敬意などなく、動物は吠え、キャンキャン鳴き、休みなく鳴き続けた。とうとう見張り人が狩り出された。彼が動物を静めることができたかどうかは分からない。おそらくいつもより一時間早く朝食を与えたのだろう。とにかく動物は静かになった。——動物たちが荘厳なお祭りに愉快なエピソードを添えたのだ。

8

もともとは『ハンブルク・ナハリヒテン』紙に日常的出来事に関する記事として書かれた、帝国時代のニュースと挿絵を集めた書物のまえがきで、ツォーベルティッツは、二十世紀初頭にドイツ第一帝国の市民として、「無限にはるかな過去となったように思われる時代の」この記録を読み直したときの気持ちを述べている。彼によると、彼はその時代を「いささかの驚きと［……］諦めの微笑と［……］呆然たる気持ちで」眺めたということである。(40)

昨日のことだったように思えるが、昨日と今日との間には途方もない転変が起こり、五百年間も続いた君主制が一夜にして共和制に変わり、それと同時に古い社会もそのすべての部分が作り変えられてしまったのだ。

それから彼は、まだ彼にはくっきりと目に浮かぶが、彼より後の世代にはだんだん捉え難いもの——理解し難いもの——となっているこの社会が「今日のさまざまの労働組合の労働者と同様に」一種の協同組合を作り、「社会と呼ばれているものがあの当時は、同じようにそれ自身が一つの集団だった」という事実を指摘している。

こういう「社会」に属していたあの時代の観察者には、社会と言うとき問題になっているのが比較的閉鎖的な社会形態であるのはきわめて明白なことだった。この「社会」の人々の共同性が、外面的に特定目的のために作られた個々の組織のうちに表わされるのでもなければ、意図的計画に基づいて設立された組織によって制度化されていたのでもない以上、この社会を労働組合に喩えるのは必ずしも適切ではない。だが、ツォーベルティッツが端的に社会と呼び、少し離れて見ると「上流社会」とか「ソサイエティ」というタイプの社会だと分かるものを作り上げていた人々の結集力は、成文化された明確な規則によって組織されている人々の結集力に決して劣るものではなかった。あの時代の最も強力な社会形態であるにもかかわらず、歴史家も社会学者もそういう社会形態にあまり注意していないが、それは「上流社会」——つまりツォーベルティッツが述べている社会の場合は第二帝国の階層によって序列をつけられていた有力者たち——への人々の集合が、当事者には当然だが部外者にはしばしば必ずしも自明でない連帯の隠れた象徴である成文化されていない基準に基づいていたためである。特に現代の歴史家はランケ以来、明確な典拠を挙げる訓練に大わらわであるために、その凝集力が一般にほとんど成文化されていない象徴に関する知識に基づくだけで、正確な組織をもたない形態の集合を正しく理解していない。

いま問題にしている集団では、それに所属するすべての人々との親密な連帯感がゆきわたっていて、その連帯感は、激しく対立する者でも結びつけ、そして言うまでもなく、決闘の場合のように共通の儀礼を厳格に守るところに示されていた。それこそが——明確な組織がなくても——いい状況であれば、結びつきの弱そうな上流社会という社会形態に非常に高度の共同の確固さと閉鎖性を与えていたファクターの一つである。その際、それに属する人々が舞踏会や慈善バザーやオペラ観劇とか、軍隊や宮廷の儀式その他多くの機会で毎年みな参加することが、一緒にそこに属しているという感情を高め、連帯感を絶えず強めるとともに、そこから排除されている国民大衆に対する優越感を高めたのである。国民大衆の代表者たちは歓声を上げるがあまり拍手しない見物人として参加したが、儀式に集まった上流の人々を時々チラと見ては上流階級に属する人々のプライドを高めるだけであった。

「上流階級」に属することの秘められた象徴は、どの集団に属する人々にとっても、特に成長してプロシア貴族やドイツ貴族になる人々には、小さいときから親しいものであった。その象徴は彼らには基準となり、しかも彼らだけではなく、厳密には知らないまま特殊な——彼らの——階層の基準を使って評価したり価値を判定したりしている他の人々にも役立っていた。彼ら自身の集団では、誰でもそういう仕方で評価し、自分たちの判定の仕方を当然とみなしていた。彼らにはそれを反省する機会はなかった。

ツォーベルティッツの『年代記』には、階層特有の人間モデルを人間一般の評価基準として無反省に使っている例が多い。ツォーベルティッツは、決して頭の堅い貴族主義者ではなかった。貴族の世界に起こる出来事がたしかに彼の関心の中心を占めているが、彼は他の階層の人々とも接触し、彼らと喜んで交際するだけの度量があった。第二帝国の時代に、貴族の規範の諸要素がある種の中産階級に吸収され、ドイツの国民的規範になっただけに、その人間評価の一例を見ておくのも無駄ではないだろう。一九一三年五月十八日に彼は、ベルリン大学のドイツ文学の教授で一時学長にもなった、『ファウスト初稿』の発見者エーリッヒ・シュミットへの追悼文を発表した。以下はその抜粋である。(41)

彼は堂々たる風采だったので、女性たちは彼を神のように敬った。彼は力に溢れ、負けることを知らなかった。人々はみな彼が好きだった。古風な文学教授めいたところは、彼にはまったくなかった。彼は実際に新しいタイプの文学教授を生み出したのである。彼に初めて会った人は背広を着た将校と思ったかもしれない。彼の動作はすべてアーリア人らしくキリッとしていた。しかもいつもどこか晴れ晴れしたところがあって、彼の目には人をうっとりさせるような暖かさがあった。

こういう人間評価の価値尺度では、ここに見られるように、民間人が「背広を着た将校」のように見えるのが特に高く評価される。最高の賛辞として、「晴れ晴れしたところ」や「うっとりさせるような暖かさ」や「アーリア人らしくキリッとしている」ということが言われているが、そのためにエーリッヒ・シュミットを非難するわけにはいかないだろう。彼は、多くの勲章をもらいながら、それを決して見せびらかさなかったからである。「アーリア人らしくキリッとした」態度は――ヴィルヘルム二世が示し、それをヒトラーが真似たものである。そういう性質はナチスによって粗暴なものにされたために、ドイツの若い世代は拒否すべきものとして重要視している。ここで回顧しているツォーベルティッツには、そういう性質を表わす概念がもともとの貴族階級の将校の人間像の要素という形で現れている。国家社会主義的なタイプの人間評価が、どれだけドイツ貴族の遺産が沈澱し粗暴化したものだったかは調べてみる価値がある。

「晴れ晴れとした」も同じ線上にあり、他の連関では良く感じられる態度も同じである。「ちょっとしたポーズも実に素晴らしい印象を与える……」というわけである。ツォーベルティッツはさらに、シュミットはリベラルと自称しているが「決して左派の意味でではない」と申し訳なさそうに付け加えて、「頭の先から爪の先まで如才ない人物であって、深い学識を如才ない性格と結びつけえた、おそらく唯一の〈文学教授〉である」[42]と称賛している。この姿は完璧である。ツォーベルティッツが強調している特徴には、――素敵な風采のほかに――気品とか優雅さ、親切さとか気力、ちょっとしたポーズや気取った態度などがある。これは大体、軍人や貴族の階層の人間評価の基準だった。こういう上流階級の基準のいくつかの要素は、中産階級によって適当に吸収され、彼ら自身の必要に応じて彼らの行動様式に組み込まれた。

ちなみに中産階級にとっての上流階級のモデルの魅力は、世紀の変わり目を過ぎるとしだいに減って、中産階級を労働者の台頭から守れない貴族の弱さや無力さがしだいに明らかになってきた。進展する産業化や特に都市化がこういう展開に決定的に作用した。産業化と都市化のために、都会の人々に比べて農業に携わる田舎の人々の政治的力は衰えていった。ほとんど議会選挙のたびに、社会民主党の得票数は増え、議員の数が増加した。一九一二年の帝国議会の選挙で社会民主党が初めて第一党になったときの、決闘を許される上流階級がどういう反応をしたかを想像するのは難しい。すべての古い有力者と同じように、ドイツ、特にプロシアの貴族や貴族と組んだ中産階級にとっては、つまり決闘を許される社会の人々にとっては、自分たちだけがドイツを支配するというのは当然のことだった。彼らの目には、労働者やその代表者という下層の人々が、ドイツ帝国のような偉大な帝国を支配する手段をもたないのはまったく当たり前のことだった。それがいまや社会民主党の得票数の増加によって、彼らの呼び方では「大衆」の雪崩が絶えず自分たちの上に転がり落ちてくるのを見ることになったのである。

都市の商工業に携わる集団と、農業に携わる集団との間の軋轢は、第二帝国につねに見られた特徴だったが、この過程が進むにつれてその軋轢はたしかに激しくなった。そして帝国議会では自由思想家のような人々に代表されていた都市の商業階層が野党派の一つであって、彼らは宮廷貴族の上流社会の規則には、一九一四―一九一八年の戦争が始まる以前からもう従わなくなっていた。彼らの陣営には、帝国時代の終わり頃から逸脱の傾向、上流階級の形式化された厳格な規範に違反する傾向が見られていた。

皇帝時代の終わり頃の女性の服装の展開がその一例である。一九一四年六月、ツォーベルティッツはいささか憤慨しながら、市民階級の上流家庭でも服装が上流階級の厳格な基準から逸脱していると書いている。(43) そこにも帝国の上流階級の敗北と連関して、戦後、強まっている逸脱の動きのあらわれを見ることができる。

最近の女性たちの服装については、習俗の保護者たちがしばしば罵声を浴びせている。教会の説教壇からも攻撃が加えられ、ある司教は、スリット入りのスカートや大きく胸元を開けたブラウスを酷評した。私は狂信者ではなく、粋なものを何もかも悪いとは思わないが、それでも最近、婦人たちのファッションに対して厳しい非難が高まっていることについて述べたことがある。ところが、はっきり言わしてもらえば、現代の女性の服装は立派だが、お粗末なものだという自分の意見は変わった。いわゆる上流社会の少女が動くたびに膝まで脚が見えるのは、何とも驚くほど羞恥心が欠けていると言わざるをえない。[……] 毎日見かける化粧は、二十年前にはありえなかったものである。総裁政府時代には、パレ・ロワイヤルの美女たちなら、そういう化粧をしていたかもしれない。あの頃は、革命が物事をすっかりひっくり返してしまった。だが今日では、行儀のよい中産階級のなかから変化が起こっている。というのも、スリット入りのスカートをはいて、胸元を開けたデコルテを着ているのはナイトクラブの女ではなく、なんと、立派な家庭の女性だからである。これはまさにけしからぬことだ。……

男性の夏の服装も非常にだらしなくなっている。帽子を手にもっているのはまだ我慢できる。だが背広の上着やジャケットを腕にかけ、ワイシャツの袖を出してブラブラ歩いているのは、これはもう職人のやることだ。それに、そのシャツが汚いとくれば、社会慣習に従っていないことを身なりにも暴露しているわけで、これは見苦しいかぎりだ。羞恥心の欠如以外の何ものでもない。

ここには、二十世紀に長期にわたって起こっている、服装の逸脱の動きの始まりが垣間見られる。その過程で、紛れもない男性支配の印として隠されていた女性の脚や胸がしだいにあらわになってくる。こういう動きのなかで、男性も帽子を被らずに人前に出ても、仲間の顰蹙を買ったり尊敬される地位を失ったりすることはないようになった。ワイシャツの袖を出して、散歩しようが事務所に行こうが、それで白い目で見られることもなくなった。もっとも、こういう服装の逸脱の程度は国によってさまざまである。ドイツでは今日でも、ウェストにぴったり合わせて作った正式の服装、つまりキリッとした男性の服装のほうが好まれ、アメリカあたりと比べると、上着を脱いだりシャツの袖を出したりするのは依然あまり見かけられない。男は「パリッとした」服装をすべきだという規則がドイツでは一部残っている。それが交際の立派なやり方の一部になっているのである。イギリスの服装の基準では、素材とか上品な仕立てといった比較的目立たない特徴が特に重視されている。ケンブリッジの学監が新しいズボンを中古品に見えるようにするために、まず一人の学生に着用させたというのは、まったく無意味ではないにしても、おそらく神話にすぎない。

だが、服装の基準の変化に国民による違いがあるにしても、長い目で見れば、二十世紀の高度産業国家で男性の服装にも女性の服装にも逸脱が起こっている事実が見落とされることはない。こういう変化を単純に合理化の過程として説明して満足する人があるかもしれない。男にとっては、暑いときにはシャツの袖を出し帽子を被らないほうが合理的だ、というわけである。しかし、ここのところに、逸脱の動きが支配関係の変化といかに密接に結びついているかが示されているのである。ある人の服装は他の人々に一連の信号を与えている。つまりある人の服装は何よりも彼が自分自身をどう見ているか、そして、可能な範囲で彼が他の人々からどう見てもらおうとしているかを表わしている。だが、自分自身をどう見るか、そして他の人々からどう見てもらおうとするかは、まさに社会の権力構造全体およびその内部における当人の地位によっても左右されるのである。宮廷貴族の上流階級にとっては、集団の顕著な違いが重要であって、儀式や儀礼や外見が社会的な所属や社会的な隔たりの象徴として、とりわけ支配手段として、産業国家の上流階級にとって重要である以上に、非常に大きな役割を果たしていた。有力者がまだ大半は宮廷貴族や軍人の特徴をもっていた二十世紀初期の産業国家よりも、中産階級や労働者階級の代表的人物が権力を握ろうとする高度産業国家のほうが慣習は壊れ易く、社会的な違いや隔たり、社会的な上下関係を目に見える形で表わす服装のタイプが変化していったのはこういう事情によるのである。

9

自分も貴族の出で（そして、事情によってハンブルクの熱心な読者のために、娯楽小説やベルリン社会についての報告を毎週書くことになる前は、プロシアの将校だった）ツォーベルティッツは、宮廷社会を単に身分社会として描いている。事実、貴族が第二帝国の指導者層の中核をなしていた。だが、市民階級のトップグループが広い範囲の「上流階級」に加わり、貴族の下の段階に属するものになったことを考慮しなければ、この時代の上流階級の特質を十分に捉えることはできない。第二帝国の拡大された上流階級は、社会的形態としては明確な形をなしておらず、それに属する者たち自身は所属という成文化されていない基準でお互いを上流階級の者として認め合っていたから、この種の基準のうちでも最も際立った基準の一つを概念的に特徴づける専門用語として「決闘を許された」という基準を私は選んだ。この基準は、ドイツ帝国の上流階級では、宮廷貴族や軍人貴族や貴族官僚といった身分上の階層だけではなく、商人や資本主義的実業家集団でなく、大学教授を含む地位の高い市民階級出の官僚や大学出身者を主とする市民階級の集団と、身分上は貴族である集団との身分序列上の融合や統合も重要だったという事実に着目させてくれる。第二帝国では軍人貴族が優勢だったために、商人に対する軍人貴族の伝統的な軽蔑はそれほど激しいものではなかった。上流階級による「商売人」という傷つけるような言い方は「都会風」という否定的な意味をもつ言葉と同様に、その他の貴族の言葉とともにドイツ人一般の日常語に流れ込んだ。

貴族の道徳通念の市民化には非常に複雑な歴史があるが、ここではそれについてこれ以上立ち入る必要はない。ともかく――ある種の変種や段階はあったが――道徳通念の共通性は、貴族をトップとする大学出身者や学生団体を、決闘を許された者たちの大きな社会につなぎ止めるかすがいの一つだった。そういう社会の姿の一例を述べれば、この概念を生き生きと捉えるのに役立つだろう。

一八九五年三月初め、ベルリンの高等学校の生徒たちが、フリードリッヒスルーの偉大な老人を称えるためにビスマルク・コンパを催した。この祭りには団体の男たちや旗だけでなく、ドイツ帝国首相であるフュルスト・ホーエンローエや数人の大臣、さらには多数の将軍やドイツ保守党指導者たちを含む帝国議会議員、枢密顧問官、大学教授、数人の親王や外交官も参加した。学生の一人が作詞した新しいビスマルクの歌の力強いメロディーを、参加者たちは熱っぽく歌った。その出だしはこうである。(44)

いざや歌わん朗々と
湧き起こるわが感激を、
龍を従え、ラインの辺に
揺るぎなき基を定め、
われらドイツの
古来の夢の帝国を
実現されし
わが民族の主を称えん。

ドイツの学生の大半が有力者や古い世代に激しく対立した時代があった。十九世紀には、特に人々の平等を叫ぶ先駆者であり、また逸脱の代表でもあった学友会が、下級生は上級生に抵抗してはならないという不平等の伝統的儀式を壊そうと立ち上がった。ドイツ統一という学友会の目標は多くの場合、議会制の前段階としてドイツ各州に民主体制を作り上げようとする努力と結びついていた(45)。初期の学友会会員たちがヤーンの導入した体操に熱中したのも、こういう自由と平等への憧れのあらわれであった。というのは、ヤーンが体操として考えていたものは、後の時代の国家教育の手段となった形式化された器械体操ではなかったからである。ヤーン自身はあらゆる形態の訓練や鍛練を拒否していた(46)。体操は義務であってはならない。各人が自分で体操を仕立て、自分で一番気に入ったようにやるべきだというのであった。組体操さえ学生には強制と感じられた。自由意志での練習と個人の要求に応えるゲームだけが、その当時の理想にかなっていた。そのためヤーンの体操競技や練習は、動物を飼い慣らすようなものとはまったく訳が違っていた。初期の学友会の多くの学生がこういう体操を好んだのは、それが一定の形式に強制的にはめこもうとせずに、全員が平等で各人が自由にやれたからである。

十九世紀の初めには美しい夢として遠くにあったドイツ統一という長年の目標が、その世紀の終わりには完全に実現された。主に中産階級出身者からなる学友会は、地位から言えば軍隊よりも下だった——ヴィルヘルム二世は若い頃一時ボンの学生組合ボルシアに所属していた——が、学友会もドイツ市民階級の大学出のトップ階級としてドイツ上流階級に加わっていた。初期学友会の学生たちは、そのリベラルで民主的な信条のために官庁からは迫害されていた。後の学友会の学生は、国家目標が達成されたあとでは以前の社会的目標へ向かって努力することを止めた。彼らは、大衆を擢んでた者としての成文化されていない自分たちの特権を下層階級の増大する圧力から守る代償として、第二帝国における中産階級である自分たちは社会的地位が二流で、貴族特権階級が優位に立つ不平等を受け入れていた。

というのは、国家統一と並行して、労働者の政党組織の統一が進み、労働者の政治勢力は増加していたからである。貴族と市民階級からなる決闘を許される社会であるドイツ上流階級は十九世紀には、つまりロシア革命の成功よりもずっと前から革命を恐れていた。ツォーベルティッツはそれを包み隠さず赤裸々に述べている。一八九四年十月十九日に、彼は次のように書いている。[47]

今日の社会の土台の下に出来た社会主義という火山の鳴動に耳を閉ざしておれるのは、家に火がついて手に負えなくなるまで安楽な暮らしから脱け出そうともしない俗物ぐらいのものだ——強力な軍隊だけが国家をおびやかしている要素の増大に対する唯一の守りであり、最も強力な壁であるという見解に異論を唱えられるのも、増税で年金が減る俗物だけだ。昨日の軍旗授与式は革命に対する政府の防衛における新しい画期的出来事である。皇帝は、党派心のため方向を誤った新聞をいち早く批判したが、その言葉にも、このことがはっきりと示されていた。

もともと民主的で国家や社会に対して批判的な傾向の強い、主に中産階級からなる学生団体が、宮廷貴族をトップとする帝国「上流階級」に入ったことは、この団体の構造や行動様式にも多くの影響を与えることになった。彼らは支配体制に対する反抗者であると同時に、世代間の葛藤の代表者でもあった。当時の社会の有力者、特に国家における有力者へのそれまでの反対は、古い世代の評価や態度、つまり規範に対する反対に伴って現れたものだった。社会や国家における有力者の若い一員となった今、以前は野党派だった学生団体、学友会もしだいに古い世代の評価や態度を身につけていったのである。

一八七〇年代の普仏戦争までは、伝統からすれば主に中産階級からなる学友会と、より貴族的だった軍隊は、何よりも社会的、国家的な目標の思想傾向において異なっていた。一八七〇／七一年の出来事は、学友会の政治的期待や要求をすべて満たしたわけではなかった。会員のなかにはオーストリアの併合を含まないドイツ統一に幻滅を感じた者もいたからである。しかし、夢がすべてかなったのではないにしても、統一そのものは達成された。集団の政治目標の実現は、集団の夢が破れることに劣らず、集団のその後の発展に重大な影響を与えるものである。あの場合は、学友会ならびに中産階級一般の期待にほとんど応えない仕方で集団の社会的目標が実現されてしまった。ドイツ統一への期待が実現されたのは、現存の多国体制の維持に基づく領主をトップとする貴族集団に対する中産階級自身の勝利によってではなかった。国家統一のために努力してきた中産階級の集団、特に学友会にとっては、いわば彼らの社会的な敵から贈り物として彼らの要求や期待が実現してしまったのである。

市民階級や学友会の期待や夢が、それを実現させた社会集団、つまり皇帝や将軍たち、そして貴族のすべての力の増大を伴って実現したために、学友会によって組織されていた学生たちは、根本的な方向転換を求めざるをえなくなった。彼らの国家的目標はいまや実現され、社会的目標に関しては、——ドイツの新たに有力者の一員となった代わりに——彼らは影が薄くなった。[48] その転換のすべてが一挙に起こったわけではなかったが、それはドイツの中産階級の多くの変化過程、つまり皇帝や宮廷を取り巻いていたドイツの貴族的な階層秩序を備えていた中産階級の上層部が、上流階級のなかに——いわば最下層として——溶け込んでいった過程にとって象徴的なことだった。上流階級に属することの基準のなかでは、共通の道徳通念が義務としている決闘を許されるということが中心的な位置を占めていた。一八七〇年以前は、学友会と軍隊は行動基準や政治的目的に関して多くの点で異なっていたが、いまや学友会は軍隊の基準や目標にしだいに接近していった。未来への目標は彼らの基本計画からしだいに姿を消して、現存の社会的、政治的制度の確立と維持が彼らが最も注目するものとなってきた。彼らの計画が以前はもっていた理想主義的な特徴がなくなった。以前は会員に純潔を堅く守らせていた学友会はそれを止めてしまった。それまでは会員に決闘を強く求めていなかった学友会も、軍隊と同じように、無条件の名誉回復つまり決闘の強制という原則に拘束されるようになった。会員全員に対して、学期毎に一定回数の儀礼的決闘を行なうことが義務として課されることになった。学友会の規則は、危険な武器やピストルでの決闘の規則と同じように厳しくなり、決闘するすべての学生団体にとって——しだいに——同じようなものになっていった。

未来への共通目的が消えるとともに、ステイタスシンボルとか一般大衆を擢んでている印として、また——同じ団体の学生や別の団体の学生との間での——地位争いの競争相手として役立っていた、学生の共同生活における現在の慣習が重要視されるようになった。ドイツ上流階級という大宇宙での勢力分布や地位の序列に対応して、決闘する学生団体という小宇宙でも、確固たる明確な地位の序列がしだいに出来てきた。排他的なボンのボルシアをトップとする軍隊が高い位置に立っていた。学友会は第二位に甘んじていたが、その儀礼的決闘の慣習の厳しさでも、勇気と名誉を重んずることでも、決して軍隊に劣らないものになった。地位の序列で言えば、彼らより下にもその他の決闘する団体があった。

こういう団体の生活をもう少し詳しく見てみることにしよう。

10

すでに説明したように、――当時、徐々に例外的には女子学生についても語られるようになっていたが――若者たちに上流階級の統一基準を教え込む教育は、決闘する学生団体の計画外の機能の一つだった。特に所属学生に儀礼的決闘という血の洗礼を受けさせることが、信用はあっても抜群とは言えない家の出である者に、「旧家」の心情や習慣に則った行動や感じ方をさせるのに一役買っていた(49)。

こういう団体が団員に与える独特の教育は、――ドイツだけではなかったが――ドイツの大学の特徴から生まれる要求に応えるものであった。大学の施設全体が、何よりもまず教育の施設であった。大学教師は、知識の生産者や伝達者という役割だけでなく教育者の役割を果たし、学生の個人生活に影響を与え、学生の団体生活にも関与していたのは疑いがないが、それは規則に定められたことではなかった。今日と同じようにその当時も、大学そのものはこの点に通じた若者たちに任せていた。

その欠陥を埋めたのがドイツの大学の学生団体だった。第一学期には、学生はおそらく初めて自分の家を離れて、多分ほとんど一人も知り合いのない都会で生活することになった。なかには家にいる頃から特定の団体に入るように勧められていた者もいただろうが、団体自身がよさそうな後輩を新入生のなかから探し出し「勧誘」しようとした。団体に入れば、新入生の生活はいろんな点で楽になった。他の学生たちとの接触の機会も増えて、孤独から救われ、新しい状況への不安からも解放された。団体では——仲間との朝酒、朝の散歩、フェンシング道場、ビーアアーベント、ボウリング、トランプゲーム、お祭り気分の宴会といった——社交の催しが目白押しで、学生には当分暇もないことも珍しくないほどであった。たしかに団体生活は先輩への服従と従属を要求したが、最初は新人をそれほど厳しく扱うことはなく、新入学生にはある程度の猶予期間があった。すべてが規則正しく行なわれることは、新入生にはむしろ気持ちよかったかもしれない。彼らは仲間と一緒で、団体の規則とその代表である先輩に従って流れに身を任せておきさえすれば、すべて問題はなかった。大学は教育を行ない、団体が訓練した。団体が会合や社交、多くの課題、先輩といった形で、後々の生活事情で経歴上助けとなると思われるものを各人に提供していた。

だが最初のうちは、学生団体のなかでの共同生活の形式化には若者集団の乱暴さが多く見られた。こういう学生の性格訓練の特徴は、良心による規制で抑えられていた幼稚で野蛮な衝動を思う存分発散させることが新入生に許されたばかりか強制され、発散させてならない衝動は、厳守せねばならない儀礼によって非常に厳しく抑えるところに見られた。たとえば他人を血の出るほど殴るというような、これまで堅く禁じられていた粗野な衝動を存分に発散することを強要すると同時に、窮屈な行動規定を厳守させて儀礼によって衝動を抑制させる、逆説的な学生の規範に従うのは、新人である「新入生」にはごく簡単なことだった。

禁止されていた衝動の発散と衝動の克服を強いる厳格な形式化による強要に、新入生を慣れさせることができたのは団体の支配構造のおかげであった。こういう団体はすべてほぼ同じ年齢の男たちの団体で、そこには厳密な序列があり、先輩は後輩に対して命令し決定する力をもっていた。同じ年齢の集団の人間関係にも、仲間意識や好意や友情は欠けていなかった――、新入生はみな先輩のうちから後見人を選ぶことになっていた。後見人は年齢の差を超えて、新入生が困っている場合にはできるだけ助けてやった。だが、新入生への援助の手はあっても、団体の支配の仕組みそのものは融通が利かず冷酷なものであった。先輩も後輩もそういう仕組みの囚人だった。その仕組みは後輩に学生の厳しい行動規範を遵守する力を与えるために必要な、言い換えれば行動規範に慣れさせる訓練をするために必要な、外的強制の仕組みであった。それと同時に、共同の仲間による外的強制は、団体とすでに完全に同化した先輩が激しい競争や飲み比べや、程度もさまざまな決闘や、解放と儀礼的束縛との循環によって、競争の人生において危険を避け、自分自身を抑えられるように訓練するうえで助けともなっていたのである。

危険のうちでも最大の危険は、無論、団体からの追放である「退団処分」だった。その脅威はあらゆる団員につきまとっていた。その脅威が後輩に対する先輩の支配力を強化するとともに、団体全体の個人に対する支配力を強固なものにしていた。団体から「追放された」者は後まで烙印が残ったからである。決闘を許される団体がドイツ全土に増えるとともに、そういう場合にはもう逃げ場はなかった。団体への所属を失ったという汚名が学生を苦しめたのは、大学都市だけのことではなかった。別の都市に移っても、決闘を許された団体に入ろうとすればいつも、全国どこでもすぐに知らせが追いかけてきた。別の団体なら入団を認めるかもしれなかったが、多くの場合、学生としての自己意識や立場の意識、つまり彼の個人的アイデンティティからすると、あの団体以外に所属することは考えられなかった。つまり自分の団体への所属を失う脅威は実に重要な訓練手段であって、抵抗のある学生に頑張らせたり、団体儀式への抵抗を抑え込んだりするのに役立っていたのである。

もう一方で団体は無数の楽しみも与えてくれた。その楽しみが強制や決闘のときの諦め、強く巧みな相手と立ち向かわねばならないこと、ビール作法への違反、形式を守るうえでの——重大な結果をもたらしかねない——失敗などへの消え去らない恐怖を償っていた。グループにはまり込むことや、酒席に加わって酔っぱらって一緒に昔の歌を歌うこととか、祭りのときに盛装し、色鮮やかな帯を締めての行列や、大衆に擢んでていること、高い地位を約束する困難な試験を乗り越えて、進級できた誇りなどがそういう償いとなっていた。

こういう学生団体の支配構造である序列をもった強制の仕組みから、そのなかで作られていく人格構造がいくらか明らかになる。マックス・ヴェーバーはそれを「プロテスタント的良心形成」と呼んだが、それは正しくもあれば誤りでもある。こういう支配構造がめざしていたのは、個人が他人の言うことを——自分ひとりで決断し、自分の良心と神に対してのみ責任をもって——自分だけで決定できる自己抑制機構の形成ではなかった。団体や学友会の訓練は、もっぱら社会的強化や他の人々による支配に従って衝動を抑制する人格の形成を促していた。決闘の訓練に合格した者が社会的に強化された闘争本能を抑制するためには、上下関係のはっきりした命令と服従のヒエラルキーを有する団体の支えが必要だった。そういう団体が作り上げたのは、自己強制という自分の良心を働かすためには、強力な支配という外的強制の支えを必要とするような人格構造であった。個人的良心の自律は極力抑えられていた。良心は目に見えない糸によって、厳密に形式化された命令系統を有する社会構造と結びつけられていた。個人に任せておいたのでは、典型的な学生団体が養成しようとしていた自己抑制は強くはならず、団体生活によって解放された衝動を抑制することもできなかった。言い換えれば、入団させた個人のうちにその種の団体を必要とする欲求を作り出すことこそ、そういう団体のめざしていたものなのである。個人の良心は団体の指令に従うように命じられていた。個人の良心は基本的衝動を抑制するにはあまりにも弱いために、良心が十分に働くためには、他人からの命令か他人への命令が必要だった。団体の性格鍛練によって行なわれる良心形成は、命令と服従のヒエラルキーに根本的に閉じ込められている将校の場合の性格鍛練と少しも変わりがなかったのである。

所属する個人がまったく独立して完全に自律的に働く良心を育て上げるような集団のイメージは、疑いもなく理想型的な誇張である。現実には、病気でもなければ、人間は――自己を抑制して――決意するとき、自分の行為の企てを実行したとき自分にも他人にもそれがもつ意味と完全に独立ではない。そこでは、良心の自律が多いか少ないか、個人の決意に自己強制が多く働くか外的強制が多く働くかという差があるにすぎない。つまり先に述べたことは、学生や軍隊の道徳通念による訓練が作り上げようとする個人の性格構造、言い換えれば良心が、他人の意見に高度に依存し、瞬間的衝動の克服を支える自制心が外的強制による強化に高度に依存するということを言ったまでのことである。名誉という概念そのものが、こういう構造を示唆している。不名誉という意識が自己抑制の主導権を握れば、それに応じて、自分の属する集団の目の前で名誉を失いはしないかという恐れが、道徳通念に従って行動するのに必要な自己規制を強化するうえで、いつも中心的役割を果たしているからである。

哲学的問題としてではなく観察可能な社会的事実として見れば、名誉という観念が中心的役割を果たすのは緊密な集団、特に軍人集団やそれに類した集団においてである。もともと名誉という基準、つまり暴力行為と勇気という一対の基準という特徴を有するのは、何よりも軍人階級であった。形式的に言えば、平和な市民階級については、誠実または正直という観念のほうがはるかに特徴的なものであったと言ってよい。名誉という観念は名誉ある人々にとっては、社会的差異を示す手段であり、社会的差異の象徴である。名誉という観念が、貴族的な支配階級がそれ以外の階級、つまり何よりも道徳規範で特徴づけられる中産階級から区別され際立つのである。両者を比較すれば、その違いは明らかである。中産階級の道徳規範は——実際には、つまり社会的事実としては、哲学論文で何をなすべきかを規定するとされているような絶対的な自律性を有しているわけではないが——、道徳通念よりも個人化を求め、個人的な自己規制という相対的な自律を求め、それを表わしているものである。

ともかく、軍人階級の道徳通念と中産階級の道徳規範を比較すれば、軍人階級が人間関係の厳密な序列化と命令と服従という明確な秩序とに基づく支配構造に密接に結びついているのに対して、中産階級の道徳規範がすべての人間に妥当することを求めるように見え、暗にすべての人間の平等の要請を告げている理由が明らかになってくる。ドイツの学生団体の特質の一つは、カントの『実践理性批判』が最も壮大な形で哲学的に示している中産階級の道徳規範が、もともと初期の学生集団だった学友会でしか役割を果たしていなかったということである。その場合でも、その道徳規範には上流階級の道徳通念が特殊な仕方で入り込んでいた。一八七一年以後ドイツの中産階級のかなりの部分が、新しいドイツ帝国においてしだいにドイツの貴族的な上流階級に結びついてきたとき、主に中産階級からなっていた学友会でも、それまでの道徳規範の要素がすべて失われてしまった。その訓練目標も社会生活も、軍隊やその他の決闘する団体のそれと同じように、道徳規範を含まない純粋な道徳通念によって方向づけられるようになった。

階級組織にもこれと同じようなことが見られる。学友会の初期には、先に述べたように、会員のなかには中産階級の平等主義的な傾向に従って、貴族が支配的だった時期に、後輩に対する先輩の乱暴な支配を取り除くか弱めようとする者もいた。十九世紀末には、先輩による——厳格な形の——支配の儀礼が学友会でも確固たる慣習になった。学生団体における先輩の支配は、期間が短いだけに大人の社会よりも我慢し易かったかもしれない。学生の場合は先輩グループは比較的短期間で入れ替わった。後輩が今のうちは先輩の支配を受けねばならないときにも、彼ら自身が一、二年のうちには先輩の地位に就くことは分かっていた。上官たる自分の命令に従うように新兵に厳しい服従を叩き込む将校のモットーは、学生団体の規範においても重要な要素だった。手段がいくらか違うだけだった。

学生団体独特の慣習の一つに、厳格に儀式化された宴会があった。これにも長い歴史がある。ドイツの学生団体の宴会は、少なくとも十六、十七世紀に遡るドイツの伝統から生まれたものだった。絶えず戦争が起こって、ドイツがヨーロッパのあらゆる激烈な争いの激しい戦場の中心となっていた時代に、ドイツ各地には、現代の個人的な飲酒ではなく集団的酒宴という形の飲み方が流行していた。その当時の終わりそうにない戦争の苦しみの償いとして、宮廷でも飲み比べという慣例が急激に流行して、それが酒宴を競技大会じみたものにしていた。

後の時代の形態では、この飲み比べのドイツ人流のやり方が、ドイツの学生団体にとっては、正式の会合としても訓練の手段としても先輩が後輩を支配する手段になっていた。こういう酒宴には後輩への強制があって、——先輩が後輩のために乾杯するときには、後輩は飲みたくなくてもそれに「従う」ことを強要されたからである。つまり後輩は多少酔っても抑えられねばならず、気分が悪くなるのなら、そうならないように予防措置が取れるようにならねばならなかった。彼らは乾杯しては、「コップでテーブルをこすり」、「自由だ、自由だ、若者は自由だ」と昔の歌を歌った。宴会が進むにつれて、彼らは楽しくなり、自由になって羽目をはずした。だがそれは非常に儀式化されたどこか無理強いされた陽気さだった。その陽気さのために競技が楽しくなり、——「新米がどれくらい飲めるか試してみよう」と——乾杯してはますます競い合って飲んだ。多く飲んだほうが勝った。歌うにつれて声は混ざり合い、その合唱のうちに集団そのものが姿を現わし、個人は集団の一部となって隔てがなくなった。昼間から彼らはまたやり始めるのであった。

世紀の変わり目には、先輩たちのほうから、無理に飲ませるのを止めようという動きが出てきた。彼らは酒の飲み過ぎの害を指摘して、宴会での無理強いを控えようと訴え、酒を飲まない者も黙認しようと主張したが——それがどれだけ効果があったかは分からない。

決闘についても事情は同じようなものだった。十九世紀の六〇年代までは、学生の決闘には本物の決闘の性格があった。将校と同じように学生の間の本当の争いは、抜き身の刀で決着がつけられた。そのために、決闘はあまり儀式化されていなかった。決闘者はかなり自由に動いてよかった。横にも動けたし、頭をよけることも上体を屈めて突きを利かせることもできた。一八七一年にドイツ帝国が統一されるとともに、以前は野党派だった学生組合さえ、軍隊やその他の決闘する団体と同じように、しだいに自分たちを新しいドイツの代表者、皇帝政権の支援者だと思うようになると、学生の決闘の儀式は著しく変わった。一部の決闘儀式には決闘の性格が残っていた。普通の人々のように殴り合うのは自分たちの品位に関わると思っていた身分の高い階級の者たちは、その儀式によって身分にふさわしい儀式化されたやり方で、怒りや憎しみを行動に表わそうとした。その形態でも相手に重傷を負わせたり、殺したりすることはあった。

それと同時に、学生団体がドイツの新上流階級の一部と目されるようになるにつれて、特殊な形の決闘が独特の訓練手段として発展してきた。団体の団員には、武器を手にして傷つけ合うにしても、顔か頭か耳だけにして、頭には軽い傷痕しか残らない程度にとどめるように求められた。訓練手段になったこの種の決闘は儀礼的決闘と呼ばれた。二つの決闘する団体の幹部が若者のうち誰が戦うかを決めた。先輩も取り決めによって戦った。そこでは、侮辱や傷ついた名誉を決闘で仕返しをするとか、競争相手や我慢できない相手への怒りや憎しみを斬り合いでぶちまけるというようなことはなくなった。こういう申し合わせに基づく決闘では、たいていの場合、自分で選んだのではない相手と戦い、それも自分の団体の名誉のために単に義務として戦いが行なわれた。決闘する団体の団員はみな、学期に数回の儀礼的決闘をやる義務があっただけでなく、そこで立派に振る舞うかどうかを監視されていた。こういう厳格な規則を守らない者は追放され、――統一されたドイツの決闘を許される社会から締め出されることになった。

11

ドイツの統一という国家の変化に応じて、決闘する団体のレベルでは、決闘法や決闘の規則が統一された。その後、決闘する団体内部や団体相互間の激しい地位争いという形を取り、その圧力を受けて、そこに関係する人々自身ではほとんど制御できず、最後には自分が属する社会集団やその発展の状況全体に依存するに至る独特のダイナミックスが発展した。

儀礼的決闘の場合も、このダイナミックスのために、争う者の態度に関する要求はしだいに厳しくなっていった。頭を守る帽子は禁じられ、相手の打撃をよけるような仕草は制限された。自分の団体から儀礼的決闘に選ばれた学生はどういう打撃も打ち返さねばならず、その際、手と腕しか動かしてはならなかった。このため決闘時間は短くなった。たいていの若い学生は、ほんの数回の撃ち合いでそういう要求に違反したからである。規則を守るのを監視している多くは年長の介添え人に、戦う者たちがますます左右されるようになった。

ゲオルク・ヘーアは、その『ドイツ学友会の歴史』において、一八七〇／七一年の戦争が、決闘する団体の発展における決定的な転換点であると指摘している。[50] 彼はとりわけ次の点について述べている。

いかにも学友会らしい生活が絡み合って、祖国の政治的教育や学問的教育や倫理的教育や身体の訓練はなおざりにして、武装した学生の精神ばかりが前面に出て、外面的な事柄を気にする風潮がたいていの学友会に生まれてきた。

彼の報告によると、団体に所属する者たちは、決闘での仲間の敗北やミスを捉えて、後で共同決定によってその仲間に仕返しの決闘をさせ、もしまたも失敗したら、団体から追放するのを待ち構えるようになった。[51] どちら側の介添え人も、ミスを相手側の決闘者のせいにしようとするようになった。相手側の介添え人も同じダイナミックスに巻き込まれて、相手の主張に反論して、介添え人たちが争い合って、彼ら自身が決闘を申し入れることもあった。——その場合には、決闘の申し合わせをして、すぐに戦うことになったが、その際にも今度は介添え人になった学生が時には同じように争いを起こして、決闘し始めることもあった。ヘーアが書いているように、[52] その結果、たいていの人が介添え人になって、ゴタゴタや殴り合いを楽しむというありさまになるのであった。

大体において一八七一年以後、儀礼的決闘という形であれ、必要な場合にはピストルを使うこともある危険な武器での決闘という形であれ、決闘がしだいに決闘する学生の団体生活の中心となった。(いくらでも挙げられるような)ほかの状況では繊細になっていくダイナミックスが見られるとすれば、ここに見られるのはしだいに粗暴になってゆくダイナミックスである。それが暴力行為の形式化と関連していることは明らかである。

人間関係における強制的な決闘を始めとして強制的な飲み比べその他の、決闘法に対応する戦士の規範の学生版には、特定の人格構造をめざす人間の選抜と特定の価値評価をめざす訓練という二重の機能があった。軍人のエートスを有する社会と同様に、選抜においては、暴れ者で喧嘩早い性格の肉体的に最も強くて巧みな者が有利だった。そして、地位の高い者が優秀で善良な者であるかのように振る舞い、地位の低い者には自分は卑しくて弱く劣っているように思わせる、著しく階層的で不平等な社会に人々を送り込むのがそこでの訓練であった。

第二帝国の時代における決闘する団体の基準の展開は全体として、形式化された儀礼的な暴力行為が増えて、ますます重視される方向へ動いていった。その時代の決闘を許される社会の人々には、儀礼的決闘であれ、武器による名誉問題の解決であれ、決闘という形態での儀礼的な暴力行使はしばしば、基本的には是認される優れた制度のほんの瘤か傷かであって、偶然に出来上がったもののように思われている。だがそのいわゆる瘤というものが、学生団体の内在的ダイナミックスの一つのあらわれ、すなわちその基準によって促進される人間関係そのものに潜んでいる変化の傾向のあらわれだったことは、それを改革しようと繰り返された試みが無駄だったことに示されている。ヘーアは「変質した決闘制度という癌」を除こうとする努力が繰り返されたことを述べている。そういう努力が十九世紀末から一九一四年まで繰り返された。一九一二年の学友会会議は、弊害の改善を求める一連の勧告を行なったが、一九一四年には次の学友会会議では、その会議の決闘委員会が「学友会の抵抗を見れば、いかなる改革案も提案することは不可能である」という報告を行なっている。(53) ドイツ上流階級における儀礼的な暴力行使が、ヨーロッパの他の諸国以上に、上流階級の人々の権力と地位の優位を象徴するものとしてもっていた大きな意味、階層的に段階づけられた学生団体が互いに行なっていた激しい競争の圧力、外面的な輝かしさにもかかわらず実質的には容易ならぬ状況にあったヴィルヘルム二世の体制、——こういうものがすべて一緒になって、学生の間での決闘の独特のダイナミックスを激化させる方向に大きく働いていたが、この制度で攻撃的で巧みな戦士の特徴を備えた者を優先させる暗黙の人物選抜もそれと同じ方向に働いていた。

決闘する団体の先輩が後輩に与えようとしていた訓練の仕組み全体が、決闘する団体の団員に自分と自分の集団はドイツ人の大半に擢んでていると意識させる、教養の印とか卓越の象徴としての決闘の価値と密接に結びついていた。彼らが社会的な階層の段階での自分の地位を誇示しようとしていたことは言うまでもない。この点では、学生たちが他の人々との交際では、自分の態度で力や地位を示そうとしたのは、宮廷社会の儀礼の慣習と同じようなことだった。その慣習と第二帝国における学友会の慣習はつながっていたのである。だが両者の違いも、それに劣らず明らかであった[54]。宮廷では大人の間での地位の違いは単に宮廷風のエチケットで決められていて、そのため位が高く顕職にある個人の仕草でそれを誇示するまでもなかったのに対して、年若い学生の場合は、自分の団体の地位にふさわしい儀礼の形態は、学生が自分の高い地位を誇示する仕草と結びついていた。次に引用するのは、学生の間に見られた、上から見くだすような儀礼的態度の一例である[55]。

超然と頭を上げてヴェルナーは体操教師と学友会学生のいるテーブルの前を通り過ぎ、厳かに帽子を脱いで、ヘッセンやヴェストファーレンの出身者たちのいる所を通り、笑みを浮かべて儀礼的に会釈しながらキンベル族のテーブルに近づくと、彼は人々の挨拶に応えて、若々しい大声でではなく、悠然と快活に挨拶を返した。それは人から見られているのが分かっているときにはいつも、団体の学生が示す快活さだった。

当時の状況から考えると、この引用には、ヴィルヘルム二世時代のドイツの決闘を許される社会一般と同様に、学生団体の共同生活にも見られた慣習と逸脱との落差がよく示されている。ここに述べられているのは、最初に述べたマールブルクの〈ムゼーウム〉での出来事、つまり地位の高い学生団体が出場し、地域の上流階級の少女か認可された寄宿学校の少女と——監視のもとに——学生が踊ることのできる舞踏会での出来事である。ここには、相手の地位の高さに応じて段階的に差をつけねばならない、きわめて形式的な行動が見受けられる。したがってそこには、さまざまな学生団体やそこにいる人々の地位に厳密に対応し、地位を誇示する個人の振る舞いには非常に面倒な慣習が見られる。そういう慣習が、他の人々の目の前での厳しい自制心や、他の団体や時には少女や母親の目の前での個人の自己抑制を要求したのである。

自分の仲間がいる場所では、自己を抑制するための訓練は、団体の地位や機会に応じて、集団として公共の場に出るときほど必ずしも厳しいものではなかった。だが団体の内部では、交際にも上下の非常に厳しい儀礼があった。コンパが最も盛り上がったときでも、団員はその儀礼を忘れてはならず、そういうときでも隔たりを守らないと、地位の低い——若い——者はいつも危ない目に会うのだった。手綱が緩められるのは、同じ年頃の同じ地位にある者と一緒にいるときだけだったが、それにも限界があった。そこで団体の学生はどんなにくつろいだときでも、自分がどこまで羽目をはずせるかを正確に知っていなければならなかった。決闘を許される社会の仲間同士の交際では、慣習と逸脱との落差は比較的小さかった。社会的に地位の低い者や団員以外の者との交際では、もう少し気楽にすることができた。

そこには、かなり高度に細分化された相互依存の関係が長い連鎖をなしている社会において、あらゆる上流階級に見られる特質が見られる。上流階級では、それに属する者を義務づけている命令や禁止の入り組んだ規範の総体は、その階層に属する者同士の交際に関しては、きわめて詳細なもので融通がきかなかった。たとえば狩猟や賭事や舞踏会のような身分相応の楽しみのときの振る舞いにも、非常に細かな形式があった。規範はそういう気楽なときでも、完全に規定された決定ずみの規則に従う行動を要求し――そういう行動を生み出していた。すなわち規範は、どこにおいても上流階級の者であることを誇示するような自己提示を個人に要求し、そういう自己提示を生み出していた。つまり上流階級に属する者は、「上流階級」の地位や権力上の特権を得た代償を払っていたわけである。彼らは同じ地位の者や自分より地位の高い者がいるところでは、上流階級の者を代表する者として、その地位にふさわしい者であることをいつも示さねばならなかった。仲間のいないところでは多くの場合、もっと気楽に振る舞うことができた。だが気楽に振る舞っていいかどうか、どこまでそう振る舞えるかは、その社会での力の差しだいだった。

上流階級の内外での交際における慣習と逸脱との落差は、学生団体の性関係に関する規範を例にとれば最も簡単に見届けられる。同じ階層の娘との関係では、決闘する団体の学生は実に詳細で融通の利かない規則に従わねばならなかった。自分より身分の低い階層の娘との交際では、規範に関するかぎり、自分のしたいことをかなり自由にすることができた。ここでは国家の法律だけが妥当するものであった。

男性の二重のモラルの周知の規範が規範に従う若者にとって意味していたものが、先に何度も引いたブレームの小説のうちに非常に生き生きと描かれている。学校を出て新たに大学都市にやってきて、決闘する団体に入った一人の学生が、そこで予想もしなかった状況に出会って最初は相当な衝撃を受ける。その学生は家でも学校でも、成長過程にある人々の学習や経験の領域から性の問題が遠ざけられていた独特の教育が生み出した学生であった。その他の知識は若い男女にも大いに与えられたが、男女関係に関する知識を伝えることは用意周到に避けられていた。その点に関する知識、つまり自分たち自身に関する重要な知識を、彼らはひそかに同輩や聖書その他の書物から学び取っていた。近くの大人たちはその種の知識を教えようと思わず、また教えることもできなかったが、それは、大人自身も偏見をもち、性に関する社会的タブーによって禁じられている、露骨な言葉で語ることへの抵抗を克服しなければならなかったからである。したがって中産階級の若い学生は多くの場合、性的な経験もなければ自分の欲望についての理解も不十分なまま漠然たる欲望をかかえ、両親の道徳的命令に基づいて形成された良心を抱いて大学に入学してきた。自分の欲望と良心を統一できないために、学生は苦しんでいた。大人たちはその苦しみを青春時代の自然な特徴であり、いわゆる思春期の特徴とみなしていた。そしてブレームもそういうふうに主人公を描いている。

その「新入生」は、団体の仲間と出会うことによって急激にこの状態から引き出される。彼らの歌う歌だけでも、二種類の娘がいることが明らかである。(56)

恋をして、キスをする
娘たち

――こういう娘たちについては、「いつもいっぱいいるよ」と歌われている。それに対して、

思い焦がれ、精神的に求める
乙女たち

と歌われる乙女たちがいた。

それと同時にヴェルナーは、大学で最強の決闘者と見られている団体の最高幹部が、三人の私生児をその町でもうけたという話を聞く。(57)ブレームは、若い新入生がそのとき初めて、すべての乙女が「思い焦がれ、精神的に求める」とは限らず、「恋をして、キスをする」娘もいることを知ったかのように描いているが、これはいささか現実離れしているだろう。だが、彼の叙述にはロマンティックな誇張があったり歪められたりしているところがあるとしても、二重のモラルの社会的シナリオの基本構造は正確に描かれている。

性関係についての中産階級の規範は、別の言い方をすれば、今世紀初頭のドイツでは、当時の他の多くの国々と同様に、一方では――いつでもあらゆる場所のすべての人々に永遠に妥当すると思われる命令という――伝統的にモラルとされてきたものの特徴を備えていた。その中心をなしていたのが、結婚している男女の性関係を制限する命令であった。それに応じて、この規範は若者、特に学生にも、結婚するまでは性に関する完全な抑制を命じていた。学生たちは二十歳代のなかばか、時には二十歳代後半まで結婚できないことが多かった。そのため、こういう社会の道徳的命令を一貫して守ることは、長く修道士のような生活を過ごすことを意味していた。だが、この時代の社会は社会の定めた道徳規範を守ることについては寛大な場合もあり、現代的な言い方をすれば、「自由放任」という場合もあった。社会が結婚以前の純潔という命令を厳守することを要求したのは若い女性だけであって、若い男には非公式に命令違反を認めていた。中産階級の若い男性、つまり多くの学生の実態においては、結婚までの性的抑制についての道徳的命令は同じ社会階層の娘との交際に限られていた。こういう若い女性については、実際に結婚までの抑制が要求され、女性が命令に違反すれば、社会的な汚名とか追放という非常に厳しい処罰を受けたから、身分の高い階級の若い男性には、同じ身分の娘との愛情関係を性行為まで進めることは禁じられていた。

普遍的な道徳命令と選択的な実践との対立のように見えるものは、実際には、社会的な力の差のあらわれであった。同じ階層の娘との交際では、身分の高い階層の若い男性にとっては厳しい抑制か結婚しかなかったが、階層の異なる者との交際では、恋愛や売春という形での性行為が許されていた。ここに見られるのは、社会的な外部からの圧力の存在を前提として維持されるこれ見よがしの慣習と、その反対の外的強制が自己抑制の力が強化することのない行動領域での、逸脱や自由放任や欲望の発散といった極端な現れ方との隔たりを示す重要な一例である。

12

学生団や学友会の特徴であった確固たる慣習と厳しい制限内での逸脱との独特の混合に慣れることは、先に述べたように、若い学生にはそれほど簡単ではなかった。特に勝敗を決する決闘の儀式や決闘一般の儀式に慣れるのは骨が折れた。

儀礼的決闘は普通は参加者に重傷を負わせないこととされていたが、たいてい血なまぐさい出来事になった。先輩たちは、初めて決闘の場所に連れてこられた新入生が気分が悪くなるのを覚悟していた。新入生は、血が出るほど殴ることが厳禁されている社会からやってきたのだ。血や殺人についての子供の頃のおぞましい夢は、彼らの意識からとっくに追い払われていた。新入生のなかに身震いする者が出るのは、流血の行為を禁止する良心の抵抗のあらわれであった。新入生は気分が悪くならなくても、先輩の好意的な嘲笑以外には何も得るものはなかった。生きたニワトリを決闘の場所にもってくるように、新入生に指図するのはお好みの冗談だった。斬り落とされた鼻先の代用にニワトリの肉が要るのだ、と新入生は聞かされたものである。斬り突き両用の武器で決闘するのだが、その武器は顔や頭の皮膚や皮膚の下の血管を切るように決められていた。目だけは禁じられていた。一突きで相手の頭の皮膚を切り破って、皮膚の一端が垂れ下がってもよかったし、鼻や唇を裂いて当分喋れなくしてもよかった。斬られた耳が垂れ下がり、頭の横から血が流れ出るかもしれなかった。

団体から別の団体の適当な相手との対決を命じられるまでに、新入生にはふつう一定の準備期間が必要だった。試験に合格すると、それがプライドを高めた。そのやり方は、苦痛に耐えることが男らしさの証明になり、集団に帰属する印である傷痕を作ることが同じ役割を果たしていた素朴な民族のイニシエーション儀礼ほどひどくはなかった。自分の団体のために別の団体の代表と戦うことが、自分の団体との連帯感を強化したのは疑いがない。だがそれは、団体に属する個人が別の人々の態度を儀礼的決闘で評価し、――集団につきものの――道徳通念を認めさせるのに役立つ冷酷さや、団体内部の競争の圧力を強めることにもなった。その結果の一つはすでに述べたが、そういう基準が――将校の場合とは異なり――一定の勤務やその他の職業上の義務と直接結びついていない若者の集団では、自分の集団や内部集団で高く評価される地位をめぐる競争が、戦いの儀礼を自然に激しいものにしていった。学生団体の団員は、決闘することを地位に就くうえでの中心的な、おそらく最も中心的な資格とする社会の仕組みの囚人であった。

以上述べたことから、この種の学生の共同生活や若者の性格鍛練が生み出そうとしている個人の態度、一般的に言えば人格構造がよく分かるようになったはずである。それは同情を抜きにした人間的体質であった。弱いことが分かった者はまったく認められなかった。人々は自分より弱い者に向かってやれるように、強く殴って自分の優位と相手が劣っていることをすぐ明確に思い知らせるように教え込まれていた。そうしないことは弱いということだった。弱さは軽蔑すべきものであった。

明らかなように、団体には、団員にも部外者にも学生の生活様式、特に決闘の意味や合目的性の正当性を示す一連の論証があった。ヴァルター・ブレームは彼の学生小説のなかで、一、二の登場人物にそういう正当化の古典的論証を述べさせている。

その小説のヒーローであるヴェルナー・アーヘンバッハはやがて、団体での体験に少なからず驚くことになる。こういう学生の名誉というのはいったい何なのか、と彼は先輩に尋ねる。名誉が何か知らずにいて、どうして名誉を重んずることができるのか？　先輩は彼に次のように説明する。(58)

そうだよ君、名誉なのだ！　学生の名誉だ！　それを言葉で言うとすればだよ！……僕が思うに、名誉はね、……まさに決闘のときに存在するものなのだ。決闘というのは、見ろよ、あれは実に馬鹿げたことではないかね？　お互い生まれて一度も悪いことをしたことのない二人の若者がだよ、次席幹部によって対立させられ、鼻や頭を切り裂かねばならない。あれは馬鹿げたことだ！……ところがそれでわれわれは立派な男になるのだ！　われわれは凄く強くなるのだ……そして、何と言ってもそれが人生では大事なのだ。［……］こういうことがすべてクルミの殻にすぎず、固いすべすべの学生団の殻の下には、空っぽの頭もあれば腐った頭もあるのは分かっているよ。しかしだね、核さえしっかりしておれば、殻が固くてすべすべしてるのがいいことだといずれ分かるはずだ！

ここには、先のツォーベルティッツが述べていた人間像が新たに少し違う形で現れている。タフできっぱりとした人間の姿である。こういう人間像は、特殊な社会像ときわめて密接に結びついている。大人の生活は万人に対する万人の戦いである。それはいつもこの上もなく厳しい戦いである。そういう万人に対する万人の戦いに勝ち抜くためには、あくまでも強くなければならない。ここでは、放逸な戦士のエートスが再び中産階級のものとなった形で生き返っている。人々の間での万人に対する万人の戦いという行動の伝統が実際に支配的になって、それにふさわしい人格構造の形成をめざす教育制度が存在する社会では、この種の共同生活が深く根をおろして、社会組織全体がよほど根本的に動揺しないかぎり、いつになっても改めて再生されるだろう。つまり戦士規範のこうした後代の形態は、いかに形式化されていても、人間同士の肉体的な戦いが中心的な役割を果たす社会の特質を表わす特徴の一つなのである。肉体的暴力の行使や、人を傷つけ、場合によっては殺すことのうちに示されている人間関係の非情さが、肉体的な戦いが行なわれない関係領域にも伝染病のように広がってゆくのである。

こういう規範の特徴の一つに、人間の共同生活の一連の側面はそういう規範では抑えられないということがある。そういう側面は個人の人格的特徴として、いわばこういう社会の規則の間隙で発展するものかもしれないが、それが規範化されることはない。それを見るには、人々相互の同化の範囲や深さとか、他の人々との関係での共感や同感や同情の範囲や深さといった、文明化過程の中心的基準の一つと言っていいものを考えればいい。引用された証拠や事態に見られる学生の道徳通念には、人間関係のこういう側面やそれから派生するものの広大な領域がほとんど完全に脱け落ちている。たしかに皇帝時代の学生団体の教育は、同じ団体の他の団員との連帯感を生み出した。しかしそれは狭くかなり浅薄で、学生たちの現在の生活のなかよりもつらい思い出のなかのほうが美しかった。学生の現在の生活では、団員の弱さを見るだけでも、比喩的にも打ちのめしてやりたくなるには十分だった。

ブレームは、他人が弱さを見せたとたんに、容赦なく殴りかかるそういう傾向を非常によく表わしている情景を描いている。クラウザーという一人の若者が、儀礼的決闘で仲間の要求を十分に満足させることができなかった。彼はその前夜に婚約をして、その娘のことばかり考えていたのである。このため彼は仲間から外され、汚名を晴らすための決闘の難儀な介添え役を務めなければならなくなった。運さえよければ、再び団体に入れてもらえるチャンスだった。その後、彼は包帯をターバンのように頭に巻いて傷を隠してひとり自分の部屋に座っていた。街で会う人に指さされそうで、彼は部屋を出られなかったのである。そこへヴェルナー・アーヘンバッハが訪ねてくる。彼はお話にならない新入生で、何が起こったのかまだよく分からなかったので、クラウザーに尋ねてみる。それに対してクラウザーは次のように答える。(59)

「じゃあ、よく見ろよ。われわれ団体の学生にとって、決闘は武器を使う単純な遊びじゃないぞ。一つの……教育手段なんだ。つまり団体の学生は、肉体的苦痛も負傷も重傷や死さえも……そんなことはすべて自分にはどうでもいいことを決闘で示さねばならないのだ。[……]

君が団体に長くいたら、そういうことがよく分かってくるだろう。団体では数年前から、――決闘への要求が……少し極端になったのだ。誰でもやれるとは決まっていないような……ことが要求されるようになっている。そして今日はできても明日はできないこともある。気分とか……体の具合とか……神経の状態が大いに関係するんだ……」。

「そりゃ大変ですね――すると、前の晩に婚約されたので……罰せられたのですか?」。

「そうだ――はっきり言えば――その通りだ」。

「それは狂ってますよ。狂ってますよ、そんなのは」。

「そうなんだ……決して忘れるんじゃないよ。……狂ってるんだ、――君や僕のような――われわれ若造を評価する連中は。……ああいう手合いは無論いつでもいるもんだ。C・Cは僕の決闘はまずいという意見だった。するとその通りというわけだ。これはまるで裁判にかけられたようなものだ。時には、何の罪もない者が刑罰を食らうこともある。それを不運と言うんだよ」。

「不運ですか？　僕は思うんですけど、それは恐ろしく冷酷じゃないですか、団体のおぞましい不完全さですよ！――ああ……クラウザーさん……団体そのものがですよ！――［……］まったく僕は絶望寸前です！――あなたはどうなんですか？　あなたもきっとそうに違いありません！　あなたはわれとわが身にこの素敵な制度の祝福を実際に受けているんですからね……まさにこの瞬間に！」。

「われとわが身にか！　そうだよ、僕も同じさ。［……］現にここに座っている通り、団体は十五回目の決闘に僕を呼び出して、僕の資格を奪ったんだ。来週の土曜日に会に戻れるか、それとも絶えず逃げ回ることになるのかまだ分からない。信じていいが、僕は言い繕ったりひた隠しにしたりする気にはなれないんだ。たしかに、僕たちのところではいろんなことが立派とは言えない。多くのことが今と違って――もっと穏やかでもっと人間的で、型通りでないようになるかもしれない。それでも……僕が話にならない新入生になったら、……僕はきっとまた団体の学生になるだろうよ！」。

「きっとまた？　こんなことがあってもですか？」。

「そう――こんなことがあってもだよ！　僕には分からないが、感覚で分かるんだ。きっとそうなるってね。後で僕たちに役立つように、一切が作られているんだよ。……歯を食いしばって――　――僕たちが男になるためにだよ！」。

一八七一年から一九一八年までの、厳密な序列のあるドイツ体制を作り上げていた決闘を許される社会は、若者たちを隙間のない規則の網の目に強制的に押し込んでいた。多くの上流階級の場合と同様に、あらゆる社会生活を規則の網の目が取り巻いていた。人々が——特に若いときだが、相当の年齢になっても——、一方ではつらい断念を強いるとともに、他方では、高い地位に達したり地位が保てたりするといったそれなりの喜びの報奨を約束する、高度に形式化された社会的強制の仕組みのなかに入れられると、自分に言い聞かせて、強制の仕組みのもたらす犠牲にも意味があり、免れられない欲求不満も有意義だと簡単に思い込めるのである。その意味なるものは、しばしば人々自身は知らなかったり分からなかったりするが、自分が知らなくても意味があるのだと信ずるのである。耐えねばならない断念が、自分の集団の力の維持や強化に役立つか、自分の高い地位の象徴として役立つ以外には意味も役割もないのを認めると、おそらく幻滅しかないからである。当時の学生の作法を身につける場合のように、熟達するのに自分の力を使い果たせば、自分の犠牲や欲求不満は有意義で必要なのだと思いがちである。その意味を本当には分からないとしても、自分の団体のすべての人々が断念を必要だとしているその共通性によって、その断念が実際に必要だと確信されるのである(60)。ブレームはそういう態度を、実に印象的に描いている。

決闘を許される社会の規則が、つまり、その社会を代表する個人の人格のうちに深く根づいて第二の天性となっている規範が、その体制に属する者であることを証明する。彼の体質や態度や話し方、人間の見方などのすべてが、彼をそういう者であることを表わすのである。それが個人に与えられる報奨なのである。宮廷貴族であるトップグループが戦争に勝ったおかげで優位を保てたそういう社会では、軍隊の行動様式や感じ方が標準としての役割を果たしていた。そういう階層の規範や、それにふさわしい人間関係での行動の規則の枠のなかに、閉じ込められた人々の相互交際の理解は、それ以上反省されないのが普通だった。そういう理解が、高度な総合段階に達した思想、つまり哲学の書物に表現されることはほとんどなかった。この決闘を許される社会の人々は、そういう書物にはたいてい関心がなく、そういう書物は分からなかっただろう。そういう理解は、ここで一人の作家が、危険に陥った若い学生の口から言わせている「歯を食いしばって――　――僕たちが男になるためにだよ！」といった類の慣用句で言い表わされていたのである。自分の社会には人間性が欠け、穏やかさがないのを知ったうえで、その学生はそう言っている。その社会は規範の命令への絶対服従を求めている。違反は情け容赦なく罰せられるのである。

連帯がかなり強かった上流階級は、計画的に作られた組織はなかったが、規範侵犯者に対する厳しい非常に有効な制裁を加えていた。そのやり方は、下層階級が――特に比較的最近――計画的に連帯を作って発展させたやり方と似ていたが、そのやり方は、たとえばスト破りを労働組合から追放し、働く場所を奪うようなやり方である。人数もごく限られていた上流階級は、汚名を着せたり追放したりする形での処罰で規範侵犯者をおびやかすのだ。職業上の経歴だけでなく、当人のアイデンティティをも破壊しかねないだけに、そういう制裁に対する恐れがそこでは有効なのである。上流階級への所属や、そこに生まれる優越意識によって、当然にも個人的プライドや自尊心を抱いている人物が、規範に違反したために社会の最高の地位にあって最も有力な階層から追放される場合には、それは、取り返しのつかないことの多いアイデンティティや価値の喪失となって、それを償うことも克服することもできないからである。

さらにそういう場合には、規範侵犯は――スト破りのように――起こりうる結果を十分知っていながら集団の命令を破る当人の決断に基づいていないことが多い。規範侵犯は、まったく思いもかけず、青天の霹靂のように起こりうるのである。先に引いた小説の出来事がその一例である。

決闘する団体の教育やその目標、また帝国の上流階級の一員としての生活の根底にも、語られないままになっている社会像がある。その社会像は、万人に対する万人の戦いというホッブズ的な共同生活のイメージである。だが先に述べたように、ドイツの発展においては、それは考え抜かれた哲学という性格のものではなくて、社会の不透明な運命から無計画に生まれてきた行動様式や感じ方の伝統なのである。それが未反省のものであるだけに、それは自明のものとか必然的なものであるかのように思われる。この伝統の核心をもう一度言えば、人生において義務を果たすためには、確固たる態度を取らねばならない。弱さを見せてはおしまいだ。だから、自分の強さを示すことがいいことなのだ。弱さを見せる者は追放されるべきだ。負傷した者は傷口に胡椒をつけてやるべきである——そこにシャーデンフロイデ（他人の不幸を見ての小気味良さ）もあろうというものである。この言葉は翻訳不可能な言葉だ（ここで注目すべきことは、おそらくこういう感情は多くの社会にあるだろうが、それを一語で表わして、それがさも人々の正常な性質であるかのように基準的な言葉になっていることである）。

決闘や道徳通念と同様に、共同生活のイメージも、多くの敗北や屈辱を重ねたあげく、最近少しばかり勝利が続いたおかげで、かなり遅れてようやく他の諸国と肩を並べられるようになったが、内心は大きな脅威を感じている上流階級の表現として理解することができる。第三階級の選挙権のおかげとは言え、とどめようもなくなって、最後にはプロシア議会に登場することになった社会民主党の選挙結果を見て、当時の保守的な議員会派のリーダーだったフォン・ハイデブラントは、次のように宣言した。[61]

未来はたしかに彼らのものだ。大衆が幅をきかせわれわれ貴族に影響を与えることになるだろう。この流れを一時でも止めうる者は強力な政治家だけだ。しかし、われわれは自分の立場を進んで明け渡そうとする者ではない。

他の諸国の上流階級、特にイギリスの上流階級はもっとはるかに柔軟だった。ドイツの上流階級には、

したがってドイツの伝統では、ごく少数の例外を除けば、妥協という方式は評判が悪かった。最後まで戦い抜くこと、勝つ見込みがなくても悲惨な最後まで頑張ること、これがヨーロッパ戦士の古い伝統なのである。[62] ドイツでは、中産階級のかなりの集団が宮廷貴族体制に属するようになったために、こういう伝統が国民的な伝統となったのである。

13

十八世紀後半のドイツの市民階級と十九世紀後半のドイツの市民階級を比べれば、印象的な構造変化が起こっているのに気づく。ここでは、その変化を文化のレベルで起こった代表的な市民階級の価値基準の変化で示すことにしよう。十八世紀後半には、特に文学、哲学、科学の領域における文化的な仕事は、台頭してきたドイツの市民階級の評価基準では非常に高く評価されていた。都市の市民階級の経済力や世界意識はこの頃、再び増大し始めた。だが、少数の例外を除けば、市民階級には政治的、軍事的、経済的問題その他の国家の多くの問題について決定をくだすような国家的な地位に就く道はなかった。そういう地位のほとんどは領主やその宮廷の官吏が占めていた。宮廷では貴族が優勢だった。州行政や司法職で高い地位に就いた市民階級出の人々は、行動において一般に宮廷貴族の伝統に同化していった。宮廷貴族の間では、その当時フランス的な行動様式や感じ方に従うことが多く、フランス語も上手に話されていた。そこで宮廷に入った市民階級の人々もそれと同じように行動し――要するに文明化していた。

宮廷社会に入って権力を得るチャンスから一般に締め出されていた台頭してきた市民階級の人々は、独自の行動様式と感じ方を生み出していた。その基準においては、別の階級の人々では社交上、礼儀やマナーやエチケットの問題が果たしていたのと同じような役割を、道徳の問題が果たしていた。他の台頭してきた集団の規範の場合と同じように、台頭してきたドイツ市民階級の規範では、――「人々よ、抱き合うのだ」とシラーは歌い、ベートーヴェンがそれを取り上げたように――、平等や人間性という理想が中心に立っていた。それに対して、宮廷貴族の基準の根底には少なくとも暗に人間の不平等という観念が潜んでいた。それに応じて、この時代にいわば市民階級の自己意識と自尊心の象徴となった文化概念も、ヒューマニズムの道徳的傾向が強く、その傾向に示されていた倫理の原型は、その信奉者からはすべての時代のあらゆる場所の人間に妥当する原型と理解されていたが、実際には、市民階級独特の限定された道徳性の反映にすぎなかった。

一八七一年以後のドイツの市民階級のトップ層における文化概念とそれに関連するものの役割が、十八世紀後半での役割と比べて変わったことが、この時期におけるドイツ市民階級の大きな形態変化を、規模は小さいが非常にはっきりと示している。たしかに一八七一年以後も、ドイツ市民階級には、依然として文化概念によって特徴づけられ、その行動様式や感じ方においては依然としてヒューマニズムの理想と道徳の問題が中心に立っている人々はいた。だが一般の市民階級の人々、つまりまさに決闘を許された社会に入ったり、その社会に結びつこうとしていた人々は、上流階級の道徳通念を身につけていたのである。その基準が特にそのプロシア‐ドイツ的な形態に示していた価値序列では、文化的成果や、十八世紀後半のドイツ市民階級の代表者たちが重んじていた一切のものが、つまり人間性や普遍的道徳も、否定的に評価されはしなかったものの低い評価しか受けなかった。宮廷貴族社会そのものの芸術への関心は低く、ドイツ帝国の模範的な将校連中も同様であった。将校連中の間では、市民階級の文化や道徳の基準ではなく戦士の道徳通念の伝統が受け継がれていたのは明らかである。その道徳通念が人間の階層的な不平等や絶対的な上下関係の伝統に縛られていたことも明らかである。

学友会会員や軍隊の一員としてますます多くの市民階級の学生が、決闘を許された社会に入るようになったことは、有力者階級や上流階級から一般に排除されていた十八世紀の市民階級と、有力者階級や上流階級に結びついていた十九世紀末から二十世紀初頭の決闘を許された市民階級との間の違いを明確に示している。決闘や宴会、コンパや社交的な会合への関心と比べれば、文化的教養への関心は、重要な団体では比較的小さな役割しかもっていなかった。名誉の問題の位置が高く、道徳問題の位置は低かった。人間性や人間の平等の問題は視野から消え失せ、大体において、以前の理想は社会的に身分の低い階層の弱点として否定的な評価がくだされていた。

自分の行動様式や感じ方を思想的または文学的に一般的な形で表現することは、道徳通念に縛られていた人々の課題や関心の領域には入っていなかった、だが、彼らからおそらくアウトサイダーとみなされていた人物が彼なりの仕方でそれを表現した。重要な団体の教育や社会的活動の根底にある明確な原理を求めようとすれば、それはヴィルヘルム二世時代のある人物の著作――ドイツが嫌いではあったが、第二帝国の決闘を許される社会のひそかな信条を他の誰よりも適切に鋭く語ったフリードリッヒ・ニーチェの著作――のうちにそれを見いだすことができる。以前は小さな学生の運命という雛型で示されていたものが、ここでは力強い言葉で一般化されて語られている。たとえば次の通りである(63)。

善とは何か？　――権力の感情、権力への意志、人間のうちにある権力そのものを高めるすべて。
悪とは何か？　――弱さに由来するものはすべてそうだ。
幸福とは何か？　――権力が増大し――抵抗が克服される感覚。

満足ではなく、より多くの権力。一般に平和ではなくて戦い。美徳ではなくて力量（ルネサンス的な力、virtù。偏狭な道徳理解を超えた卓越性。
弱い者や出来の悪い者は滅ぶべきだ。これがわれわれの人間愛の大原則だ。さらに言えば、彼らの破滅に手をかしてやるべきだ。
どういう悪徳にもまさって有害なものは何か？――出来の悪い者や弱い者たちすべてに同情する行為――キリスト教……

ニーチェのドイツ嫌いはおそらく一種の自己憎悪の一部だったのだろう。彼が「現実に対する内的な臆病」や「彼らにあっては本能となった不誠実さ」または「理想主義」のためにドイツ人と争っているときでも、彼はほんとうは自分自身と争っていた。自分自身が自分に欠けている軍人らしい強さに憧れている弱い者であることを、彼は結局、自分に隠していたのである。

ニーチェがあれほど怒り、あれほど声高に新しい並はずれたものとして説いたものは、非常に古い社交上の手法をそっくり言葉で言い表わしたものにすぎなかった。弱い者や出来の悪い者への軽蔑、平和や文明的な満足よりも戦いや強さを高く評価すること――これはすべて、昔から軍人集団の社交において形成されてきた、本論ですでに何度も説明した基準の特徴である。その基準は状況や経験しだいでは名誉の義務や騎士的儀礼で制限されることがあっても、軍人階層は格別反省もせずにそれに従うのである。こういう軍人の行動基準がかなり一般的な形で反省の対象とされたのは、ヨーロッパの発展においてはルネサンスの世紀になってからのことであった。マキアヴェリが最も有名でおそらく最大の代表者である。だが彼だけが軍人集団の古来の社交を高度に総合的なレベルまで引き上げると同時に、それをいくらか明確に規範化しようとした最初の大きな反省のうねりの代表者なのではない。ニーチェは軍人の基準を反省してさらに高い一般的なレベルまで高めて、より普遍的な命法に変えたかぎりで一歩進めたのである。

その際彼はルネサンスを、ヨーロッパ人が同情とか弱さを評価してキリスト教の誤った道を進み出す前の、ヨーロッパの歴史における最後の時代と見ている。彼以前および彼以後の他の多くの書物だけの学者たちと同じように、彼は社交に関する反省と、低い総合のレベルにしろ反省が無論欠けていない社交そのものとを区別することができなかった。ルネサンスに対する自分の称賛がもともとは、社会そのものにおいて観察されうる暴力の手法を以前より高いレベルで考察する書物に関わっていること、だがその手法そのものは、その思想的な把握よりはるか以前から社会において高いレベルで用いられていたものであり、書物では禁じられ、ますます制限が厳しくなりながらも、社交においては一般に非常に重要な役割を果たしていたことに、彼は気づいていなかったのである。書物だけの学者はえてして、書物に書かれている社交に関する一般的な反省と、無反省であるか低いレベルの反省にとどまる社交そのものとの区別を曖昧にしがちである。ニーチェも例外ではなかった。強さや権力への意志についての自分の称賛が、時代の出来事や、出来事が同時代の反省する者に思いつかせる経験上の結論といかに深く連関しているかを、彼はほとんど考えていなかった。

十九世紀にドイツ地域に起こった形態変化が、そういう出来事の一つであっただろう。十九世紀初頭にはドイツ諸国は弱かった。好戦的なプロシアでさえ、ナポレオンの革命軍によって難なく蹂躙された。そのことがこの地域の頑固な絶対主義的支配形態を緩めるのに直接間接に役立って、若者の一部をさほど有効でもない同情すべき抵抗運動に目覚めさせることになった。だが、解放戦争もドイツ諸国は自力では勝てず、同時代の列強の同盟国としてようやく勝つことができた。フランス人に対する勝利の後も、市民の間では屈辱の記憶も現在の弱さの感覚も消え失せることはなかった。十九世紀後半にはドイツは比較的急速に強国となった。事実、十九世紀半ばにはまだヨーロッパの力関係では弱小国とみなされていたドイツ帝国が、わずか数十年のうちにヨーロッパ大陸の指導的な強国となったのである。

当時の人々がこういう急激な変動がどうして起こったかを思い起こそうとすれば、明確な一義的な答えがすぐ見つけられたことだろう。その変化が可能になったのは——オーストリア、デンマーク、フランスに対する——短期間に起こった一連の軍事的勝利によるものだった。多くのドイツ人にとっては、底辺から頂点への、弱小国から強大国への、ほとんど誰も予想していなかったこの驚くべき変化の経験が、強さの賛美へ導き、他の人々への配慮や愛や援助の尊重は偽善であると考えさせるようになったのである。戦争での一連の勝利という出来事そのものは、たしかによく知られている。だが、その周知の外交上の出来事が——社会的な勢力分布に対する国内的な結果と結びついて——人々の感覚においてどういう意味をもっていたかは、必ずしも十分に明確に考えられていないかもしれない。相次ぐ勝利によるプロシア‐ドイツの興隆の経験のような経験によって、人々の共同生活においては弱さは悪で、強さが善であるという考えが支配的になるのははたして驚くべきことだろうか？

こういう考えが台頭するのは——ドイツの台頭に戦果が決定的な影響を与えているのは言うまでもないが——、疑いもなく、宮廷社会およびその後のドイツ上流社会における軍部の優勢と関連がある。だがドイツ第二帝国の時代における軍部の優勢は、人々の共同生活において力に非常に高い地位を認め、ドイツが最近ようやく脱した社会的な弱さには低い地位しか認めない新しいドイツの自己意識のなかに深く組み込まれた価値基準ときわめて密接につながっている。たしかに一八七一年以後、ドイツには、当時の社会生活における軍部や制服組の優勢を嘆く声に欠けてはいなかった。その当時の多くの人々は、軍事的な価値の重視、とりわけ決闘を許された社会の道徳通念の重視が、十八世紀末から十九世紀前半まで特に市民階級で尊重されていた行動や態度の低い評価や、市民階級の道徳規範を含む、簡潔に文化と呼ばれていたものの軽視と連動していることを明らかに十分知っていた。文化に重点を置き、したがって国家の出来事や政治的問題に集中する歴史叙述とはっきり対照的な立場をとる歴史叙述の部門の発展は、こういう反対意見の多くのあらわれの一つであった。だが道徳通念の信奉者たちの叱咤激励は、ドイツでは一八七一年以後も盛んに行なわれて、文化基準の代表者たちはドイツ帝国では低い地位しか得られなかった。

ニーチェが人間の価値尺度において力を重視し、社会的な弱さや市民階級の道徳規範を軽視するとともに、反省された形のきわめて哲学的な普遍性のレベルでは、彼がしばしば攻撃した当時のドイツ帝国の社会のうちに無計画に、ほとんど無反省のまま支配的になっていた発展の傾向を表現したことを、自分では意識していなかったのは確かである。自分の哲学のこういう側面が、人類の多くの軍人集団でその社会的存在の要素となっていた行動様式や価値評価の哲学的パラフレーズであることも、彼は意識していなかった。強さが善で、弱さは悪であることは、こういう社会には自明のことと考えられている。それはそういう社会の人々にとっては日常的な生活経験なのである。

戦いや強さに対するニーチェの称賛に現れたものは、まず貴族によって保持された軍人の規範であり、彼の時代には市民階級にも広く引き継がれたものにほかならなかった。市民階級のこういう人々がドイツ第二帝国の有力な階層となり、力においてはまだ軍人階級という第一級の地位に遅れをとっていた。そこで彼らは自分では好戦的ではなかったが、高い地位に立っている階層の軍人基準の要素を採用して、自分たちの状態に応じて新しい帰依者のように熱心にそれを市民階級的、国民的な理論に変形したり、あるいはニーチェの場合のように、符号は逆だが古典的な道徳理論と同じような普遍的理論に変形したりした。

カントの定言命令とニーチェの「偏狭な道徳理解から解放された力量」という宣言との間の違いは、要するにドイツの市民階級がアウトサイダーの地位から、二流の有力者の地位へ移行したことの反映にほかならないのである。

II　ナショナリズムについて

「文化史」と「政治史」

1　「文化」や「文明」という概念の展開について長い間研究しているうちに、(1) やや意外なことが見えてきた。その一つは、十八世紀にはこの二つの概念の意味は、概念が表わす事実のもつ過程的な性格についてのある種の感覚によって著しく規定されていたが、それに対して二十世紀には、概念の表わす事実が完全な静止状態にあると考えられていることである。社会的なダイナミックスについてのこのような感覚の消失や、(「文化」や「文明」という言葉に限らず) 研究対象を不変のものであるかのように捉える傾向には、十八世紀から二十世紀にかけて過程のダイナミックスが著しく加速した社会自体の大きな発展とは逆向きの概念展開の傾向が見られる。このパラドックスはドイツに限ったことではないが、ドイツでの展開はそのいい例であるだけでなく、それを手がかりにすれば一つの説明を考えることができる。

「文化」という概念がかつては開墾という人間による自然の変形を意味していたことは、今日ではドイツだけでなくどの国でもほとんど忘れられている。十八世紀にドイツの市民階級のエリートたちが台頭してくるとともに、「文化」がしだいに彼らの自画像や理想を表わす言葉として使われたときには、この概念はまだ、人類の発展という大きな連関のうちに認められる彼ら自身の姿を言い表わすものであった。こういう発展という見地はドイツの市民階級の知識人でも、フランスやイギリスの知識人の場合とまったく同じようなものであった。事実、ロバートソンのようなスコットランドの歴史家や、ヴォルテールおよびその一派のような歴史家たちの著作が、向上をめざしていたドイツの知識人の思想に決定的な影響を与えていたのである。国がまだ比較的に未開発な社会的状態であるうえ、宮廷人や貴族という非常に排他的な上流階級に限られていたので、西欧の知識人の思想と比べると、ドイツの知識人の思想は空想的で、彼らの思想には観念論的な傾向があった。だが、自分たちはすでに進歩し絶えず進歩し続ける時代に生きているという彼らの感覚は、ヨーロッパの他の社会に台頭してきた中産階級の知識人の感覚に劣らず強烈なものであった。

シラーが「世界史研究の意味と目的」という教授就任講演で人類発展の概略を描いたとき、そこには当時の啓蒙された知的アヴァンギャルドに標準的だった理解がいくらか反映されていた。一七八九年という年は人々の心に刻み込まれていた。その後まもなく、暴動や暴力革命への恐怖がヨーロッパ人の思想に影を落とし、よりよき未来への希望を曇らせ始めた。その状況は、二十世紀に新しい革命の暴力を伴う騒乱を見て新たに起こった状況と同じだった。しかしシラーの講演では、希望はまだ恐怖によって曇らされてはいなかった。彼のイメージがあまりにも単純だったとしても、——よりよき形態の共同生活を地上に実現する能力への希望や信頼が革命や戦争に対する恐怖によって揺るがされた——今日では、詳細な知識は非常に増えたにもかかわらず、もはや事実として認められないか、抵抗しながら半信半疑で事実として認められるものが、あの時代に見届けられていたのは驚くべきことである。

シラーはまだ、現代の普通の生き方を素朴な社会の生き方と比べれば、人間の「文化」が進歩したことは明白であると確信をもって言うことができた。彼は多くの素朴な社会における生活の野蛮さや残忍さ、彼の言うところでは「嘔吐や同情しか」感じさせない、素朴な社会の生活の諸相に見られる惨めさを指摘している。後の時代に国家主義的信念が国民の過去を称えようとしたことを、彼はあからさまに一種の裏切りとして語ることができた。

われわれはこのようであった。千八百年前には、シーザーやタキトゥスは、われわれがこれほど優れたものになるとは思っていなかったのだ。現在、われわれは何者なのであろうか？……さまざまな時代を眺めると、同じ土地にいる同じ民族が限りなく別のもののように見えてくるのだ(2)

さらに彼は聴衆に注意を促して、自分たちが過去数世紀と遠い地域から恩恵を受けた者であり、「人類のさまざまな時代」が自分たちの文化に貢献しており、それは「世界中の遠隔の地域」が豪華な現代に寄与しているのと同じであると述べている。そして彼は、現代の世代の状態へ導いてきた出来事の連関は人類という枠組みでしか解明できないと論じて、世界史研究の正当性を説いている。彼自身の言葉を引けば、原因と結果として関係している出来事の長い連鎖は、現代から人類の発端まで連なっている(3)。

ここに見られるように、シラーは世界史または人類史の研究を勧め、その主な方法として比較研究を勧めているが、それは、出来事の事実上の連関や人の住む世界各地の全体の相互関係は、各地域の現状と同様に、人類全体の発展の枠組みでしか理解できない性質をもっているからである。全体像を捉えるべき個々の知識が果てしなく急速に増加していた頃だったため、出来事の連関についての彼の意識はまだ混乱していた。その点でも彼は、当時の中産階級の知識人の典型的代表者である。だが、二十世紀の歴史家その他の人間科学者が木を見るだけで森を見ないことが多く、構造なき迷宮をさまようかのようであるのに対して、十八世紀の人々は木を見ずに森だけを見ている場合が多かったように思われる。

「文化」や「文明」という概念の意味は、十八世紀には、こういう大きなパースペクティヴにふさわしいものになっていた。今日では、発展段階とは無関係に、多少とも発展した社会について「文化」という概念が使われ、「文明」という概念も同じような使い方がなされているように思われる。オーストラリア原住民の「文化」についてルネサンスの「文化」と同様に語られ、新石器時代の「文明」について、十九世紀のイギリスやフランスについてと同様に語られている。

シラーの時代には事情が違っていた。ドイツで Kultur について語られる——フランスなら civilité や civilisation について語られる——時には、一般に発展を人類や特定の社会が段階的に進歩していく形で捉える枠組みが考えられていた。当時の中産階級の知識人たちは台頭する階層の代弁者として、よりよき未来を希望と確信をもって眺めていた。彼らにとっては今後の社会的進歩が重要だっただけに、彼らには、過去においてなしとげられた人類が進歩することを認めて、人類の進歩を強調したい感情的な衝動があった。「文化」や「文明」のように彼らの「われわれ」のイメージと結びついていたかぎりで、知識人の使う概念の多くには、彼らの態度や信念の発展と密接に結びついたダイナミックな性格が反映していた。

当時の新興中産階級の代弁者が抱いていた歴史の新しい見方の標語としてこれに類する概念を使うやり方も、それに劣らず特徴的なものであった。彼らのなかには、ヴォルテールのように、それまで支配的だった「政治史」——すなわち、領主や宮廷人の行為や、国家間の闘争や連帯や、外交官や優れた軍司令官の活躍、要するに絶対主義国家の貴族的な支配集団の行動に最も注目していた歴史記述——の誤りを正して、それと対立するものとして考えられた新しい形の歴史記述を主張する者もいた。

「政治史」とは明らかに対立する歴史叙述の伝統が「文化史」という名前で知られるようになったことは、ドイツの中産階級の態度や自画像を知るうえで多くの示唆を与える。そういう歴史記述の伝統が着目したのは、政治権力によって排除されていたドイツの中産階級が自分たちを正当化し誇りをもつ主な根拠が見いだされる社会生活の領域——すなわち宗教、科学、建築、哲学、詩のみならず、普通の人々の慣習や行動様式から読み取れる人間的な道徳の進歩といった領域——であった。

ドイツの中産階級の特殊な状態に対応して、「文化史」と「政治史」との境界や、十八、十九世紀の意味で「文化史」と「政治史」という拮抗する歴史記述の底流が、こういう領域では特に鮮明に——おそらくイギリスやフランスにおける「文明」と「政治」の対立以上に鮮明に——なっていた。ドイツ語の「文化」という概念には、ドイツ中産階級のエリートたちによく見られる感情を示す、政治や国家が自分たちにとっては隷属と屈辱の領域であるのに対して、「文化」は自分たちの自由と誇りの領域を表わしているという、反政治的でもありそうな根本的に非政治的な反感が含まれていたと言うことができる。十八世紀から十九世紀にかけて、こういう反政治的な鉾先は専制領主の政府に向けられ、絶対主義的宮廷の政治に向けられていたが、そのかぎりでそれは中産階級の文化概念が文明に対して鉾先を向けていたのに呼応していた。「下層の」市民階級の世界に属する者にはそう見えていたように、政治的行動も文明化した行動も高慢と偽善に満ちて、真実の純粋な感情の見られない「上流社会（grand monde）」のあらわれであった。こういう見方からすれば、礼儀正しさや立派な振舞い、あるいは咄嗟の感情を表わさない慎重さなどの理想を備えた文明化した宮廷人の世界は、自己抑制や外交術、さらには礼節や立派な行動を強制する政治の世界と密接につながっているように見えていたのである。

後の段階では反政治的攻撃の鉾先は、民主国家の議会政治に向けられるようになった。特定の形の思考や感情や行動が、新しい展開に適応しながら多くの世代を超えて、同じ社会に繰り返し執拗に現れるのは驚くほどである。吟味されずほとんど変化もせずに世代から世代へと引き継がれてゆくキーワードの意味——特に情緒的な色合い——は、いわゆる「国民性」の特色がいくらか変化しながら連続するのに一役買っていると見て間違いはない。

2 政治史とは異なり「文化史」については、その特性をめぐってドイツでは中断しながらも十八世紀から二十世紀まで議論が続けられている。その議論に新たに拍車がかかったのは、たとえばブルクハルトの『ルネサンス文化史』のような重要な著作が現れてからである。「文化史」と「政治史」との境界線を引こうとする試みがなかったわけではない。しかしその主要な動機は、歴史の——または社会の——実態の冷静な吟味から生まれたのではなくイデオロギー的な性格のものであった。両者を区別することのうちには、政治的特権を有し社会的に地位の高い上流階級とドイツ中産階級のエリートとの間に続いている非政治的な対立が、間接的な形で示されていたのである。中産階級のエリートの数人の代表者はその野党的立場から、ドイツ国家の支配的な社会秩序とそれに結びついている価値体系を疑うこともなく受け入れている者による、一種政治的な歴史記述の一面性と限界をいくらか認識することができた。だが「文化史」と「政治史」との違いはそれ以上に十分に明らかにされることはなかった。それは、彼らがその違いを生み出してきた社会の特殊な構造を考えていなかったからである。

ドイツの教養ある中産階級の多くの人々にとって、「文化」は依然として、国家による抑圧的な束縛からの解放と自由の空間を意味していた。国家は特権的貴族と比べると、中産階級を二流の市民として扱い、国家の大半の指導的地位に就く道を閉ざし、彼らには指導的地位に結びついている責任や権力や名声を与えようとしなかった。文化という非政治的な領域に後退することによって、彼らには、現在の社会秩序に対して非常に批判的な冷淡な態度を取ることができたが、彼らは政権に積極的に抵抗することもなければ、政権を代表する者たちと公然と争うこともなかった。

これは多くの市民階級の根本的ディレンマの可能な解決策の一つであった。近代化しながらも依然として半封建的で半ば専制的だった十九世紀と二十世紀初頭のドイツには、根本的なディレンマが独特の仕方で現れていた。上流階級の優越した地位と戦って現体制を転覆させれば、下層階級に対する自分たちの優越した地位そのものも同時に危うくなるのを恐れて――多くの場合、麻痺してしまって――、市民階級は体制と領主や貴族の支配者集団と決然と積極的に対立することができなかった。このディレンマには二つの主な解決策があった。その一つは、体制に抑圧的な側面があっても体制に順応する道で、これが一八七一年以来、中産階級の多くの人々のとった解決策だった。もう一つは、以前と同じように「文化」という非政治的な領域に後退して、その代わりに創造性や関心を高め生を享受する機会を開いて、「内的な自由」、人格の統合、自尊心を維持することを可能にする道であった。これは、――「リベラル」という言葉では多様な信念が含まれてしまうにしても――その態度や確信から見て「リベラル」と言える歴史家その他のドイツ中産階級の教養ある代表者の普通の解決策であった。状況を変革する一応安全な方法が見えなかったために、彼らが生きている現在の体制に対する激しい反感は衰え政治への気力は脱けて、彼らは受動的な諦めに陥ったのである。

ここでは、ドイツの「文化史」と「政治史」の代表者の間で長く論じられた議論を詳しくたどる必要はない。フランスでは、旧体制にマッチした伝統的タイプの政治的な歴史記述に対する台頭してきた中産階級の知識人の敵意は、革命後に歴史家の関心と視野を全体としては拡大することになったが、文化史家と政治史家との対決は以前の激しさを失ってしまった。ドイツでは、文化史家と政治史家との間の綱引きが、中断しながらも十九世紀を通じて継続されたが、そこには、急激に産業化しながらも政治的には旧体制の特徴が多く残った社会であるドイツの発展の特徴がよく示されている。二十世紀に移るまえに、この二通りの歴史記述の代表者の間の争いはもう一度燃え上がった。その争いを見れば、積極的対立は避けながらも政権に対する批判的態度を捨てなかった中産階級の人々にとって、「文化」がドイツ社会ではいかにしばしば生産的な避難所の役割を果たしたかが明らかになる。他方、彼らの相手側は歴史記述の分野ではドイツ中産階級の知識人に可能だったもう一つの道を選んだ。すなわち彼らの相手側は国家と協調するだけでなく、国家に同化し、国家に自分の理想を見いだしたのである。

3 ドイツで一九〇〇年頃起こった——国家の事柄に集中する政治史とは反対の——「文化史」の特性をめぐる争いに貢献した論文から短く二つ引用すれば、これまで述べたことの説明には十分であろう。

その一つは、マックス・ヴェーバーの親しい知人であり友人でもあった、ハイデルベルク大学教授エルンスト・ゴートハインの『文化史の課題』という小冊子（一八八九年）からの引用である。シラーの考察からちょうど百年後のゴートハインの考察に至るまでの連続性が目を引く。文化という概念に含まれている非政治的あるいは反政治的でさえあるヒューマニズムが、そこには相変わらず認められる。そういう連関のなかで、文化史という形で歴史が、かつての哲学の地位に就くかもしれないという考えが現れる。(4)

人間精神発展の現段階で、歴史がこの地位［すなわち哲学の地位］に就こうとすれば、歴史は文化史以外のものではありえない。だとすれば、人間文明の実質や形態を明らかにしていくことが、歴史の目標でなければならない。政治生活の形態しか扱わない政治的な歴史記述には、こういう課題を達成する能力はない。宗教、科学、芸術が社会秩序の枠のなかに生まれるのは確かなことであるが、社会秩序の状態によっては、それらは妨げられて衰退する。宗教や科学や芸術が政治生活からその主要な実質を得ているなどと言う者がいるだろうか？

政治史にはそれなりの必要があり価値があるけれども、普遍的な歴史である文化史は、政治史が文化史に含まれ文化史に属することを求める。文化史は政治生活を人間文明の一部としかみなさない。政治生活は最も重要な部分かもしれないが、――すべてがみな重要である以上、それが最も重要だと誰が思うだろうか！　――やはり一部にすぎず、他のすべてをそれと関係づけて考察すべきであるように、それも他のあらゆるものと関係づけて考察しなければならない。その他の文化領域を国家への寄与で評価するようなことはしないで、むしろ人類の宗教や科学、芸術や法や経済における発展全体のためにそれがもたらした利益によって、民族の価値を計ろうとするのである。

こういう歴史の捉え方に対しては、特に政治的な歴史家の側からさまざまな異論が出ることは言うまでもない……。


明らかなように、さまざまな歴史の捉え方に関する論文を隠れみのにして、ゴートハインがここで問題にしているのは、さまざまな価値尺度である。逆説的だが、彼の議論を「政治的」だと言ってもいいだろう。まだあまりにも粗雑なわれわれの言葉には、非政治的か反政治的である信念や価値の体系のもつ政治的な意味を明確に表わす言葉がない。しかしどういう言葉を選ぶにしても、この引用に示されている見解は、ドイツ中産階級の知識人が、歴史叙述だけでなくそのほかの場合にも他のあらゆる価値以上に国家や国民を重視する、高まりつつあったナショナリズムの信念体系に対して、人類文化という概念によって自分たちの自尊心や人格的誠実さや自負をいかに維持しようとしていたかを明らかにしている。

引用した見解に認められる基本的立場は、ドイツ中産階級の知識人が一世紀も前から述べていたものとほとんど同じである。だが、以前に比べて対立が大きくなっている。その対立は、中産階級の知識人が目的達成を実感できる領域を表わす象徴である「文化」と、領主や宮廷、支配的な上流階級の世界の象徴である「文明」との対立ではない。ヒューマニズムの理想を抱く教養ある中産階級の保護地域であり続けている「文化」と、依然として最高の地位が——政治的な戦略や外交や礼儀を心得てはいるが、ヒューマニズムに立つ中産階級エリートの代表者の目には、しばしば真実の「文化」を欠いていると思われる——貴族という上流階級のための保護地帯だった国家との対立である。

二十世紀への変わり目には、新たに統一されたドイツは、まだ階級の差で階層化されていただけではなく、貴族の出身者にはその生まれによって法律上または慣習法上の特権を認めていた従来の身分制度による違いでも階層化されていた。多くの高級官僚の地位に就くことが伝統的特権の一つだったから、国家そのものは中産階級の知識人の一部にとっては、完全に一体化することのできない組織であった。政治史よりも文化史を高く評価するゴートハインの考えは、異なる身分を代表する者の間の緊張が続いていたことを示すイデオロギー的な一つの小さな証拠である。ドイツで「身分」という言葉が特定の社会層形成の形態を示すものとして使われ続けていたことは、ドイツの発展と(一例を挙げれば)イギリスの発展との違いをよく表わしている。「身分」に当る英語の estate は古風に感じられ、使いにくいものである。それは、この語が社会階層を示すものとしてよりも、(「財産」や「不動産」といった)別の意味で使われることのほうが多いからである。middle-estate という言い方は英語では使われないのに対して、ドイツ語では長い間、Mittelklasse の代わりに Mittelstand と言うほうが多かった。ここにも、概念形成の特性に社会の発展や構造の特性が反映しているのが見られる。概念形成と社会発展やその構造の特性とを一緒に見れば、ドイツの保守的ナショナリズムの傾向のある人々がなぜイギリスよりもはるかに、自国の諸問題の解決を身分制度の再生に求めるのかが明らかになる。さまざまな国民の行動の違いという一見秘密とも見えるものを、従来よりうまく処理できる方法は数多くあるが、社会学的概念分析は、明らかにその一つである。

「政治史」よりも「文化史」を優先させる中産階級のヒューマニスティックな学者が登場したことは、かなり固定した階層化によって立場がせばめられ、文化という非政治的領域へ後退したために、当事者の視野が拡大されるとともに限定された事情を——詳細に——示している。「政治生活についても人間文明の最も重要な部分かもしれない一部しか見ていない」というように——百年前より躊躇しながらだが、政治的価値よりも人間的価値を優先させることが力説され、何よりも領主の事業や立法や外交、戦争や権力政治その他のテーマに目を向ける歴史叙述には限界がある、という判定は的確で疑うことのできないものである。だが、視野の狭さは明らかである。「政治史」と「文化史」との関係を述べる際に、ゴートハインは芸術、科学、経済、宗教その他の「文化」に数えられる生活領域と、他方の政治的または軍事的な出来事との間の現実の関係に関心を向けているわけではない。彼はさまざまな領域に現れる価値についてしか述べていない。彼の叙述全体が曖昧な境界領域で展開されていて、そこでは存在に関する言葉と当為についての（イデオロギーを語る）言葉が混ざり合い、また自律的な評価と他律的な評価がもつれ合って、区別できなくなっている。

4　相手側の中産階級の歴史家の主張をごく簡単に見ておくのもそれなりに意味がある。彼らは帝国内の既存の権力配置や、国事における自分たちの階級（身分）が果たす二流でしかない役割に満足していたばかりか、無条件に帝国とその秩序と一体となっていた。彼らには、衰退するリベラルなヒューマニズムの傾向ではなく、高まりつつあったナショナリズムの傾向が現れていた。次に引用するディートリッヒ・シエーファーは、シラーが百年近く前に世界史について語ったあの同じイェーナで教授就任講演を行なった(一八八四年)[5]。

ほぼ一世紀前、この場所でフリードリッヒ・シラーが今回と同じような機会に「世界史研究の意味と目的」という問題に答えようとしたことを思い出してみたい。あの当時、人権への熱狂がパリからヨーロッパ中に広がっていた。シラーによれば、歴史は何よりも人間のために語られるものである。彼はこう述べている。「歴史の資料を集めるためには、史実を今日の世界観と関係づけて見なければならない」。つまりシラーの言い方では、「われわれの人間の世紀に」関係づけなければならない……。その後の数十年間に起こった出来事が、シラーの時代把握に独特の光を投げかけた。革命やナポレオンによる暴行が、現れかけていた諸民族の国民感情を燃え上がらせた。人間性に代わって国民性が登場し、普遍的人間文化への意欲に続いて、国民文化を求める叫びが起こり、鳴りやまぬ状態であった。……そして精神科学そのものが……国民の進む水路に乗って進んでいった。精神科学は国民感情を活性化することこそ自らの最大課題であるとした。これは誤りではなかったが、それこそ唯一の課題だと一面的に誇張されることも珍しくなかった。そして、精神科学がまず主にこの国民の進む水路で泳ぎを覚えたことも否定できない事実である。

この文章には、一八七一年以後の第二帝国のドイツ中産階級のエリートの状態や信念の連続性とその新たな変化を示すことが数多く述べられている。エリートたちの一部は相変わらず国家とは距離を取り、ドイツの思想家や詩人の直系として「文化」の理想といった人類の理想を抱いて、ドイツの支配階級に対する強いが積極性を欠いた批判をひそかにもち続けていた。それに対して、しだいに力を増してきた別の人々は依然きわめて排他的で階級意識の強い貴族である支配階級の下位の仲間という、帝国で割り当てられた中産階級の上層部に新たに統合された二流の役割に甘んじていた。彼らの場合には、そういう立場と結びついた幻滅や憤慨は、広い意味で自分と同一視するようになった国民と帝国の代表者である最高の集団に向けられたのではなく、身分も力も自分たちよりも劣るすべての階層に向けられていた。こういう人々のなかには、ドイツ中産階級のヒューマニズムの立場に立つかリベラルである人々、特にヒューマニズムの立場に立つ知識人が含まれていた。

「文化史」と「政治史」との優先争いは、中産階級の知識人のなかの相対立するグループ間の敵対関係を示す多くの徴候の一つである。この争いは同時に、両グループの転換点をも示している。ナショナリズム派がしだいに力を増し、ヒューマニズムの立場に立つ一派は弱まって――ナショナリズムへ傾斜していった。彼らも自分の抱いているヒューマニズムの道徳的理想と一致させるのに苦労しながら、国家や国民の理想像によって自分を理解し、価値評価を行なうようになっていった。他方の急進的なナショナリズム的なドイツの知識人のほうは、そういう無理をする必要はなかった。先の引用文は、ヒューマニズムの道徳的理想について語られ始めた軽蔑を示しているかぎりで、ドイツその他のヨーロッパ市民階級が社会的に台頭し始めた時期に自分の支えとしたよりよき未来への信念、つまり「進歩」という信念も含めて、そういう知識人たちの信念をよく表わしている。他の国々の市民階級の保守的でナショナリズム的なグループは、ヒューマニズムの道徳的理想をナショナリズムの理想と融合させようと再三試みていた。彼らに匹敵するドイツ中産階級のグループは妥協を非難していた。彼らは中産階級が台頭してきた頃から、ヒューマニズムの道徳的理想の誤りはもう顕わになったとして、勝ち誇った態度でそういう理想をしばしば批判していた。

一八七一年以後のドイツでは、台頭してきた中産階級のナショナリズム的な知識人が、従来のヒューマニズムの道徳的理想を軽蔑を込めて徹底的に拒否するようになった事情は大いに注目すべき問題である。ここではそれに十分に立ち入ることはできないが、本論の主要な問題にいくらか関連するところがあり、完全に無視するわけにはいかない。

5　ヒューマニズムの立場に立つ中産階級エリートからナショナリズムを奉ずるエリートへ

十八世紀から二十世紀までの大半のヨーロッパ諸国の中産階級には、人間一般に妥当するヒューマニズムの道徳的理想や価値から、自分の国や国民の理想像を普遍的 - 人間的な道徳的理想以上に称えるナショナリズム的な価値評価へと重点を移す一般的な傾向が見られる。

十八世紀に台頭してきた中産階級の知的エリートにとって、道徳原理や人権ならびに人類の進歩への信頼は、ヨーロッパのどこでも共通したものであった。彼らが態度や流儀において、――フランスがそうであったように――支配的な宮廷貴族にいくらか近づいて、自分たちの時代は文化や文明において人類のこれまでのあらゆる時代より勝っているという支配階級の確信をある程度受け入れていたとしても、彼らは未来における人類の状態が良くなっていくのが当然だと考えていた。彼らの信念のなかでは、「進歩」という概念で表わされるより良き未来が最後に実現されることを堅く信じて、それに向かって努力し戦うべき理想となっていった。野蛮や残虐行為、病気や屈辱や貧困、そして社会に見られ、自分にもよく認められる苦しみは、二十世紀の中産階級のエリートが高度産業社会で体験したどういうものよりひどかった。そして恐るべき戦争や伝染病の多発を含むこういう経験は減ることはなかったが、——むしろそうであるだけに、より良き未来への強い期待や、人類の運命的出来事に絶えざる進歩があるという確信は強まるばかりであった。

ヨーロッパ諸国の中産階級の人々が次々に貴族という伝統的支配階級とともに支配権力にあずかるようになったとき、あるいは中産階級の指導者層がそういう支配権力から独立して、しだいに社会で最も強力なグループとなり始めたとき、進歩の確信や理想は以前のような意味を失ってしまった。より良き未来への希望は消え失せてしまった。人類の長期の進歩に関する科学的知識は増大したが、そういう知識は、発達し続けるという信念に感情的満足を与える支えとしてはあまり役立たなかった。二十世紀に物理的、生物学的、さらには経済的、社会的な諸問題の解決において成し遂げられた実際の進歩は全体としては、十八世紀における進歩より大きく、たしかに急速な進歩であった。計画的であるかどうかはともかく、二十世紀の産業や商業、専門学術に携わる中産階級の仕事が無数の個別領域における進歩をもたらした。しかし、中産階級の代表者が指導集団である貴族に取って代わるか、貴族階級を解体してしまった国では、包括的な最高目標の象徴や理想としては、進歩という概念はその地位と威信を失った。それはもはや強烈な感情を呼び起こす、輝かしいより良き未来を約束する象徴ではなくなってしまった。

その代わりに大半の中産階級にとっては、理想化された自国の姿が彼らの自画像や社会的な信念や価値尺度の中心になってきた。中産階級の台頭期には、その指導者層や知的エリートは他の台頭してきた階層と同じように自分の将来を夢みていたが、支配階級となってからは、他の支配者集団と同じように、自分の理想像を将来ではなく過去に基づけようとした。過去へ向けられた視線が感情的満足の源泉となって、未来への視線に取って代わったのである。彼らの「われわれ」のイメージも理想もいまや、国家的伝統のイメージとなった。貴族集団がその特殊な価値への誇りや要求を自分の家系から導き出していたように、彼らの後継者である中産階級の指導者層の企業家たちは、——産業に携わる労働者階級が同じように支配的立場に達している場合には——その指導者層と連帯して、自分の国家的な由来や永遠不変のものと見える国家的事業から自分たちの特殊な価値への誇りや要求を導き出した。国民としての自分の理想像が公的な価値尺度の第一位を占め、その理想像がこれまではそれより優越していたヒューマニズムの道徳的理想より優越するものとなって、強烈な感情に満ちた社会的信念の中核となったのである。

6 このような態度の変化や、感情的な重点が未来から過去や現在に移り、進歩の信念から国家の特性や伝統が永遠不変の価値を有するという信念へ移った変化と、それと結びついた十八世紀から二十世紀初頭までに大半のヨーロッパ諸国の中産階級の知識人の風潮の変化が、これから説明しようとする概念の発展にとっての枠組みをなすものであった。この広範な変動と連関して、「文明」や「文化」という概念も過程や進歩発展への関わりを失って、永遠不変の状態を意味する概念となった。最初のうちは、未来に夢を託すグループの普遍的なヒューマニズムの道徳的価値や人類進歩に関わるものとしての自尊心やプライドのうちに満足の根拠を見いだし、「われわれ」のイメージの象徴として役立っていた「文明」や「文化」という概念が、いまや何よりも先祖の業績や永遠不変の遺産や国民の伝統のうちに自尊心を満足させる根拠を見いだすグループの「われわれ」のイメージの象徴となった。

中産階級エリートの「われわれ」のイメージや理想における、未来から過去へ、変転する事象から静的な事柄へと最高価値が移動したこういう強調点の変化を反映している概念的な象徴は、それぞれの国民において異なっていた。しかし「フランス文明」とか「ドイツ文化」のような言葉は、国民の永遠不変と見える特質を指しているかぎり、まったく似たような性質のものであった。両者の違いは「文明」という概念が「文化」という概念とは違って、ある国民の「われわれ」のイメージの中産階級的な象徴としても、普遍的-人間的、道徳的な価値を思わせるところがあったことである。「フランス文明は人間的文明である」という命題は、たしかにフランスのナショナリズムや拡張主義の表現であった。だがそこには、フランスの国民的伝統は、人類全体に妥当する道徳的価値やその他の価値や業績を有しているという確信が示されていた。

人間の可能性を十分に発展させるような教化または教育を表わすようなときには、ドイツの「文化」という概念にも同じような観念が結びついていた。しかし十九世紀末から二十世紀初頭にかけて「文化」という概念がしだいに「国民文化」という意味で使われるようになると、以前のヒューマニズムの道徳的な意味は目立たなくなって、最後には完全に消えてしまった。

このようにヒューマニズムの道徳的意味が完全に消え去って、集団内部で世代から世代へ伝えられてきた過去や伝統が強調されるようになったために、社会科学や文化人類学や社会学は、他の集団や人々にとっての肯定的または否定的な価値を離れて——ドイツ中産階級のなかのナショナリズムへ大きく傾斜した保守派の「われわれ」イメージの象徴としてそれが獲得した意味での——「文化」という概念を採用することになった。この「文化」というドイツの発展過程で作られた概念が、社会の特性を本質的に不変のものとして捉え、過去から伝えられてきた伝統として表わす概念として役立つのは疑いがない。学問の領域では一頃、絶対的な道徳的または人道的な価値評価や発展と無関係で、生成する過程の連想を伴わない概念が好まれたのである。

7　国民の自画像との関連では、こうした傾向には別の意味があった。それは、道徳的または人類的な価値が国家の価値に従属するものとなったことを意味していたのである。自分の国家の理想像が中産階級エリートの「われわれ」のイメージや価値体系において、労働者階級エリートの場合ほど急速ではなかったにせよ、最高でなくても高い地位を占めるようになったが、その社会的変化については、これまで体系的に研究されたことがない。ここもそれをやる場ではないが、まだ研究されていない問題のアウトラインだけでも簡単に描くことは、今後の研究のために——そして同時にこの論文の直接のテーマを解明するためにも——必要なことだろう。

人間集団の相互不信や、何らかの利益を求めても報復の恐れがない場合の勝手気ままな暴力行使は昔からごく一般的なことで、当たり前とも言える現象である。超人間的な裁きによる処罰への恐怖によってその悪循環が断たれることもあったが、それはきわめて稀なことで、集団としても個人としても他人への恐怖を抱かずにいわば自分の家を作って共同生活をしたければ、共通の行動規範に従い、規則通りに自制せねばならないことが率直に認められたときだけであった。超自然的な処罰が起こるという信仰が阻止手段として働いて他人への恐怖を抱かずに生きられるようにし、他人との関係では何をやっても処罰されないと思われればすぐ肉体的暴力に訴えるのを阻止するのだと考える人もある。しかし、そういう信仰と結びついて発展してきた特殊な宗教集団も、他の人間集団たちの悪意や恐怖に苦しまなかったわけではない。宗教集団が怒り狂って争い合い、戦った例は数限りなく存在する。

ともかく、ヨーロッパで超人間的なものへの信仰を最も強力に組織した、ローマを頂点とした中世の教会がその勢力範囲の大半を失うとともに、西欧社会における思想を独占的に統制することがなくなったこの時代に、さまざまな地域の支配集団相互の交渉のやり方が世俗化したのは単なる偶然ではなかっただろう。武力による制約以外には何の制限も受けず、各集団が自分の利益と思えるものを無限に遠慮なく追求するというのがその交渉を規定した権力政治の実態であった。そこで、従来のやり方が真剣な反省の対象となった。権力政治についてのマキアヴェリの論文がその有名な実例である。彼は、国家間の支配集団の伝統的な慣習だった相互不信と恐怖の重圧のもとに自分の利益を遠慮なく追求し、目的のための正常な手段として欺瞞や殺戮を行なうという慣習から、一種の普遍的な行動原理を作り上げた。その際の彼の意図は、国家間の争いの制御不能なメカニズムを人間的に制御できるようにすることではなかった。権力政治の実態は、彼には変えようのないものに思われた。彼が権力ゲームの無計画なメカニズムを研究したのは、何よりも権力政治というゲームをいかに巧みに意図的にやるかを明らかにするためであった。

しかし、真剣な反省の次元に高められたかどうかはともかく、相互に対立する自分の利益を遠慮なく追求する慣習はその後も依然として、国際関係における領主や貴族という支配者集団のやり方の特徴だった。それは、十六世紀から二十世紀初頭に至るまで、変わることなく通用していた。そして同じ国においても、こういう支配者たちエリートの代表者相互の交わりを規定していた規則や強制は、人道的とか道徳的な規範という性格のものではなかった。貴族の基準は、名誉や礼節とか洗練された作法の基準であり、当を得た行動の基準とか外交上の基準であって、同じ社会の仲間に対しても、たとえば決闘では当然の形式を守るかぎり暴力を禁止するものではなかった。君主国家の貴族や高官の関係を規制していた名誉や礼節は、ある程度は、さまざまな国々の上流階級に属する人々の交際にも及んでいた。伝統的には、より強力な領主から敗北や屈辱を受ける恐れさえなければ、領主は貴族の援助を受けて、彼らには制御不能で不可避なパワーバランスのなかで、道徳的な疑いも抑制もなく「マキアヴェリ的な」仕方で、欺瞞や暴力など利益を見込めるあらゆる手段に訴えてきたが、そういう国際関係の伝統的なあり方を、それがいくらか和らげたのである。貴族が支配する支配者エリートを有する君主国家の場合には、エリート間の規則と国際関係で守られる規則との間にはほとんど異なるところはなかった。

8 この状況が大きく変わったのは、ふつうは生活のために労働し、多くは労働によって得た金で生活していた社会階層が従属的な地位から脱け出して、支配的な地位に就いたときだった。彼らのうちでも最初に地位と権力を得た——種々さまざまな「中産階級」の——人々は自分たちの仲間の行動基準を発展させたが、それは名誉と礼節という貴族的な基準とは非常に異なっていた。われわれが「道徳」と呼んでいる人間行動や人間関係の特殊な自律的規則は、ふつう生活のために働く人々の集団であるこの種の中産階級のうちに社会的に存在していたものである。

彼らの基準は美徳の基準であって、名誉の基準ではなかった。その特徴の一つは、他人に対する恐怖から解放され、——われわれがよく言うようにはるかに「内面化」した——自分自身の良心という自動機構に大きく依存していたことである。それによって、その規範は拘束力を増し、絶対的なものと思われた。原理的に階級や国と無関係にすべての人間に妥当するという意味で、それはヒューマニズム的なものであった。事実、ユダヤ‐キリスト教的な伝統から選ばれたテーマと結びついて、初めてヨーロッパ社会の中産階級に、しかも労働して生活する階級の上層部が台頭しつつあったものの、社会的ヒエラルキーでは支配的貴族よりも相変わらず明らかに低い地位にあった発展段階に、一つの人道的な道徳的基準が形成された。すべての人間に妥当することを求めるこういう道徳の形をとった規則は、上流の貴族階級との継続していた緊張関係での中産階級の武器として使われた。つまり、その基準を奉ずる集団がもともと下層階級にも妥当するとは思っていなかった名誉や優雅な作法という排他的基準に対して、しばしば内面的価値や美徳という一種の対抗基準として使われたのである。

「第三身分」の人々の間に発展した規則は、時代とともに、生活費を労働によって得ていた人々の間では、あらゆる人間に妥当すべき絶対的で平等な道徳基準となり、いわば後に反省されて「アポステリオリに」体系化され、カントのような中産階級に属する知識人によって、哲学的言語の次元にまで高められた。その要求が哲学的な議論のなかに、自然法則とほとんど変わらない普遍的な法則として現れてきたことが、上流階級の名誉という排他的な基準に対して「道徳」と呼ばれる、平等で人道的な市民的規範の強力な「内面化」の特徴をよく表わしている。言い換えれば、中産階級の思想家は、この行為の規則を人間によって作られたものとはみなさないで、永遠に絶対的なものとして経験される自然や神や理性、衝動や内面の声といった、何らかの形而上学的なアプリオリによって人間に与えられたものとみなした。

9　現在の連関でこういうことを述べると、途方もないこじつけだと思われるかもしれない。だが、こういう特定のタイプの人間的な規範の社会発生を顧みておかなければ、十八世紀から二十世紀までにヨーロッパの中産階級エリートの信念や理想に生じた変化を正しく捉えることはほとんど不可能である。それを顧みずに、中産階級や君主国家の「中産階級」の立場を代表する人々が自分の階級の由来を教えられて、産業化や都市化その他、当時の近代化の全過程が進むとともに、国民国家の支配階級の地位に就いたときに、人間集団が直面した経験をその内側から感じ取るのはむずかしい。

こういう場合に、ある階級の伝統――あるいは「文化」――に何が起こるかという問題は、おそらくまだ十分に考察されたことがない。そしてもっと大きな問題を考えていないかぎり、つまり、下層階級エリートが――徐々にか急激にか――支配階級の地位に就いたとき、彼らの伝統や態度に生じた変化を、ヨーロッパのあらゆる社会の特徴として考察しないかぎり、個々の社会におけるこういう発展の特徴を明らかにすることはできない。

個人としては、十九世紀や二十世紀以前にも、中産階級出身の人々が高い地位に昇ったのは珍しいことではなかった。しかし、そのとき彼らは、君主制の身分社会の構造に従って、その社会の支配階級の伝統に多かれ少なかれ吸収されていた。彼らの栄達は、たいてい領主への奉仕によるものだった。領主の要請や命令に基づいて、彼らは宮廷人となって、宮廷人と同じ服を着用し、宮廷人の作法や態度を引き継いだ。個人的に栄達するとともに、自分自身の階級の伝統をほとんど捨てて、彼らは支配階級やその代表者たちの伝統に多少とも近づいていった。彼らを中産階級から分かつ分割線は、この階層と貴族出身の宮廷人との間の分割線と同じくらい明確なものであった。

十八世紀末以降、そして十九世紀には、興隆してきた中産階級エリートが乗り越えなければならなかった問題はそれとは異なっていた。その当時、中産階級に属す者が高い地位に昇ることは、個人や家族が一世代か二世代で自分の階級から別の階級に吸収されるというだけの出来事ではなくなった。社会発展のこの段階で人々が指導的な地位に上るとき、それは、別の階級に移ること、彼らが遅かれ早かれ自分自身の階級の伝統やハビトゥス、行動基準を脱ぎ捨てて、地位の高い階級のものに同化することを意味していた。すなわち、彼らは自分の地位やハビトゥスや行動基準——要するに彼らの中産階級に由来する「文化」を放棄することを意味していたのである。

したがって、その後の段階で、以前の「中産階級」出身のエリート集団が、支配エリートの地位に上ったときには、それまではかなり隔たった階層のうちに形成され、（集団と集団との分離の程度は大きく変わったにもかかわらず）相互の交流がさほど密でなかった二つの伝統または「文化」が出会い、溶け合ったのである。——もっと正確に言えば、二つの文化はある面ではほとんど一体となりえないものであったから、二つの文化は一人の人物のうちで衝突することも珍しくはなかった。

中産階級出身の人々は、平等で人道的な道徳基準という特殊な伝統のうちに成長した人々であったから、以前は彼らの仲間や伝統には近づけなかった、あるいは直接近づくことのできなかった義務や責任に順応するとともに、近づけなかった経験や生き方にさらされることになった。——もっとも、個人的に出世した場合には、当人も家族も早晩、異質な「文化」に移っていった。

以前の中産階級そのものが支配階級の地位に就いたときには、国家の指導者の地位に就いた彼らの代表者は、特に国家間の関係の領域では、従来は宮廷や貴族の伝統をもつ人々しか近づけなかったことを経験することになった。そういう経験をしたとき、彼らは自分の中産階級の伝統や中産階級としての行動基準を捨てることはなかった。産業以前の職人や商人の狭い世界に発展し、また職人や商人のエリートの世界に発展してきたそういう基準を、国家を支配するエリートとしての新しい経験に適用するのは困難なことだった。特に国家間の関係において、彼らは自分自身の道徳基準とたちまち衝突するような行動様式に出会った。それは、特に（これだけではなかったが）彼らが自分の支配集団としての地位を以前の支配集団の「文化」を手本にする領域、つまりそれ以上にいい名前がないために「マキアヴェリ的」と呼べそうな行動基準を手本にする領域であった。というのは、こういう領域では、諸国の以前の君主や貴族というトップグループの政治が国際関係において従っていた指導原理が、すなわち、特に仮想敵国の大きな勢力や大きな手腕への恐怖によってしか阻止されない自己利益の無制限の追求への信念が、相互間の不信や恐怖という遺産を残していたからである。

国際関係の貴族的な伝統——つまりヨーロッパの戦士階級に由来し、貴族によって文人の信条や価値とともに伝えられてきた伝統――は、たしかに産業化以前の、そして産業時代初期の中産階級の伝統や信条や価値とは一致しなかった。そして、その中産階級が完全に支配集団の地位に就くまえには、彼らの知的な代表者のなかには、たとえばハーバート・スペンサーのように、「実業家である」階級の交流は自動的に、国際関係における軍事的な由来をもつものの支配を終わらせると堅く確信していた人もいた。

だが、実際に起こったのは、実業家階層のトップグループが回り道をとって、この領域では君主制や貴族制の伝統を受け継いだということだった。彼らは自分たちに伝えられてきた、暴力を禁じ、あらゆる人間を基本的に同じとみなす、平等主義的で人道的な規範を、国家間の関係では無制限の自己利益の追求が優先されなければならないという信念と結びつけようとした。そこで、特定の相互関係を作り上げている人々が共通の規範で一致し、それを実際に守らないかぎり、彼らは、以前に国際関係を支配し、人間関係のいたるところを支配していたに違いない相互不信と恐怖の悪循環に陥って、――その循環を繰り返すことになった。

10 無論、中産階級が支配階級の地位に達し、中産階級のエリートが社会の指導的立場を占めたとき、彼らは単に君主制や貴族制の遺産を引き継いだだけではなかった。彼らは自己利益の無制限の追求という伝統を軍事的な権力手段によって支え、国際関係における相互の不信と恐怖をただ受け継ぐだけではなく、それを採用するにあたっていくらか変更を加えた。

勇敢さと名誉という貴族の基準は十八世紀までは、大半のヨーロッパ諸国の支配階級に共通の基準であった。決闘の場合のように、戦争で相対した貴族たちは反対側の者に打ち勝ち、殺しさえするのに全力を注いだが、肉体的暴力の使用や、相手を傷つけて殺すことさえ、双方の士官たちが共有していた名誉と勇敵さという基準にほぼ拠っていた。戦争は決闘と同じように貴族のやることであった。戦争は行動にまで発展した団体精神（esprit de corps）、つまり同じ身分の仲間である貴族としての性格を有する将校の連帯感を壊すことはなかった。

結局、革命以前のヨーロッパの上流階級の連帯感は、国境を越えて広がっていたのであり、貴族という上流階級の人々が自分の国の下層階級に対して感じていた連帯感や共感や一体感よりもおそらく強かっただろう。彼らの国家との結びつきは、まだ国民への結びつきという性格をもっていなかった。フランス革命以前のヨーロッパ貴族にとって、また国によってはそれ以後もほとんど例外なく、国民感情は無縁のものであった。彼らは無論、自分がフランスやイギリスやドイツやロシアの貴族であることを知っていた。しかし地方集団の連帯感は、その地方性とか自分の地域や国に関しては、階層化が――商人や実業家といった中産階級やそのエリートが興隆してくる以前は――身分秩序という形態であって階級秩序の形態ではなかった当時のヨーロッパ社会では、国民的な連帯感と同じ意味のものではなかった。社会的事象としての国民的な価値や信念体系の特性は、特定の社会発展段階や特定の形態の社会構造との連関を明らかにしなければ、正しく理解することができない。支配的エリートの連帯感が、そして時代とともにより広範な階層の連帯感も、国民感情という特性を帯びてきたのは、身分制社会でなくなった階級社会においてだけだったのである。

ヨーロッパ諸国において、中産階級出身の支配的エリートが、伝統的に貴族だった上流階級エリートに徐々に、あるいは急激に取って代わったときに、連帯感が変化したのは非常に明らかである。[6]同国人そのものとの共感が強まり、他国の同じ階級や身分の人々との共感は弱まっていった。「われわれ」という感情と「彼ら」という感情モデルに起こった同一化と排除という変化は、国民的な感情や価値や信念体系の発展にとって重要な前提であった。シエスの有名な論文その他の革命的文書に見られるように、国家というイメージを取り巻いていた感情や価値や信条は早くから、国家の指導者の地位を求めたり、実際にその地位に就こうとしていた中産階級の——少し後には労働者たちの——自画像と結びついていた。

11 中産階級のエリートが国家の支配的な地位に就いたとき、自分を領土や国家だけでなく国民の指導集団だと理解していたことは、彼らの国際関係における態度にも影響を及ぼした。ある点では、彼らは単に領主の基準である権力政治のマキアヴェリ的な基準を採用した。そこに見られる連続性は明白である。だが他方では、マキアヴェリ的な基準は、それが中産階級の基準となる過程で大きく様変わりした。そのもともとの形では、この行動基準はまず領主と他の領主との交際に合わせて作られていた。そういう基準が、国民国家と他の国民国家との関係の処理に関わる基準に変わったのである。その発展は連続しているとともに、そこには変化が起こっている。

その両面を見るには、まずマキアヴェリが自己利益の無制限な追求の政治を国際関係における支配者にとっての基準として述べたものを、数世紀後の二十世紀に、国民的エリートが本質的に同じ政治について述べられているものと比べてみればいい。注に挙げた一つの例から分かるように[7]、マキアヴェリの説明はきわめて実用的な性格のものであった。彼が述べているのは、領主は、彼の意見によれば、国際関係のジャングルでどのようにしたら自分を主張しうるかということである。領主の経験豊かな家臣である彼は、数人は彼が個人的に知っている国家の支配者たちに実用的な忠告を与えている。

権力政治が国民の名のもとになされるようになったとき、国家が作り上げた形態に見られるある種の中心的な特徴には何の変化も起こっていなかった。その場合にも、国際関係において相互依存しながらも主権的な国家組織の支配集団は、無制限でほとんど制御不可能に見える自己利益の政治を行なって、不信と恐怖に——同時に最も重要な障害であるそれらに制約されつつも——支えられて、互いの間に不信と恐怖を生み出していた。しかし、領主でなく国民の名のもとに行なわれる権力政治はもはや一個人の政治とか一個人のための政治として捉えることもできなければ、そう主張することもできなかった。それは、その集団に属する者の大半が互いに知らず、知ることもできない集団の名における政治であった。

相変わらず同じ状態にある権力政治についての理解が、主権者たる個人の事柄から主権を有する集団の事柄へと変化した結果、奇妙なことが起こった。政治的問題について冷静に、実践的に現実的な仕方で意見を述べるのは、領主については、主権を有する集団についてよりも簡単なことである。主権者たる領主と主権を有する集団のいずれも、彼らのためか彼らの名においてなされるあらゆる政治を行なうにあたって、その遂行を助けるか彼らの名のもとに行動する人々の側からの感情的な結びつきをある程度求めていた。しかし前の場合には、忠誠や義務という感情はまだ個人に対する個人の感情であった。後の場合には、その感情的な結びつきはかなり別種のものであった。それは高度に象徴的な性質のものであり、——集団の象徴への結びつきであった。こういう象徴は非常に多種多様のものがありえたが、なかでも言葉の象徴が特別な役割を果たした。それがどういう形のものであれ、象徴は集団にとって、また人々の集団との感情的な結びつきの焦点になった集団の多様な側面にとって、集団そのものに独特の性質を授けるように思われた。すなわち象徴は、集団を構成する個人の彼方にあり、個人を超えた神秘的な性質を与え、——昔は超人間的存在に与えられたような一種の神聖な性質を授けたと言っていいだろう。この過程が多党制国家か一党制国家に、つまり議会制の政権形態か独裁制の政権形態に至りついたにせよ、この過程において人々がこういう神秘的な性質とそれに対応する感情を、自分たち自身が作り上げている社会に対して抱いたことは、まだ注目されていないが、注目すべき民主化過程の特徴である。

もっと素朴な社会においては、デュルケームの理論によれば、個人が構成している集団への個人の感情的な結びつきは、——多かれ少なかれ超人間的存在である——神々や祖先の姿や像を中心として結晶し、形成される。それらのもつその他の機能がどういうものであっても、それらは共同体の感情を伴う象徴という機能ももっている。素朴な社会と比べれば、十九、二十世紀の国民国家は巨大で人口も多い。職業や支配機構や行政機構その他の同じ枠組みへの統合による結びつきで巨大な社会組織を構成する人々を考えると、同じ社会に属する無数の人々の現実の結びつきも、素朴な社会の人々の結合より非常に複雑で、はるかに捉えにくい。教養の水準が非常に向上しているかぎり、高度に細分化した産業国家に生きる人々の現実の相互依存は、せいぜい半分くらいしか理解できず、——国民の大部分にとってはしばしば曖昧で理解不可能なものである。集団への個人の感情的な結びつきは、共通の象徴を中心として形成されているが、共通の象徴は事実による説明を要しない疑いもなく妥当する絶対的価値とみなされ、それが共通の信念体系の中核をなしている。共通の象徴を疑うこと——つまり、最高価値でなくても高い価値である独立集団への共通の信仰を疑うことは逃亡か反逆を意味し、それを疑えば、厳しくないにしても制裁を受けてアウトサイダーにもなりかねない。

細分化していない社会とは違って、十九、二十世紀の高度に細分化された社会の個人感情をまとめる象徴は、はるかに非人格的なものである。そういう役割を果たす言語的象徴がその一例である。それはある程度、国民国家によって異なっているが、みな情緒的な力を有し、それが象徴している集団に先に述べたような神秘的な性質を与えている。多くの場合、国民国家の名前そのものが、それから派生するものとともに、適当な機会に同じような仕方で神聖性が強調され、畏敬の念をもって利用される。フランス人にとっては「フランス」が、ドイツ人にとっては「ドイツ」が、アメリカ人にとっては「アメリカ」が、神秘性を有する集団の本質の言語的象徴として役立ち、国名をそのように使うことは、ほとんどあらゆる高度に発展した国民国家に見られるが、それと同時に国際関係の対立状態にあっては、同じ名称が別の言語ではおそらくまったく別の、否定的な意味合いで使われることも少なくない。

しかし国名だけでなく――多彩な言語的象徴はすべてさまざまな社会でそういう役割を果たすのであって、「祖国」や「故国」や「民族」のような言葉もそうである。見るかぎりでは、「国民」や「国民的」という言葉がその種の象徴では最も一般的に広く用いられている。「国民」という語を「国」や「国家」といった他の語と比べてみれば、その違いは明らかである。こういう語が示している社会事象そのものは一般に同じものである。事実の面に関しては、「国民」も「国の住民」も「国家に属す者」という言葉もある程度の違いはあってもほぼ同じ意味で使われる。ところが同じ国の人々のコミュニケーションでは、「国民」という言い方には、ほかの言い方よりも際立った深い豊かな感情が伴っている。この言葉の指している集団が、この語によって非常に特殊なアウラに包まれ、何かきわめて価値あるもの、神聖不可侵のものとして賛嘆と敬意に値するもののように見える。こういう感情は、国家に属し国民の利害に関わると見られるすべてのものに広がり、暴力や欺瞞にも、極端な場合には他の人々への虐待や殺害にまでも広がることがある。

12 感情的結びつきの中心が、生きた領主たちから法外に美化された集団の非人格的な象徴へ移ったことが分かれば、マキアヴェリ的な基準がナショナリズムの信念体系の一部となるまでの発展における変化と連続性をもっとよく捉えることができる。君主国家の世界では、特に多少とも専制的な王家が国家を支配している場合には、国際関係の分野で自己利益を無限に追求する政治は、生まれや軍事的・政治的業績によって戦士の伝統を引き継いでいる支配者個人による政治であった。国際関係において彼らが従った基準は、個人的関係を規定する基準を拡張したものであった。両者の間に高い障壁も鋭い分割線もなければ、――個人的または私的な道徳と公的または国家的な道徳との間には、基本的対立は存在しなかった。以前は、領主相互の交際での実用的で、ある程度は現実主義的とも言える戦術の原理だったものが、国家の戦術、正確には支配エリートの戦術となったときに、その感情的な色彩が変わった。さまざまな支配者集団の間に不信と恐怖をまきちらすとともに、逆に不信と恐怖から生まれてきた伝統的な戦士の基準の現実主義的な色彩がナショナリズム的信念の神秘主義と混ざり合い、それを疑おうとしない無数の人々はそれを絶対的なものと信ずることができた。

高度に産業化した大衆社会の時代に、つまり国民皆兵となって国民の全体が別の大衆社会との争いに巻き込まれるようになった時代に、「国家」への信仰が神聖不可侵な理想として登場した理由は容易に理解することができる。こういう状況では、単なる訓練や領主または軍司令官への服従では、他国との勢力争いで成功するにはもう不十分だった。そこでは市民全体が、外部からの強制に加えて自分の良心や自分自身の理想によって――つまり彼らが自ら自分に課す強制によって――、自分の個人的な欲求を、場合によれば自分の生命を、集団や国や国家の要求に応じて捨てるように促されることになった。二十世紀のかなり高度に分化した大衆社会を構成する個人は、自分たちが作り上げている社会つまり「国家」の価値への疑いようのない信仰で満たし、また信仰によって動かすほかはなかった。出撃を求められ生命を求められる個人に向かって、社会の長所を示すことはほとんど不可能だったからである。

信念体系としてのナショナリズムへの根源的衝動は、自分の社会の統一や存続への共通の恐れや、他の自主独立の社会との関係での勢力の増大や地位や威信の向上への共通の願いに基づいて、国際関係から生まれてきたが、ナショナリズムの信条は、そのほかに国内的な目的にも、少数の集団が他の集団を支配したり支配を求めたりするための道具として役立った。十九、二十世紀の発展段階にあった産業化した国家社会の基本的特徴の一つは、すべての社会階層の相互依存が増大するとともに労働者階級と中産階級のトップグループの間の永続的な軋轢が起こったことである。異なる職業集団の間の多くの小さな緊張は、ふつう企業家同盟と労働組合との対立となって現れるこの主要な緊張に集約されていた。こういう状況のなかで、多くの理由で、特に戦争や国家が統制する学校や軍隊による教育水準の向上と結びついて、階級を超えてしっかりと根をおろしていた国民感情や忠誠心に訴えることによって、指導者集団は社会の内部に党派的な関心を促進させることができた。ドイツその他の国々で、特に不満を抱く中産階級集団が国民感情や忠誠心をこういう仕方で活用したことは周知の通りである。

かなり高い生活水準に達していた高度に発展した国々のナショナリズムの信念や価値の体系は、先に述べたように、例外なく反動的なものだった。このタイプの社会で、国家の遺産や美徳の名において起こる社会的運動が現体制を転覆させようとするときには、こういう信念や価値の体系が体制維持のために使われるのは分かり易いことである。そういう場合、国民の不変の遺産たる過去の再建を旗印にして行なわれるのが普通である。要するに、哲学者その他の優れた著作家の書物にその種の思想がどのように現れているかを研究するだけでは、言い換えれば、従来の「思想史」のやり方で研究しているかぎり、ナショナリズム思想の性格はほとんど捉えられない。

ナショナリズムの理念や理想は、一連の哲学的理念にその根源が求められるが、そういう類のいわば自律的に動いてゆくものではない。時代のなかでのその流れは、ある世代の作家たちが前の世代の作家の書物を読んで、書物に書かれている社会の発展や構造特性から切り離して、そこに述べられた思想に共感を抱くとともに批判を加えて、その思想を継承することだけによるものではない。また、優れた著作家のナショナリズム的な思想が、ナショナリズムの「原因」であるわけでもない。ナショナリズムは、潜在的にも顕在的にも、十九、二十世紀の社会的信念体系のなかでも、最も強力ではないにしても非常に強力なものの一つである。古い適切な比喩を使えば、書物の思想は氷山の一角にすぎない。そこに見られるものは、国民感情や国民のエートスがいずれ社会全体に広がってゆく一つの過程の最も明確なあらわれなのである。領主への結びつきという意味での――「国王万歳!(Vive le Roi!)」といった――忠誠心や連帯感の表現が、国家という意味での――「フランス万歳!(Vive la France!)」といった――忠誠心や連帯感の表現に変わったのは、国家社会の構造におけるどういう変化によるかを問題にしなければ、社会を構成している大多数の個人のエートスや感情のナショナリズム化が、ナショナリズム的な知識人の書物から影響を受けたのか、どの程度影響されたのかを明らかにすることはできない。

書物のなかに見られるナショナリズムの理想や信念、概念や理念の形成と発展を社会発展のコンテクストにおいて捉え、社会のさまざまな下層集団に対するそれらの役割を解明する社会学的研究は、まだようやく緒についたばかりである。今の連関では次の点だけを手短に指摘しておくにとどめざるをえない。すなわち、その種の信念や理念が特殊な発展段階にあるあらゆる社会に共通である事情やその理由は――その社会の運命が国際関係と国内事情のいずれにも依存しているという注意すべき事柄と結びついているのである。

国際関係や国内事情という次元での展開の不断の交錯に関する、理論的モデルをある視点から綿密に作り上げることは、やりがいのある課題である。そういう広大な理論的枠組みを使えば、高度に分化しかつ統合された産業化した国民国家に潜んでいるナショナリズムの傾向を、党派的利害の代表者は明確な自覚もなく利用していた、すなわち、ただ冷酷かつ計画的なイデオロギー的な錯覚として利用していたことを十分に示すことができるだろう。だが、イデオロギーをこういう意味でよく使うこともある伝統的理論は、問題をあまりにも簡単に片付けてしまう。ナショナリズムに限らず信念体系にとって特徴的なことは、それがある事情で強め合いながら自動的に進む過程において、それを信ずる者がしだいに力を獲得していくことである。信念そのものが自分の集団の価値やそれに対する忠誠心を高めるから、集団の絶対的な優秀さへの信念を声高に強調する人々に対して、誰も公然と反対しない。そのため、個人や集団が競い合ってそういう信念を断言しようとする傾向が、ある種の社会状況では非常に強くなる。特に信念を奉ずる集団が非常に大きい場合には、個人や集団では抑えようのないメカニズムによって自画自賛的な信念体系が独特の力を獲得するのは分かりにくいことではない。

13 以上述べたように、少し社会学的に分析してみただけでも、ナショナリズムが、十九、二十世紀の発展段階にある巨大な国家社会の構造特性であることは明らかである。ナショナリズムは、社会発展の初期段階にあった村や都市、侯国や王国のような集団への連帯や結合の個人感情に見られる信念と、似ているものの明らかに異なっている。そこで重要なのは、本質的に非宗教的な性質の信念であり、マックス・ヴェーバーが「世界内部的」と名づけた形態の信念や倫理と同様に、超人間的な審級による正当化を必要としない信念である。ナショナリズムは、政治的意味でなく社会学的な意味で民主化がかなり高度に進んでいることを前提としている。勢力や身分の異なる集団の間の社会的障壁が——身分制社会における世襲貴族や、君主制国家の君主と家臣との非常に大きな権力の差のように——高すぎる場合には、国家社会への個人の結合感や連帯感や義務感は、ナショナリズムのエートスの形で現れるものとは性格が異なる。

ナショナリズムのエートスの基礎をなす連帯感や義務感は、単に特定の個人や支配的地位にある個人そのものに結びついているのではなくて、個人そのものが無数の他の人々とともに――あるいは未来の仲間への信念によって組織された――国家という独立の集団に、個人も含めた特殊な象徴によって結びつけられている。こういう象徴や象徴されている集団には、ふつう「愛」と言われる強烈な感情がつきまとっている。集団が個人から切り離されて個人以上に神聖で崇高なものとして体験されるに応じて、その象徴もいちだんと高められる。ナショナリズムのエートスを生み出す集団には、集団を構成している個人が集団を――正確に言えば、その感情のこもった象徴を――自分自身の代表とみなしうるような構造がある。自分の国家への愛情は、単に「あなた」と呼びかけられる個人や人間集団への愛情なのではない。それはつねに「われわれ」と呼びかけることのできる集団への愛情である。それ以外にどういう性質があるにしても、そういう愛情は自己愛の一つの形にほかならない。

それゆえ、国家に属する個人の抱くイメージは、同時に個人の自画像の要素でもある。国家の長所や価値や意味は、自分自身のものでもあるのだ。現在の社会学的、社会心理学的な理論は、一般にこういう関係を扱う場合には、アイデンティティという概念を持ち出して、その点に関する考察を行なっている。しかしこの概念は観察される事象には必ずしも適当なものではない。アイデンティティという概念は、一方に個人が存在し、他方に国家が存在するかのように見せかけて、「個人」と「国家」が空間的に離れた二つの別個の存在であるような観念を抱かせる。しかし国家が個人から成り立ち、二十世紀の発展した国家社会に生きている個人はほとんどの場合疑いもなく国家に属しているから、母と子のように空間的に離れた二つの別個の存在を思わせるような概念は事実に合わない。

この種の関係は代名詞でしか適切に捉えることができない。個人は「私」のイメージや「私」の理想を抱いているだけでなく、「われわれ」のイメージや「われわれ」の理想を抱いている。十九、二十世紀の産業社会において経験的に見られるように、個人のエートスや感情が国家的なものになることと、特に「国家」のような言語象徴で示される国家社会のイメージが、こういうタイプの社会という形で共同生活している大半の個人の「われわれ」のイメージや「われわれ」の理想の不可欠の要素となることとは必ず堅く結びついている。要するに、ここには、特定の社会構造と特定の人格構造との対応が見られるのである。二十世紀の洗練された産業国家に属する者が、国家の名前から派生した言葉で自分を表わす――「私はフランス人だ」「私はアメリカ人だ」「私はロシア人だ」というような――言い方をすれば、彼は「私はこれこれの国に生まれた」とか「私はフランスなり、アメリカなり、ロシアなりの旅券をもっている」というよりもはるかに多くのことを必ず表現している。そういう国家社会で成長した大多数の人々にとっては、こういう言い方は、国家のことを指していると同時に個人の特性や価値も指しているのである。こういう言い方は、話したり考えたりするとき「君」とか「彼」とか「あなた」と呼ぶ他人に対する「私」として認められる個人を指すとともに、話すときにも考えるときも「君たち」とか「あなたがた」の集団に対する「われわれ」として指す集団の要素として認められる個人も指している。「私はロシア人だ、アメリカ人だ、フランス人だ」と言う者は、そう言うことによって、「私とわれわれは特定の価値や理念を信じている」とか「私とわれわれは他の国民国家の代表者に対して不信を抱き、多少とも自分をその敵だと感じている」とか、「私とわれわれは、こういう象徴とそれが表わしている集団に恩を受け、義務を感じている」というようなことを述べているのが普通である。こういう「われわれ」というイメージが、こういう場合に「私」と「われわれ」という代名詞を自分に結びつけて使う個人の人格構造に入り込んで、切

り離せなくなっているのである。(8)

14 明らかなように、この論文では「ナショナリズム」という言葉は、日常生活での意味とは少し違う意味で使われている。ふつうの言葉遣いは、たとえば「ナショナリズム的」といった形容詞を「国家的」とか「愛国的」という言葉と区別して使う場合には不賛成の意味が込められ、「国家的」とか「愛国的」という意味で使う場合には賛同の意味が込められている。「ナショナリズム」は他国の「ナショナリズム」の形態を意味し、「愛国心」は自分の国の「ナショナリズム」を意味するにすぎないことが多い。

社会学的研究のためには、不賛成や賛同を込めずに使えるような概念を標準化する必要がある。十九、二十世紀の高度産業社会において、独立の社会に個人を結びつけている特定の価値基準や特殊なタイプの感情や信念や理想を表わす一つの用語が必要なのである。特定の国家だけではなく、十九、二十世紀の発展段階にあるすべての産業国家に早晩現れるような、感情や信仰などの人格構造に共通の構造特性を捉えるための一貫した表現、明確に捉えうる道具が必要である。「‐主義」という接尾語をもつ名詞や「‐主義的」という接尾語をもつ形容詞が、こういう社会的な信念体系や、それに結びついた人格構造を表わす用語として認められている以上、一貫した概念を社会学的に標準化するのに、日常語が提供するのは「愛国主義」か「ナショナリズム」かのどちらかである。たいていの場合「ナショナリズム」のほうが社会学的な標準用語に適しているように思われる。そのほうが柔軟で、たとえば「感情や思考が国家的なものとなる」過程を表わす派生語を、それから容易に作ることができる。この意味で、賛同や拒絶という意味を込めずに、この言葉をここで用いることができる。それは、相互依存の関係にある社会のある種のパワーバランスの状態の一部である、特定の社会がある時代に経てきた大きな変動の一面を表わすわけである。

それは、それに属する人々が所属する独立集団である国家社会を、その他の価値はすべてそれに従属し、事実それに従属せざるをえないような、最高価値の地位にひそかに、あるいは公然と就ける社会的な信念体系を指している。

十九、二十世紀の大きな世俗的信仰の一つとしてナショナリズムは、同じ時代の保守主義や共産主義、自由主義や社会主義といった他の信仰とは多くの点で異なっている。他の信仰が主な衝撃力を得たのは、同じ社会の内部の変動するパワーバランスによるのであって、それが国際関係に影響を及ぼすのはその後のことであった。それに対してナショナリズムという信仰は、異なる社会の間の変動するパワーバランスから衝撃力を得ており、社会内部の異なる社会階層の間の緊張や争いに影響するのはその後のことなのである。

同一の社会内部の相互依存の関係にある階層の両極分解に結びついている理想や信念が、何よりも、パワーバランスの状態にある相互依存の関係にある国家社会の両極分解から生じてきたナショナリズムの信仰と多様な仕方で混ざり合っているにしても、ナショナリズムという信仰は、政治の傾向に長期にわたって継続的に決定的な影響を与えている。それぞれの社会は、支配的エリートがそれに基づいて国内政治を行なう基本信念や理想に関して非常に異なるが、エートスや感情が国家的なものになり、社会を構成する個人の大半が抱く「われわれ」としての結合や「われわれ」という表象が国家的なものとなる点では、どの社会も同じである。エートスや感情が国家的なものとなる過程は、支配的エリートの社会的由来とは無関係に、十九、二十世紀の段階にある近代化するあらゆる国家に早晩及んでゆく。ただし、まず最初は（トップに立つとともに、しだいに中間層という地位を失った）「昔の」中産階級の伝統に由来する態度や理想や価値を有する支配的エリートがいた国民国家の特徴が、（トップの地位に立つとともに、社会階層としてではないが、少なくとも社会階級としてのその特性を失った）「昔の」労働者階級の伝統を引き継いだ態度や価値を有する支配エリートのいる国民国家にも同じように浸透してゆく。

国民国家的基準の二面性

15 どのように組織されているにしても、二十世紀のパワーバランスを作り上げている、相互依存の関係にある大半の独立の国民国家は、市民の間に、最高価値は人間であり、人間個人であるとする興隆してきた第三身分（tiers état）に由来する平等主義的な道徳基準と、個人の属する国家や国や国民こそ最高の価値だとする領主や支配的貴族集団のマキアヴェリ的な基準に由来する平等主義を否定するナショナリズムの道徳という、矛盾する要求を含む二重の基準を生み出している。

アンリ・ベルクソンは、この二重の基準に立ち向かった少数の哲学者の一人であって、彼は少なくともこのことを問題だと考えている。この奇妙な二重性を生み出してきた国内事情および国際関係の特殊な発展を解明することが彼の目標なのではなく、それは彼が考察した領域の外部の問題だったからである。そのため、この問題の解決のための彼の提案は思弁的であって、曖昧なものにとどまっている。しかしこのことが問題であると認め、それを明確に浮き彫りにしただけでも、それは重要な一歩であった。彼が問題にしたのは、道徳的な責務と言う場合に、どういう社会を考えているのか、人類全体のことを考えているのか、それとも自分の国の人々や自分の仲間である市民や同じ国家に属する人々に対する道徳的責務を考えているのか、ということであった。彼は次のように書いている。(9)

この違いを重視しない道徳哲学は、真実を見逃しているのである。そういう道徳哲学の研究はそれだけで必然的に誤っている。事実、隣人の義務や生命や財産を尊重することは社会生活の基本的要求であると言う場合、一体どういう社会のことを言っているのだろうか？　この問題に答えるには、戦時中に起こったことを思い浮かべるだけで十分である。策略や詐欺やまやかしだけでなく、殺人や窃盗さえ許されるばかりか、称賛されるのである。戦争指導者たちは、マクベスの魔女と同じように、「綺麗は汚い、汚いが綺麗（Fair is foul, and foul is fair）」と言うのだ。

ここにも、絶対主義的エートスか、事情によっては貴族主義的エートスから、国事におけるナショナリズムのエートスへの連続した線が認められる。ナショナリズムのエートスは、絶対主義的、貴族主義的エートスを直接に引き継いでいる。この系譜に見られる差異や類似点、変化や連続性を明らかにするためには、マキアヴェリの言葉がここでも役立つだろう。[10]

狐の本性は上手に隠すことができなければならず、立派な嘘つきの偽善者でなければならない。それというのも、人々はごく単純であり、非常によく情勢に従うものであって、欺く者は欺かれる者を簡単に見つけだせるからである。

つまり、君主にとっては、善い性質を——全部——現実に具えておく必要はないのであって、そういう性質を具えているように見せかけることが必要なのである。敢えて言うなら、そういう性質を具えていて、いつもそれに忠実であるのは有害である。そういう性質があるように思わせることこそ有益なことなのである。そこで、寛大で誠実であり、思いやりがあるばかりか率直でもあり、そのうえ敬虔であると思わせることだ、そして実際にそうでなければならない。しかし、そうであってはならない場合になれば、それを正反対の性質に変えてしまうことができるように心がけねばならない。すなわち、新たに権力の座についた者は特にそうだが、君主たる者は、善い人と思われるようなことばかりやっておれないことを知っておかねばならない。権力を維持するためには――誠実とか寛大さとか思いやりに反し、宗教に背かざるをえないことがしばしば起こるからである。したがって君主には、運命の風向きや状況の変化に応じて態度を変え、……善いことはできるだけ止めず、しかも必要とあれば、悪いことをなしうるだけの気構えが必要なのである。……

君主が勝利を収めて、権力を維持しさえすれば、そのための手段はいつも立派なものとみなされ、人はそれを褒め称えるであろう。

彼自身の時代でもそうだったが――、後の時代には、マキアヴェリは時には、背徳のスポークスマンとか残忍な為政術の教師とみなされたことがある。だが、実際に彼が述べたのは、自国の政治を外国から守る立場にある支配エリートが、理論化することのないまま現実に彼以前にもその後も、現代に至るまでごくふつうに守っている国際関係を処理するための規則を、非常に明確に一般化したものにすぎない。国際関係においては、マキアヴェリ方式で行動するのが正当なことであり、それは避けようがないということが、この種の行動が跡を絶たない主な要素の一つだ、と言っていい。他に対する不信や恐怖によって規定され、了解可能で確固たる共通の規範には従わない社会的戦術が、――不信や恐怖をつねに新たに生み出すことによって――引き継がれ、個人間でも集団間でも用いられる理由は十分にある。支配エリートの社会的特徴や伝統とは無関係に、社会階層が依存し合いながらも、他の階層は自分の利益と思えるものを追求するために最後には肉体的暴力に訴えはしないかと不安を抱いている、社会的な共同生活にも国際関係が跡をとどめている事実を見るだけでも、国際関係にマキアヴェリ的なエートスが生き続けているのは明らかである。

跡を絶たない信条や行動規範の連続性が、外国に対する君主や貴族という支配エリートの戦術と、二十世紀の国家主義的な中産階級や労働者階級のエリートの戦術とを結びつけているものであるが、その連続性は絶対的なものではなく、ある程度の変更の余地が残されていた。そのなかでも最も際立っている変更は、国際関係において自国の利益が最終の決定的な行動基準であるという要請の性格が変わったことであろう。君主や大臣、あるいは特権的地位にある貴族という支配エリートは、自分の国家や自分の家来である大衆は一種の財産であり、自分は国家の支点か要だとみなしていたが、かつては彼らの実践上の素朴な格率であったそういう要請が、国家社会の民主化が進み、それに応じて社会を構成していた大半の個人の態度や感情が国家主義的なものになるとともに、個人の感情のうちに深く根差しているだけでなく、個人の良心や自分や共同体のイメージや理想のうちに深く根差している定言命令となったのである。

細分化された産業国家に共に生きている大半の人々は、国際関係の諸問題について直接に経験することもなければ、諸問題に関する特殊な知識を有するわけでもなくて、事実、公的な情報メディアで伝えられる非常に選択された情報、あるいは混乱して偏った情報で、間接的にそういう知識を得る機会しかなかった。二十世紀の強大な国民国家においては、心底からの信念や、自分の国家を最高価値とする個人の良心の形成が、君主国家では少数の支配エリートによって、自己利益に関する実用的で比較的合理的な考慮によって達成されていたのとほぼ同じ役割を果たしている。国家主義的信念は大半の個人のうちに、自分の社会の利益や存続がおびやかされていると思われる状況では、全力で戦って、必要とあれば死ぬ覚悟の基礎となる人格素質を作り出した。まさにこういう素質にこそ、こういう巨大な独立集団の現実に支配エリートであるか潜在的に支配エリートである者は、自分の集団の国境が犯されそうなとき、適当な刺激的な象徴の助けを借りてアピールすることができるのだ。こういう素質が、国民の異なる党派間の緊張によって活性化されるのも珍しいことではない。しかもこういう緊張はいたるところに存在する以上、それが思想に色をつけ、視野狭窄や偏見を生み出すのである。困難は、こういう素質がどこででも自動的に力を発揮するということである。多くの場合、専門的知識や現実的な判断によってある程度抑えたり変えたりすることしかできない。

十九、二十世紀の国家社会では、人々は自分の行動をいくつかの点で結びつけようのない二つの主要な規範によって決定する素質を獲得している。各個人は自分の個人的ハビトゥスのうちに、自分自身の独立国家ならびに国家が表わすものの維持や領土の保全や利益を、ある状況では即座に決着をつける行動の基本方針として受け入れているのである。それと同時に、同じ人物がヒューマニズムの平等主義的な規範か最高の決定的な価値が個人そのものであるような道徳規範を備えた個人が育ってくる。このいずれも、よく言われるように「内面化」されるか、単に「個人化」される。いずれも個人の良心のそれぞれの側面になるわけである。これらの規範の一つに違反する者は、他者からだけでなく、自分自身によっても、罪悪感や「良心のやましさ」という形で、それなりの処罰を受ける状況に身をさらすことになる。

16 社会的規範は、同じ社会の規範は一本化されているという想定のもとに説明されることが多い。明らかなように、事実の示すところはそれとは異なる。ある程度細分化された社会では、規範の混合も隔たりの度合いもさまざまだが、相矛盾する規範が並存している。ある種の状況や時代には、そのどの規範も影を潜めることもあれば活性化することもありうる。個人的問題は道徳規範を発効させ、公的な問題は国家主義的な規範を発効させるし、平時には道徳規範が、戦時には国家主義的規範のほうが優先される。両方の規範を同時に働かせる状況が多いことは言うまでもない。二十世紀の国家間の緊張や葛藤はいつでもではないにしても、たいていの場合、こういうタイプの状況である。その緊張や葛藤は覇権争いになり易く、二通りの規範の間の緊張や葛藤を生み出して、たとえば国民のなかの党派間の緊張や葛藤とか個人のなかでは自分自身との争いとなって現れがちである。

集団や個人によって、そういう葛藤の解決の仕方は多種多様である。事実、さまざまな国家の国民の代表的な自画像や自己の理想には、しばしばこの矛盾の問題解決の別の形態が含まれている。こういう違いはいつでも諸国民の間での理解を妨げるものとなり、国家間の緊張を強めることにもなる。ところが、二十世紀のあらゆる国家に共通しているこの根本問題がはっきり認識されていないのが普通である。

国家主義的信念体系または愛国主義的信念体系の冷静な研究には、今日まで必ず非常に強力なタブーが課されていた。そういうタブーのあらわれの一つは、ある意味では規範においては、人々の団結を推進する有益な事柄が重要であるかのような、「規範」について広くゆきわたっている議論である。特に社会学の教科書には、社会規範の役割や機能を説明する際に、いわば形式と内容とを分離する傾向が幅をきかせている。そのため、異なる規範には別の社会的機能があることも、ほとんどの規範は統合機能を果たすとともに統合を破壊する機能を果たすことも考えられていない。規範が非常に理想化された形で捉えられているのである。規範という概念を使う者が自分に好ましく思われる機能だけを認めて、好ましくないと思われる機能は度外視することができるのはこのためである。社会学の根本概念を分かり易く説明する場合でも、「経験的」と言える次元で詳細な研究を行なうときには、規範の機能を明確に述べながら、理論的次元では、そういう機能の説明が完全に脱けているのがよく見受けられる。一例を挙げてみよう。これはよく使われている社会学の最良の教科書からの引用である。[11]

社会システムは必ず規範に基づいている。社会システムの統合は、その指導的な成員のすべてが文化遺産の一部として、あることはなすべきだが、別のことはすべきではないとか、行為のなかには善い行為もあれば悪い行為や間違った行為もある、という観念を抱いている事実に基づいている。各人はこういう遍在する緻密な規則によって自分および他人を評価する。そういう規則に対する違反はみな——重さの程度はさまざまだが——処罰される。このように、あらゆる人間社会には、称賛したり非難したり、責めたり弁護したりする評価的な態度が浸透している。規則を疑ったり、もっと悪いことには、規則の背景にある感情を疑ったりすれば、いささかも異論を許さないような制裁を受けることになる。行動を客観的に研究するために頭のなかでは道徳体系を完全に抜きにすれば、……たちまち不可知論者だとかシニカルだとか裏切り者その他もっと悪質な者だと烙印を押される。そういう場合には、自分の研究が公的に援助されるどころか、公然と敵視されることを覚悟しておかざるをえない。……

どういう社会にも、疑ってはならない感情が存在している。それを傷つけるようなことを言うだけでも、他人を憤慨させることであり、タブーであるかもしれないだけに、そういう感情は決して冷静に研究してはならない。アメリカの大学を追放された者は一人の教授に限らないが、それは、その人が未婚者の性生活を調べたからだったり、宗教の教義に対して偏見のない立場に立っていたからであったり、社会主義に関するセミナーを開いたからだったり、愛国主義的でない見方を擁護したからであった。こういうテーマは——少し触れるにしても——教える場合も研究の際でも、自分が最高価値を重んずることを絶えず強調しながら、非常に慎重に扱わなければならない。

このように、優れた社会学者が、細かな問題を扱う際には、社会規範が多様で食い違っているために起こる葛藤を認めながら、社会規範を「最高価値」という役割で考察するときには、それに統合的な性格だけを認めて、分離したり排除したりする性格があることを認めない非常に慎重な態度を取っている。彼は社会規範には二面性が内在していて、人々を結びつけるとともに反目させる特性があることに読者の注意を向けさせようとはしない。だが、規範に認められる結合させる傾向は、同時に分裂させる傾向でもある、と言うことができるだろう。——とにかく、人類全体が有効な交流形式を作り上げないかぎりそうである。それだけではなく、ここでは、社会の最高価値そのものが矛盾をはらんでいることが無視されている。だがそれはあまりにも明らかなことである。現代国家においては、同じ社会の最も強力な規範が成員に向かって、個人の一人ひとりが最高の価値であることを教え込むと同時に、自主独立の集団である国家が、個人のあらゆる目標や利益が従属すべき——個人の肉体的な生存さえもそれに従属すべき——最高価値であると説くのである。

すでに述べたように、内部分裂をきたして調和を失っている規範や、調和を失った個人の良心の構造から生まれる葛藤は、ある種の状況にならないうちは切迫したものにならず、当分は潜在したままでありうる。それにもかかわらず、この種の矛盾があるという事実そのものは重要であって、当の社会を理解するためだけでなく、社会というものを理解するうえで重要なことである。どのような社会学的理論も、社会発展の過去と現在の段階に基づいて、個人そのものによって、さまざまな形で、集団の存続が個々の個人の生存以上に価値があるとされたし、価値があるとされるという事実を考慮しなければならない。

ある理想化された規範概念を分析の道具として使うような理論の構想は、社会学的研究の課題にはふさわしくない。発展した産業国家に典型的に現れる矛盾した規範の問題のような問題は、その社会では社会的タブーに支配されているために、それを明確に捉えて議論するのは困難かもしれない。だが、国民国家もこれまで相互の不信や恐怖の悪循環から逃れることができなかったのも、この種の問題は研究することも公然かつ冷静にそれについて述べることもできないからであろう。

17 ここで問題にしている基本的な矛盾は、いずれにせよごく単純なものであって、一言で言えば、権力エリートが産業社会の中産階級や労働者階級の伝統を引き継いでいる社会では、人々は一般に、他人を殺したり、切り刻んだり、痛めつけたりすること、あるいは他人を偽ったり、欺いたりすること、他人から盗んだり、他人を裏切ったりすることは、どういう状況においても不正であるとする道徳的な規範を信ずるように教育されると同時に、自分たちが共同して作り上げている至高の社会の利益にとって必要であれば、こういうことを行なうことは——そして、自分の生命を犠牲に捧げることも——正しいとする信念を植えつけられているわけである。

こういう規範の矛盾する二重の性格が生まれる理由は、すべてではなくても、そのいくつかは示されてきた。国際関係の領域では、支配エリートの仲間であるかつての中産階級や労働者階級の代表者は、貴族でない彼らが従属的地位にあったかぎり直接触れることのできなかった状況に出会ったり、そういう経験にさらされたりする。そこでこの領域では、洗練されているにもかかわらず戦士の規範の特性を保っていた以前の支配階級の伝統を、彼らは引き継いだのである。ヨーロッパのあらゆる国で——ヨーロッパの他のたいていの国より前に、貴族的な支配者集団に、中産階級の市民である地主集団が加わったイギリスでさえ——国際関係に最も多く関わる職業は、貴族の伝統を受け継いでいる人々の領分であるのが通例であった。そういう職業の代表者たちは、実業者階級が権力を握った後でも、どこでもこういう伝統を守っていた。無論、民主化によって、以前の君主や貴族という支配層の伝統は、すでに述べたように、別の特徴を獲得した。つまり戦士の規範が第二の道徳となったのである。そしてこの特異な、非平等主義的で国家主義的な道徳は、普遍的で平等主義的なヒューマニズムの道徳と同じように絶対的で疑うことのできないものであった。

こういう展開は——つまり内部に対立を含む二重の規範の形成は——、貴族的君主制構造から、より民主的な国民国家の構造への転換過程をへたあらゆる国の基本特徴である。そこに内在する矛盾や葛藤や緊張は、特別な状況に、特に戦争のような国家的な苦境に現れて、その後きわめて重大なものとなったにすぎないかもしれない。だが、行動の潜在的な決定因子として、平時においても、この種の二重の規範は人間の行動に影響するのと同様に、感情や思考にも大きな影響を与えたのである。そういう規範が政治的理想の特定の二極分解の原因でもあるのだ。つまり、そういう規範は、いくつかの集団が自分たちの計画においてヒューマニズムの平等主義的な道徳の伝統の信条を必ずしも完全に排除するのでなく、逆にいろいろな形で結びつけて、国家主義的な信条や戦士の伝統を重視しうる余地を作り出した。そういう規範は多種多様な個人がその社会的地位や立場や人格構造に応じて、より中心にあって、このスペクトルの極により近い集団に結びつくことを可能にするのである。その状況全体そのものが、すなわち両極の中間のどこかに人間集団を位置づけることが、こういうタイプのあらゆる社会に見いだされることである。

18　この二極分解に関する多くの問題や、とりわけ豊かで保守的な集団のナショナリズム的な信念やナショナリズムに傾いた戦闘的な信念があまり豊かでない中産階級を引きつけた力の強調は、ここでは無視せざるをえない。だが、――多くの点で食い違う二つの規範の並存から生ずる行動への要求という――共通の問題を克服しようとする諸国の試みについては一言述べておかなければならない。というのは、感情や良心や理想のナショナリズム化がまるでドイツにおいてのみ起こったかのように、ドイツのナショナリズムについてだけ考察されることが多いということこそ、本論でナショナリズムの社会学を論ずる直接の理由だからである。

　実際にドイツのナショナリズムという信念の諸問題に触れてみれば、ただちに明らかになるように、広まっている信条の変種の何がドイツ固有のものであるかを決定するには、多種多様なナショナリズムが十九、二十世紀のすべての産業国家にもたらした共通の発展過程の輪郭のモデルが必要である。一方には個人を最高価値とするものがあり、他方には国民国家を最高価値とするものがあるという、二重の規範が存在することが、こういう社会のすべてに共通する発展の中心的要素である。

　この問題に関するドイツの対応の特徴を明らかにするためには、対応の仕方がいかに幅広いものであったかを示している、ドイツ的対応と異なる別の民族による対応の仕方の少なくとも一つを――つまりイギリスのやり方を――少し見ておくのが多分一番いい。イギリスの伝統とドイツの伝統との、よく指摘される最大の違いも、この対応の仕方の違いに最もよく現れている。イギリスでは、二通りの規範を融合させようとする傾向が強かった。対立する要求の妥協的解決が計られ、しかもそれが成功して、――そういう問題があるということさえ忘れられた。それに対して、ドイツでは、二通りの規範の違いが強調されがちであった。両者の間には二者択一しかなかった。ドイツ人の考え方の全体的な流れからすれば、両者を妥協させるなどということは許し難いことだった。それは全く不正なことではないにしても、思考の混乱の産物だとみなされた。国際関係の戦術は各州に固有の伝統的な考え方とふつうは一致していただけに、その違いが分裂した規範を処理するにあたっても、コミュニケーションの困難な深刻な事態を生み出すことは珍しくなかった。各州に属する人々は互いの交流では、各州独特の処理の仕方を当然とみなしていた。つまり各州独特の処理の仕方こそ、思考や行動の唯一可能な形態であり、それが正しいものだと簡単に思われた。それ以外の形は、非難すべきものではなくても誤っていると思われたのである。

このため、二つの国家の国民の間でのコミュニケーションという対外的交流では、規範の根本的な二重性をそのままにした異なる交流の仕方から相互理解に支障が生じた。道徳規範と国家主義的規範とが矛盾する側面を妥協させて解決する道はないと考えていたドイツ人は、イギリス人は自分でもナショナリズムの権力政治の背徳的特徴を認めながら、それに道徳という被いを掛けて隠しているのだ、と内心思っていた。自分の考え方からして、ドイツ人は妥協的解決を図るイギリスのやり方を下心に基づくまやかし――猫かぶりとしてしか理解できなかった。それに対してイギリス人は、その（根本的な）ディレンマの妥協的解決を当然であり、実践的にも合理的で実際的な解決とみなすようになっていたために、自己利益だけをめざす背徳的な権力政治はあらゆる国家に共通だとして、ドイツ人のナショナリズムの党派による妥協的な解決は不可能だという主張を非難すべきもの、危険なものとみなしていた。いずれの場合も、相手の国を見て評価する際の基準として、自分の思考や行動の伝統を無意識に使っていたのである。

一つのやりがいのある課題がある。それは、十九、二十世紀のイギリスにおいて、あらゆる階層の感情や良心や理想がしだいにナショナリズム的なものになり、それに応じて民族や国家の見方が道徳的なものになっていたことを詳細に解明するという課題である。二通りの規範の相互浸透が、特に十七世紀から十八世紀初頭におけるイングランド、スコットランド、ウェールズが事実上統一された後、ヨーロッパ大陸の社会以上に大きな異なる身分間の境界線が崩れていった事実と密接に結びついているのは明らかであろう。このことは——ここでも、社会学的に解明して結論を出すのはごく簡単なことであって——、国際紛争にあたって島国の国民の安全は、昔の騎士階級や地主貴族の出である将校が指揮する陸軍よりも、海戦を専門とする海軍にまつところが大きかったという事情に基づいているのである。

戦闘技術の特殊な性格やその社会的構成を別とすれば、軍隊組織の特性に基づいて海軍の将校団が国際関係で果たしていた役割は、ドイツでは一九一八年に君主制が終わるまでは、大陸の絶対主義的な専制国家の陸軍の将校団の役割とは異なっていた。支配者の権力は、国内の社会的に主要な階層間の距離や違いや、階層間の緊張関係の変動に結びついていたために、階層間の境界の緩みを進めたり、それをさらに大きくするための手段として利用することはできなかった。その結果、イギリスでは、十七世紀にゆっくりと断続的に始まっていたが、十八世紀になると、中産階級の上昇と貴族階級の没落がかなり連続的に起こることになった。国家観が道徳的なものとなり、——まだ宗教的に捉えられていた——道徳をナショナリズムの方向で捉える最初の動きが、短期間のクロムウェルの共和国には認められる。十九世紀になって中産階級が勢力を得て支配階級になるとともに、国家や民族としてのイギリスのイメージが道徳化していった。そして二十世紀、特に第一次大戦後、中産階級がほぼ完全に支配階級の最高の地位に就き、労働者階級がその次の支配階級になると、国家ならびに民族の理想像は道徳的なものとなり、中産階級の自画像や、少し後の労働者階級の自画像は決定的にナショナリズム化した。

イギリスにおける規範の相互関連は、イギリス人を妥協に導く「民族精神」の神秘的な働きによるものではなかったが、ドイツにおけるその正反対の傾向も、民族や人種の神秘的な特性のあらわれであるわけでもなかった。この種の問題に関しては、形而上学的な人種論に説明を求めたくなるものだが、すでに示唆しておいたように、社会学的にはごく簡単に説明できることなのである。その中核的な問題は、イギリスでは、たとえばプロシアと違って、各階層からの反対に抗して専制的な政権を樹立しようとする十七世紀の支配的王朝の試みがなぜ挫折したかということである。イギリスの国王たちが、陸軍を維持するに十分な資金を集められず、資金調達のための部隊を満足できるほど組織できなかったことが、人民議会との戦いで国王が敗北を喫した決定的要因であった。国王の無能さはイギリスの安全が陸軍でなく海軍によって守られていたことによるものであった。

イギリス国王との戦いにおける上下両院からなる人民議会の勝利や、イギリスにおける階層間の境界線の緩みを理解するには、フランスやプロシアその他の大陸諸国の多くの絶対君主が、階層間の境界を強化し、それを緩めることは自分に不利だとみなし続けていたことを思い浮かべる必要がある。そうすれば、多様な階層や階級の「文化」や伝統の融合が大きく進んだという、一見謎めいたことも明らかになってくる。十八世紀以降、貴族の伝統と中産階級の伝統との相互浸透や――これは当時のドイツの発展と比べれば大きなものだったが――、支配的地位に達するにあたって自分たちが引きずってきた貴族的な規範を国際関係では道徳的ヒューマニズムの規範と結びつけようとするイギリスの中産階級の試みは、基本的に社会学的な事態のいくつかの実例の一つにすぎない。つまりこの場合には、イギリスの社会階層間の相互浸透が、規範の特殊な融合と、実用的な妥協を選ぼうとする一般的な傾向を助長したのである。

このように見れば、ふつうは――一時的にも――除外され解明されないままになっている事象でも正しく眺めることができるようになる。イギリス社会における王室の役割がその一例である。

十八世紀には、王室は貴族が主導権を握っていた党派の争いでは権力の中心であった。王室の行動を規定していた規範は貴族的な規範だった。イギリス社会における勢力の配置からして、中産階級の道徳が宮廷に浸透する可能性はほとんどなかった。王も女王もまず第一に具体的な個人とみなされ、帝国の象徴とみなされたのはその後のことにすぎなかった。民主化が進むとともに、何度か変動はあったが、王室の象徴的機能はつねに国民的理想の具体的代表となっていった。大実業家の階級が次々に支配階級になったときに、イギリス人の自画像は当然、道徳規範の要求に従って、自主独立の集団である国民という特徴を帯びてきた。人民の大半は、イギリスの対外政策も、正義や人権の原則や、抑圧された諸国家をも含む抑圧されたものへの援助の原則という道徳的な要求にそって行なわれることを期待した。大半の人民の目には理想的な「われわれ」として写っていた国家は、道徳的な要求を満たすと思われる場合しか人民に課す束縛や犠牲を正当化することができなかった。そのために、イギリス人の行動の生きた象徴であり、国民共同の理想である王室も、中産階級の道徳を、そして後には労働者階級の道徳の基準を守らなければならなかった。多極的に分散して平衡を保っているイギリス社会に君主制の占める場は限られていたが、人民の感情の世界では、君主制は思想的な「われわれ」の権化であり、国民の集団的自画像の権化として大きな位置を占めていた。――ただしこれは、王室の代表者が生ける理想という役割に甘んじ、実際にも外見上でも、中産階級や労働者階級の道徳の要求を満たしているとしてのことであった。

国家社会の象徴としての機能が王位の複雑な機能の一つの要素をなしていたのは確かだが、王や女王の社会的地位に伴う権力が、庶民の権力と比べれば非常に大きかったかぎりにおいて、王や女王が個人的に人民の理想を表わすべきだという声はむしろ弱かった。ここでは「民主化」として捉えている勢力配置の不断の移動によって、王位にある者は人民大衆に依存することになった。かつては国家の支配者だった者が国民の象徴になった。このように、イギリス王室に求められた道徳的要求は、社会を包括する同じ変容過程の流れとして、感情や良心や理想が協同して民主化し、道徳的なものとなり、ナショナリズムの方向へ進んでゆく過程の——多くの例のうちの——一例なのである。

ナショナリズムという形のマキアヴェリ的な戦士の伝統が、制御しようもない国際関係のために勢いを増したものであるのに対して、ヒューマニズムの道徳の伝統は、権力によって統制し易い国内の共同生活から力を得たものであった。このため、大英帝国における両者の相互浸透や融合にもかかわらず、実際には、両者の間の矛盾が除去されたわけでも少なくなったわけでもなかった。イギリスの対外政策の担当者が自分の指令についても部下の行動についても、行動から生ずる道徳上の問題に対する覚めた意識をもち、彼らの国家に対する忠誠心が多かれ少なかれ、彼らの優れた価値への信念の保持と一つになっている民衆に対して責任を負っていたという事実が、時代の流れのなかで阻害するものとして働いたのは明らかである。

他のすべての国あるいは大半の国より自分の国が優れているという確信は、すべてのナショナリズムの信念体系の公分母である。だが、優れた価値への要求の基礎にある特殊な国家主義的イデオロギーには、過去や現在における国の特殊な運命に応じて、国ごとにある程度の違いがある。その違いが相当の範囲に影響を及ぼしている。無論その違いは、国際関係でのある国の支配エリートの戦術のうちにも見られる。支配的なナショナリズムの信条を知らなかったり、国民の「われわれと君たち」のイメージや社会的発展について明確な観念をもたなかったりすれば、支配エリートによる他国に対する重要な処置を理解することも予見することも困難である。

19 もう一つのファクターを考えておかねばならない。先に述べた発展の一般的方向は産業化しつつあったどの国家でも同じだったが、ヨーロッパのパワーバランスのなかで相互に依存していた諸国が特定段階に入った時期にはかなりの違いがあった。その相互依存の状態は異なる発展段階にある社会によって作り上げられていたが、そこでは、あまり発展もせず文明化もせず、人間的になっていなかった社会が、より発展した社会を自分の水準に引き降ろして逆転させることもあった。

いわゆる第一次世界大戦の終わりまでの時期には、こうしたさまざまな発展段階にあった国家の相互依存が非常にはっきり認められる。進歩した国家のなかには、台頭してきた中産階級が支配的地位に就いていた国もあったが、それはまず支配的な貴族階級のパートナーとしてであり、貴族階級の社会的優越は以前と同様に大きく、当時のあまり発展していなかった国に劣るものではなかった。政治を実際に執行する者が中産階級の出身であっても、――最小限挙げても――軍事的体制や国際間のかけ引きや国際関係での政府の態度は貴族の伝統によって規定されていたことが、一九一四年までのヨーロッパ国家組織の指導的な大国に共通の特徴だった。ロシアやオーストリアのようなヨーロッパの大国では、昔の君主や貴族のエリートが相変わらず専制的な支配を行なっていた。都市の実業家階級が存在することを認めているだけで、彼らは依然として国家のなかで命令する地位を保っていた。

国際関係の網の目であるパワーバランスのシステムの発展や構造は、それを作り出している国々の個別的な発展や構造から捉えることはできない。それは他国に依存しながらも他国に還元することができず、他国からだけでは説明しえない独自の状態としてのみ理解できるものである。国際関係のレベルでは、十九世紀には君主や貴族の伝統が支配的だっただけでなく、当時の技術的、科学的、産業上の発展がヨーロッパ諸国の勢力争いを激化させ、拡張主義にはずみをつけていたにもかかわらず、その状態はそれ以前の数世紀以上に強化されていた。

十九世紀は優れて市民の世紀であったと言われることがある。だが、それは一面的な見方にすぎない[12]。君主や貴族がヨーロッパ社会の支配的地位から脱落して、中産階級や労働者階級がそれに取って代わるようになった。中産階級について言えば、その過程は一九一八年より少しまえに終わっていた。ヨーロッパ諸国の国内の経済的発展だけが組織的なものであって、国際関係の展開は組織立っておらず偶然的なものだったと考えているかぎり、第一次大戦の終結以前の二十世紀の古い支配集団の重要性は見えてこない。諸国間の葛藤や争いや戦争の展開を含めて、国際関係の展開は国内の発展と切り離すことができない。両者を考慮すれば、十九世紀の進歩した国でも、強力な軍事的伝統と外交上の伝統を有する貴族グループが依然として指導的役割を果たしていたことは、それほど逆説的だとも偶然だとも思われない。パーマーストン卿のような生粋の貴族の作法や戦術、行動の基準や規範が、十八世紀まで、政治生活にも私的生活にも実によくマッチして、一時はイギリスの実業家階級の偶像だったことや、プロシア貴族の典型だったビスマルクが――ドイツの中産階級自身が自力では達成できなかった――ドイツの国家統一という市民の夢を実現したことは、決して当時の社会構造と矛盾したことではなかったのである。

十九世紀のほぼすべてのヨーロッパの国家組織の仲間である国家における君主や貴族の支配エリートの優位が、この移行段階での組織の発展の構造を示す特徴だった。進歩した産業国家でも中産階級の勢力は時には相当に大きく、彼らは古い支配集団とともに社会で命令する地位に登ることができた。古い支配集団の古来の「文化」が、そのなかで育った人々やそれに同化した人々を、欠陥や脱落はあったが大半の指導的政治家の見解や態度の特徴であった伝統的政治術に長けたものとした。特に国際関係においてそうであった。国際関係は中産階級の経験にほとんど寄与したことがなく、そのため中産階級の伝統のなかには入っていなかったからである。イギリスでは、原則的には絶対的な不屈の誠実さを貫きながら、実際には実用本位に考えるオポチュニズムに立って妥協に応ずるグラッドストンの奇妙なやり方が、中産階級の人々が国家権力を握る地位に就いたとき取り組まねばならなかった問題を示している。こういう分裂は単に一人の個人的性格のあらわれではなくて、二つの異なる階層文化の出会い、特に異なる社会的経験から生まれ、多くの点で対立する異なる規範の出会いから生ずる困難を個人的な形で示していたのである。
都市の中産階級がまだ依然として国家の支配的地位から排除され、自分の信念の純粋さを妥協によって汚す誘惑にさらされていなかった時期に、非国教徒に共感していたもう一人のイギリス人がマキアヴェリについて書いているものを、これとの関連において思い出せば、この問題がさらによく分かってくるだろう。おそらく自分の国の事業が『君主論』の著者の指導に従って行なわれる可能性と無関係ではないだろうが、ジョン・ウェズレーが著者を非難している言葉を引いてみよう(13)。

私はただならぬ見解について考えてみた。そういう見解が含まれている個所を書き抜いて、いろいろな個所を比べてみた。そして冷静かつ公平に判断しようと努めた。私がくだした冷静な判断は次のようなものだった。文字が世に現れてから書物に託された他のすべての悪魔的な教えが一巻にまとめられたとしても、それはこの書には劣るであろう。ありとあらゆる偽善、裏切り、偽り、盗み、圧制、不貞、売春、殺人を平然と勧めるこの書物に従って君主が作り出された場合には、ドミティアヌスやネロといえども、それに比べれば光の天使であろう。

道徳的‐中産階級の規範とマキアヴェリ的‐君主の規範とを和解させるのは容易なことではなかった。中産階級が有力な地位に就けるようになるまでに長い時間を要したように、――その和解の過程には長期にわたって社会的な軋轢や葛藤が続き、ある段階にはそれが爆発して、各所に激しい革命的な戦いが起こっても不思議でないほど——この二つの規範が和解に達する歩みも実に遅々たるものであった。(14)

III

文明化と暴力

国家による肉体的暴力の独占とその侵犯

1

ここで文明化と呼ぶものは決して終わっていない。それは絶えず危険にさらされている。社会における行動や感情の文明化した基準が維持されるには、一定の条件が必要だからである。その条件の一つは個人のほぼ出来上がった教養であるが、教養は特殊な社会構造と結びついている。特殊な社会構造としては、物資の調達や生活水準の維持、特に国際紛争の平和的解決などが挙げられるが、これらも国内の社会平和もつねに危険にさらされている。それは共同生活によく起こる社会的紛争や個人的葛藤によっておびやかされ、——その解決に役立つのが平和的解決の制度である。以下のテクストでは、特にドイツ特有の問題と関連させて、こうした平和的解決と暴力との緊張関係という文明化の側面を取り上げる[(1)]。

共同生活における肉体的な暴力行為を研究しようとする場合、問いの立て方が間違っているのは珍しいことではない[(2)]。社会のなかにいる人間が、他人を殴ったり打ち殺したりするテロリストのような者になることがどうして起こるのだろうか、というように問うのが普通の問い方である。だが、これは別の問い方をしたほうが事実に即しているし、実り豊かでもあろう。すなわち、これほど多くの人間が、強い者に殴られたり打ち殺されたりすることを恐れもせずに、——現代のヨーロッパ、アメリカ、中国、ロシアの諸国がそうであるように——共同生活を平和に営むことができるのはどうしてか、と問うべきである。人類の発展において、現代の強大な国家や都会ほど、無数の人間が比較的平和に、すなわち肉体的攻撃を排除して共同生活を過ごしたことはない。このことが今日ではあまりにも見落とされている。人類発展の過去の段階では人間関係における暴力の役割がいかに大きかったかに気づけば、このことは明らかになるだろう。

人々が争ったり、人々に対して怒りや憎しみを覚えたとき、人々が襲いかかったり殴り合ったり、場合によれば殺し合ったりするのは原始的な態度である。ここに、私の言う問題が現れている。怒り、憎しみ、敵意、競争心などはすべて依然として存在しているが、殴り合いや殺人は昔に比べればずっと減っている。だが明らかなように、私のレンズの向け方はそれとは逆である。現代社会では暴力がかなり減少しているという驚くべきこと、独特のことに対する感覚をもう一度呼び起こすべきだ。そうして初めて、ある種の人間が現代の文明規範に従わない理由を説明し、理解することができるようになるのである。

平和的解決がどうして可能になったかという問いは、――最初見たときは――簡単に答えられそうである。平和が続く空間を創造することは、国家の形で社会的共同生活を組織化することと関連している。この問題の一つの側面を最初に見届けたのはマックス・ヴェーバーであった。彼は、支配者が肉体的暴力の独占を要求するところに国家の特徴があることを指摘した。他のすべての市民を暴力から守るために、権限を与えられている専門家集団に対して、必要なら肉体的暴力を行使するように、支配者が命令する組織のうちにわれわれは生きている。このことを彼は指摘したのである(3)。暴力の独占は人間の社会技術的な発明だと言うこともできる(4)。自然的次元だけでなく社会的な次元にも、個人だけで考え出されたのでなくてたいてい無計画に集団による成果として発展する発明がある。肉体的暴力の独占はそのような無計画な社会的発明の一つであって、それは長い過程のなかで数世紀かかって非常にゆっくりと作り上げられて、現代の状態に達したものである。それが最後の段階でないのは確かである。国内での暴力の独占が問題なく機能していると言っては、きわめて非現実的なことになる。その点に関してはもっと研究しなければならないが、社会学的な概念構成は、そういう研究を意識的に進めるうえで貢献するところがあるだろう。

肉体的暴力の独占は今日ではふつう国家政府によって制御され抑止され、執行機関としての軍隊や警察によって代表されているが、人間による多くの発明と同じように、この成果には二つの面、ヤーヌスの面がある。点火法の発見が、食物の調理を可能にするとともに小屋や家に放火して壊すことを可能にしたり、鉄の加工法の発見が、耕作を大幅に進歩させるとともに戦争の大きな進歩を伴ったり、原子力がエネルギー源であるとともに恐るべき武器でもありうるように、社会的発明にも二つの面がある。肉体的暴力の独占の発明がその例である。ここではこういう側面は棚上げにせざるをえないが、次の点だけは確実である。すなわち一方では、国家による肉体的暴力の独占は人間にとって危険な武器となりうる。ファラオから現代の独裁者に至るまで、肉体的暴力の独占は小さな支配層によって重要な権力の源として利用されてきた。しかし、国家による暴力独占の役割は、暴力独占の当事者のための役割に尽きるものではない。それにはもう一方で、国家において共同している人々のための大きな役割がある。暴力の独占は大きな社会団体の国内的平和の条件、特に発展した産業国家の多くの人々の平和な共同生活にとっての不可欠な条件であり、——この条件は税金の独占と密接に結びついている。税金がなければ、軍隊とか警察といった武器携帯者もなく、軍隊や警察がなければ税制も成り立たないからである。

その際、たとえば国内的平和に関しては、暴力独占の二つの役割の間のバランス、つまり統制者のための役割と国民全体のための役割（あるいはさまざまな役割）とのバランスが重要である。昔はこの点での力の強さがきわめて不平等であって、暴力の統制者——あるいは独占者——は被支配者のための役割以上に自分のために無制限に役立てることができた。ルイ十四世は「朕は国家なり」と言ったとされている。彼は自分を実際に独占者だと感じていた。それ以来いくつかの国家では、国家社会全体のための役割というもう一つの役割のほうが重視されるようになった。その最高段階に達した国では、暴力独占の命令者や統制者はその社会の別の代表者のもとに置かれて、彼らが自由に使える武器を自分の利益のためだけでなく、国家を構成する国民各階層の利益のためだけに使っているかどうかを監視されるようになっている。

争いの際にどんなに腹が立っても、相手に飛びかかろうとか殴りつけようとはめったに思わず、平和的に解決しようとする事実は、人格構造の全体に起こった文明化のもたらした大きな変化の一つである。赤ん坊はどういう社会に生まれても、すぐ手足を使って身を守ろうとする。子供たちはよく摑み合いの喧嘩をし、殴り合ったりする。発展した国家では、暴力行為のタブーが成人に深く刻み込まれていることは、国家による暴力独占が有効に働いていることと深い関係がある。時代とともに、個人の人格構造は国家による暴力独占に合ったものになる。個人は肉体的暴力をふるうことに一種の恐れや深い嫌悪を感ずる。こういう過程の進み行きはたどることができる。昔は十九世紀になっても、言うとおりにさせるために男が女を殴るのはごく当たり前のことだった。今日では、男は決して女を殴ってはならない、——女のほうが強くても、殴り合ってはならない、——子供も殴ってはならないという命令が、過去の時代よりも深く個人の心に定着している。国家の平和という外部からの強制が自制心へと変化したのである。相当に文明化した国家に見られる暴力行為への自動的衝動の自発的抑制が十分に意識された場合にこそ、考え抜かれた意図的な暴力行為の問題が正しく見えてくるのである。

国家の内部には、合法的な暴力集団と非合法の暴力集団がある。国際的なレベルでは暴力が独占されていないために、この状況は複雑になる。国際的なレベルでは、生活は今日でも、いわゆる野蛮な時代の先祖たちと実質的にあまり変わりがない。昔は種族が他の種族にとって絶えず危険な存在であったように、今日でも、国家は他の国家にとって絶えず危険な存在である。国家の代表者も国民も、自分より強い国に襲われて、その支配に屈し服従せねばならないことがないようにつねに警戒していなければならない。相互の脅威と恐怖との――私がダブルバインドの過程と呼ぶ――メカニズムが、外国に遅れを取らず外国より強くなるようにと国家を駆り立てる。(5) 最大の強国が覇権を争い合うのは国際関係ではよくあることだが――それは一つには、そういう国こそ絶えず相手を警戒しているからである。このレベルでは、ある国が自分のほうが強く、暴力行為によって利益が得られると思っているときには、その国の暴力行為を抑止する力は存在しない。昔はいつもどこでも、たとえ国家そのものの内部さえもこういう状態であった。自分より強いものには恐れを抱かずにおれなかった。肉体的に強い者がいつなんどき、力をふるって脅したり恐喝したり、奪ったり奴隷にしたりするかもしれなかった。

それに対して、国内の平和と人々の文明化が進んだ結果、この点では、顕著な分裂が――人類の文明という意味での――われわれの文明に起こっている。国内の関係では、人間に対する人間の暴力行為はタブー視され、可能な場合には処罰されるが、国際関係では別の規範が妥当する。強い国家はすべて相変わらず、外国との暴力行為の準備を整え、暴力行為が起これば、それを行なう国がしばしば高く評価され、称賛されたり褒章を受ける。文明化の段階の順位についての決定的な基準の一つは人間が人間に与える肉体的危険の減少であり、相互の脅威の程度または逆に平和の程度であるとすれば、国内の関係では、国際関係より高い文明化の段階に達していると言うことができる。国内が非常に平和な高度産業国家の場合には、国内における平和と国際関係における脅威との落差はきわめて大きい。国際関係では今日の人間が文明化過程の低い段階にとどまっているのは、人間が本性的に悪いからではなくて、国内の出来事では国家が認めない暴力はすべて多少とも阻止できる機構を作っていながら、国際関係ではそういう機構が完全に欠落しているからである。外国による暴力的侵略の恐れに対して、あるいは場合によれば自国が外国をおびやかすために投入しうる暴力の専門家を、大小を問わずあらゆる国家がつねに備えているのはそのためで

ある。(6)

国際的レベルでは、肉体的暴力の独占が、つまりは国家の形成過程もまったく未発達であるが、――その理由やその結果については、ここで詳しく述べる必要はない。国内問題のレベルでは、こういう独占の発展はたしかにはるかに進んでいるが、決してどの国でも同じ程度に進んでいるわけではない。比較的に発展しているところでも、必ずしもさほど高い段階に達しているわけではない。社会が危機的状況に陥ると、国家による暴力独占を代表する国家公認の暴力の専門家が、国家の認めない集団との暴力による戦いに巻き込まれる。ドイツの最近の歴史からそういう実例を二つ次に述べることにしよう。

2

ドイツのような国の伝記を書けば、面白いと思われる。個人の発展には昔の経験が現在も働き続けているが、国家の発展においても同様だからである。

ドイツ帝国が長い間弱小国家であり、ヨーロッパの国家の序列では比較的低い地位にあったという経験が、今日でもドイツの発展のうちに生き続けている。その当時、国民は自尊心を傷つけられ、屈辱を受けたように感じていた。彼らの自負は損なわれていた。ドイツは分裂しているため――たとえばフランス、イギリス、スウェーデン、ロシアに比べて――ドイツは弱いのだと当時の人々が感じ、そのことを身をもって経験していたことは、十七、十八世紀のドイツの多くの証拠を見れば明らかである。

ドイツの伝記には、以前は分裂していた国が後にまとまり、戦争に勝って統一されたとき、弱小とか劣勢といった感情が正反対の感情に一変したことを書き込まねばならない。国民の非常に大きな劣等感に代わって、自分の国は偉大で強力だという非常に強烈な感情が現れてきた。統一されたドイツには強国になる道が開かれていた。国家の勢力と威信を求める戦いによく見られるように、優位に立つために戦おうという決意がすぐに生まれてきた。正反対の方向へ——極端な屈辱から極端な優越へ——の振り子のような運動に応じて、ドイツの指導者層はしだいに自分たちの国は、世界の覇権ではなくてもヨーロッパの覇権を握るために戦う準備を整えねばならないと思うようになった。ほかの場合と同様に、事態の変化につれて屈辱を受けた集団が傲慢な集団となり、抑圧されていた集団が抑圧する集団となり、当時の言葉で言えば「君主的な民族」となった。ドイツ領土で国家が統一されるのが非常に遅れたため、またそのためにヨーロッパ列強の上位に立つのが非常に遅れたために、ドイツの代表者たちは、国際的競争のために強国が必要とするもの、特に植民地や船団を出来るだけ速やかに手に入れようと焦っていた。

国際関係におけるドイツの位置、つまり諸国家の勢力や地位の序列でのドイツの位置の発展の大筋を見ておかなければ、ドイツの発展だけでなくドイツ連邦の領土内での暴力行使に対する現在の態度も完全に理解するというわけにはいかない。この点では、国内政治と外交政策は分けられない。従来の社会学の伝統も主に、しかも多くの場合はもっぱら国内政治だけに目を注いできたかもしれないが、社会学的に見れば、国内の構造と国際的な構造は分離することができない。ドイツの発展を見れば、国内の過程と国際的な過程がいかに絡み合って分離不可能であるかはきわめて明らかである。

一八七一年以後ドイツがヨーロッパ列強の一員となって、覇権を競う諸国の危険な魔力圏に入ったことは、内政においても大きな意味をもっていた。ドイツの統一は競合する諸国に対する軍事的勝利から生まれた。その戦いの指導権を握っていたのは貴族であった。貴族に対してドイツの都市市民階級が果たした役割は、政治的には二義的なものであった。市民階級はドイツ国家の最高の指導的地位から排除されていた。重要な政治的、軍事的な決定はいつも宮廷がくだしていた。特にプロシアでは少数の例外を除けば、トップの地位はすべて貴族のものであった。市民階級の多くがそういう部外者の地位に満足していなかったのは確かであって、彼らは宮廷や貴族の優位に対して何らかの形で戦っていた。しかし、ドイツ統一という市民の願いが権力も地位もある階層の力で、つまり貴族出身の大臣や将軍を従えた君主の力で戦争に勝ったおかげで実現したということは、何よりも市民階級がそうした戦いに敗れたことにほかならなかった。

宮廷貴族や軍人貴族の指導のもとでの国家の勝利によって、貴族の優越に対する社会内部での戦いにおけるドイツ市民階級が社会的敗北を喫したことは、ドイツ市民階級の政治的、社会的な地位に大きな影響を与えた。ドイツの都市市民階級の全部ではなくても、その多くの人々が貴族の優越に対して国内で戦うのをやめて、第二位の社会階層という地位に甘んずることになった。ドイツ人として、新しいドイツ帝国の国民として、彼らが感じた自負の高揚が、勢力も地位も貴族に劣った二流の階層であることを認めざるをえなくなって感じられた屈辱を埋め合わせてくれたのである。

こうした諦めと結びついて、ドイツ市民の上層部の大半の人々の態度や行動には、文明化を扱う理論家にとって重要な注目すべき変化が起こった。多くは文化的なものに限られた反宮廷的、反貴族的な態度と結びついていた、十八世紀末にもまだ支配的だったドイツの市民的文化伝統の理想主義的な要素が衰退し始めたのである。それが生き続けたとしても、それはごく限られた人々の間だけであった。それに代わって、市民階級の一部、特に高級官僚や大学出身者に、外交政策を重視する甚だ戦士的な伝統をもつ貴族たちの価値が引き継がれることになった。言い換えればドイツ市民階級の一部が身分の高い階層に同化し、その階層のエートスである戦士のエートスを身につけたのである。

しかし、こういうことが起こる過程で、貴族的な規範は変貌していった。要するに、貴族的規範が市民化したのである。貴族の間では軍事的価値は、家族の長い伝統のなかにあった勇気、服従、名誉、訓練、責任、忠誠といった象徴で表わされていた(7)。市民の側は自分たちの社会的状態に合わせて、貴族の規範の特定の部分だけを引き継いだ。その際、貴族の規範に階層特有の機能変化が起こった。伝統に拘束されていたためほとんど反省されることのない行動規範という性格を失って、反省によって強化され明確に定式化された学説の形で示されるようになった。貴族では多少とも疑問もなく引き継がれてきたもの――つまり戦士的価値の素朴な尊重とか、国際的な覇権争いでの武力の重要さについての従来の理解――が、市民階級の上層部によって新たに獲得されたものとして、より意識的に維持されることになった。暴力を含めて力というものの礼賛がこれほど大々的に語られたり書かれたりしたことは、これまでほとんどなかったことである。

貴族の指導のもとに戦争で勝利を収めたおかげで、切望していた統一が達成されたからには、戦争も暴力も政治の手段として有効で素晴らしいものであるという結論が導き出された(8)。ドイツ市民階級の全体がそう考えたわけではなかったが、その重要な部分がこういう考え方を発展させて、彼らのイデオロギーの中核にしてしまった。多くの貴族にとって、戦争や外交上の謀略は不断の仕事であり彼らの専門とする仕事であったが、平和を好む市民階級のうちでも戦士の規範に共感した人々には、一種の力のロマン主義や暴力によって獲得された権力を美化し最高価値としている著作が見られる。ニーチェは一八七〇年代の普仏戦争に志願看護兵として一時参加したが、自分ではまったく無意識にその『権力への意志』に、ヴィルヘルム二世時代のこういうイデオロギーを哲学的に表現している。[補論1参照](9) その当時の書物、特にヴィルヘルム二世時代のロマン主義文学を思い出し、市民団体や貴族団体に共通の作法に従って行なわれていた市民階級の学生たちの決闘のことを思い、さらには市民階級出身の退役将校や宮廷服を着た枢密顧問官の特別なステータスを思い浮かべれば、市民階級の上層部が貴族や宮廷に順応していった過程は容易に理解することができる。当時の官吏や大学出身者からなる広い市民階級独特の逆説的な社会的、心理的な構造もそれとともに分かってくる。全体的に平和的な職業上の伝統や非軍事的な文化伝統にもかかわらず、依然有力な貴族たちの戦闘的で多くはマキアヴェリ的な態度に同化しようとする彼らの努力には、市民階級の人々の秘められた願いが反映している。——それは、自分たちが決してなりえないものである貴族的なものに、一世代のうちになろうとする願いだった。

この暴力行為を進んで肯定する態度は、一つの例を挙げればもっと明らかにすることができるだろう。一九一二年に、人気のあった中産階級出の作家ヴァルター・ブレームは、『民族に対する民族』という題の小説を発表した。そのなかで彼は、一八七〇／七一年の戦争の勝利の素晴らしい体験を読者にもう一度描いてみせた。その小説から一つのエピソードを引いてみよう。それは、当時「フランス射撃兵」と呼ばれていたフランスの抵抗軍とドイツ部隊との遭遇である[10]。

フランス射撃兵は命がけで走ってきた［……］。そこへ一人がよろよろとやって来た［……］、一秒後ゲオルクス・ラッペンは撃ったが、弾は倒れていた者をかすめ——一発だけが、傷と死の不安に歪んだ顔を被っていた腕に当たった……それは一人の女だった［……］。

女房と泣き叫ぶ二人の子供は、三人とも革紐で縛られて早足に歩かされていった。捕虜たちは死にたくなければ、喉がヒリヒリに渇いていても急いで歩かなければならなかった。……槍騎兵たちは遠慮会釈なく殴ったり足蹴にしたり、首筋を槍で突いたりした。……女も例外ではなかった。……人間と動物の区別などとっくに忘れられてしまっていた。……捕虜は危険な野獣にすぎなかった。……

たしかに戦争騒ぎのなかでは、自動的にこういう感情やそれに応じた行動が日常的に起こる。この種の蛮行が娯楽小説のなかに肯定され称賛に値する行動規範の印として非常にはっきり描かれているという事実が、一九一二年のドイツ市民階級の状況の特徴をよく表わしている。

これに限らずこういう証拠を読めば、その著書が思想の模範として読まれ、教養あるドイツ市民階級に大いに共鳴された古典的なドイツの理想主義者であるシラーの「百万の人々よ、抱き合うのだ」以来、態度の根本的な変化が市民階級の間に広がっていたのがすぐ分かる。あの当時は理想主義的に誇張されていた人間と人間との最終的合一が、ここでは逆に、もっぱら国家主義的な合一の強調によって否定されている。戦争においては、敵である一般人を人間として扱う必要はないのだ。こういう人間は「危険な野獣」にすぎない。人気作家が期待しているのは、明らかに、読者がこういう態度を共有し、是認することにほかならなかった。

3

一九一四年には、戦争は素晴らしく偉大で輝かしいものだという意識をもって、多くのドイツの若者が戦場に赴いた。彼らは勝利を確信していた[11]。その確信には、将来の偉大なドイツという夢が色濃く反映していた。

一ヵ月半後にマルヌ河畔で致命傷を負った一人の法科学生が家に書き送っている。[12]「万歳！ とうとう僕は［戦場に赴くという］任務を果たしました。……僕たちは勝利を獲得するのです！ 勝利へのこれほどにも力強い意志があれば、それ以外のことが起こるはずがないのです。皆さん、自分がこういう時代にこういう民族の一人として生きていることを、そして自分の子供たちをこの誇らしい戦いに送り出すことができるのを誇りに思ってください」。

その戦争の実態は血なまぐさいものであった。戦争の経過は予定に反して、将軍たちが考えていた通りには進まなかった。両軍の指導的軍人は、出来るかぎり短期間の猛烈な攻撃戦を計画していた。前に敗北を喫したフランスの将軍は猛烈な勢いで（aux allures dechainées）、大がかりな戦闘（offensives à l'outrance）を展開した。それに対してドイツの将軍たちは、小規模な戦闘を行なう計略を立てていた。その計略では、急遽ベルギーに進入したのち、フランスへ向かってフランス軍に決定的打撃を与えれば、ドイツ西部軍は東部戦線へ向かうことができると考えられていた。両軍が計画していた攻撃戦は殲滅戦となった。両軍とも甚大な打撃を受けて、戦闘は単調な塹壕戦になった。兵器が進歩して攻撃よりも防衛のほうが有利であることを認識していた、数人の素人が予言していた通りであった。H・G・ウェルズその他の人たちは塹壕戦となることを予見していた。

大陸がドイツによって支配されるのを——イギリスと同様に——恐れていた合衆国が参戦したとき、ドイツが戦争に勝つ可能性は完全に消えてしまった。信じられないことが現実となった。ドイツは力を使い果たして敗北した。皇帝も諸侯も権力の座を失った。ドイツ上流社会の中心だった宮廷は消滅した。身分の高い貴族から市民階級の学生団に属する学生まで、また元帥や退役将校を含むすべての人々を拘束する際立った作法を有する、決闘を許された者たちの社会が、まるで全速力で壁に突き当たったランナーのように、ヨーロッパの強大国となろうとする競争で一撃のもとに止まってしまったのである。その結果、精神的な傷痕が残ることになった。［補論2参照］

そのうえ、ヴィルヘルム二世時代の国際紛争での有力者たちの敗北は、――少なくとも部分的には――国内紛争での敗北と結びついていた。敗戦後の旧体制の終わりは、これまでは部外者だった集団、何よりも組織された労働組合が勢力を得る可能性を増大させた。ドイツの歴史において初めて、労働者の代表者たちが帝国の政権を握った[13]。こういう場合にはいつもそうであるように、そのときにも――以前の馬具屋の親方が国王の後継者になるというような――身分の低かったアウトサイダー集団の台頭は、上流階級の人々や彼らに結びついていた人々には自尊心を耐え難く侵害するものだと感じられた。

そこでのドイツの発展は、典型的な形での支配に慣れた有力者とそれに従う人々による、権力配置の移動によって不利になった社会構造の変化に対する反動を示している。従来の制度の内部で始まったのに、それまで制度によって隠されていた人間関係の構造的変化を顕わにするのは革命だけではなく、戦争にしても同じことである。戦争に勝っていれば、勝利に導いた指導者層がおそらく再び国民大衆を従属させることになっていただろう。だが敗戦が、帝国という被いのもとに急速な産業化過程で起こっていた権力移動を顕わにすることになった。兵士や労働者は一団となって、失敗した指導者層には服従しないことを宣言した。

国内および国際関係の権力構造の輪郭を体験された通りありのまま見れば、ドイツの発展とドイツ第一共和国の時期のテロリズムの展開をよく理解することができる。ヴィルヘルム二世時代の有力者、つまり決闘が許される者たちの社会は、それまで決闘を許されず排除されていた商人や実業家の階層に拡大されていたが、彼らは国内でも国外でも敗北を喫した。そのため生じた状況を受け入れる準備は、有力者たちには明らかに出来ていなかった。最初のうち彼らには、どうすれば二重の屈辱を拭い消し、一方ではドイツが強力な軍隊を有する強国という地位を再び獲得するとともに、他方では組織された労働組合の権力要求に対して、自分たち指導的エリートの特権を主張することが可能であるか分からなかった。しかし、敗北者にはすぐ目標が現れてきた(14)。

人間社会の発展には、それに似た状況がたびたび起こっている。アウトサイダー集団が台頭するとともに以前の有力者が勢力を失うことが、状況への激しい抵抗としての旧体制復活を求めるほとんど非現実的な要求を呼び起こすのは、経済的理由だけによるのではなく、古い支配層が勢力の喪失によって、それまで身分が低く人間的にも劣等で、賤民として軽蔑されていた集団と勢力も地位も同じレベルに自分が落ちたと感ずるからである。そのため彼らは、自尊心を傷つけられたような気がするのである。

古代でもすでに、有力者の集団がアウトサイダー集団との関係において、自分たちが優勢であることを自分たちが人間的に優れている証拠だと考えていたことを示す文献がある。今日ではふつう「古代寡頭政治の執政官」と呼ばれるクセノフォンのものとされている、紀元前五世紀末のある書簡の知られざる作者が、勢力の劣る集団を人間的に劣等な人間とする評価を示している(15)。その書簡の作者はおそらく、一般大衆の反乱と民主制の導入によって、他の貴族とともにアテーナイから追放されたアテーナイの貴族だったのであろう。彼は民主主義的な暴徒のことを大いに軽蔑して述べている。彼の言うところによると、こういう連中が規律を欠いた性格の悪い人間であるのは分かり切ったことであった。これと似た態度は、義勇軍の徴募官としてヴュルツブルクに派遣された(16)マイヤーという少尉が、一九二〇年一月二日に上官であるベルヒトルト大尉にあてた報告にも見られる。

小官は一日も惜しむことなく［……］大衆の現在の雰囲気に注意して参ったところでありますが、その結果、賤民より優る者はみな現在の豚小屋からの解放、特に民衆に重くのしかかっているユダヤ人による束縛からの解放を願って、以前にまさる大きな進歩を意味する来たるべき解放の事業に参加したいと思っている、という小官の直観が確証された次第であります。「ユダヤ人打倒！」とか「国民の裏切者を打倒せよ！」という叫びがどの飲み屋からも聞こえて参ります。どのプラカードもスローガンも同じことを叫んでおります。エルツベルガーは毎晩何度も吊るされるありさまです。……

当地のドイツ国防軍の二名が部下とともにわれわれに参加しました。あと二名を獲得できるものと期待している次第であります。

みながみなこれほど露骨に表明していたわけではないが、社会的に身分が低いと見られていた集団との共同支配は、自分にとってもドイツにとっても屈辱だという考えが、その当時、ヴィルヘルム二世時代の有力者の伝統を受け継いでいた人々に広まっていた。彼らは組織された労働者やドイツに住むユダヤ人の少数集団などのアウトサイダーを、自分たちの社会には属さずドイツ国民ではないとみなし、自分たちこそは実質的に国民の真の代表であると考えていたから、彼らは「愛国者」と自称し、自分こそ「愛国者」だと感じていた。

4

最後に引いた手紙の一節は、一九二〇年初頭のヴュルツブルクの上流階級の雰囲気を実によく伝えている。それと同時にこの手紙は、その当時、外国に対する政治的な暴力行為の主役だった義勇軍の雰囲気も伝えている。国民の広い範囲での募集は、嫌らしい議会制をとる共和国に対する反乱の準備でもあった。その種の最初の試みだったカップ暴動は周知のように失敗したが、その理由をここで詳しく述べる必要はない。義勇軍の一つだったエーアハルト海兵隊が直接それに加わっていた。その後、海兵隊は「執政官《コンズル》」と名乗る偽装テロリスト集団となったが、それは何よりも特に好ましくない政治家たちを組織的に殺害することを目的としていた。エルツベルガー議員を暗殺したのもこの組織であって、議員は一九二一年八月二十六日、散歩中にシュヴァルツヴァルトで襲われ、射殺された。彼と一緒だったディーツ議員は負傷しただけで助かった。犯人であるハインリッヒ・シュルツとハインリッヒ・ティレッセンは退役将校で、その頃はエーアハルト海軍旅団の幕僚を務めていたが、最後にはバイエルンの指導的政治家の一人である枢密顧問官ハイムに雇われていた。彼らはドイツ国防同盟その他の国家主義的団体のメンバーであった。犯行後この二人は暗殺計画を立てたミュンヘンへ行った。そこから彼らは、バイエルン警察が作ってやったとされる偽造旅券でハンガリーに逃亡しそこで逮捕されたが、バイエルン当局との電話連絡で釈放された。この秘密組織「執政官」の代表だったフォン・キリンガー海軍大尉も退役将校で、バイエルンのレーテ共和国と戦い、カップ暴動に参加したことがあり、エルツベルガー暗殺幇助のかどで告訴されたが、オッフェンブルク陪審裁判所で無罪判決を受けている。(17)

ワイマール共和国初期の数年間に、義勇軍やそれに近い学生団体のメンバーによって、どれくらいの人が政治的に好ましくないという理由で殺されたかは正確には分からないが、おそらく数百人、ひょっとすると数千人にのぼるであろう。そのなかにはローザ・ルクセンブルクやカール・リープクネヒトのような優れた共産主義者が含まれていたが、彼らは労働者の反乱に失敗したのち家を包囲されて連行された。今日確認されているところでは、二人は牢獄へ連れていかれる途中棍棒で相次いで殴り殺された。そういう人々のなかにはあまり有名でない犠牲者もいたが、私の同級生ベルンハルト・ショットレンダーもその一人で、彼は非常に霊的で知的な人で分厚い眼鏡をかけていて、ギムナジウム最上級生のときにはもう若い学者のように見えたが、マルクスを読んで共産主義に傾いていた。私の記憶が正しければ、ブレスラウの市墓地から引き出された彼の遺体は有刺鉄線で巻かれていた。そういう人としてはラーテナウのようなリベラルな政治家や名も知れぬ多くの人々がいた[18]。

連邦共和国のテロリストの大半がそうだったように、ワイマール共和国のテロリストも主に市民階級の出身者で、貴族は少数であった。そのほとんどが若者たちだった。ヴィルヘルム二世時代の上流社会の若い幹部は将校か学生であった。まさに彼らこそワイマール共和国のテロリストを生み出した二つの集団なのである。たとえばバイエルンに独裁体制を整えようとする意見書の「ドイツ国防軍および学生の動員」という特別な一節が、その集団に対応しているのは明らかである[19]。もう一つの意見書も同じようにカップ暴動に先立つ時期のものだが、そこにも「学生」という個所に次のように書かれている[20]。

腹心の学生を使えば、動員委員会は学生の組織化の進捗状況をすぐ把握できる。特に重要なのは、敵として処分すべき狂信者がいるかどうかである。原則としては、学生は学生独自の中隊ないしは部隊を組織させ、主予備軍として使うものとする。学生こそわれらの主力だからである。

問題は明らかである。当時、学生の大半は義勇軍その他の軍隊組織と共同して、議会制をとる新しい共和国を必要なら暴力を使ってでも倒して、強力な軍事独裁政権を作ろうとする側に立っていた。例外はあって、共和国に対する反逆に賛成しない学生や、軍隊と市民による独裁のために力を尽くそうとしない学生もいたことは確かだが、彼らは当時のテロリストの目には抹殺すべき「狂信者」だと見えていた。政治的な敵を殺害することは正しいという考え方が、当然のもののように思われていたのである。

しかもこういう考え方が一方の側だけのものでなかったことも確かである。戦争は労働者階級にかなり大きな不安と敵意を残した。皇帝と将軍たちが勝利を収めていたなら、労働者階級は高圧的な支配要求にも耐えたかもしれない。だが敗戦の結果、将校や支配者層が指揮を誤ったことが明らかになり、彼らの約束は口先だけで、戦争の苦しみも悲惨も無駄だったことが分かった。カップ暴動の失敗が労働者の敵意をかき立てた。憎悪はどちら側にもあった。反乱に失敗してベルリンから退却するとき、エーアハルト海兵隊はブランデンブルク門の前で群衆の罵声を浴びた。退却する部隊のなかには即座に向きを変えて群衆に発砲する者もいた。約十二名の死者と多数の負傷者がパリ広場に残されるというありさまであった(21)。

この場合も両方の憎悪と暴力は募るばかりだった。カップ暴動の頃には、ベルリンの北部と東部、そして郊外でも、制服を着た将校たちは姿を見せれば、住民に攻撃され虐待される恐れがあった。暴動の軍事的指導者は、退役将校を主力とする保安部隊を組織したが、企てが失敗してからは、この部隊は比較的小さな集団でパトロールしていたために、地域住民との関係ではきわめて危険な状態にあった。シェーネベルクに駐屯していた将校たちは武器を使わず退却して、住民を刺激しないように命令されていた。彼らは準備されたトラック二台でリヒターフェルトに移動することになっていた。ところが百メートルほど進むと、押し寄せてきた群衆にトラックは前進を阻まれた。興奮した群衆は、トラックに詰め込まれている将校たちに石やビール瓶を投げつけた。一台のトラックは動かなくなってしまった。群衆は将校たちに飛びかかってきた。殴り合いになり、九人の将校が踏み殺された。残りの者もさんざん殴られて負傷したが、報告を受けた警察に助け出され、安全な所に移された。[22] ルール川地域での労働者の反乱でも同じような光景が見られた。

この実例から、暴力のダブルバインドの過程を非常にはっきりたどることができる。その際に恐るべき手本として大いに役立つのがロシア革命である。当時の――特にまだ大半が農民であった大衆が組織されて暴力蜂起した――ロシアの出来事を見れば、ドイツの産業労働者は暴力活動に動員されたとき、ある点でたしかに不利だったのは明らかである。共産党はたしかに労働者の自発的な憤激を、また多くの地域での義勇軍またはドイツ国防軍との小競り合いや戦いを、組織的な軍事行動に変えようと試みた。一九二〇年三月二十八日に軍司令部の通達によって、ミュールハイム（ルール）に総司令部を設置したが、望んでいたような効果はあがらなかった。地域の労働者の戦闘隊を本部の配下におくことは失敗した。地域の副司令官は相変わらず自分勝手に行動した。当時の技術水準からすれば、服従に慣れた農民を短期間で迅速果敢な軍隊に変えるほうが、強情で自信をもった産業労働者を軍隊に仕立てるより簡単だと思われたのかもしれない。とにかく、それがルールの反乱での経験の一つだったように思われる。

この経験は、市民階級出身の若い将校や学生の集団と労働者集団との間の独特のダブルバインドの過程をくっきり浮き彫りにしている。この二つの集団はいずれも、軍事的暴力を使って政治的目的を実現しようとした。伝統的な組織であるロシアの将校団が、ツァーの退位後にどれほど機能していたかは分からないが、ドイツの将校団は、皇帝の退位後も幹部として一致団結して完全に機能を果たしていた。団体精神(esprit de corps) も健在であった。最高司令官は国家独立を守る責任があると感じていた――そして事実一部その責任があった。ともかく連合軍はドイツ軍に大きな制限を加えた。連合軍はドイツの軍国主義にうんざりしていたが、それ以上に、ドイツにロシア共産主義の模倣者が出るのを恐れていた。連合軍は妥協案としてドイツに四十万でなく二十万の国防軍を認めることにした。それは将校団の大幅な縮小であった。復員してきた将校の多くは比較的若く、その大半は将校であること以外の野心がなかった。軍務が彼らにとっては唯一の有意義な課題であり、習熟し喜びとしていた職業だった。彼らはどうすればいいのか？　自発的な義勇軍を作ること、それがその答えであった。

多数の義勇軍があった。そのいずれも、ある程度指揮官の素質のある退役将校を中心に作られていた。若者の多い市民集団には状況に応じて多種多様な敵があり、彼らは機会があればあらゆる手段でその敵を倒そうとしていた。そういう敵としては「ボルシェビキ」と総括されていた集団があった。それは特に一部の共産主義者である労働者幹部の影響を受けて、あるいはまったく自発的に反乱に加わって、明確な目的意識の有無にかかわりなく、議会制のドイツ共和国を打倒して、ロシアを模範とするレーテ共和国を打ち立てようとしていた。そのほかの敵としては、議会制をとった共和国そのものがあり、特に講和条約――「屈辱的講和」――の調印とその条件の実現に尽力している閣僚や議員に代表される共和国があった。共和国――「豚小屋」――や議会――「雑談部屋」――や特に、いまでは多くの官庁に顔の利く地位にある社会民主主義の代表者――「坊主」――に対する義勇兵の反感は、ボルシェビキ――「共産主義者に扇動された労働者」――に対する反感に決して劣らなかった。(23)

ロシアを模範とする労働者集団と義勇軍に組織された市民出や貴族出の将校といういずれも暴力活動においては一致しているワイマール共和国の集団の間の力関係は、もちろん非常にアンバランスだった。態度も根性もいかにも傭兵らしかった義勇軍のメンバーは、崩れはしたものの軍隊の伝統を身につけて、時にはカリスマがかった指導者を信頼しているかぎりは、訓練された戦闘部隊であった。それに対して訓練されていない労働者集団は、短期間で自発的に高度の軍事行動が出来るようになってはいたが、戦略に基づく作戦計画を遂行するのに必要な長期間の軍事訓練はほとんど受けていなかった。暴力から解放された議会各党派の両翼にいる肉体的暴力の行使をめざす義勇軍と急進的労働者集団とが暴力を使って対立している状況では、特に国防軍の支援を受けていた義勇軍のほうが、ふつう比較的容易に優位に立つことができた。義勇軍のほうがよく訓練されていただけではなく、労働者戦闘集団よりいい武器をもっていた。このように、ワイマール共和国の最初の数年間は、退役将校の団体が機能し続け、急いで組織されたうえにロシア革命の拡大を連合軍が嫌っていたために、労働者の反乱が実際に成功する可能性はきわめて少なかった。労働者の反乱が起こったことを説明するには、義勇軍と国防軍に対するボルシェビキの脅威が大きな意味をもっている。義勇軍や国防軍だけでなく、この時期に生まれた愛国団体やテロ組織も、ロシア革命やその拡大の危険を指摘して無数の市民や貴族の共感を獲得することができた。後のヒトラーの成功も連合国がドイツ再武装を承認したのもロシア革命の副産物であって、それを「ボルシェビズムという妖怪」やロシア革命の他国への伝染への一般市民や多くの労働者に広がっていた反感のあらわれとして捉えた場合に、初めて完全に理解することができる。［補論3］

5

義勇軍になだれ込んだ人々のほとんどが自分たちの進路から放り出された人々であった。すでに述べたように、無数の将校が敗北と停戦によって自分の経歴の終点に達していた。彼らはしばしば数年間も前線で戦ってきた。自分の知識や地位への期待にふさわしい地位を民間で見つけ出すのはほとんど不可能なことだった。ドイツが再び大きな国防軍を作ることができれば、正規の軍隊で将校として生きることができると思っている者が多かった。それだけでも彼らには自分たちの将来を「軟弱外交」で邪魔していると思われるこの共和国が憎かった。その他の人々は前々からドイツの上流階級が住んでいたバルト海沿岸に新しい未来を見た。バルト海沿岸のドイツ人領主やラトヴィアの民族運動の指導者のなかには、ロシアの支配から解放してくれるなら、ドイツ義勇軍に入植地を提供しようと言う者がいた。そこで、ある義勇軍部隊が全員そろってバルト海沿岸へ向かった。そこでは、彼らは最も憎むべき敵であるボルシェビキと戦うことができた。エルザス－ロートリンゲンの損失をバルト海沿岸をドイツに併合することで埋め合わせると同時に、土地を獲得して身分にふさわしい新しい生活を築くことができる、と彼らは思っていたのである。

バルト海沿岸への出兵を思い出せば、こういう集団のなかには新しいドイツ国家のための政治的テロリズムに走るものがあったことを理解するのに役立つかもしれない。もう一度、エルンスト・フォン・ザロモンの『のけ者たち』という小説から少し引用すれば、人々がテロリズムに走り、殺人などの暴行で憎むべき体制を揺るがし、あわよくば破壊しようとするに至った経過が明らかになる。

エルンスト・フォン・ザロモンは、ラーテナウを暗殺した小集団の一員であったが、その小説の次のような各章の表題にその経過の行く末がすでに示されている。

第一章　敗残兵

第二章　共謀者

第三章　犯罪者

こういう道をたどる個人の各段階は、二〇年代にはほぼ次のようなものだったと思われる。

1　ヴィルヘルム二世の軍隊の将校（あるいは、若すぎれば、たとえばプロシア幼年学校の生徒）。

2　義勇軍の一人で、バルト海沿岸への出兵にたびたび参加するが失敗に終わる。
3　テロリスト的な性格の陰謀を企てる秘密結社の一員。

ここではもう取り上げないが、第四段階としてナチ党への入党を挙げることができるだろう。それは、戦争に敗れて社会的地位を失う危険に絶えずおびやかされている多くのかつては義勇軍の一人だった者にとっては、確実に昇進するもう一つのチャンスであり、自分たちの政治的願いを——結局は悲劇的に——実現することを意味していた。ヒトラーの国内での成功は、かつての義勇軍のメンバーによる組織的な軍事的貢献がなければほとんど不可能だった、と言っても過言ではないだろう。

ザロモンは若い頃、幼年学校からヴート少尉の率いるハンブルクの義勇軍に入っている。彼は傭兵の慣習を備える野性的でややロマンティックな冒険家たちの社会に身を置いたのである。彼は当時を思い出しながら、前進について次のように述べている。(24)

バルト海沿岸へ赴くわれわれにとって、「前進」という言葉は、秘密めいた嬉しいほど危険な意味を……強固な連帯という意味を……正真正銘の戦士なら連帯しえない、没落して腐り切った世界のあらゆる束縛からの解放という意味をもっていた。

人がテロリストになる過程で特徴的な段階が、ここには非常にはっきりと示されている。完全に腐敗したように思われる社会との関係では、解放されたアウトサイダーのような気がしている。この社会は没落しつつあるという確信を抱き、没落したとき何が起こるか分からないが、社会が没落することを願っている。だが皮肉なことに、——思い出のなかでは——欠陥だらけの新しい共和国を「没落して腐り切った世界」だと思っているこの若者の場合には、彼自身や彼の多くの仲間がその伝統のなかで成長した古い社会そのものが敗北し、決定的に没落したのである。没落したのは帝国であったが、帝国を代表する多くの者たちは生き延びていた。帝国とともに消滅したのは、こういう人々に意味ありと見えていた人生の課題にほかならなかった。幼年学校の教育を受けて、エルンスト・フォン・ザロモンはプロシア軍の将校として生きる準備を整えていた。昔の軍隊は崩壊し、はるかに小さな新しい軍隊はようやく作られ出したばかりであった。敗北のなかから生まれたこの共和国のどこに彼のような人間のための余地が、有意義な将来の課題があっただろうか？

西部でのドイツ領土の損失を埋め合わせ、参加者自身には身分にふさわしい新しい地位を——ことによれば家屋敷も——約束していたバルト海沿岸への移動が、新しい希望を与えてくれた。ドイツを破った敵国がロシアのバルト海沿岸への移住についてどう言うかとか、ベルリンのドイツ政府がどう言うかなど、彼らは問題にもしていなかった。世界政策は遠い世界のことで、夢は美しかった。だが、夢みる者にはこの夢が、軟弱外交のせいでみすぼらしい憎むべきものとなったドイツ共和国とは正反対の、どんなに新しい素晴らしい未来と思われても、彼らが夢みたのは実質的には古い世界の再建であり、強力な軍隊を有するドイツ帝国の再建にすぎなかった。その軍隊の階級序列では、将校であることや軍事上価値があることが、自分にふさわしい高い位に就けてくれるだろう。そうなれば、軍事規律や厳しさや勇気が再び重んじられ、目下ベルリンで幅をきかせている民間人や喋るだけで実行しない議員や、市民的な無気力や道徳的ためらいは当然にも軽蔑されることになるだろう、と彼らは思っていた。[25]

バルト海沿岸の義勇軍にとっては、議会制をとる国家は無縁の世界であった。その国家の連帯は昔の軍隊のように、国家が認可し官僚が仕上げた軍隊の規律によって、つまり皇帝が象徴的なトップとなっている士官秩序によって規定されてはいなかった。義勇軍の人々は、自分は基本的に自分自身の集団以外の何ものにも拘束されていないと思っていた。ほとんどすべての義勇軍に独自のカリスマ的な指揮官がいた。彼らの指揮官としての権威や戦闘での出撃命令、勝つという無言の約束、そして戦利品と素晴らしい未来が彼らを結びつけるものであり、義勇軍の連帯と戦闘力にとって重要なものであった。

ハンブルク義勇軍の指揮官だったヴート少尉は、そういう指揮官の一人であった。ザロモンによると、彼は日焼けした無作法な大男で、唇から突き出た犬歯をもじゃもじゃの髭で磨く癖があり、戦闘のまえにはいつも野戦帽を脱いで、徒歩旅行グループやワンダーフォーゲルが被っているようなベレー帽に似たビロードの帽子に取り替えた。バルト海沿岸での戦いは苦戦で、損害は甚大だったが、希望は失われなかった。そして生活は自由でのびのびとして、束縛だらけの真面目くさった堅苦しい市民生活とは大違いだった。バルト海沿岸には活気があり、西部戦線での敗北を忘れさせてくれる新たな勝利を獲得する可能性もあった。

しかし衝撃が起こって、望みを断ってしまった。信じられないことが起こった。政府の使節が講和条約に調印して、屈辱的な敗北を決定的にしてしまったのである。この衝撃的な体験をザロモンは次のように描いている。(26)

停戦になったある日、われわれはヴート少尉の丸太小屋で坐っていた。シュラーゲターが訪ねてきて、われわれはこの土地に移住する見込みについて話し合っていた。ヴートは屋敷と製材場を買うつもりだった。……そのとき、カイ少尉が部屋に入ってきて、慌ただしく「ドイツが講和条約に調印したぞ！」、とタバコの煙に包まれたわれわれに向かって言った。

一瞬みな黙った。シュラーゲターが立ち上がったとき、部屋が大きな音を立てるほど静かだった。……彼は立ち止まってじっとまっすぐ前を見つめていたが、突然、怒気を帯びた声でこう言った。「結局、そういうことが——われわれにいったい何の関係があるんだ?」。そしてドアをドーンと閉めた。……われわれは愕然となった。われわれはじっと聞いていたが、驚いたことに、結局のところ何もかもわれわれには関係のないことだったのだ。

一瞬彼らには、そういう遠くの出来事に関わる必要はないと思えたかもしれない。だがすぐに、遠い故郷との見えない糸が感じられた。結局、彼らは遠いロシアの土地に追いやられた部隊にすぎなかった。いまやドイツを代表している新参者たち(27)による講和条約の締結が、彼らの運命を決めてしまったのだ。こうして彼らは裏切られたような気になった。

われわれはゾッとして顔を見合わせた。突然言いようのない孤独の冷たさが感じられた。国がわれわれを見捨てることはない、国は確固たる流れにわれわれを結びつけ、われわれのひそかな願いに応えわれわれの行動を擁護してくれるものとわれわれは信じていた。だが、もう何もかも終わったのだ。調印によってわれわれは放り出されたのだ。

この例を見れば、ベルリン政府が公衆の面前で「最高軍司令部の勧告にそって、使節は提示された通りにサインした」とはっきり言わなかったことが、気持ちのうえでどれほど大きな影響を与えたか非常によく分かる。ヒンデンブルクは有名な狡猾さを発揮して、講和条約調印の悪評も軍事的敗北もうまうまと議会制共和国の代表のせいにした。それによって彼は共和国から不利を蒙ったと感じているあらゆる人々に共和国と縁を切らせることができた。屈辱的で負担の大きな条約に調印した衝撃的体験も別の場合なら別の感じ方があったかもしれない。だがここで描かれているような義勇兵に与えた衝撃には、ある意味で模範となるような意味があった。政府に調印を決意させるに至ったやむを得ない事情について彼らは何一つ知らなかった。皇帝かヒンデンブルクかルーデンドルフかが条約にサインしたのであれば、彼らはそれを受け入れたかもしれない。ところがこともあろうに、昔の決闘を許された社会の伝統、特に将校団の伝統による教育を受けた者には成り上がり者と思われる人々が講和条約の責任者として現れたのである。(28)

協約の圧力のもとに、講和条約の条文に従って、ベルリン政府は結局、義勇軍にバルト海沿岸からの撤退を命じた。そのとき、多くの義勇兵がドイツ政府への服従を拒んだ。彼らは留まって戦い続けた。——しかしそれは、すでに撤収していた赤軍との戦いではなくて、イギリスの軍艦の支援を受けていた新たに組織されたラトヴィアとエストニアの軍隊との戦いであった。義勇軍はじりじりと追い詰められていった。それは彼らにとって二度目の衝撃的体験であった。ドイツが西部戦線で敗北したことが認められなかった人々が、今度は東部地方で身をもって敗北を体験したのである。

バルト海沿岸の義勇軍の戦況はしだいに持ち堪えられなくなっていた。ロシアの秋の最初の強い寒波がきたとき、故国からの衣服の補給が断たれたことがひしひしと感じられた。多くの人にはマントがなかった。軍服はボロボロだった。長靴には穴が開いていた。そして、かつてロシア人が退却するナポレオンの軍隊を襲ったように、その地方の住民たちは退却する義勇軍に絶えず襲いかかった。(29) 攻め立てられ絶望した義勇兵たちの怒りが爆発した。そのとき起こったことを——ほかにも書いた人はあるが——ザロモンは書いている。義勇兵はもう一度反撃に出たが、——怒りと絶望のあまり、そこには人間性はひとかけらも

残っていなかった。(30)

われわれは最終攻撃を行なった。そうだ、われわれはもう一度立ち上がり、散開して突撃した。一人残らず掩蔽壕から飛び出して、森に突っ込んでいった。雪原を走って森のなかに走り込んだ。一斉射撃を行ない、暴れ回り、発砲し、打ち倒し、追撃した。ラトヴィア人を兎のように野原に追い出して、家という家には火を投げ込み、橋はすべて粉々に爆破し、どの電柱もみな折り曲げた。死体は井戸に投げ込んで手榴弾を投下した。手当りしだいに打ち殺し、燃えるものはみな焼いた。われわれは無性に腹が立って、もう人間らしい感情はひとかけらもなかった。われわれの住んでいた所は完全に壊されて、地面が呻き声を上げていた。われわれが暴れ回ったあとは、家のあった所はむき出しの野原に膿みただれた潰瘍のような廃墟と化して、残骸が転がり、角材がくすぶっていた。立ち昇る煙がわれわれの通った跡を示していた。薪の山に火をつけたが、そこで燃えたのは生命のない物質以上のものだった。われわれの希望もわれわれの憧れも、簡素な宴会も燃えてしまった。文明化した世界の法則や価値も燃えてしまった。時代はわれわれを放り出したが、われわれは時代の事物や理念への信仰や言葉を埃まみれの古道具のように引きずっていた。そういうものが何もかもみな燃えてしまったのだ。

われわれは戦利品を積んで、陶然となって意気揚々と引き揚げた。ラトヴィア人の姿はどこにも見当らなかった。だが翌朝になると、彼らはまたちゃんと現れた。

文明化した行動や良心の形式が社会のどういう条件のもとに壊れ始めるかを問題とすれば、——その過程の一つの段階がここに示されている。それは、相当に文明化した社会に必ず起こる野性化や非人間化の段階である。かなり長期にわたる良心の破壊過程がなければ、そういう社会にテロや恐怖が現れることはほとんどない。露骨な暴力行為を目的とする集団の出現を、国家が公認したと見る場合もそうでない場合も、短期間のスタティックな診断や説明の仕方で理解しようとする場合が多すぎる。本来は説明を求めるのでなく、罪を問題にするのなら、それも意味があるかもしれない。罪を問題にする場合には、野性化や脱文明化を、個人の冷静な態度や洗練された態度と同じように個人が自由に選択した決意のあらわれとして見がちである。しかしそういう意志についての診断や説明では、それ以上に掘り下げることはできない。

義勇軍のたどった過程は、ワイマール時代のテロリズムという違法な暴力行為に至った道であるだけではない。それは、ヒトラー時代の合法的暴力行為に至る道でもあった。このことを認識しないかぎり、誰の目にも明らかな一見虚無から生じたかに見える蛮行に先立って、ひそかに始まっていた長い助走の時期を確実に理解することはできない。

後には憎むべき共和国をテロ行為によって破滅させようとしたザロモンのような者もいたが、憤激と絶望のあまりバルト海沿岸で狂気じみた破壊と絶滅を開始した人々は、大きな期待を抱いてその地に赴いたのであった。冒険は誘惑であった。彼らの目的にとっても自分自身にとっても、彼らは大きな成果を夢みていた。失敗し敗北することがしだいに明らかになってきたとき、彼らはその事態を認めようとしなかった。暖かい防護服のような夢で身を包んだ。だが結局、その夢も打ち砕かれて、残酷な現実が襲いかかったとき彼らは自分が分からなくなった。現実がしだいに顕わになり、彼らの望みが断たれ、夢が壊れるとともに彼らの良心も粉々になった。憤激と絶望のあまり、邪魔する者はすべて殺した。彼らの一部が後に故国に戻ってからは、もっと用意周到な秘密組織を作って進み始めた。目的の達成を断念させ、そのため無意味に思えた世界——もう破壊するしかない世界——の破壊に取りかかったのである。

彼らの希望がもう一度だけ甦ったことがある。それは——彼らがワイマール共和国の転覆を企て、すでに述べたように、独裁政権の樹立を準備していたときである。だがカップ暴動の挫折とともに、その希望も打ち砕かれて、かつて義勇兵だったそれぞれに決意を固めた人々には、憎むべき政府に打撃を与え、最後には政府を転覆させるにはもうテロしか道はなかった。このためにその当時、多くがエーアハルト部隊の隊員だった退役将校の一団によって秘密組織が作られた。著名な政治家の殺害がその目的であった。腐り切った政権は、それによって内部から揺るがされて崩壊するはずであった。[補論4参照]

後にヒトラーが、義勇軍の指導者が成功しなかった議会制によるワイマール政権を現実に破壊することに成功した。(31) その成功は主として、議会制度を超えたプロパガンダを使って広範な大衆を動員するのに彼が成功したことによる。義勇軍はヒトラーの最も重要な先駆者であり草分け的存在の一つであった。義勇軍の目的は多くの点でヒトラーの目的と一致していた。だが、彼らは野性化しながらもその態度や心情には、決闘を許された昔の貴族・ブルジョア社会の伝統、エリートたる将校の伝統が残っていた。ヒトラーはその伝統から解放され、将校や学生の運動に残っていたエリート特有の障壁を打ち抜き、大衆に広がることを妨げるエリート的な限界を超えて、その運動を国民全体の運動に変えた。貴族的、ブルジョア的な上流階級の一人であることや、若者なら将校団や学生団体の一員であることよりも、ゲルマン人種の一人であることのほうが、はるかに多くの人々を参加させることができたのである。

6

ワイマール共和国と同様にボン共和国でも、若者の間には国家や社会の現状を変革し、できれば崩壊させて、目下閉ざされている新しい未来の可能性を同志たちに開くための手段として、政治的暗殺を遂行する非合法組織が作られていた。[32] 両共和国のどちらの場合も、そういう組織は大きな幻滅や失敗を繰り返しながら徐々に発展していった。出身階級から言えば、ワイマールのテロリストと同様にボンのテロリストたちも、大半はブルジョア家庭の出身だった。そのなかにも多くの学生や大学卒業者がいた。[33] 将校はほとんどいなかった。その代わり、ワイマールのテロリストには一人もいなかった女性が含まれていた。

問題は明らかである。ワイマール時代には、現体制が自分たちの意味豊かな生活への見込みを閉ざしたと感じていた若いブルジョア集団は、労働者を競争相手とみなし、共産主義者を最大の敵とみなし、リベラルな市民層は憎むべきものとみなしていた。ワイマールと同様にボン共和国にも、主に市民階級の若者や彼らが作った秘密テロリスト結社の議会外野党には、反対の戦線が出来上がっていた。[34] それは労働者にシンパシーをもち、時には多様な共産主義にも共感を抱いていた。彼らの敵意は、有力なブルジョア的上流社会――つまり自己利益しか考えず個人の利益追求だけに基づいている社会――に向けられていた。彼らも社会の現状や、そのために自分に加えられる束縛を耐え難いものと感じていた。もっとよく見ればここにも、自ら有意義な生活を求めながらも、そういう生活に至る道が狭く閉ざされていると感じている若い世代の苦境が見えてくる。目的を達成するに値するとみなされていた事柄それ自体は、この二つの場合まったく異なっていたが、社会システムのなかに閉じ込められて、それが有意義な未来を開く可能性を自分や自分の子供の世代から奪っているという基調をなす感情は似たようなものであった。

そうした基調は六〇年代から現代に至る議会外活動のうちにもよく認められるが、多くの場合それにはふつう大した意味はない。マルクス主義やその系統のものの仮面の下にも、そういう基調が隠れていることが多い。これは重要な問題だと考えられる。それが分からなければ、現代のきわめて重大な社会的問題を見逃してしまうことになる。

多党制をとる現代産業社会にはその問題を認めようとしない暗黙の想定がある。つまりこの社会で成長する者は努力さえすれば、有意義で満足のゆく課題を見いだすことができると考えられている。だがこれは誤りである。この社会には、成長する世代にとって上昇の道が数多く開かれている側面と、上昇の道が非常に限られて狭められている側面という二つの側面がある。職業のチャンスだけを言っているのではない。このことは、特に政治闘争の領域でのチャンスのように非職業的な目的達成のチャンスについても同様である。現在では多くの点で、かつては宗教戦争が果たしていたような意味創出の機能を、政治闘争が引き受けている。いつの時代でもそうだったわけではないが——今日では、暴力行使をも辞さない共産主義とファシズムとを両極とする現代政治の広いスペクトルの内部での態度決定が、広範な人々にとってこれまで以上に世界への関心の中心になっているのである。

まさにこの方面に関して、若者が実際に体験しているように、政治的党派の実践において有意義な活動に達する道が今日の若者にはさまざまな形で閉ざされている。聡明で知的な多くの若者は現代社会の弱点やそれがもたらす結果をはっきりと認識している。前の世代の人々は、権力闘争のなかで経験し妥協せざるをえないことにも甘んじている場合が多かった。だが今日では、若い世代は中途半端なことに我慢できなくなっている。ここには、西欧産業社会に浸透していながら、まだよく考えられていない世代間の葛藤の一つの側面が認められる。若い世代でも聡明な人々の多くは妥協では満足しない。自分の政治的意志を政党組織という制度的な通路で表明しようとか、そこで発揮しようとするとき、その道が遮られ、目的達成が阻まれることは少なくないのである。

六〇年代に作られた議会外野党がこの状況の分かり易い例である。幅広く結集して議会外野党を作った学生運動も同様な例である。組織された政党という現在の政治制度の枠内では見いだせないものを、若者たちはまずそこに見いだしたのである。共同活動や住民連合や大きなデモが参加者に連帯感を与えると同時に、喜ばしい興奮を伴う力の感情を感じさせた。そこには課題があり、意味があったのである。

ヴェトナム戦争に対する抗議行動としての商店の焼き討ちやアメリカ諸施設への度重なる襲撃は、最初は平和的な活動だったが、徐々に暴力的になっていった。――比較的長い道筋をたどって暴力化していったその過程をここで述べる必要はない。だが顧みれば、その際にも自動的にエスカレートしがちな典型的ダブルバインドの過程が重要であることは、言っておかねばならないだろう。議会外野党の活動やデモは最初から、大学という権威ある組織を含む現在の諸制度に向けられていた。体制側の権威者たちが反撃したのも不思議ではなかった。その際いろんな手落ちがあったが、そのなかでも最も大きな影響を及ぼしたのが学生オーネゾルクの射殺だった。こういう状況では、こういう失策は致命的である。国家が暴力を行使するなら、われわれも暴力を使わざるをえない――これが当時、広まっていた感情だった。この種のダブルバインドの過程には本当の始まりというものは存在しない。警察がデモ隊から挑戦され脅かされていると感じたのは確かだが、暴力が対抗暴力を生み、対抗暴力は相手に対する暴力を激化させ、この状況が続くというのがかなり一般的な法則であり、まさにダブルバインドの状態に陥っている者に普遍的に見られることである。(35)

力関係を見ればすぐ分かるように、国家の力と議会外野党の力――後にはテロリスト化した力――があまりにもアンバランスで、後者には大きな可能性があるはずもなかった。しかし学生運動や議会外反政府運動（APO）の指導者の多くは、たしかにその当時は、エゴイスティックな社会体制を崩壊させて、自分たちにも労働者にももっと非利己的で抑圧の少ない、より有意義な制度への道を開くことができるように思っていた。その後一九六八年に成功したときにも、実質的には成功の高揚した気分の後で夢から覚めて、幻滅が残っただけだという認識がしだいに大勢を占め、憎むべき社会構造はかすり傷を負っただけで完全に機能していることが分かったとき、運動に参加した人々の多くが、閉ざされた未来という――自分はどこへ行くのか？　何をなすべきか？　という――問題に新たに直面することになった。そのうえ同じ年に彼らの一部にとっては、自分たちの企てについての幻滅のほかに、チェコスロヴァキアに出兵したロシアに対する幻滅というもう一つの幻滅まで加わった。

指導者の釈放といったさまざまな中間段階をへてゆくなかで、議会外反政府運動のある種のグループには、国家の暴力組織の優勢は合法的手段では破れないという確信が生まれてきた。ワイマール時代の反政府グループの憤激し幻滅したブルジョアの若者と同様に、ボン共和国に憤激し幻滅したブルジョアの若者のなかにも、秘密組織を作って著名な代表者への組織的テロで反乱を起こして無関心な大衆を揺り起こす以外には、この社会構造に打撃を与えることはできないと、自分の経験から結論する者も現れてきた。[36]

都市ゲリラ組織を作る指導者やゲリラ戦の指導者が最も恐れていたのは、ドイツに一党独裁が復活することであった。彼らには連邦共和国はいろんな点ですでに半ファッショ的体制だと見えた。テロ組織のメンバーたちは、国家による暴力行為のうちに示されていると思われる秘められたファシズムを対抗暴力によって明るみにさらけ出し、仮面を剝ぐべきだと考えていた。テロリストの活動によって、連邦共和国の強硬措置がやむを得ず強化された所がいくつかあるのは疑いのないことである。

当時を振り返ってみるとき、この闘争で犠牲になった人々や闘争のもたらした苦しみについて深い悲しみを感ずるとともに、そういう犠牲や苦悩がすべて無駄だったという嘆きを抑えることはできない。それだけに、こういう闘争を引き起こす社会的な諸問題の解明が重要なのである。この問題はほとんど解決されておらず、以前と少しも変わりがない。問題の核心と思われるものをまとめて述べてみよう。

それには、時々ここで使った一つの言葉に結びつけるのが一番いいだろう。議会外反政府組織にも暴力を使わないものと暴力を使うものがあったが、そのいずれにおいても指導的役割を果たしていた人々は、主に「中産階級の若者」だったことは述べた通りである。彼らは労働者の問題に関するイデオロギー的な方策をいろいろと使っていた。こういう集団について、次のように書かれているのも決して見当外れではない。(37)

神話化された労働者階級は、父親の世界を打ち倒す棍棒なのだ。

他の場合と同様ここにも、階級闘争をイデオロギー的に使う背後に世代間葛藤のリアリティが原動力として働いている。たしかに連邦共和国のテロ組織には、労働者階級の出身で自分も労働者としてパンを稼いでいる者もいた。だが彼らは少数派だった。彼らと中産階級出身のテロリストとでは、肉体的暴力を政治闘争の手段として使う態度や能力が驚くほど違っていた。しかし、これは別の問題だ。

こういう労働者階級出身で、指導的役割ではないがテロ組織で活動的な役割を一時果たしていた人にミヒャエル・バウマンという人物がいた。彼の『すべての始まり』(一九七五年)という本は、多くの点でテロリストの人間的な側面を理解するのに役立つ。もう一人の労働者で一時はテロリストにもなって、自叙伝を書いた[38]――ハンス＝ヨアヒム・クラインと同じように、バウマンも学生運動に触れ、自分で勉強して知識人となった人物である。この若者は二人とも自分の素姓のもつ特質を決して失うことがなかった。だが非常に変わっていたため、二人ともいつも一匹狼だった。特にバウマンはマルクス主義よりもアナーキズムに傾いていた。彼は自分の素姓から考えられる方向に進むのを――後にはテロリスト運動をも――はっきり意識的に拒否した。彼自身の言葉を使えば、彼は「逃亡労働者」だった。

これが彼らしいところだが、自分の仕事に一体どういう意味があるかということが、かなり若い頃から彼には問題だった[39]。

おまえのやる仕事には何の意味もないと聞いて、そういう馬鹿げたことを言ってみる。すると、もう職人仕事を習う気はなくなってしまう。不愉快になるだけで、それを振り落すのがこれまた一苦労だ。

自分がそこで習ったことをこれから五十年もやり続けることを彼は考えてみた。心の底から恐ろしくなって、ついに彼は逃げ出すことにした。彼はそれを実に生き生きと書いている[40]。

たとえば最初の日、弟子たちがみな建築事務所まで歩いて行って、そこから自動車で建築現場へ連れて行かれるとき、現場へ行く途中で、自分がこれを五十年やり続けるということが、突然はっきり分かった。逃げ道はないのだ。その驚きは身体中にすっかり染み込んで、私はいつもどうしたら逃げ出せるかということばかり考えていた。

六〇年代や七〇年代、そしてその後も議会外反政府運動がどうして主に中産階級出身者によってなされてきたかを問題にする場合には、ここのところから始めるべきであろう。若い労働者にはバウマンがここに書いているような体験はむしろ珍しいことだったかもしれない。われわれは――作業仮説として――、彼らの間では学校から修業へ、修業から仕事場への移行は、最近でもしきたり通りあまり反省もなく行なわれていて、熟練者がやっている通りになされていると考えてみることができる。そういうやり方をしないで、自分の将来が突然、目の前に浮かんで、驚いて「一生これをやることになるのか?」と言うバウマンのような人物は、若い労働者の間ではまだ例外であるのは明らかである。

中産階級出身の若者、特に若い学生にとって、「自分はどうなるのか? 自分の一生はどうなっていくのだろうか?」といった将来の問題は非常に切実な重要問題である。有意義で満足できる将来を求める願いが強ければ強いほど、意味への問いが自覚されるようになるものである。

六〇年代と七〇年代の中産階級出身の過激な若者集団自身が、何をデモや家屋占拠や被抑圧者や敗者の擁護の目的とみなし、何をその目的だと称する場合でも、その背後には、この意味の問題が強力な動機として潜んでいる。今日のように大多数の若者が目的達成のチャンスを制限されている場合には、社会には苦境が深まり、力が蓄積されていまにも爆発せんばかりとなって、条件が整いさえすればいつでも現体制の政治に激しく対立する運動になって新たに現れるにちがいない。特にワイマール共和国のテロリストに注意を促したのも、平和的であれ暴力的なものであれ、議会外的反政府運動はそれだけが独立した運動なのではなくて、そういう運動は一定の留保をつければ、社会が独裁的であろうとなかろうと、いわば産業社会の一部となっていることをまず明らかにしておくべきだと思ったからである。

さらに、ほかならぬ連邦共和国では、古い世代の道徳観念と若い世代のエートスとの間の違いが非常に目立っている。ヒトラー時代の残虐行為についての精神的傷痕となっている記憶に対する反動として、最近では不平等、抑圧、搾取、戦争に反対し、新しい態度を評価するエートスが人々の間に定着しているように見えることがある。人々が年老いたときにも、こういうユートピア的なエートスがまだ残っているかどうかは、それまで待つほかはない。だが、テロリストの運動もその一つのあらわれだったが、若い世代の目的達成の問題は、われわれがもっと意識的に徹底的に改善しようとしないかぎり、いつでも新たに暴力行為の形で現れると考えてもそれほど間違いではない。法律によるものであれ失業その他何によるものであれ、とにかくこういう目的喪失は、若者たちの相当な部分を次々に新たに現在の麻薬商人だけでなく将来の都市ゲリラや、右派でも左派でも今後の過激派の運動にも参加させることになりがちである。そういう種子が芽を出したとき、ドイツ連邦共和国に何が起こるか分からないのである。［補論5参照］

補論1　ヴィルヘルム二世時代の市民階級のエートス

ニーチェのような例外は別として、ヴィルヘルム二世時代の社会の市民化した戦士のエートスは、学術書よりも当事者の日常的な考え方や態度のうちに示されていた。その証拠はたとえば当時の言葉遣いの変化や娯楽小説のうちに見られる。

たとえば、市民的な楽しい娯楽小説の重要な代表者であるルードルフ・ヘヤツォークはいくつかの作品のなかで、当時の企業家を中心に据えている。その一つに『ハンザ商人』という小説（一九〇九年）がある。その主人公は祖父から相続したハンブルクの造船所の所有者で所長であるカール・トヴェルステンである。ヘヤツォークは最初に、造船所の持ち主が新造船に乗り込んだときに労働者たちが直立不動の姿勢をとった様子を描いている。あるとき嵐と悪天候で港にある現場に来られなくて、働かなかった日は報酬がもらえないために、労働者たちが代表者を所長のもとへ寄越したときの話し合いは、次のような様子であった(41)。

「言ってみろよ」と言い始めて、彼は鋭い目付で見回した。「君たちはみなきっと兵士だったのだろう。水夫だったらもっとましなはずだ。水夫だったら、規律というものがどういうものか分かっているはずだからな。君たちのなかでも年寄りは、私と同じように、造船所でも甲板の上でも規律を守らなければならないのが分かっている。ここでは仕事上の業務と政治的な事柄が重なっているからだ。

そこで私は、君たちが言う通り認めて、規律違反に目をつぶりさえすればいいのだ。なぜか？　君たち三人のことを言っているのではない。君たちには自尊心があり、私は君たちを随分前から知っている。だが毎日、無数の横着者が造船所に数時間遅れては、風や天気を理由に今日報告しておきさえすればいい、そうすればうまくいって俺たちは給料をもらえる！　熱心に働く正直者は馬鹿だ……と思うかもしれん。それは間違っているのだ。もう君たちに言うことはない。君たちは青臭い若者じゃないし、規律がなければならないのが分かっている。つらかろうがどうだろうと規律は規律なのだ！」。「その通りです！」と鍛冶工は言って、急に帽子をかぶった。「これで決まりだ、トヴェルステンさん。お騒がせしてすみません」。

産業化の初期には軍隊の伝統が企業家と労働者との関係を規定していた。それはヴィルヘルム二世時代のドイツに限ったことではなかった。日本でも軍隊のやり方が企業家のやり方にもなっていたのが認められる。たしかに、この小説はその関係を事実ありのまま描いている。この小説は作者ならびに読者の考えではその関係がどうあるべきかを非常に明確に、しかもきわめて信頼できる形で表わしている。その意味で、軍隊のモデルが市民の労働関係の形成にとってどういう役割を果たしたかが、ここにはっきり見られる。軍隊のエートスがある程度労働者自身の労働のエートスを規定し、最後には国民的な労働のエートスと個人の良心を規定したことは、当時の勢力配置にもかなっていたのである。

言葉そのものも軍隊的な傾向があった。「規律」とか「名誉」のような軍隊の基準で役割を果たしていたキーワードが、企業家と労働者の関係の基準のうちにも現れている。しかし、階層や機能の変化とともに、こういう自明的な伝統の象徴がイデオロギー上の議論の手段である反省された原理の象徴となったのである。

厳格さや仮借なさといった態度も同様であった。強者と弱者、有力者集団とアウトサイダー集団との対立における力の差が大きいところでは、こういう態度が世界中どこででも見られるのは確かだが、力の大きい集団が部下との関係で実際に過酷に容赦なく振る舞うばかりか、そういう態度を理想的な態度とし、価値の高いものとしてはっきり示すのはそうあることではない。ヴィルヘルム二世時代の市民層の一部の文学や言葉には、こういう人間的な厳しさの理想化や無慈悲な人間の礼賛が見られる。

カール・トヴェルステンは自分の息子について親しい知人と話し合っている。彼は息子が軽薄なキューバの女である母の血を受け継いでいるので、厳しさを欠いているのではないかと思っている。彼の知人は息子に愛情を示してやるように忠告する。それに対してトヴェルステンがこう答える。(42)

そうしたいよ。あいつを心から愛しているから、私もそう思うよ。しかし、まずあいつが私の思うような者にならなければ駄目だ。この考えは変わらない。あいつの性格は父方のものでなければ困るのだ。K・R・トヴェルステンの造船所の持ち主が弱虫だったり涙もろかったりして、必要なときでも断固たる措置を取れない人間であることほど、ゾッとすることは考えられないのだよ。

「断固たる」というのは当時のもう一つのキーワードであった。そして弱いとか弱点を見せることは、明らかに非常にまずいことだった。自分たちが弱かった時の記憶はこの時代の市民がいつまでも忘れられないものだったために、彼らにいわば無理にも正反対の態度をとらせることになった。その証拠なら当時の記録のいたるところに見いだすことができる。ドイツは弱かった。だがいまやドイツは強くなった、軍事的にも経済的にももっと強くなるために、われわれは全力を挙げねばならないという調子である。

戦争においても厳格でなければならない。戦士は敵に同情してはならない。そうでないと、敵を殴ることもできず、殺すことなどできるわけがなく、勝てるはずがない。当時の言葉には、他人への同情に対して烙印を押すような言葉が見られる。そういう人間的感情は「センチメンタル」と言うだけで有害であることを示すことができる。「断固たる意志」が支配し「勇気」や「きびきびした態度」が求められるところでは、「誤ったセンチメンタリズム」は場違いだ。「道徳」も怪しいものだ。道徳に基づく異論は「説教」とか「道学者」といった言葉で骨抜きにされる。弱小国家が強力な国家になるにつれて、人道的で道徳的、文明的な基準が強力な反人道的、反道徳的、反文明的な傾向のある正反対の基準へ急激に変化してゆくのである。

補論2　ワイマール共和国の戦争肯定の文学（エルンスト・ユンガー）

一九一八年に成立した最初の統一ドイツ共和国では戦争体験がさまざまな文学作品に取り上げられた。そこには——戦争肯定と戦争否定という——二つの正反対の方向を区別することができる。

ヴィルヘルム二世時代の戦争文学のなかには、ワイマール共和国の暴力や戦争を肯定する文学が再び取り上げて大きく発展させた戦争の描写が見られる。ブレームの『民族に対する民族』のような小説には、軍事的暴力活動に対する肯定的な態度だけでなく、敵には同情しないことを誇りとする態度も見られる。暴力行為を美化して英雄的なもの、いわば偉大な宇宙的な出来事、個人が個々の人間でなくなってしまう陶酔の体験であるかのように描くことによって、——自分の驚きも隠さずに——戦争を読者が受け入れ易いものにして、戦争への熱狂を呼び起こそうとしている。こういうやり方で、国家の殺伐とした覇権争いに神秘的な意味が与えられる(43)。

アルフレートは廃墟のような死体安置所の上の高い見張所から、黙り込んでいる抵抗軍の戦場と雲に覆われた前方の地形を見渡すことができた。——遠方の平たい丘のすその上の方には、敵の砲兵中隊の灰色の煙が立っていた。——家屋や水車小屋や起伏の多い地面の後方には、侵略者の歩兵が新たな突撃のために……一時間半まえまでは墓地だった広い凸凹になった廃墟の周りに……集結しているかもしれなかった。囲壁のみすぼらしい最後の残りの部分には、意気盛んな者たちが一団となってうずくまっている。彼らはみな……掘り出された腐り果てた屍も混じった……瓦礫に肩まで埋まっていた。人間の狂暴とそれへの反抗の信じ難く不可解な光景を見渡したとき、――奇妙なことに、彼のなかにあった身の危険への恐れはすっかり消えて……、命名し難い感嘆の念だけが残っていた。……自分自身がこういうことを体験したこともないような気分になって……彼自身の自我は深く沈み込んでしまった……そして、このとき出征して初めて、自分がこの巨人的闘争の理念のうちに完全に解消されたような気がした。……ここに立っているのは、もはや個人に対する個人ではなく……連隊や師団に対する連隊や師団でもなかった。ここに立っていたのは、民族に対する民族であり、祖国に対する祖国であった。……それは、人類がこのときまでに築き上げたこの最高の部隊の戦いのなかで、人間性の最高の美徳が……こちら側でも……向こう側でも……最後の華を開かせるためであった。

一九一八年以後もこういう戦争描写の伝統が続いていた。この時期の戦争を肯定するドイツ文学のなかでも最初の証言の一つであり、おそらく最高で、とにかく代表的な作品は、エルンスト・ユンガーの『鋼鉄の雷雨のなかで』(一九二二年)である。戦争の野蛮な性格は、この小説でも決して隠されていない。それどころか、ある程度好んで描かれている。たとえば、ユンガーと彼の仲間が激しい決戦の後で、「生死を問わずどの捕虜にも賞金がかかっていた」ので負傷して瀕死の状態にある捕虜となった数人のインド人を敵の塹壕まで引きずって行った。彼は自分たちの塹壕へ意気揚々と引き揚げるありさまを、次のように書いている。[44]

捕虜の呻き声がわれわれの歓声や笑い声と混じったわれわれの行進には、どこか原始人の戦いじみた野蛮なところがあった。

ブレームと同じように、ユンガーはここで、戦争の残忍さをいわば兵士から自然に生まれる原始的なものと称して、それを高い次元に引き上げている。別の個所で彼は戦争が投げかける深い謎について語り、戦いを人間の使命として語っている。[45] 要するに、国家間の勢力争いという現実の出来事もその血なまぐさい姿もその醜悪な性格も無視することなく、美化された高貴な感情の濃密な網に包み込まれて、肯定的な光のなかに置かれている。死骸や寸断された体や苦痛のうちに死にゆく者たちへの恐怖が、兵士の勇敢さとか将校の模範的な勇気や忠実な兵隊の忠誠心の物語によって、別のニュアンスを帯びている。

ユンガーが手を入れた戦争日記に現れているのはただの人間ではなくて、つねに冷静である模範的な英雄的将校であり、いつでも従容として運命を受け入れることのできる将校である。躊躇なく人間を殺すことが、彼らには当然の習慣になってしまっている。ユンガーは敵をうまく殺すことが楽しみでさえあることも決して隠そうとしていない。彼は読者をそこへ引き込もうとしている。恐怖や躊躇、不安や弱さといった感情は語られない。ここで幅をきかせているのは、弱さや弱者は致命的なものを隠さなければならない、というヴィルヘルム二世時代の規範である。強くていつも勇敢なドイツ将校しかこの書物には登場しない。こうして恐ろしいことが賛美され、暴行が美化されることになり、戦争の神秘的根源が示唆されるとともに野蛮なものが燦然と輝くのである。

それに深い陶酔が加わる。戦争は麻薬のようなものだ。それは最も危険な時に人々を有頂天にして、個々の人間であることを忘れさせてしまう。ブレームの描写と同じように、ユンガーの描写でも——冷静に見れば、最後の無駄なドイツの突破作戦だった——決定的な戦闘が宇宙的な性格を帯びている。[46]

民族の境目は奇妙な光景を呈していた。激しい砲火を浴びて何度も掘り返された敵軍の塹壕の前にある弾孔には、見渡せないほどの前衛部隊が一中隊ほど一団となって待ち伏せていた。その積み重なった大軍が見えたにもかかわらず、私は必ず突破できると確信した。だが本当に敵の予備軍を蹴散らして、壊滅させるだけの力がわが軍にあるのだろうか？　私はあると思った。決戦の時が、最後の襲撃の時が来たように思われた。ここで民族の運命が断固決されるのだ。世界を掌握するかどうかはこれにかかっているのだ。感覚的に私はその時の意味が分かったような気がした。そのとき自分の責任の重みの前では、誰もが個人的な事柄は消えて無くなるように思ったことだろう。こういう瞬間を体験した者には、民族の歴史は戦闘の運命と浮沈を共にすることが分かっているのだ。

その気分は奇妙なもので、緊張のあまり非常に興奮していた。将校たちは直立して、大きな声で冗談を言い合っていた。

ついに危機的な瞬間がやってきた。大群の攻撃部隊は塹壕を飛び出して、砲兵隊による長い消耗戦のあとで、一人ひとりが突撃して敵の防衛線の突破を試みなければならなかった。こういうときに兵隊が負傷して死ぬ恐怖を克服して、多少憚りながらも殺人を存分に楽しむ手段は世界中いたるところに存在している。暴力を使って他人と対決することが日常の出来事となっている集団にとっては――つまり昔の闘争的インディアンや中世の槍騎兵にとっては――、戦いに出ることはそう難しいことではなかった。文明化して肉体的暴力を使う個人的傾向を抑制するように育てられる巨大な産業社会の市民にとっては、戦いに出るのは厄介なことだろう。ユンガーはこの様子を的確に描いている。人々が励まし合い、酒を飲んだり極端に怒ったりして、内心の障害を克服して社会的義務を勇敢に果たそうとする様子が、次のように描かれ

ている。(47)

突撃の三分まえに、私の当番兵の忠実なフィンケが合図して、いっぱい酒の入った水筒を私に渡してくれた。水を飲むように、私はそれをガブガブ飲んだ。次は出陣用の葉巻だ。風が強くて、三度もマッチの火が消えた。

素晴らしい瞬間が来た。弾幕が一番手前の塹壕のあたりに立ち込めた。われわれは踏み出した。残忍さと熱狂と酔いが入り混じった気分で、足取りは重かったが、われわれは敵陣に向かって休みなく進んで行った。中隊の前方にいた私の後に、フィンケとハーケという初年兵がいた。右手にピストルを握り、左手には竹の乗馬鞭を握っていた。私は激しく怒り狂っていた。訳もなくわれわれはみな激しい怒りに襲われていた。殺したいという欲望に圧倒されて私は歩を速めた。熱狂のあまりひどく涙が出た。

戦場に重くのしかかっている巨大な破壊意志が、われわれの頭のなかで凝縮し、頭を赤い雲で包んだ。われわれはすすり泣き、吃りながら切れ切れの言葉を叫び合った。無関係な傍観者がいたら、われわれがあまりの幸せに感動していると思ったかもしれない。

戦争の恐ろしさを隠さずに、同時に何か素晴らしい感激すべきもののように、つまり、肯定的な高い価値あるもののように見せるのにユンガーが成功したことは、たしかに彼の文学的才能を物語るものである。だがその努力そのものは、明確な社会的なコンテクストのなかにあったのである。

ユンガーの戦争小説は彼が戦争の間に書いた日記風の覚書に基づいているが、——ここに挙げたのは戦後の作品である。そういう作品であるこの書は、特定のプロパガンダをめざすイデオロギー的機能をもっていた当時の文学の一種である。その種の文学は戦争否定の文学に対する強い意識的な敵意をもって、戦争を恐ろしいけれども肯定すべき出来事として描き出した。ワイマール時代という大枠のなかで言えば、ユンガーの『鋼鉄の雷雨のなかで』はエーリッヒ＝マリア・レマルクの『西部戦線異状なし』（一九二九年）と対極をなす作品である。レマルクの作品は戦時中の日常生活の苦しみを赤裸々に描いて、若者たちの戦争熱を粉砕する力があった。そのような小説は、民族の防衛意欲を妨害しかねないだけに、ドイツ国民の多くにとっては一種の反逆のように見えた。主にこういう人々のなかから、戦争肯定の文学が生まれ、その助けを借りて戦争という英雄的な冒険への喜びや、戦い抜く覚悟を生かし続けさせようと考えられた。

二種類の戦争文学の対立は別の点にも現れている。片方はたいてい将校の視角で書かれており、他方は兵士や下士官の視角で書かれたものが多い。ここでもユンガーの小説を原型とみなすことができる。『鋼鉄の雷雨のなかで』は実質的には、十九世紀の九〇年代に生まれた世代に属するドイツの中産階級の若い将校の賛美である。貴族出身のもっと位の高い将校は、上司として遠くに現れるだけである。中心に立っているのは、中産階級出身の中隊長である少尉であって、彼はドイツ将校の貴族の規範に完全に同化し、きわめて優れた行動様式を備えたドイツの士官階級の一員であるのを誇りにしている。

もっとも、こういう中産階級出身の若い将校たちでは、将校としての礼儀や心情の形態も色合いも、位の高い貴族出身の将校のものとはいくらか異なっていた。中産階級出の若い将校たちは――ユンガーがその典型だが――ヴィルヘルム二世時代のドイツ・ブルジョアジーという大きな集団の反道徳的、反人道的、反文明的な伝統をいろいろな形で受け継いでいた。すなわち彼らは戦争を単に戦士貴族の意味で社会的な出来事、つまり民族や特に兵士の運命とみなしていたのではなく、戦争をあるべきもの、望ましいもの、男性的態度の理想とみなした結果、彼らには戦争の暴行や野蛮さが、何か偉大で有意義なもののように思われたのである。こうした違いがワイマール共和国の国内の勢力争いにかなりの役割を果たした。ヴェルサイユ条約によって認められた、ワイマール共和国の小さな正規の精鋭部隊である国防軍は、実質的には貴族である将校によって指揮されていたが、義勇軍その他の準軍事組織——なかば非合法の防衛軍——のトップは主に中産階級出の将校からなっていた。彼らではドイツ将校の作法は緩んでいた。

古い将校の伝統の特徴の一つは、比較的緊密な共同生活や将校と兵士との間の大きな社会的隔たりであった。ユンガーの書物のなかでは、兵士はたいてい端役である。彼の多くの仲間は独自の個性をもたず、「忠実なケトラー」とか「善良なクニッゲ」として現れる。(48)

われわれの仲間の本質を表わす特徴として、私は自分の当番兵である忠実なクニッゲがどんなに説得しても、自分の寝床を暖かい居間に敷こうとせず、あくまでも寒い台所で寝ようとしたことを挙げておきたい。こういうニーダーザクセン人特有の控え目な態度のおかげで、指揮官にとっては部下との関係が気楽なものになっていた。

この本が完成された二〇年代には、部下が将校に服従を断ることがもう起こっていた。部下との関係がそのおかげで指揮官にとって「気楽だった」素朴な兵士の「控え目な態度」は、過去のよき時代の思い出であり、それはよりよき未来への希望と同じようなものだった。

この戦争肯定の文学には、イデオロギー的であるとともにプロパガンダをめざすという二重の目標がはっきり反省されることなく、暗黙のうちに潜んでいた。対外政策について言えばその目標は、必要なら新たに戦争をしてでもドイツを再び強国の地位に就けること、できればドイツの優位を復活させることであった。国内政治について言えば、それは軍隊だけでなく全国民において、指揮官と部下との厳格な上下関係を復活させることであった。

したがって、初期ワイマール共和国における戦争肯定の文学と戦争否定の文学との間の論争には、その当時のもっと包括的な論争だったドイツの最も重要な論争の一つが反映している。戦争には飽き飽きして――国家の統一と現在の国境が維持され、戦債の重荷が減らされるなら――、ドイツは軍備を拡張しなくても立派に暮らしてゆけると信じている集団があった。この派に属していたのは産業労働者の大多数であり、リベラルなブルジョアジーの一部と多くの知識人であった。彼らはすべて、皇帝がドイツから消えたことを喜び、議会制共和国の成立を喜んでいた。彼らには、軍事的敗北とそれがもたらした財政上の負担だけが残念なことだったかもしれない。彼らは国際紛争では敗者だったが、――国内紛争では勝利者であった。

もう一方では、一九一四／一八年の戦争の終結は、ドイツ国民のかつての上流階級およびそれに加担する人々にとっては二重の敗北を意味した。すなわち国際的には、ヨーロッパおよびヨーロッパに依存する世界における優位を求める重要な戦いで敗北したこと、国内的には、ドイツにおける優位をめぐる戦いで敗北したことを意味していた。そういう集団に属したのは、将校団に入った者もいたドイツ貴族や、行政や司法に携わるブルジョア出身の高級官僚、ドイツの企業家、大商人、銀行家などだった。そのほかにも戦争で将校になったブルジョア出身の若者のかなりの部分がそれに属していた。彼らの多くは義勇軍その他の準軍事組織の将校として個人差はあったにせよ、最初のドイツ共和国の国内的には多党制を終結させて、帝国に存在していた厳密に序列化された上下関係を復活させ、対外的には戦争をするしないにかかわらずドイツが強国としての地位を再び獲得するという、先に述べた二重の目的を追求するあらゆる階層や集団からなる暴力活動を専門とする先遣隊となった。

補論3　ワイマール共和国における国家による暴力独占の崩壊

1　一九一八年の敗北後のヴィルヘルム二世時代の有力者の権力低下は、当時の貴族層とブルジョア層とではその意味が違っていた。貴族層の支配と優越は何よりも戦士としての成功のおかげであって、地主層は進展する産業化によって勢力を得る可能性をすでに失っていたために、貴族層は軍事的敗北と皇帝の退位とともに国家組織における特権的な地位を失った。——もっとも、例外として国防軍における支配的地位はさしあたり不動であった。たとえばプロシアでは、兵士や三つの階級に限られた選挙権によって確保されていた特権を失ったことは、ブルジョア的な市民階級にとっては有利なことだった。それまで二流のエリートにすぎなかった市民階級のトップグループは一挙に上流階級に浮上した。フランスの市民階級が革命によって獲得した——貴族の特権や政治的優越からの解放のような——ものが、第一次世界大戦後、労働者や兵士の蜂起や王権の消滅とともに、ドイツのブルジョア的市民階級にひとりでに転がり込んだ。中産階級がそれらを獲得すると同時に、絶対主義政権が崩壊して多数決によって左右される本物の議会を有する共和国に移行するとともに、組織された労働者の勢力が増大した。

産業労働者が統一組織をもっていたら、最大多数を占める政党が支配権を握ることを定めた憲法の枠内で、彼らが長期の優越した地位を得ていたかもしれない。しかし、ロシア革命とロシア共産党の政権獲得の予期せぬ結果として、ヨーロッパの組織労働者は、——労働者の利益になる社会組織を暴力を使わずに実現しようとする派と、ロシアの先例にならって最終的には暴力を使って実現しようとする派との激しく対立する二派に分裂した。

労働者ならびに労働者に共鳴するブルジョア的知識人は、国家主義的集団と親ロシア集団とに分裂したが、それは重大な結果をもたらした。その一つは明らかなことであって、組織的団結は産業労働者にとって、勢力を獲得するうえで、ブルジョア集団にとって以上に重要な要素であった。そのため、対立する二派へ分裂したことは、労働者の勢力の大幅な低下という予想外の結果をもたらした。だが、それだけではなかった。

ここでは、第一次世界大戦に敗れた後で、失敗した圧制的な皇帝政権を非合法暴力を使わずに倒せたかどうかという問題を検討する必要はない。とにかく、ロシアにおける暴力革命という実例は、模範としても恐ろしい先例としても、異常なほど後々まで大きな影響を残した。ロシアでは非合法暴力の使用が、暴力や税金の国家的な独占使用から支配階級を追放して暴力集団の指導者がその独占を引き継ぐのに有効だったという事実が、他の国々の非合法暴力と国家暴力との関係に強い持続的影響を与えた結果、革命を名乗るこの種の暴力が——先に述べたように、模範としても恐ろしい先例としても——今世紀における活動の支配的な原型になってしまったのである。

十九世紀はフランス革命の影響下にあったが、それ以上に二十世紀はロシア革命の影響を受けている。言うまでもなく両者の違いは、フランス革命の理想に対する確信が、理想実現のためには——革命という——暴力行使が必要だという確信と結びついていないこと、そして、権威ある書物の基本主張のうちに確固たる理論的基礎をもっていなかったことに関連がある。ロシア革命の異常な大きな影響が独特の性格を帯びることになったのは、まさにこの二つの事情が整っていたことによる。たしかに、産業国家（および農業国家）において制度的に確立されていた、勢力の不均衡な階級構成が発端であった。だがそれ以上に、その種の確信を統一し普及させるのに役立ったのは、少数の思想的に非常に優れた書物が存在していたという事情であった。マルクスやエンゲルスのその種の書物では、平等と人間性の理想を実現することは、非合法暴力を使うことと理論的にも非常に密接に結びつけられていた。フランス革命の経過のなかでは、暴力の使用はたいがい自然発生的であって、計画に基づくものではなかった。ロシア革命後、暴力使用は無力なアウトサイダー集団の計画にとって不可欠の要素になった。さらに、ロシアで非合法暴力によって権力を獲得していまや強大な政権の主人となった指導者やその後継者たちが、他の国々のシンパ集団に自分たちの理想が普及するのを助けたのである。

ここに、暴力行使の真に弁証法的なダイナミックスが始まる。ロシア以外の諸国における特に労働者の一部と少数のブルジョア知識人グループによる——ロシア革命の模範に従って——自分たちの理想を最終的には非合法暴力によって実現しようとする親ロシア派の運動に対して、別の集団が独自の非合法暴力によってその種の集団による暴力行使の危険に対抗しようとする計画が現れてきた。暴力で国家の独占権を奪おうとする試みを阻止するために、別の集団は自ら独占権を奪取することに着手した。

このことこそ問題だったのである。別の集団に対するある集団の暴力は別の集団の暴力を呼び起こす公算が非常に大きいが、そのことが今日までほとんど理解されておらず、また理解される可能性もまだきわめて少ない。二番目の集団の暴力行為は多くの場合、最初の集団によるさらに大きな暴力行為を引き起こす。こうしたダブルバインドの過程がいったん始まると、多くの場合もう止めようがなくなって勝手に進行し始める。過程を作り出している敵対する人々や集団を超えて、その過程は自動的に進行し、多くの場合ますますエスカレートして激しくなって、両方の集団が相手側の暴力行為を恐れるあまり、自ら暴力で相手を倒そうとせざるをえなくなるのである。

ロシア革命以来、地球上の多くの国またはあらゆる国が、こういうメカニズムの悪循環に捉えられている。このメカニズムでは非合法な暴力が国家による暴力に対して有効であることが立証された事実によって、全世界に暴力のダブルバインドの過程が起こってきた。この過程の進展が最初に目立った国の一つがドイツである。ロシアに比べてドイツはかなり高度の産業化段階に達して、都市化し、国民教育も進み、あらゆる面で近代化が進展していた。それに応じて、ドイツの産業労働者はロシアの産業労働者よりもはるかに組織され、政治的にも鍛えられていた。それだけに、ツァー政権の軍事的敗北と密接に関連して、私有財産を暴力によって没収したロシア革命が、ドイツでも皇帝政権の敗北後、ブルジョア階級は革命が起こって権力や財産の状態が計画的に変えられるのではないかと恐れていた。戦時中にも敗戦後も、ドイツの労働者の勢力が明らかに増大したことは、この恐れをさらに増大させた。

2　ロシア革命に続いて、ドイツの労働者組織が暴力なき改革を求める一派と、暴力を含む革命を求める一派に分裂したことに並行して、中産階級の側にも一つの展開が起こっていた。そこでも、既存の国家による暴力独占と、その独占によって確保されている人間関係の規則の枠内に自分の目標を設定している集団と、特に労働者組織ならびに労働者組織を正当化する国家に対する戦いでは非合法暴力の行使を支持する集団が現れていた。暴力を肯定する労働者組織と暴力を否定する――この場合には同時に国家を肯定する――労働者組織は激しく争っていたが、似たような中産階級の組織は公然とまたは暗黙裡に同盟を結んでいた。防衛軍や秘密結社その他の暴力集団だけでなく、国内紛争では自ら暴力をふるう気のない中産階級の多くの人々が共和国に敵意を抱いていた。この人々はあらゆる可能な手段を使って防衛軍などの集団を支援するのをためらわなかった。このため一九一八年以後、ドイツの中産階級は、ヴィルヘルム二世時代と同様に肉体的暴力を高く評価していたが、さらにいちだんと高く評価することになった。

ドイツ帝国ではストライキのような国内紛争に暴力を投入するのは国家の仕事であり、そのため一般には反省が加えられることもなかった。それは国家による暴力独占権の当然かつ正当な行使だった。ところがロシア革命の流れのなかの肉体的暴力の行使が、マルクスによる革命の高い評価によって理論的基礎を獲得した高度の反省をへた形の暴力行使であったように、中産階級の陣営でも暴力による脅迫や暴力の行使が、反省によって基礎づけられて、階級組織の勢力争いで意図的に実行される武器となった。その後は、先に述べたように、共産主義者集団の暴力による脅迫が「ファッショ的」集団の暴力を呼び起こしそれを強め、逆に「ファッショ的」集団の暴力による脅迫が共産主義者集団の暴力を呼び起こしそれを強めるダブルバインドの過程が、ヨーロッパでもヨーロッパ以外でも、多くの国の発展につねに見られる一面となってしまった。国家による暴力独占のこういう侵犯が可能な限界は、国家の中央権力の強さや安定性、特に暴力独占そのものの能率しだいであり、またそれに関連する国家社会の経済的発展の確実性や安定性によって左右された。

一九一四／一八年の戦争の終結したときのドイツの状態の特徴は、肉体的暴力を独占して国内平和を維持するために必要な軍事力と警察力を、新政府当局がほとんどもたなかったことである。ワイマール時代のドイツ国家は、そのかぎりでは未発達の国家だった。そのことがブルジョアにも労働者にも、暴力的な運動や組織を可能にした。

政府の能力、言い換えれば、暴力独占の執行機関である国防軍や警察を、議会や政府の方針で投入することには大きな制約があった。共和国中央政府は穏健な中産階級と穏健な労働者との一種の連帯のあらわれであったが、依然として貴族が指揮していた国防軍は中央政府から独立し、帝国でのその以前の形態がもっていなかった独特の力を有していた。[49] ラテンアメリカのいくつかの共和国のように――現代の多くの発展途上国がそうであるように、ワイマール共和国でも指導的軍人は独特の政治的目標を達成しようとしていた。彼らは当時の権力闘争では一つの半独立の権力拠点であった。共和国政府は平和維持のためにも暴力犯の捜索や処罰のためにも、必要な場合には州警察に頼ることができた。そういう目的にはたいていプロシア警察が使われたが、バイエルンのようないくつかの州警察は使われなかった。

ブルジョア暴力組織と労働者暴力組織との争いにとって大きな意味をもっていた一つの事実がある。それは、政府内の社会民主党の労働者代表で、最初は人民委員だったエーベルトとかシャイデマンやノスケといった人々が、まだ半独裁的だった皇帝体制を決然として改革して、特権の存在しない議会体制にしようとするとともに、労働者の利益を守るために同じように決然と驚くべき強い反感をもって、肉体的暴力の使用を非難したことである。したがって彼らは中産階級の団体や組織に敵対すると同時に、暴力を使って革命を起こしたロシアの先例にならおうとする一部の労働者たちとも敵対していた。

これが人民代表と国防軍最高司令部(および個々の義勇軍)との間の連帯――打算的な結婚(mariage de convenance)――に至った理由の一つであった。その結びつきは、労働者のストライキとともに、中産階級の側からの最初の革命の試みだったカップ暴動の失敗の一因となった。[50] そこにはワイマール政府が半独裁的な国防軍に依存していることが示されるとともに、政府の根本的弱点も顕わになっていた。敗戦とともに解体し始めたにもかかわらずほとんど無傷のままだった組織の中核には、社会民主党や労働組合のほかに将校団も属していた。エーベルトやグレーナーに代表されていたこの二つのグループは、一九一八年以後の苦境と混乱のなかで一種の同盟を結んだ。二つのグループを結びつけたものは、ブルジョア‐軍部グループや共産主義者グループなどの、あらゆる色彩の暴力的なクーデターの試みによって帝国が陥るかもしれない危険についてのきわめて現実的な意識であった。その種の試みが連合国の介入を招きかねないのは明らかであった。

3　つまり、最初のドイツ共和国の国家組織には最初から二重の顔があったのである。一方には、議会を舞台にして世論の脚光を浴びる、議会の規程に従って比較的暴力抜きで行なわれる派閥争いという形の階級の利益や理想の争いがあった。もう一方では、防衛団と秘密結社との肉体的暴力を使う戦いがひそかに陰謀をめぐらしながら徹底的な闘争を展開していた。このひそかな暴力闘争では、議会の派閥争い以上にその勢力関係ははるかにアンバランスだった。派閥争いの枠のなかでは、暴力なき改革をめざす労働者組織は、政府内の地位やその他の行政上の地位に就く可能性があるか実際に就いて、それまでは閉ざされていた権力の座に登る道が開かれていた。それに対して、暴力的集団の争いでは、敗戦後、共産主義に傾いていた中産階級の暴力組織が急激に優勢になっていた。彼らは国家による暴力の独占を解体することによって、共和国の国家組織や社会組織を内部から切り崩して、国家組織や社会組織に属する人々を多種多様な形のテロ行為によって揺るがそうとしていた。彼らはそうすることによって、憎むべき体制を倒そうと思っていた。そして結局、経済危機のおかげもあって、他の準軍事組織との競争では非合法な暴力手段を過酷で組織的な仕方で使うことに卓越している男が、国家による合法的な暴力を引き継いだとき、彼らも自分たちの望みを達成したのである。

従来の歴史叙述では、暴力を組織的に使うテロ行為によるドイツ国家の内部からの解体の重要性が、しかるべき仕方では認められていなかったように思われる。そのために、ワイマール時代における国家による暴力独占が陥った危険な状態と最後の麻痺に近い状態がもっている、人間社会一般における暴力独占の過程や役割を理解するうえでの決定的な意味も見落とされている。経済的発展は政治的発展から切り離して研究されるようになった。政治的発展のほうは、歴史叙述では主として法律制度の発展として理解されている。決定的なことを言えば、その場合には、暴力組織の発展や統合や解体には社会的な財の生産組織のそれと同様な構造があることを十分に解明することができないという難点がある。

一九一八年から一九三三年まで、議会における権力闘争と並行し、それと連関して、国家が我慢し妨害もしない非合法の暗がりのなかで、議会外の権力闘争が続けられていた。だが、議会外の権力闘争の進路や変貌を詳しく述べることはここでは諦めねばならない。共和国の最初の数年間の義勇兵のテロ行為から三〇年代初期の議場での殴り合いや市街戦まで、サブカルチャーや人間集団が継続的に発展し続けていることを確認するだけで十分である。この時代の私自身の体験が、国家による暴力独占の問題性と、国家による暴力独占と集団における行動の文明化または野蛮化に向かう変化との関係について、理解を深めるのに役立ったのは間違いがない。議会外での暴力行為の急増がヒトラーの権力奪取の前段階だったが、そのことは現代の若い世代には分かりにくいだろう。記憶に残っている私の個人的体験を簡単に述べるだけでも、いくらか役立つかもしれない。

ある学生の奨学金のことで、私は一九三二年にフランクフルトの労働組合会館で会議したことがある。会話が途切れたとき、私は「武装した連中に攻撃されるとしたら、この労働組合会館で自分を守るためにどういう予防策を講じただろうか?」と尋ねてみた。こう質問すると、みな黙ってしまったのを覚えている。それからやや激しい討論が始まったが、それを見て、参加者の一部の人たちがずっと前から意識の背後になかば隠していた考えを私が述べたのが分かった。しかしその人たちは、その考えが示唆するさまざまな可能性を口に出そうとはしなかった。なぜなら、それらの可能性は日常生活の調子と大きく食い違っており、日常生活の歩みが終わりかけている事実を認めるのは恐ろしいことだったからである。そういう出来事はまったく起こるはずがないと言う声も少しはあった。歴史における一種の摂理によって、「理性」と見られるもののほうが反動に対して必ず勝利を収める、というその人たちの確信は揺るがなかった。[51]

何をやれるかという質問が出た。しだいに激しくなる反政府的暴力集団の右派と左派との戦いで、右派のほうが優勢であるのは明らかだった。どうしてそうなるのか、私は知りたかった。そのときさらに尋ねてみて、浮かんだイメージを今でも私はまざまざと覚えている。それは、簡単に見逃されているヒトラーの勝利のいくつかの構造的特性に目を向けさせるものであった。

社会民主主義に傾いていた「三色旗」のような共和国の防衛団体には、労働者の目的をめざす戦闘組織とブルジョアの目的をめざす戦闘組織との間の暴力的な議会外の権力闘争に勝つためにも、戦い抜くだけのためにも不可欠な次のような三つの手段が欠けていた。

a こういう組織には費用が必要だった。組織された労働者防衛団体が武器や制服その他の装備に使える金は、反対側の財力と比べれば微々たるものだった。労働者防衛団体はメンバーに十分な給料を払える地位を提供することも、労働時間の穴埋めをしたり運送費用を払うこともほとんど不可能で、仕事の後か休日に制服を着て、訓練やデモや講演者の警護、それにつきものの多くは危険な殴り合いに加わってくれる人々の自発的協力に頼らざるをえないのが実情であった。特にヒトラーの突撃隊のような敵の団体は、はるかに多くの専従の兵士をかかえていた。敵の団体は失業者を雇って訓練し、イデオロギーを吹き込むこともできた。

b さらに、組織された労働者の戦闘団体は将校がいないことに苦しんでいた。ドイツ将校の圧倒的多数が反対側についていた。ヴィルヘルム二世の帝国では将校とそれ以外の階級との間にあった厳しい階級の違いが、戦後も議会外の戦闘組織にもさまざまな影響を与えていた。労働者防衛団体には軍事的に訓練された指導者と組織者がまったく欠けていた。

C 最後に、労働者集団には、反対側では当然だった軍事的伝統との繋がりも軍事活動への関心も欠落していた。

したがって、労働者集団が、しばしば議会外の勢力争いに敗れ、もちろん選挙演説会では彼らの演説者が苦しい立場に立たされることが多かったのも不思議ではない。また、騒ぎや暴力沙汰に嫌気がさしていた多くの国民が、明らかに優勢な団体の指導者に投票したのも不思議ではなかった。

ワイマール時代を振り返ってみて、国家による暴力独占がしだいに麻痺し、議会制共和国の体制が内部からしだいに切り崩されていったと言っても、それは決して文学的メタファーではない。議会制共和国の体制崩壊はすでに述べたように、戦争直後、数年のうちにドイツ市民階級の大半の人々の政治目標となっていた。もう一つの目標は、ドイツが再び強国の地位を獲得するための軍備拡張であった。しかし戦後間もない頃は、それは夢のまた夢であった。議会外の防衛団体は平和条約調印後はもう公然と現れることができなくなっただけに、それは非現実的なことだった。勝利を収めた連合国は、二〇年代の最初のうちは、ドイツの軍事力がヴェルサイユ条約で定められた限度を超えないように、それほど注意して監視していたわけではなかった。これがその当時すでに議会制共和国の衰退、崩壊を求めていたテロリストの暴力行為が、二〇年代後半から三〇年代前半とはやや異なる形態をとった主な原因の一つである。

テロリストの暴力行為は特にこの初期段階では、大不況時代やその後に比べれば、はるかに反逆的な性格を帯びていた。後の時期になると、ドイツ軍国主義に対する連合国の恐怖は、ロシアの軍国主義への恐怖のためにしだいに陰に追いやられていった。このため、ドイツにおける反ロシア的、反共産主義的な勢力は、西側の政治家にとっては決して不都合なものではなかった。そこで、それまで対外政策では国家主義的で内政では社会主義的な目標を暴力手段で実現しようとしていた市民からなる準軍事的防衛団体が、陰謀という暗がりからしだいに前面に現れてくるようになった。こういう団体はもう妨げられることもなく公然と現れて、公然たる暴力による脅迫や暴力行為で混沌たる状態を作り出すことができた。彼らはそれを議会制共和国の弱さや無能のせいにした。議会の内外での闘争は、共和国の初期には並行して行なわれていたが、しだいに強く影響し合うようになり、最後には、議会が議会外の暴力組織を合法化したときに一体となった。

一九二九年から始まった経済危機はたしかにドイツに限ったことではなかったが、当時のドイツでは、内戦の様相を呈した政治的危機とダブルバインドの関係にあった。その二つの側面が作用し合って危機を深めていった。政治的危機のため深刻化した経済危機が暴力による政治的対決を煽り立て、暴力による政治的対決が経済危機を煽り立てた。結局ワイマール時代の共和制は、一つにはその暴力独占の構造的な弱点によって、もう一つには、議会制の伝統がないため政府から不利な扱いを受けていると感じていた市民組織がその弱点を利用して行なった議会制‐共和体制の破壊によって挫折してしまった。

補論4　世界の廃墟に立つサタン

1　大衆団体であるヒトラーの組織は、議会での暴力沙汰や大がかりなデモのおかげで、多党体制を麻痺させて破滅させようとしたが、義勇軍は同じ目標をまずエリートによるテロという暴力手段で、政府の傑出した代表者と対決しようとした。だが――その成果は上がらなかった。彼らもこうしたテロの敗北を認めざるをえなかった。

ザロモンの『のけ者たち』には、ラーテナウへのテロの準備と、テロをやった後の期待に反する不十分な反響への落胆が丹念に描かれている。ザロモンは友人である暗殺者たちを助けるために、自分が彼らの捜索に取りかかったことを述べている。彼らを捜索しているうちに、彼らが暴力によって殺されたことを聞いて、彼は完全に絶望し、なかば熱に浮かされて旅を続けるが、その出来事についての連れの仲間の感想を耳にする。殺されたラーテナウが天国に着くと、殺されたエルツベルガーがワインに誘うとか、でもペトルスが酒場は締まっていると言うとか、彼らは冗談を言い合っていた。

そのとき彼には、大量殺人にかけた望みが実現されず、自分の友人たちの死は犬死だったことが分かった。その気分に関連して、彼はテロリストの目標や期待の構造の一般的な特徴を述べている。優れた人物の殺害は一つの狼煙であり、それが市民たちを動揺させ、現体制の腐敗した建物を根本から揺るがすはずであった。しかし、そういうことは何も起こらなかった。テロによって火はつかなかった。たしかに人々は興奮した。新聞は大げさな言葉でその行為を声高に糾弾するのもあれば、小声でそっと非難するのもあった。だが市民の日常生活の無気力な歩みに変わりはなかった。外務大臣の殺害が体制そのものを僅かでも揺るがした様子は皆無だった。

ザロモンの絶望は、注目すべき夢想のうちに表現されている。創作であるかどうかはともかくとして、それは、こういう深い欲求不満の状態に陥った人間の感情を決定的な仕方で照らし出している。(52)

このうんざりする嫌らしい世界を絶滅させるのだ。……もう人間はいやしない。いるのは見たくもない連中ばかりだ。人間面した連中が一様にいるだけだ。時々バーンと音がする。冷酷で組織的な破壊だ。地球はもう悪魔じゃ足りない。……なぜ、いっそのこと地獄と契約を結ばないのだ？　俺は目に見えないものになりたい。魔法の塗り薬か、指にはめて回す指輪か、ジークフリートでなくハーゲンが捧げた隠れ蓑か――口に入れれば見えなくなる賢者の石か、何かそういうものがあるといいんだが！　［暗殺の］首謀者のために松明をかかげ、廃墟を照らす狼煙を上げるのだ。――街中いたるところに松明をかかげ、井戸にはペスト菌を入れるのだ。復讐の神には死の天使がいた。俺もその仲間になろう。血の十字架じゃ役に立たない。骨の髄まで腐って悪臭を放っている泥沼の底に、爆薬をしかけるのだ。世界には人間なんかいないほうがいいのじゃないか？　俺は煙の立ち込めた場所を、人気のない青白い街を歩き回る。そこでは生き物はみな死臭で窒息して、割れ壁にはがらくたが哀れにもボロボロになって垂れ下がり、空しい願いをむき出しにしている。動いていない工場の機械にスイッチを入れると、ガラガラ空回りして砕けてしまうだろう。石炭を入れて汽車を衝突させると、棒立ちになって折れ曲がり、積み重なると粉々になって土手を転がり落ちることだろう。現代の奇跡の大型汽船、マンモス船を全速力で港の岩壁に向かって走らせれば、ピカピカ輝く胴体が裂けて、波間に音立てて沈んでしまうに違いない。地球をツルツルに剃り上げて、人間の作ったものは全部捨ててしまわねばならんのだ。ひょっとすると、月か火星から新しい人種がやって来るかもしれない。……そうなりゃ、世界ももう一度、意味を獲得するはずだ。——

ここには、現代のテロを含めて、政治的テロリズムやある種の発展段階にあるその他の多くの暴力集団にとって特徴的な夢想が、ほとんど模範的な形で示されている。そういう夢想を知っておくことは、こういう暴力集団の一種の特徴を理解するのに役立つ。

ほかでも繰り返し示されていることだが——、中心的役割を演じているのは、人が生きている世界の意味や価値の全面喪失という感覚である。より充実した有意義な生活への唯一の望みは社会の破壊のうちにある。こういう状況では、破壊が自己目的になりやすい。何が目的だったのかを忘れて、目的達成を約束する別の社会がどういうものかしか考えなくなってしまう。思いも努力もすべては現在に向けられ、次の暴力行為の計画に向けられ、逮捕を免れようという絶えざる強迫に対して注がれる。こういう状況には、暴力集団の計画にもルーティンワークにも虚無的な要素が増えているのが認められる。次の暗殺や放火や殺人の成功のことしか考えられない。破壊がすべてなのだ。その他の願いはすべて消え去っている。破壊以外に意味のあるものは何もない。そして破壊が——破壊できる能力が——同時に自分には力があるという感情を与える。社会が次の世代の人々に創造的な目的達成を拒むときには、人々は結局、破壊のうちに目的を達成しようとするのである。破壊者は全能者なのだ。引用した夢想がそのことを示している。最後に勝利を収めるのは破壊者——世界の廃墟に立つサタンにほかならない。

こうした虚無的要素は、特に最終段階にあるテロリスト集団に際立った形で見られる。望んでいた支配的な社会の崩壊は起こらなかった。犠牲者の死や仲間の死も、あるいは牢獄の壁に囲まれた生活も無意味な出来事であることが明らかになった。大きな希望は消え去った。追跡の手が迫ってきた。だが、無感覚になった者たちは破壊を企て、破壊を播き散らし続けた。暴力行為によって救済されるという信念は弱まった。しかしそれを計画し遂行することがルーティン化していた。それを放棄することは敗北した証拠であり、敗北を認めることだった。自分の努力が無駄であることが歴然となって、暴露しようとした社会の無意味さの次には、自分自身の行動の無意味さが顕わになった。それは耐え難いことだった。こういう状況に陥った者たちには逃げ道もなかった。彼らはどこへ行けばいいのか？　未来への確信は細々と燃えているだけか、すでに燃え尽きていた。それは彼自身も感じていた、あるいは知っていた。しかし集団の共同生活では誰もそれを言う者はいなかった。それを口に出すことは裏切りであり、命取りにもなりかねなかった。陰謀を企てる窮屈な集団生活では、かつては生きていたがもう時代錯誤になった信念を告白して、慣れ親しんだ言葉を型通り使う義務がまだ生きていた。破壊者が全能であることの快感が、社会のより良き未来への希望に取って代わった。途中で止めることは、これまでのすべての努力や犠牲が無駄だったことを認めることにほかならない。こうして、人々は自分自身の破滅をほとんど確実に予測し——あるいはそれを期待さえしながら——破壊を続けていた。逃げ道のない者たちに橋を架けてやるほうが、社会にとっては費用がかからなかったかもしれないのだ。

2　初期の義勇軍の多くのメンバーを捉えた夢が壊れた結果生まれた恨みや破壊欲のことは、ワイマール共和国のかつてのテロリストたちに関する話のなかでも述べておいた（そして、そこで述べたことのいくつかは、おそらく連邦共和国のテロリストについてもあてはまることだろう）。

［彼らは、永久の革命家であり］、根なし草となったために、整然たる人間社会の秩序との真のつながりを失い、……ニヒリズムを最後の信仰としてしまった［人々である］。現実に共同作業をする能力もなく、あらゆる秩序に反抗するつもりで、すべての権威に憎悪を抱いて、彼らの恐怖や不安が鎮まるには、もう現体制の破壊に思想的にも陰謀にも長く携わるほかはない。……彼らは原理的に一切の権威に対する敵なのである。

この状態のイロニーは、この引用がヒトラーの演説の一節であるというところにある。——この演説はヒトラーがほとんど成功を収めて、一九三四年六月三十日の流血の夜の出来事を説明するために帝国議会で行なったものである。[53] この長い夜とその後数日のうちに、義勇軍の指導者ロスバッハのほかに、国家社会主義の組織に入ってヒトラーの成功にすべての希望が実現したと思っていた多数のかつての義勇兵が、ヒトラー自身の部下によって殺害された。

国家社会主義運動の暴力行為と、組織された私設防衛軍の助けを借りた——それ抜きでは国家は長く機能できない——暴力独占の完全な崩壊が、ワイマール共和国を内部から破滅させてしまった。それは、いわば義勇兵やその同調者たちの夢の実現であった。しばしば戦闘集団と合流していた当時の若い国家社会主義者たちの計画は、それまでは漠然として不明確なものだった。エルンスト・ユンガーは、ヴィルヘルム二世時代の君主制、保守主義、ブルジョア的反動、あるいは愛国主義とはまったく関係がないと書いている。ヒトラーの政権獲得によって、こういう消極的な目標設定が積極的な様相を帯びてきた。一九三四年六月三十日は、過激な変革運動の発展における転換点の典型的なほとんど模範的な象徴だった。その運動は成功し、その運動の参加者たちは国家の破壊者から国家の代表となったのである。

補論5　ドイツ連邦共和国のテロリズム——世代間の社会的葛藤

意味への欲求と世代間の勢力争い

1　二十世紀の発展した社会では、個人的な目的達成を求める欲求は、一つの政治的理想に熱中することによって満たされることが多い。この欲求は労働者階級の文化伝統よりも、明らかに中産階級の文化伝統に属する欲求であるために、ドイツ帝国の後釜である西ドイツでは、この欲求は、他のどこよりも中産階級の集団に特有の世代の問題と結びついている。[54]約十三年間のヒトラー政権による残虐行為がドイツの歴史と社会に残した汚名との対決は避けようのない課題であるが、その対決は、中産階級出身の若者が新たな意味を求めるうちに、汚らわしい過去の大げさなスローガンとは正反対の政治的理想に引きつけられる大きな要因となっている。国家主義的な理想がほとんど際限なく高められた時期が過去となったいま、新しい世代が苦しんでいるのは敗戦という恥辱よりも、むしろ野蛮な暴力行為に傾いた国家というもっと克服し難い恥辱なのである。

中産階級の多くの若者はその恥辱を乗り越える一つの方策として、戦前——戦時中にも——支配的だった中産階級的な信念と対立し、父親や祖父の信念とも対立する政治的な信念に目を向けた。そういう政治的信念によってあの時期の汚らわしい意味から離れ、この状況で特に激しくなった世代間の葛藤を表現しうる新しい意味を見つけることができる、と彼らは考えていた。その役目を果たしたのがさまざまな色合いのマルクス主義であって、それらが祖先の悪業から決定的に隔たることを可能にして、新しい正しい世界に入ることを約束していた。要するにマルクスの説が、ヒトラーに対する解毒剤として役立ったわけである。したがって中産階級の戦後世代の意味への欲求は、国を超えて広がる強力な政治運動に合流するとともに、国民の過去の厄介な呪いからの浄化という一つのカタルシスをもたらした。というのも、国民の良心が堕落している頃にはまだ生まれていなかった若い世代は個人的には無罪と感じていたが、この呪いは若い世代にどこまでもつきまとっていたからである。

ブルジョア的マルクス主義と労働者的マルクス主義[55]との違いを詳しく説明することは、ここでは不必要であり、また不可能である。労働者的マルクス主義の場合には、労働者の明白な利益のための戦いのほうが重要であるのに対して、ブルジョア的マルクス主義の場合には、擬似道徳的な意味を与える役割が目立っている。こういう面から見れば、戦争中か戦後に生まれた世代の少なからぬ人々にとって、マルクス主義は無意味な強制に満ちた社会からの脱出を実現するものと見え、抑圧のない平等な社会がまもなく到来することへの希望の化身とも思われた。六〇年代および七〇年代のドイツ連邦共和国の学生運動や議会外野党で重要な役割を果たしたのは、マルクス主義の理論的側面と道徳的側面だったのである。

第一次世界大戦の――当時は将校の制服を着ていた――若い復員兵が、意味を与えてくれるドイツの偉大さの名において、裏切りではなくとも彼らには生ぬるいと思われたワイマール共和国と激しく戦ったように、今度は別の若者の群れが社会正義や抑圧や強制からの解放という名のもとに、生ぬるい――と彼らには思われる――ボン共和国と激しく戦った。いずれの場合も自ら選んだか運命によってか、ドイツの有力者である世代に対してアウトサイダーの立場を取った新しい世代の市民を主とする運動であった。だが後の若いアウトサイダーが断固として戦ったのは、彼らの父や祖父たちが若かった二〇年代には最も神聖なものとか意味を与えるものとみなされていたが、いまでは暴行の狂宴の思い出や国家統一を破壊した破局的な敗北、あるいは最高基準の空洞化によって無価値化したものに対してであった。

そういうものはすべて、六〇年代、七〇年代の若い世代の市民にとっては「ファシズム」という概念で総括されるものであった。ファシズムが彼ら自身が意味を求めてめざしている目標と正反対のものの象徴であった。彼らがその重苦しい信念や暴力行為から解放されようとしている昔のドイツの——必ずしも個人の父や祖父ではなくて国民的に父や祖父の——世代の姿が、ファシズムのなかで、強制や抑圧の代表者と実感される支配的な有力な世代の姿と溶け合っていた。

2 マルクスは社会的不平等と抑圧を理論の中核に据えて、その問題の解決を約束しているほとんど唯一の社会科学者である。彼の作品が、社会状況と自分の地位に苦しんでいた中産階級の新しい世代のグループにとって、中心的な指針を与えるものとなったのはそのためであった。

その際の難点は、マルクスの学説を特殊なタイプの社会的不平等に限定してしまったことであり、社会的不平等はたしかに産業社会で中心的な役割を果たしているが、それを理論化する際に、時代の社会的強制や不平等や葛藤については部分的な見方しかできなかったことである。この学説の中心にあるのは、資本を独占している企業家と資本の所有から排除されている労働者との間の葛藤である。だが社会的不平等や抑圧の多くの形態は、この図式では十分に説明することができない。後に中産階級の若い世代がマルクス主義を採用した際も、この理論的限界が一種の混乱を生み出した。彼らはいつも自分たちの戦いを、自分の社会のような社会の産業労働者が受けている経済的強制を指摘して正当化せざるをえなかった。産業労働者とは生活経験が非常に異なり、多くはそういう問題に親しみのなかった中産階級の若者たちや少し年上の人々は、社会的不平等を解消するためには、労働者階級の独裁が必要だと予言している理論に指針を求めた。

このためブルジョア的マルクス主義には独特の矛盾がつきまとっており、そういう集団の活動のうちにもそれが示されていた。彼らを正当化する理論に基づけば、彼らは産業労働者と関係を作らなければならなかった。だが、その努力は必ずしも容易なものではなく、しばしば無理が伴っていた。言うまでもなくこのことは、政治闘争の手段としての肉体的暴力について、若い中産階級と若い労働者では、態度が異なるところに現れている。労働者の息子だったミヒャエル・バウマンは、自分がテロリストだった頃のこの対立についての体験を次のように書いている。(56)

知識人はいつ暴力を使うかを一つの抽象から結論する。なぜなら彼は、帝国主義その他の理論的動機に基づいて革命を起こすと言うからである。彼は理論的動機から他の人々に暴力をふるってもいいという結論を導き出す。無論、参加する運動の経験の仕方もやはり主として抽象的な状況から引き出している。このためにこそ、彼は知識人なのであり、まず頭で事柄をチェックできるところが彼の特徴なのである。

われわれは子供の頃から暴力とともに生きてきた。それが身にしみついてしまっていた。給料日には親父は酔っぱらって帰って、まず自分の女房をぶん殴っても、それだけのことで終わりだ。学校で拳骨で殴り合うのはまったく当たり前で、仕事場で殴り合ったり酒場で殴り合ったりしても、それが比較的健全な関係だった。何かにつけてすぐ暴力がふるわれたものだ。

この記述は現実的にも理論的にも重要である。バウマンが自分の暴力活動に対する姿勢を、父親との経験や家庭や学校におけるかなり高い暴力水準から導き出しているのは偶然ではないだろう。自分が「反対の姿勢」と呼ぶものを、彼は以前の世代間の葛藤に関連づけている。中産階級の若者にとっては、肉体的暴力を否定する文明の壁を破るのは、自分の家族その他の基準からしても、はるかに困難であった。彼らには反省による是認、理論による正当化がどうしても必要だった。だが、国家の法律や個人の良心の規範の侵犯を是認する強制や葛藤に関する理論が、暴力行為に駆り立てる強制や葛藤の現実の本性と一致するとは限らない。労働者と企業家との経済的闘争を中心に据える系統の理論が、たとえば労働者テロリストによって使われず、企業家との密接な接触もなく、労働者との交際にも困難を感じがちだった中産階級の知識人によって使われたのが、この種の食い違いを示しているように思われる。中産階級のテロリストの命がけの行動では、企業者階級による経済的抑圧を除くことが中心的役割を果たしているかどうかは疑わしい。現体制に対する暴力的な戦いでは、強い社会的強制を受けているという感覚や、耐え難い抑圧からの解放を求める要求が、理論的に意識されている以上に非常に大きな役割を果たしていたと思われる。

先の引用で示唆されている、異なる階層の家族の平穏さの程度の違いを調べる場合には、この推測が特に重要である。バウマンの自叙伝的な記述は少数派の労働者家族に関するものにすぎないが、労働者か中産階級かによってテロリストに暴力行使の自発性に程度の差があるという彼の観察は示唆に富んでいる。一点だけ取り出しておこう。父親と子供の関係や世代間の勢力争いでは肉体的暴力が禁じられている、ごく平和な家族の出身である中産階級の若い知識人にとっては、政治的な権力闘争の手段としての暴力行為や銀行強盗とか放火や殺人は、強い者が弱い者を肉体的に脅かすことが日常化している労働者家族出身の人々よりもはるかに困難だと言えるだろう。こういう中産階級の人々が政治闘争において暴力をふるうことはない。暴力行使の禁止という外部からの社会的タブーを破るには、はるかに大きな努力が必要である。思想的弁明や反省による正当化が求められるのがその証拠である。

この事情が分かってくると、こういう中産階級によるテロリズムの問題の特質がはっきりと見えてくる。多くは暴力禁止の伝統のなかで育てられた人々を、自分の命を賭けてもその伝統に背かせ、良心による拘束にも反して他の人々を脅したり殺したりする決意を固めさせたものは何かが問題である。そういう侵犯を可能にするのは、強く抑圧されているという感覚だったり、大きな強制を受けているという感情であったりする。事実、知的なテロリストの言葉を読むと、自分は耐え難い抑圧的な隷属的社会に生きており、自由で正しい人間的な生活を可能にするためには、社会を破壊しなければならないという感覚を証明する言葉によく出会うことがある。

3

ドイツ連邦共和国の最初の世代のテロリスト、あるいはとにかく最初の世代の大半が、自分たちが生きている社会の抑圧的で不正な性格を感じ、確信していたのはまったく疑う余地がない。(テロリストだけに限らない)こういう確信が特に説明しにくいのは、遠くから見れば——長期にわたる過程の観察に目を向ける場合にも——ドイツ連邦共和国がそれ以前のドイツの社会形態よりも抑圧的で不正であるとか、勢力が不均衡であるようには見えないからである。

社会的不平等や社会的不正や抑圧が存在しないと言うわけではない。こういう欠陥とそれに対応する社会的葛藤は、ドイツ連邦共和国の最も明白な問題の一部となっているからである。ここで注目しようとするのは、もっと目立たない問題なのである。牢獄のような耐え難い社会の強制のもとに生きているという感覚、社会的不平等のゆえに社会は道徳的に非難されるべきであるという感覚——つまり、こういう不正への挑戦という中産階級の若者たちによる反対運動が、ほかでもなく、有力者集団による弱者の抑圧が以前の時代よりも減り、経済的な生活条件つまり生活水準がかつてなかったほどのレベルに達したときに高まったことは、どう理解したらいいのだろうか？　表面的に見れば逆説的とも思われるこの状況は、よく見受けられるものとは異なる形で調べないかぎり、つまり、当事者が申し立てている社会的抑圧や強制という感覚をまじめに受け止め、――こういう強制をもっぱら経済的な強制だとする彼ら自身の説明で満足するのでなく――その根拠を問うのでなければ、解明することができない。

　ごく一般的な答えを手短に言えばこういうことになる。すなわち、抑圧と感じられるものに対して集団が反乱を起こすのは、抑圧が最も強いときではなく、まさに抑圧が弱くなったときである。世界中どこに行っても、ここで問題になっている若い集団は、成長するうえでしばらくの間、力において勝っている年上の集団に依存している。そのために彼らが受ける強制には――成長には不可欠であるにしても――事実、多少は抑圧的な性格があるかもしれず、成長しつつある者自身には欲求不満に陥らせる抑圧として体験されるかもしれない。若い世代と年上の世代との間の力の差がなくなるにつれて、ますますそういう性格のものとして感じられるようになる。これは連邦共和国だけでなく、二十世紀の高度産業社会ではすべてそうである。

　今世紀の二度の大戦後ある種の解放の動きがあり、以前は無力だったか抑圧されていた集団が力を獲得するチャンスが増大した[57]。企業家に対する労働者の力の増大、男性に対する女性の力の増大、西欧植民国家に対する海外植民地の民族の力の増大が思い起こされる。このすべての場合に起こっているのは、こういう集団における力の平等化ではなくて力の格差の減少である。有力な年上の世代と新しい中産階級の若い世代との間に起こった力の変化についても同様である。特に五〇年代の終わりから顕著になった経済情勢の好転が、中産階級の若者、特に学生集団の解放への要求を強め、世代間の葛藤を激化させるのに一役買ったと思われる。

この変化にも逆説が見られる。父親や祖父の世代と比べると、六〇年代には中産階級社会では、子供の世代は家庭を出て独立するようになった。福祉国家と称される組織が出来て、短期間の仕事で収入が得やすくなったおかげで、若者は両親から早く独立できるようになった。だが両親から一応独立すると、自由になった若者たちは早くも何らかの形で、国家官僚機構による無名の拘束や労働市場にさらされるようになった。ここにこそ、ある階層による特定階層への社会的抑圧の問題や、無名の社会権力の支配、さらには社会的不平等や不正の問題に最も注目する一つの理論が、市民階級の若者の集団に受け入れられるようになった一つの――たしかに一つの原因にすぎないが――決定的な原因がある。

当時の中産階級の若い世代の人々の多くの言葉には、社会的抑圧についての強烈な感覚が見られるが、そういう感覚を十分に理解するには、彼らの状態の特異な逆説を明らかにしなければならない。前の世代が若かった頃に比べると、彼らは両親の命令にあまり服従しなくなっていた。息子や娘としての両親との関係では、彼らは前の時代の市民社会の息子や娘ほど抑圧されておらず、自由だったと言っていい。特に生活費に関して言えば、早く独立することによって、彼らは大人の社会の比較的非個人的な強制の圧力にさらされることになった。こういう状況で格好の指針となったのが、資本家による労働者の抑圧というマルクスの理論であった。それと同時にこの理論は、アメリカ資本主義の圧倒的な力と戦って成果を挙げたベトナム人民のような世界中の抑圧された集団との連帯を可能にした(58)。

たしかに現在では、ある種の有力者集団に比べて弱体で、有力者によって欲求充足を妨げられているアウトサイダー集団にとっては、マルクスやエンゲルスの著作は、指針ともイデオロギー的な戦闘手段ともなりうる最も包括的で最も印象的な理論であるだけでなく、ほとんど唯一の有用な理論体系である。多様なアウトサイダー集団が彼らの著作を思想的指針として利用するのはそのためである。しかし先に述べたように、彼らの説明の仕方は部分的に正しいにすぎない。労働者‐企業家という特殊なモデルやこの対立の止揚による救済の約束を、アウトサイダーと有力者との関係全体の一般的なモデルと認めるのは多くの場合イデオロギー的なものであり、戦闘手段としては有効だが、指針としては大きな誤りである。

4 ヨーロッパの戦後社会の中産階級の若者たちの反対運動または抗議運動においては、マルクスの思想が指針や闘争手段として使われたが、そこには、企業家と労働者との間の経済的利害によって規定された争いという形では、部分的にか不十分にしか理解できない権力闘争や葛藤の起こっていることが疑いもなく明らかに示されている(59)。第一世代の中産階級のテロリストの言葉を詳しく調べると、自分や他の人々が社会のなかでさらされていると彼らが感じている苦境や拘束は、単に経済的な階級対立という性格のものでないことが非常によくうかがえる。人々に対する社会的強制を研究する際に、広い意味での経済的強制に注目するのは不可欠なことではあるが、それだけでは足りない。その他のタイプの強制は、これまで理論的に明確にされたことがほとんどない。だが実際にはそういう強制が、社会発展の過程において、特にかなり高度に発展した現代産業社会の段階では、しだいに大きな役割を果たすようになっている。その一つが、意味追求への強制であり、個人的に充足した有意義なものとして体験される課題追求への強制である。

それに応じて、――テロリストに限らないが――テロリストによく見られる不満の一つに、現代社会における意味喪失に関する不満がある。その不満にしばしば結びついている考えは、個人行動の集団的利益が私的利益よりも優先する社会の生活しか有意義ではありえないとする考えがある。ホルスト・マーラーは自分がテロリストだった当時を振り返ってこう述べている。(60)

有意義な生活を実現することができず、共同の価値と認められるものに反する私的利益がしばしばシニカルに容赦なく幅を利かせているのは、まさにわれわれの社会においてであって、それはいたるところで見受けられる。何かもっと高次のもののために生きようとする、若者たちの要求は無視されている。この状態を見ると、どうしても逃げ出したくなってしまう。そこでは、すべてがまったく意味がなく、われわれは何一つとして目的を達成できないからだ。われわれはすべてを打ち壊さなければならない。

この引用だけではない。その生涯の決定的なエピソードを別の個所で引いたミヒャエル・バウマンは、牢獄からガールフレンドに「これまでの生活は無意味だったように思われる」と書き送っているが、そこに彼は、彼のグループを有名にした「君たちを破滅させるものを破滅させるのだ」というスローガンを書き記している。(61)このスローガンには、運命的な意味喪失によって社会は人格としての彼らを破滅させようとしているという、多くのテロリストたちのライトモチーフとなった感情が現れている。麻薬によってその空虚さから逃れようとする者もいればアルコールで紛らわせる者もいるが、自分を破滅させるよりも、自分を破壊しようとする社会を破壊したほうがいい――というのがこのスローガンの主張である。

政治的に左翼とか右翼と言われるレベルで説明するよりも、こういう言葉のほうがテロリズムの問題の根源に近づけてくれるように思われる。ここに述べられている問題は、集団の状態や社会全体の状態しだいでは、政治的スペクトルのどちらの極へ導くか分からない。説明しなければならないのは、——飢餓の問題やそういう基本的欲求を満たしてくれる社会状態への要求の問題と比べて——意味への渇望の問題やその渇望を癒してくれる社会状態への要求の問題が、二十世紀に主として中産階級の新しい世代に表面化していることである。(62) その点で重要な二つの側面を挙げておこう。

その一つは、世俗化の進展である。ここでそれを詳しく説明する必要はない。この変化の過程で、世界の外部に意味を求める考えに対して、自分の生存の意味を世界内部に求めようとする人々の努力のほうが前面に出てきたと言えば、それで十分である。ちなみに世俗化の傾向は、——たとえば国家による暴力独占の強化による他の人々による肉体的攻撃からの保護とか、公衆衛生や医学の進歩による病気予防の進歩といった——国家内部における人々の生活の安全向上と密接に結びついている。過去二、三百年間における平均寿命の大幅な延びが、こういう国内的な安全の増大をよく示している。以下に述べることについては、青春、成人、老年についての社会観念がそれとともに変わったことも忘れないように願いたい。

社会の貧しい階層でさえ裕福になったもう一つの変化も同じように重要である。空腹を満たせるかどうかがいつも不確かで、「日々の糧のための戦い」にエネルギーの大半を費やさねばならないところでは、その戦いで成果を挙げることに大きな意味がある。生存そのものをおびやかすその他の危険との戦いとも結びついて、このレベルでの援助や成功を求める欲求が、その他のあらゆる形の意味への要求をかき消している。十九世紀や二十世紀初頭までは、当時の発展した産業国家でも多くの人々は、国民の大半が飢え死にしないまでも絶えず飢えの危険にさらされているのが社会生活では当たり前のことだと思っていた。いくつかの国が、老若を問わずすべての国民を飢えさせない生活水準を確保できる生産水準に達したのは、二十世紀になってからのことである。飢餓もなければ病気その他の肉体的生存の脅威もない社会が、従来の社会発展からすればまったく異常な性格をもつことはまもなく忘れられて、当たり前のこととみなされるようになった。基本的欲求を満たす食糧を自分や家族のために求めるという仕事の日々の重圧から解放された結果、個人が有意義で満足できると感じうる社会の内部での仕事を求める要求が重要視されるようになったのである。

5 上に述べたような人間社会の変化が——そして、ここで言う必要もないその他の変化が——一種の枠組みを構成しているのである。それに詳細に立ち入ることはできないが、そのことを忘れてはならない。テロの形態での市民階級の若者たちによる抗議活動が、氷山の一角のように指し示している問題にとっても、このことが同時に条件として働いている。というのは、この運動において最後に現れるものは、大部分が社会の表面下で起こっているためにまだ観察も反省も加えられずに存在している葛藤の独特のあらわれであり、その急激な形態だからである。それが何度も述べた世代間の葛藤にほかならない[63]。

ここで考えている世代間の葛藤は、社会のダイナミックスの最も強力な原動力の一つである。この葛藤をまず何よりも親子の葛藤と理解したのでは、それを正しく捉えたことにはならない。たとえば次にように、テロリストの問題もそういうレベルで論じられることがある[64]。

テロリストの社会的由来や彼らの出身階級（「中産階級である親元」）との情熱的な対立は、親元ならびに「大人の社会」全体の拒絶であり、一つの怠慢である。テロリズムに関する有意義な反省は特にこの点から始められねばならない。批判的に問う場合のキーワードは、次のようなものである。われわれは自分の子供たちに有意義な生活をやって見せたか、彼らに生活を充実させ満足を与える活動に至る道を教えたか？　われわれは一九四五年以後、「また助かった」ことを喜んで、あまりにも安易に「福祉社会」を作ってしまったのではないか？　われわれはあまりにも自己満足に陥っていたのではないか？　賃金生活を送る階層の人々や外国人労働者、あるいは第三世界の飢えている人々や搾取されている人々のための生活状態の根本的改善に関する考察を、すっかり余分なこととして「後で」と引き延ばしてきたのではないだろうか？

世代間の葛藤の問題のこういう立て方は議論する値打ちはあるだろうが、ここで述べていることにとっては適切なやり方ではない。ここでの問題は、個々の両親が自分の子供たちとの関係において何か間違ったことや不正なことをやったかどうかではない。そういう個々の家族で起こる葛藤は、もっとはるかに包括的な世代間葛藤の個人的レベルでの一つの葛藤にすぎない。たとえばフロイトのエディプス・コンプレックスの理論のように、個人的レベルだけに目を向けているかぎり、社会的レベルで起こっている世代間葛藤を理解する道は閉ざされたままである。社会的レベルで起こっている世代間葛藤では、個々の親子の意図や計画は、もっと目立たない無計画で意図しない対決というはるかに大きな役割を果たしているが、当事者はそれを決して世代間葛藤としては意識していないことが多い。

ここで取り上げている世代間葛藤は社会的な葛藤である。それが特定の両親と特定の娘なり息子との間の個人的葛藤のうちに現れるのは確かだが、個人的葛藤も必ずしも、フロイトが認めたような不変的な性格のものではない。個々の親子の間に起こる緊張や葛藤の構造も、社会全体や個々の階層における親子関係の変動とともに変化し、その緊張や葛藤が子供の衝動や情動の形成に及ぼす影響もその変化に応じて変わってゆく。親子関係が決定的に力の違う者の間の支配関係であるという基本構造はたしかに存在する。

そしてたしかに個々の家族の間でも力関係が変わることもある。しかし、そういう変化は、ここでの世代間の勢力関係やその変化に関する議論にとっては重要な問題ではない。そういう個人的レベルの過程はその構造において、最終的には、部族や国家のような大きな社会における世代関係の構造によって規定されているのである。

社会的な世代間葛藤の例は簡単に見いだすことができる。集団全体の問題についての高い段階や最高段階の決定や命令のチャンスを独占する地位を占めることは、どんなに素朴な社会でも複雑な社会でも、たいていの社会では年長の世代の特権の一つである。若い世代はふつうそういう指導的地位から締め出されている。若い世代が排除されている理由としてよく言われるのは、社会の指導に結びついている課題を適切にこなせるようになるまでには、かなり長い準備や学習の期間が必要だということである。だが、言うまでもなく、若い世代の上に立つ地位の本性に従って、年長の世代に与えられる命令権の規制の仕方にも命令権の執行の仕方にも実に多種多様な形態がある。年長の世代が命令し決定する社会的地位を占める期間も、若い世代がその地位に登る機会が来るまでやや従属的な地位で待たされる期間も、その長さは同じように種々様々である。

年長世代が社会的役割をほとんど全面的に独占し、若い世代がそういう地位に就こうとするところに生ずる葛藤は、社会発展の過程に応じて大きく変化し、個々の発展段階ではそれぞれの社会独特のものであることが明らかになっている。そういう葛藤には、社会の全体構造の役割として説明できる構造がある。たとえば素朴な社会では、集団全体の幸不幸は支配者の力と健康に依存するという人々の考えに従って、力があり健康であるかぎりで、特定の家族の者が王位に就くことになっているかもしれない。飢餓や伝染病が起こったり戦いに敗れたりして王のカリスマが揺らげば、王を殺して、魔力を十分に有している若い子孫の一人を王位に就けるのが慣習になっているかもしれない。農場では農夫が弱くなると息子のために隠居するのが普通かもしれない。年とった農夫は六十歳か七十歳になるまでは自分の財産を自由にする権利をもち、長男は四十歳かそれ以上になるまでは財産をもたず、そのため結婚もできないのがならわしであるような社会もある。

後のような場合には、所有権が渡されないために意味を感ずるチャンスの減ることが問題になる。若い農夫の圧力を受けて引退すると、年老いた農夫は命令権だけでなく独立性も失って、目的達成と感じられるものをすべて失ってしまいかねない。若い農夫も老人の長命と頑固さのために、結婚しないまましだいに年をとってしまい、社会の規範によれば家屋敷をもち家族を作った者だけに可能な目的達成が不可能になる危険がある。こういう若い農夫の一人が絶望して暴力的になって、しばしば父親に襲いかかることは、格別詳しい知識がなくても十分に理解できることである。こういうことを見れば、世代間の葛藤がどちらか一方の責任として説明できるものではなくて、多くは決定的に社会制度の特殊な構造から説明されねばならないものであるのは明らかである。

二十世紀の産業国家のように——構造も機能の仕方も各国民に非常に不透明になっている社会では、世代間の葛藤も、以上の例に示されている単純な社会の場合よりも分かりにくくなっている。それだけに、そこに起こっているのが、個人の特性から生ずる葛藤ではなく、制度に基づいて起こる葛藤であることが見逃されやすい。

6 すでに指摘したように、議会外野党に加わり、後にはテロリスト集団に参加した中産階級の若者たちの多くは、自分の社会は明らかに耐え難いほど抑圧的で不正で、その意味で道徳的にきわめて非難すべきだと感じていたが、ドイツ連邦共和国では、社会的不平等や抑圧の傾向は無論あったが、実際にはヒトラー時代やドイツの歴史のほとんどの時代よりも減っていた。ここに見られる逆説は、包括的な世代間葛藤という背景からしか説明できないと思われる。

細分化された社会への発展には、若い世代に上昇の道が比較的開かれている時期と、上昇の道が狭まって一時的には閉ざされることもありうる時期が容易に区別される。論じている問題は複雑であって、特に高度産業社会では、多くの領域で上昇の道が狭くなることと並行して、別の領域でそれが拡張されたり、新しい道が開けたりすることがある。個々の社会分野で上昇の道が閉ざされたり開かれたりする最も単純な――単純すぎるかもしれない――モデルは、近代国家の伝統的な軍隊組織、特に将校団である。簡単に言えば、こういう組織の昇進経路は戦時には開かれ、平時には狭まり、一時的には閉ざされてしまうこともありうる。

社会の多様な発展段階において昇進経路が開かれている程度を全体として見渡すのは難しいが、国際関係でも国内の人間関係においても――戦争の時期や内乱や革命に伴う国家による暴力独占の再建といった――暴力行使の諸段階があると同時に、昇進の道がかなり開かれ数も多い段階もあれば、その反対に国内的にも国際的にも平和が続いて上昇に時間がかかる時期もある。その場合には、世代の交代が進まない。そのため、たいていの場合、有力者集団の平均年齢の者が上昇する可能性が最も高い。若い世代には、特に個人的な目的達成の感情と結びつくような生活のチャンスが減り、地位の高い年長世代（だけではないが）の若い世代への圧力のような、有力者集団によるアウトサイダー集団への圧力が増える。たとえば、漠然とある時代の生活感情と言われるものや文学のうちには、世代交代が遅れる傾向や、このような圧力を感じさせるものが数多く存在している。

革命や内乱の経過とともにその相互関係が変化する階級や階層をよく考えなければ、社会的な権力移動を理解することはできない。だがそういう権力移動は、多くの場合、世代間葛藤や世代交代の問題を考慮しなければ理解することも説明することもできない。ヒトラー体制や戦前のソ連の有力者集団が概して今世紀では最も若い集団だったことが思い出される。

生活のチャンスや意味を実感できるチャンス、特に社会の若い世代にとってはキャリアのチャンスの増減は、疑いもなく世代間のパワーバランスを最も大きく変える出来事である。こういう出来事が社会的な世代間葛藤の核心だと言うことができるだろう。

以上のことから、こういう葛藤において起こるのは利害の対立する世代集団間の意図的計画に基づく対決だ、と考えるのは間違いである理由が少しは明らかになっただろう。最初見たところでは、年長世代が幸福な有力者（beati possidentes）であり、目的達成のチャンスを含めて勢力を獲得するチャンスは彼らが握って、彼らが齢を取ってその勢力と結びついている社会的な役割を果たせなくならないかぎり、言い換えれば、年長世代がその役割を独占しているかぎりは、待機している若い世代にはそういう役割に達する道は閉ざされているか、年長世代が自分たちの利益になるよう規制しているというように見えるかもしれない。だが、世代交代はある程度は有力な年長集団によって規制され、将来への道が開かれている程度に応じて若い世代が目的を達成するチャンスの有無は決まるが、それを左右するのは計画なき過程である。世代交代を速めるのが戦争や革命の計画的な目的ではない――しかも、そういう出来事に関する明確な理論もほとんど欠けている以上、それが計画的な目的であるはずはない。明言されている目的がまったく別のものであっても、戦争や革命の結果、たいてい世代交代が速くなる。平和が長く続く時代には、若い世代は自分の活躍するチャンスを狭めたと言って、キャリアの絶頂に達して有力な地位を得ている年長の世代を非難するわけにはいかない。現在の知識からすれば、そういうことが起こるのも本質的に計画なき過程なのである。だが、そういう計画なき過程も、それを捉えさえすれば、それを意図的に動かすこともあながち不可能ではない。

生活がキャリアによって左右される階層の若い世代の運命が、社会における上昇の道が開かれているか閉ざされているかにかかっているのは明らかである。世代の潜在的な緊張やそれに関連する葛藤は道が狭められると激しくなるが、その葛藤の現れる形態はきわめて多種多様である。

その形態が階級それぞれに独特のものであることを明らかにしないかぎり、ここに現れる問題を完全に捉えることはできない。産業労働者の職業の仕組みの特徴は、何よりも彼らの経歴が短いということである。そのため、労働者ではキャリアへの期待はふつう中産階級ほど目立たず、職業意識においてもそれほど重要性をもっていない。中産階級の場合は、若者たちが何歳でどういう職階に達しているかを示す、かなり正確で時期的にも確定している進路を計画しているのも珍しいことではない。自分の分野でのキャリアが閉ざされていることへの反応の違いは、労働者出身か中産階級出身かで決まる進路の違いと少なからず関係している。

ちなみに、複雑な社会にはいずれの集団にとっても、キャリアとは無関係な別の道がある。若い労働者にとっては、フットボール選手やボクサーのようなキャリアがそういう別の道であり、中産階級出の若者にとっては作家や詩人のようなキャリアがあり、政治的なキャリアはどちらにとってもそういう別の道になりうるものである。

現代社会の特色の一つとして、世代間の葛藤が職業のレベルだけでなく政治的なレベルでも、顕著な役割を果たしていることを挙げることができる。この事態は二十世紀の決定的な国家モデルが政党国家のモデル、つまり政治的に体制側に立つ政党組織への所属が、政府内の地位や行政機関の高い地位の保証になるような国家のモデルであることと関連している。政党組織は同時に広範な国民の一部を包括しており、そこには若い世代も含まれているのが普通である。独裁的な一党国家にしろ議会制の多党国家にしろ、政党国家という形態の社会が組織されたのはかなり新しい。政党国家には職業的進路のほかに政治上の進路があるが、この道は開かれていることもあれば、閉ざされていることもあり、また拡張されたり狭められたりもする。したがってこういう進路の網の目には、陰陽さまざまな世代間の葛藤が伴っていることもある。年長の世代によって占められている政党や政府の指導的な地位への道は、若い世代には長年の間閉ざされていたかもしれない。その道は、たとえば政党間の競争や政党や政府の一員の死亡によって、若い人々にも新たに開かれるかもしれない。その道がどのようなものであっても、職業や政治のレベルで活躍して目的を達成するチャンスが閉ざされているために、若い世代に圧力がかかっているのかもしれない。その圧力はしばしば、両レベルでの制限が組み合わさることから生ずるものである。

7 この論文では、主に市民階級の新しい世代にとって、活躍して目的を達成するチャンスが閉ざされていることから起こりうる結果の二つの例を挙げた。ワイマールの場合は、第一次世界大戦後、義勇軍や後に陰謀を企てるテロリスト集団を作る際に重要な役割を果たした若い将校たちが問題であった。彼らの大半にとっては、ドイツ国防軍の将校という正規のキャリアが彼らの能力にかない、地位への欲望を満たして生活を充実させ、意味を与えうる唯一のキャリアだと思われていた。自発的な義勇軍での正規でなくやや農奴的で、いつ降格させられるか分からない地位は、あくまでも以前の強さをいくらか失ったドイツ帝国国防軍の安定したキャリアの代用だったのである。

この義勇兵たちは、ドイツ国防軍に対してまったく両義的な感情を抱いていた。国防軍指導部は彼らが望んでいた正規軍将校という地位から彼らを締め出した。国防軍指導部は戦後間もない頃から、議会制政権には大して共鳴していなかったが、政権を武力で倒そうとするあらゆる試みには反対していた。しかし義勇軍のアウトサイダーたちには、ドイツ国防軍と戦うことはできなかった。国防軍は結局、彼らの保護者でもあり同盟軍でもあった。義勇軍の将校たちは国防軍の助けを借りることが多かったからである。義勇軍と同じように自分たちを「国家主義的」な考えの持ち主だと思っていた市民階級や貴族階級からなる市民集団、特に国家主義的な団体や政党もこれと同じ事情であった。粗末な生活に逆戻りさせられた義勇兵たちは冷静で太った愛国者である中産階級を軽蔑していたが、市民階級も義勇兵の有力な同盟者であって、中産階級による保護や財政的援助がしばしば不可欠であった。ドイツ国防軍指導部や国家主義的な団体や政党のトップグループという、体制側に立つ有力者層に対する義勇軍の比較的若い指導者とその部下たちとの世代間葛藤は潜在したままで、十分に表面化することはなかった。国防軍将校の地位にある者たちは、義勇軍将校の望むキャリアへの道を閉ざしたがった。義勇軍の将校服を着た危なっかしい若い市民たちは、冷静な愛国的な旧ブルジョアジーにとってはあまり好ましいものではなかった。だが、活躍して目的を達成するチャンスを開くために、年長の有力者に対して若いアウトサイダーたちが展開していた戦いは、そういうレベルでは解決されようがなかった。

その若い世代と年長の世代は利害を異にしていたが、両者の間には共通の敵があった。両者に共通の敵は、皇帝体制の有力者が敗北したおかげで、新たに権力を握るチャンスを得た成り上がり者たち、特に非常に多くの組織労働者と、数は少ないがドイツ社会全体で第二位を占めているユダヤ人ブルジョアたちであった。ドイツの敗北に甘んずることができず、帝国と上流社会の栄光の再建にすべての望みを託していたあらゆる人々の戦いが主たる標的としたのは、小さな民主的 - リベラルなドイツ市民階級のほかに、代表者がいまや共和制の有力者となったこういう集団だった。義勇軍もその一つだったワイマール共和国のいわば議会外野党の戦いは、新しい共和国体制とそれを支える人々に対する戦いであった。

ここには、活躍して目的を達成するチャンスを閉ざすか開くか、狭めるか拡張するかという問題をめぐる社会的な世代間の葛藤を、理論的に捉えるうえでモデルケースになる現象が見られる。望ましい活躍のチャンスへの道を閉ざしている有力者に対する若い世代の反抗は、ある種の状況では、その目的とは別の方向に向かい、別の集団へ向けられるかもしれない。この例はこのほかに、主として市民階級の若い世代による職業や政治におけるチャンスが与えられることを要求する戦いが、いかに複雑になりうるかを明確に示している。

最初は議会外的な方式で、やがて議会における上昇の道を巧みに利用して、若い世代のある種の集団に対して、政治上の指導的地位に立って活躍して目的を達成するという、ワイマール政党体制によって閉ざされていたチャンスを初めて開いたのがヒトラーである。義勇軍や国家社会主義運動によるワイマール体制に対する戦いという形をとった階級闘争は、世代間の葛藤ときわめて密接に結びついていたのである。

8 ボン共和国のテロリストを生み出した運動の場合にも、問題であったのは、世代間の葛藤にほかならなかった。そこでも若い世代の代表者たちは、彼らには有意義で生きるに値すると思われるものを非道にも奪い取るとしか考えられない権力をもつ年長の有力者集団に向かって立ち上がったのである。以前は狭められたか閉ざされていた職業上の進路を開こうとする攻撃がなかったわけではない。大学の教授ポストへの進路の拡大と採用に当たっての共同決定を求める要求が、六〇年代後半から七〇年代前半の学生運動の要求の一つであった。だが、中心的な意味をもっていたのは、年長の政治的有力者に対する戦いであった。議会外野党を形成し、つまり同時に既存の政党組織の外部で活躍する野党を形成して、若い世代が立ち向かった相手は政党体制による重圧にほかならなかったのである。

政党は年長の指導者グループによって支配される階層的な団体になりがちで、そうなると、その内部で若い世代が上に立つまでに、しばしば非常に時間がかかることになる。病気か高齢で衰弱してやむをえない場合を除けば、トップの代表者が自分にとって有意義でやり甲斐のある権力の座を譲ろうとせず、憲法が世論による後継者選びを求めていない独裁的な一党国家よりも、各政党間の競争が歓迎されている多党国家のほうが、年長の有力者の支配によって政治的な上昇のチャンスが狭められることは感じられない。だが多党国家でも、政党間の競争はあっても、各党の内部での上昇の道を狭めたり閉ざしたりしがちで、多少とも独立の決定を可能にする政治的地位から若い世代を遠ざけようとする傾向は顕著である。こういう状況は若い党員の反対の気構えを抑え込んでしまうから、党内の統一を保つにはかなり有効である。こうして、既存の政党組織や議会制度のなかでは表現できない政治的、社会的な目的を表現するチャンスは、若い世代の党外の議会外野党という形しかなくなってしまう。こういう独特の運動は、若い世代が政治的に活躍して目的を達成するチャンスが、今日のように政党内部でも閉ざされているか制限されている徴候だと考えるべきであろう。

議会外運動のダイナミックスを理解するためには、現代の議会制国家では、堅く制度化された政党組織のなかでのキャリアが、最も有効に政治活動に至る道であるが、この道が平和が長く続くときには非常に狭くて、大多数の若者には手が届かないことを考慮に入れておかねばならない。政党の指導的地位に就いて支配的役割を果たすチャンスが長い間、年長の党有力者によって握られている場合には、若い世代には自分の政治目的を達成しようにも手がかりがない。ここに、抑圧的な社会に生きているという若者の感情を不十分ながらいくらか説明できる、多党国家における世代間の関係の構造特性の一つが見られる。社会の多くのことが変えられるべきだという感覚が、公共生活に新たに登場してきた若者にはしばしば非常に強いが、彼らが弱点と見るものの変革のために、既存の公的制度のもつ可能性を活用することができる場合はごく稀である。

有効な共同決定から隔てられていることは、非常に重要な問題である。なぜなら二十世紀では、人々にとって有意義で、人々の目的を達成させもし失わせもするものにとって、政治的信条がこれまで以上に不可欠の要素となっているからである。先に指摘したように、従来は人々に意味を与える機能は、世界を超越したものに関わる宗教的信仰と結びついていたが、世俗化の大きな流れのなかで、それがしだいに世界内部の政治的信条へ移ってしまった。このため、政治的信条の間の戦いに、以前の数世紀の宗教的信仰の争いと同じような強い感情が伴うのも珍しいことではない。六〇年代には、議会外野党の市民階級の若い指導者グループや七〇年代の陰謀を企てるテロリストが加わって、支配的な政党有力者たちが具体化している現代国家は道徳的に無価値な抑圧のシステムであるという告発がなされたが、その熱烈な信仰、情熱的な政治参加、彼らの政治的理想のための闘争には、人々に意味を与えるという働きがあることを考えないかぎり、それを十分に理解することはできない(65)。

事実、六〇年代と七〇年代の連邦共和国の若い反対派にとっては、政党組織があらゆる政治活動への道を独占し続けている政党国家では、特に有意義と思われる目的のための政治活動から、自分たちは締め出されているとしか思えないことが、彼らの苦境と彼らの行動の最大の原因だったであろう。そのように見れば、議会外野党が形成されたことが、独占的な政党体制を有するあらゆる社会に潜在しているものを暴露したのである。この事情は、何よりも若いアウトサイダー集団の存在に見ることができる。彼らは強烈な政治的な動機をもって、——彼ら自身がどう解釈するにせよ——社会の公的な諸問題に熱心に参加するが、公的な制度はそういう関心を有効に発揮する機会を彼らに与えないのである。

したがって、政党以外の議会外野党の諸形態は、議会制によって支配されている国家の正常な現象の一つなのである。ドイツ連邦共和国のものと同じような抗議活動が、世界中の多くの進歩した産業社会、特にアメリカ、フランス、イギリスに起こった。こういう国々では、主に市民階級出身の人々が、古いブルジョア集団が支配している体制を、議会外のやり方で根本的に変革しようとする試みに結びついた。彼らの企ては特に大学で、古い世代と若い世代との関係にその後、影響を与えることになったが、どの国においても、参加者たちが運動の最高目的としていた大きな希望の点では、そういう企てはことごとく失敗に終わった。

こういう闘争がもし成功していたなら、政治制度の上に立つ古い世代の体制は終わっていただろう。新しい広々とした柔軟な道が作られていたら、狭められ妨げられていた政治的上昇の道が開かれたことであろう。古い世代の人々は退場して、若い世代の人々がそれに代わっていただろう。しかし、こういう運動が権力を得るチャンスは、政党組織、特に政党のトップや党有力者がもつチャンスと比べてきわめて少ないのが通例である。社会の重大な危機が助けとならないかぎり、そういう運動に加わった人々には、彼らの政治目的の意味で有効な政治活動への道が開かれるチャンスはほとんどない。

ワイマール共和国の議会外野党にとって、政党の政治闘争に介入して成果を挙げることを最終的に可能にしたのはこういう危機だった。だがボン共和国の六〇年代の議会外野党の代表者には、それに相当するチャンスは存在しなかった。参加者も多く、大衆デモは大きな期待をもたせた。同じ時期に起こった学生運動は、教授という有力な古い世代と学生や若い助手たちのアウトサイダーの世代との力関係を若い世代に有利であるように変えて、若い世代に一連の職業への道を開き、拡大しようとする試みはかなりの成果を挙げた。こういうことが参加者の気分を高揚させた。彼らの理想を実現し、共和国の抑圧された人々、特にこの闘争に加わった若い世代を解放する夢が実現されそうに見えた。だが意外なことに、その夢は潰えてしまった。幸せな気分の後に意気消沈が起こって、闘争は冷え切ってしまった。

戦前世代と戦後世代——体験、理想、モラルの違い

9　古い世代が地位を独占しているために、政治的決定をくだすあらゆる審議機関への道だけでなく、一般に政治決定への能動的参加から長年押しのけられていると感じていた、政治的な動機をもつ若い世代の欲求不満は、六〇年代と七〇年代のドイツ連邦共和国の議会外運動のいくつかの集団に示された現在の国家への攻撃にたしかに大きな影響を及ぼした。だが、彼らの体験のその他の特質や、世代間の葛藤のその他の特殊な面も同じように影響を及ぼしたのである。そのなかには、古い世代とこういう市民階級の世代では、ドイツの歴史への国家社会主義の侵入やその原因や結果に対する態度が異なるということが含まれている。

こういう若者たちがいわば登場して、連邦共和国の政治風景を初めてはっきりと見た状況に身を置いてみれば、役に立つかもしれない。その際すぐ目につくのは、新たに登場した人々の経験世界と、当時あらゆる指導的な地位で、政党や大学を含むすべての政治や職業のキャリアのトップに立って、ドイツ国家の運命や社会の新しい世代の運命を決定していた古い世代の経験世界との大きな違いである。

ワイマール共和国からナチ党の独裁、そしてその後の戦争を体験した市民階級の古い世代にとっては、ドイツの歴史へのこういう反文明的な侵入との対決において、彼ら自身が個人として有罪か無罪かの問題が重要な役割を果たした。彼らの大半の人々の場合は、彼ら自身がナチ時代の犯罪に加担しなかった、あるいは大して加担しなかったことは、連合国の粛正委員会その他によって証明された。彼らにとっては、「ドイツの過去の克服」の問題はそれで実質的に解決されたのである。公的には彼らは何も恐れることはなく、何も後悔することもなかった。彼らの良心が彼らを苦しめたことはあったかもしれない。だが、公的生活においては、この世代の指導的な人々には、ヒトラー時代の悪夢を葬ることができるように思われた。国家社会主義の組織に個人的に加わったかどうかという問題を超えた、ドイツ社会のどういう特質や特殊な伝統があの残虐と非人間性の爆発を可能にしたかという問題は、たいてい彼らの地平の彼方にあった。烙印を押されている集団に所属したという恥辱を個人的には多少とも免れていると思って、彼らは皇帝時代の無数の古いブルジョアや貴族の家系からワイマール共和国をへて、新しい連邦共和国まで続いているドイツ国家の伝統を維持しようと努めた。彼らは多くの点で、何事も起こらなかったようなやり方を続けてきた。

ここで分かるように、戦勝国の代表者たちによるドイツ国内問題の処理は、連邦共和国の発展を明らかに遅れさせる方向に働いた。アデナウアーという象徴的人物に代表される戦後の指導者グループは、何よりも戦勝国との和解と戦前のリベラルな保守主義の伝統の意味で安定した国家の建設に努め、そのおかげで新しい連邦共和国が西欧列強の信頼すべきパートナーとなり、また強力な経済援助の正当な受け手ともなることができた。敗戦の結果や再建の遅れのために、支配的な古い世代の態度や理想との若い新しい世代の対決は引き延ばされるばかりであった。六〇年代と七〇年代になされたその対決の激しさは一部は、挽回しようとする試みが与えた効果のあらわれであった。

その当時政治の舞台に登場した市民階級の若い世代にとっては、国家の過去という問題は、父親や祖父の世代とはまったく別の仕方で現れてきた。彼らは戦争後半か戦後に生まれた者であり、自分たちは個人的にはヒトラー体制の犯罪に何の責任もないことを確信していた。だが彼らは多分いくらか驚きながら、普通なら耐えられる非人間性の形態をはるかに超えた暴力的な体制が出現したことを、世界中の人々がドイツ民族のせいにしているのに気づいた。言い換えれば、恥辱がヒトラー時代の暴力行為に個人的に加担した個々の人々につきまとっているのではなくて、民族全体につきまとっていることを、彼らは身をもって知ったのである。若かったために、あの烙印を押された出来事には一切関わりがないとしても、外国人に出会うと、ドイツ人はみなそれを思い知らされた。父親の世代は過去からの浄化という問題を主として個人が有罪か無罪かの問題だとしていたのに対して、息子や娘の世代にとっては、その問題はナチ体制の成立という社会的な問題として、はるかに大きな規模で立ち現れた。後で生まれた彼らにとっては、過去の悪夢はそう簡単に葬られうるものではないことが、父親たちにとってよりもはるかに明らかになっていた。この面からも世代間の葛藤は――必ずしも家族の葛藤としてではなく――何よりも社会的な葛藤として特別に激しく噴き出したのである。

若者が活躍して目的を達成するチャンスを長年の間、独占していた年長の世代と、若いアウトサイダーとの間のふつうの競争が、この場合にはまったく特別に激しい対立となった。父親の世代が自分たちから活躍のチャンスを阻んでいるために、父親の世代は権威主義的で抑圧的だと息子や娘に感じられることはよくあることだが、多分明確でないこの感情が、いまや市民階級の若い世代全体にとっては、父親たちはヒトラーとその部下たちの台頭に直接か間接的に責任のある世代の代表者だという意識と結びついた。ドイツでは国家社会主義者、よく使われる言い方では「ファシスト」がどうして勝利を収めることができたのかという問いと、歴史は繰り返されないという確信についての問いに対して、若い世代は、はっきりと答えることをそれまで以上に強く要求した。

ドイツには新しい独裁が近づいているという不安や、抑圧の現実の諸形態を第二のファシズムとして解釈しようとする、議会外野党グループや後には陰謀テロリストの計画や活動に非常に強まった姿勢は、こういう経験の状態から説明することができる。こういう状況から生まれた欲求を満たすことを、特に市民階級出の知的傾向をもつ若者たちに約束したのがマルクス主義であった。大ざっぱに言えば、マルクスの理論とその派生形態は、この時期の市民階級の若い世代にとって四通りの機能を果たしていた。すなわち第一に、国家社会主義の呪いから浄化されるための手段として、第二に、国家社会主義の社会的性格と現代社会に関する指針として、第三に、古い有力な世代である父親たちやブルジョアジーに対する闘争手段として、そして最後に、自分たちの社会を批判的に照射するという意味をもつ、ユートピアであるもう一つの社会のモデルとして役立った。

しばらくの間は、こういう市民階級の若者の指導的グループには、現在の社会体制の経済学的に解釈される拘束から解放されて、資本主義の支配が終わり、労働者階級の支配へ移行するという、夢に見た目的を達成することができるように思われた。有力者たちのボン共和国が、前進するアウトサイダーによって、ふつう「社会主義」という概念で示される自由で有意義な別の社会システムへと変化し、ファシズムの亡霊を決定的に追い払うことのできる時が近づいている、と彼らは感じていた[66]。その夢が実現されなかったとき、また若い世代にとっての素晴らしい希望が挫折し始めたとき、反抗のダイナミックスは反抗グループと国家による暴力独占の代表者が衝突したときの暴力行為を激化させることになった。結局彼らはあまり暴力的でない戦術ではどうしても揺るがしえない支配組織を、今度は組織的な暴力活動によって転覆させようとする秘密組織を作った。

ドイツ連邦共和国のテロリズムを説明しようとすれば、若い世代の反対運動が主に、ファシズム的か国家社会主義的な体制による、法律では抑えようのない多少とも圧制的な暴力支配がごく最近まで横行していた国で、暴力集団を作り出したという事実を無視することはできない。ドイツでもイタリアでも、暴力的な独裁的支配体制の成立に好都合だった状況や伝統が、暴力的な反ファシズムの反対運動が起こるうえでも力を発揮したのは明らかである。そのうえこの両国では――おそらく日本でも――当然の理由から、新しい暴力的‐権威主義的な独裁に対する恐怖がことに大きく、したがって若い戦後世代の一部はそういう体制が再来しそうなわずかな徴候にも非常に敏感だった。発展した社会で、争いの解決手段として勝手に肉体的暴力を使うことを制限している束縛が破られると、火は燃え続けて、暴力支配の再来に対する恐怖が、反対者にも予防手段や反撃手段として暴力を使わせることになりやすい。連邦共和国のテロリズムをどう説明するにしても、議会制を採っている他の国々では、抑圧的と感じられる現体制を急激に変革する勢いや望みがなくなっても、議会外野党の運動から陰謀を企てるテロリスト集団は生まれなかったということを考慮に入れておかねばならない。

国家社会主義体制に対立するものとして、人間共同生活のもっと素晴らしく暖かで有意義な体制を実現しようと努力しているうち、しだいに非人間的な行動に駆り立てられる者たちが、若い世代の人々のなかにいたことは彼らの悲劇であった。それは彼らだけの悲劇ではなくて、彼らが変革しようとした国家や社会の悲劇でもあり、また社会や国家を代表する――権力の座を占めていた――古い世代の悲劇でもあった。古い世代も同じように、千年間のドイツ君主国家の後継者である共和国の国家組織の多くの末端だけではなく、人格構造の片隅にも生き続けている絶対主義国家の頑固な遺産を、変化した権力関係に合わせて和らげようとしていた。ドイツの伝統が破局に陥って、辛うじて獲得した国家の統一が崩れたことによって、戦争を生き延びて再建を指導してきたグループに、権威主義的でない国家を樹立し、官庁や教育制度もそれに合わせて改革しようとする意欲や願いが強まっていたのは確かである。だが国内的には専制的な絶対主義の様式を踏襲しそれを発展させながら、他の国々に向けての宣伝では、現体制の革命と自由を呼びかけていた隣接諸国の革命思想が侵入することを恐れるあまり、彼らの改革の意志には限界があった。

戦前の特徴が残っている古い世代による限られた改革を、若い世代の一部は不十分だと感じていた。議会制度や多党制にもかかわらず、彼らの見るところでは、改革された国家にも伝統的な専制国家の特徴がいくらでも見いだされた。その際、彼らには思想的批判の道具として、国家を支配階級の道具と捉えて非難するマルクス主義思想が大いに役立ったが、それがある種の厄介な事態を生み出した。一方では、この思想を実現することによって、ほとんど完璧にきわめて専制的な抑圧的国家が出来上がり、他方では、国家当局の古い有力者グループに対しては、マルクス主義は紛れもない挑発的な刺激剤のような効果を発揮した。有力者グループは、西側同盟国を手本にして――変革された国内の力関係で――大政党の自由競争に広い活躍の場を与えようと早くから決意していたが、マルクス主義は彼らに、以前のドイツの支配層がもっていた感覚や態度に似た感覚や態度を呼び覚ましたのである。

こうして、ワイマール共和国の場合には、専制的な暴力支配を打ち立てることになった肉体的暴力行使の傾向が、ボン共和国でも再び強まるかもしれないという、議会外野党に結集した市民階級の若いグループの抱いていた懸念が証明されるだけの結果になってしまった。ドイツの議会制を採った第二の共和国でも、支配層による暴力的な専制政治が勝利を収めるという幻影が、若い世代の野党グループの一部に、政党や政府のすべての権力の座を占め、独裁や警察権力に対しては無抵抗だと見られていた古い世代に対する闘争を激化させることになった。

暴力による新しい独裁が近づいているかもしれないという恐れが、こういう若者たちの頭から離れなかった。恐れだけではなかった。彼らの変革や革命のエネルギーの大半は、議会制の多党国家という仮面の背後には、軍隊をかかえた新しい独裁者がすでに潜んでいて、連邦共和国の警察はその先遣隊であるという考えから生まれていた。「ファシズム」という大敵は全然抹殺されておらず、いつ復活するかもしれないという確信は一種のライトモチーフであり、彼らの証言のうちにいくらでもそれを見ることができる。その結果、敵を隠れ家から引き出して白日のもとにさらけ出さねばならないということになった。軍隊とこういう若い世代の組織とが対決しているうちに、国家代表者を挑発して彼らの真実のファシズム的な本性を誰にも分かるようにしようとする傾向が強まってきたのである。

ここでの問題は、連邦共和国が強力な抑圧国家であり、ファシズム体制の先行形態であるという考えが正しいかどうかではない。二〇年代にワイマール共和国に対して議会外闘争を行なった中産階級の若い世代も、この共和国がまったく有害で悪しきものであり、あらゆる手段を使って転覆させねばならないと心から堅く信じていた。六〇年代と七〇年代の市民階級の若い世代にとっても、それは同じことであった。いずれの場合もこういう確信は、より良い有意義な社会が可能であるという考え、一つの夢に基づいていた。その社会は前の場合には、直接間接にファシズム的な独裁に向かうナショナリズムの形態をとったが、後の場合には、強制や社会的不平等や抑圧から解放されて、ドイツ帝国の後継者である西ドイツがファシズム国家という汚らわしい思い出から決定的に浄化されうる正しい人間的な社会形態であった。ワイマール共和国が若者たちのイメージにかなっていなかったように、連邦共和国も若い反対派のイメージにはかなっていなかった。だがいずれの場合も、現在の国家はこういう若い世代に、彼らが自分の目的を達成すると考えていた活躍のチャンスの大きな妨げになっていたのは事実である。いずれの場合にも、彼らには自分の意味への要求を満たしてくれる社会形態の明確なイメージはなかったが、彼らには自分の望んでいないものが何であるかはよく分かっていたのである。

10 二〇年代と六〇年代の若い議会外野党グループの違いの一つとして、前者がニュアンスは異なるにしても父親たちの理想を抱いていたのに対して、後者はそれをもっていなかったということがある。義勇軍も国家社会主義者たちも、ドイツの無比の偉大さと使命という夢、国民的な理想を、当時の古いブルジョア体制と共有していた。父親たちの世代が占めている権力の座から彼らがいかに締め出され、そのため、市民階級の若い集団が社会のアウトサイダーになっていたとしても、彼らの怒りは、自分自身の階級の古い世代に対する闘争ではなく、別の階級や外国人、特に労働者やユダヤ人に対して闘争の構えをとらせることになった。

それに対して、第二次世界大戦後に成長した市民階級の若い集団が、恥辱が伴っているために放棄したがったのは、まさに父親たちの理想——ナショナリズムの理想やそれに関連するすべて——にほかならなかった。ドイツの中産階級の多くの人々と少なからぬ労働者たちは、ナショナリズムの理想の魅力に惑わされて、ヒトラーと彼の運動を熱狂的に支持した。だが、ヨーロッパと世界におけるドイツの覇権という国民の夢を実現しようとする再度の試みは、国とすべての国民に恥辱を与え汚名をもたらした。台頭しつつあった中産階級の若い世代の、目的達成の手段としての国民の理想は破産してしまった。こういう状況で隠れ家を約束してくれたのが、マルクスの学説に示された社会的理想であった。

疑いもなく、ドイツの国民的理想の価値喪失は特に大きく、正反対の社会的理想への転向は特に激しいものであった。だが、それを単に特殊ドイツ的な出来事として理解し、不平等や抑圧に対する闘争という社会的理想が連邦共和国のテロリズムという極端な形で現れたことを、ヒトラーの運動という極端なナショナリズムへの反動としてのみ捉えたのでは、この出来事を十分に捉えることはできない。世代間の闘争の同様な展開は、弱い形ではあるにせよ、ヨーロッパや北アメリカの多党国家でも起こったからである。

多くの国民集団の目的達成の手段や指針としての、ナショナリズムの理想と社会主義の理想との関係は現代の諸国家では平衡を保っていると見たほうがいいだろう。政治的な正当化のイデオロギーのスペクトルでは、もう一方への関係が欠けているのは非常に極端な場合だけである。ふつうは両者は混ざり合っていて、どちらかの傾向が優勢なだけである。

この二つの理想型のそれぞれの特性を詳しく規定するには、人間集団相互の関係の多様な形式化が重要であると言うことができる。ナショナリズムの理想は、自分の集団の名誉や偉大さという名で人々を楽しませ喜ばせる。自分の集団の利益、国家の利益が闘争を正当化し、必要な場合には、他の人間集団に対する抑圧や抹殺を正当化する。最善の機構は個人の自己利益の自由な追求から生まれるとするリベラルな理想も、自民族の利益を無制限に追求することを行動規範の中心に据えるナショナリズムの理想も、いわば自己利益を理想とする点では同じ種類のものなのである。

社会主義的な理想についても同じことが言える。マルクスの理解では、労働者階級という特定の階級の利益が、労働者階級と構造的に対立する資本家階級の利益よりも優先する。さらにマルクスは、労働者階級のエゴイズムの理想とその実現を求める努力に、特殊な道徳的意味、特殊な「美徳」を認めている。なぜなら、そこでは抑圧され搾取される階級のエゴイズムが問題だからである。マルクスは空想を逞しくして、産業に関わる二つの階級の闘争を、いわば人類史における抑圧された者の抑圧者に対する偉大な闘争の最後の戦いとみなした。彼はいわば労働者の利益を人類の利益と同一視して、資本家に対する労働者の勝利の後に、つまりそういう形でのある人間集団による他の人間集団への抑圧が除かれた後に、人類は抑圧者も被抑圧者もいない自由の段階に入るのだと予言した。つまりそうなったとき、個々の人間集団の行動原理としてのエゴイズムは消滅するし、消滅するに違いないというわけである。

発展の事実経過から見れば、人間相互の関係における集団的エゴイズムが抑えられ、衰退する方向へ進む道は、マルクスが考えていたよりもはるかに困難であり、時間のかかる道なのである。彼のロマン主義的観念論——唯物論者の観念論——が、勝利を収めた被抑圧者がたちまち抑圧者となり、その代表者たちの集団エゴイズムが、彼らに構造的に対立する者のエゴイズムと同じように、容赦なく主張されずにはおかないという単純な事実に対する目を曇らせてしまったのである。

それにもかかわらず、連邦共和国——およびヨーロッパや北アメリカの他の多くの国々——の市民階級の若い戦後世代にとっては、マルクスの思想体系が、自分たちの生きている社会的世界における方向づけの指針として役立った。不利益を受け抑圧されている者の視点から、人間の世界を見事に、しかもかなり現実的に描いたものはほかには存在しなかった。抑圧者も被抑圧者もいない社会というマルクスの理想的なモデルを実現しようとする際の困難や矛盾を、彼らは気にする必要はなかった。そういう社会的理想が彼らの要求にかなっていたのである。マルクスの理論そのものに「労働者階級の独裁」という名の新しい抑圧国家が含まれていることは、そこでは簡単に見逃されていた。

戦後のドイツ市民階級の若い知識人グループに、こういう理想への要求がこれほど強くなった理由はもう明らかである。それは集団的な学習過程に起こったことだったのである。つまり、一八七一年にドイツ帝国が、数世紀にわたるヨーロッパ諸国の覇権争いに加わった結果が一九一八年の敗戦であった。ドイツ市民層がその嬉しくない事実を忘れようとする法外に強い力のおかげで、彼らはその出来事を階級の敵による裏切りだと解釈することができた。そのため彼らには、将来のための指針として、敗北の理由を現実的に検討する必要はなかった。ドイツ政府はドイツの国民大衆、特に市民階級を国民の理想の名において二度目の戦争に動員することができた。二度目の敗北の深刻な打撃と、国民のエゴイズムによって正当化されたヒトラー時代の暴力行為は、実際には学習過程にほかならなかったのである。当然と見られていたエゴイズムの理想は、いまや——議論によってではなく、現実の社会的出来事の歩みによって——打ち砕かれた。古い世代がリアリティの厳しい教訓を整理する新しい指針を立てるには、敗北の衝撃とその後遺症が収まるのが遅すぎた。だが息子や娘の世代は、新しい指針を受け入れる心構えが出来ていただけではなく、彼らはそれを求めてもいた。他の集団との交流における人間集団のエゴイズムと戦って、もっと人間的で抑圧の少ない人間関係のために努力することこそ、ドイツの過去が彼らに残した課題の一つであることは、彼らにはよく分かっていた。

国家社会主義の暴力行為が教訓として、若い知識人グループの思想や感覚に影響を与えていたのは、ドイツ帝国の西側の後継国だけではなかったのは分かりにくいことである。ドイツに対するヨーロッパ諸国の勝利が見せかけの勝利であったことがすぐ明らかになっただけに、若い知識人グループは他のヨーロッパ諸国でも広い範囲で共鳴を得ていた。ドイツの国民的な偉大さや覇権の夢だけではなく、ヨーロッパ全体——特に帝国主義的大国であるイギリスやフランス——の世界的な優勢も、第二次世界大戦で崩れ去った。他のヨーロッパ諸国にも国民的偉大さの崩壊という印象のもとに、父親世代の事業や理想を批判的に眺める若い世代が成長してきた。北アメリカや日本においても、弱い形ではあっただろうが、二十世紀の第二次大戦の実例は若い世代の思想や感覚に深い傷痕を残していた(67)。

たしかに、ナショナリズムの理想と社会主義の理想との間、自分の国の偉大さの夢と不平等でなく抑圧のない非権威主義的な人間集団の共同生活への要求との間のバランスは、あらゆる国でそれぞれに異なっている。だが、ソ連の影響を受けていない開発国では、古い世代と五〇年代や六〇年代に成長した世代とでは、国民の理想に関する体験に決定的な違いがあると言うことができる。ドイツと同様に他のヨーロッパの産業国家でも、過去が若い世代の政治的な行動や思想に影を投げかけている。父親たちの犯罪に苦しむ若い世代の罪悪感は、ドイツでは特に深い傷痕に由来していた。国家の歴史に応じて陰影も色彩も異なるが、イギリス、フランス、オランダ、ベルギーその他のヨーロッパ諸国にも、そういう罪悪感が見られる。それらの諸国の勢力が衰退した——世界におけるヨーロッパの優勢が終わり、以前は独立国でなく従属していた諸国が興隆した——ために、そういう国々においても若い世代は父親たちの罪に対して一種の距離をとり、浄化しようという儀礼ともみなされる態度を取っていた。有力な集団と同じように、——支配的なヨーロッパ人である——自分を有力であるだけでなく、同時に人間的にも優れた立派な集団と思っていた、父親たちの世代の支配的態度に対する反動として、こういう若い戦後世代に、まさに抑圧された集団を人間的にいっそう優れた立派な集団とみなす傾向が見受けられるのも珍しいことではなかった。

疑いもなく、二十世紀の二度の大戦における民族虐殺は、ヨーロッパの多くの国に、その名のもとに民族が争い合った高度のナショナリズムや愛国的なスローガンに対する決定的な不信感を残した。先に述べたように、その不信感が特に強かったのが連邦共和国であった。ヒトラー時代が終わるまでドイツ市民層が、国家内部での自分たちの優勢の象徴とも、他の国家と比べて自分たちの国家の偉大さの象徴ともしていた、「国家的」という言葉を包んでいた後光に対する反動として、この言葉やその派生語は「国家社会主義」という概念を連想させるために使われなくなり、連邦共和国の公的生活ではほとんど口にすることもできず、口にすれば国家社会主義者だった父親たちの同志だと疑われるありさまであった。だが、国家社会主義の例が絶対的な妥当性にまで高められたナショナリズム理論の非人間的な結果を見せつけたあとでは、ナショナリズムの過去の暴力行為の衝撃的な思い出に、ドイツ人ほど苦しんでいなかった他の国々の市民階級の若い世代のなかでも、自分の国の賛美や、国家利益の無制限な追求を当然のように国際関係での行動原理とみなしていた傾向も非常に影が薄くなっていた。

一切のその他の目的を自分の国家の利益に無条件に従属させることに対する批判的な態度は、知的な若い世代では個人的にも集団的にも、ふつう人間関係における抑圧や不平等の諸形態に対する鋭い感覚と結びついている。この点で成長した感受性は、必ずではないが、何らかの形態のマルクス主義への信奉という形で現れるかもしれない。だが根本的にそこに起こっているのは、単に何らかの思想の原型の受容ではなくて、国家エゴイズムの恐るべき爆発に対する反動として、人間的問題を利己的でない形で解決する方向へわずかでも進むための一種の——無論、人類の集団的学習のあらゆる歩みと同様にその歩みはわずかであり、後退することもありうる——集団的な学習なのである。

かなり進歩した産業国家で（相当不透明なところがあるが）この学習過程にこれまで加わっていないように見える集団は、ソ連とその同盟国だけであることを付け加えておくべきだろう。そこに見られる社会主義的目的と国家主義的目的との独特の混合が、社会的理想の名のもとに一般に国家利益の無制限の追求を可能にしているのは明らかである。その理由の一つは、これらの国々では世代間の葛藤が公然と現れず、何らかの形態の議会外野党もほとんど登場しえないことである。そのためそこには、先に述べた戦前の世代と戦後世代での態度や体験の違いの徴候もめったに見られず、これまでのところでは一時的に見られたにすぎない。

11 自分自身を理解するために、連邦共和国の左派の議会外野党の指導者たちや後のテロリスト集団の指導者たちの世代の体験を思い起こせば、独特のイメージが浮かんでくる。学校でもドイツの最近の歴史を思い出させることによって、人間関係における犯罪や、暴力行為が与えかねない苦しみについての彼らの感受性を非常に高めていたと思われる。今では彼ら自身の恥辱になっている自分の国の恥辱についての疑問が、彼らの意識に重くのしかかっている。その恥辱が、ドイツの名において行なわれた犯罪や残虐行為だけでなく、素朴な言い方を許してもらえば、この若い人々が実際に体験した世界全体の悪についても、彼らの感受性を鋭くしたのである。ホスルト・マーラーは自分の世代の若い頃を振り返りながら、「人類の幸福のための鼓動」というヘーゲルの言葉を使って、彼も同じ年代の人々もいわば自分自身のモラルを構築したとその事情を総括している。父親たちの犯罪によって感受性を高められ、はっきり自覚して、いわば学校から広い世界に出たとき、彼らはこの世界そのものが犯罪に満ち満ちているのをまざまざと見たのである。(68)

世界は悪に満ち、無限の苦しみや死や殺人は日常のことである。われわれがそれを変えなければならない。暴力抜きではやれない。それには犠牲が必要なのだ。だが結果的には、現在の状態が続くよりそのほうが犠牲は少ないのだ。

ここには、テロリズムへ至る体験のいわば核をなすものが見られる。ここに現れているものには、先に言ったように、単純な犯罪よりも古風な悲劇の性格がある。その悲劇的な性格は、無私の理想主義者として始めながら、官庁や警察署が代表している古い世代との対決がエスカレートするうちに冷酷になり、古い世代のほうも同時にしだいに冷酷で厳しい処置を若者たちの集団に対して取らざるをえないと思うようになるところに見られる。しだいに激しくなるダブルバインドの過程のために、他の場合と同様この場合も、どちら側も相手側が自分について抱いている否定的なイメージにますます近づいていく。大人のほうが——つまり警察や裁判所、政党や立法府である議会が——厳しく対応するにつれて、しだいに非人間的な抑圧装置という悪魔の姿に似てきて、不穏な若者たちが人間性や社会正義やすべての人間の平等という名のもとに、暴力的な抑圧体制と感じられる国家に対して抵抗すればするほど、大人のほうはますます暴力的になり非人間的になっていった。

見逃されやすいのは、両方が自分たちの行動を規範や一種のモラルによって、自分を正当化したという事実である。両者にとって道徳的に正しいことを行なっているという確信が非常に重要であった。だが、彼らの規範の内容や規範への対応は非常に異なっており、そのためどちら側にとっても、相手側のモラルは不道徳の極致と思われた。こういう対立は、政治家やテロリストという比較的小さな集団に限られるものではなかった。この例に古い世代と若い世代との間の違いが現れているが、そういう違いがあるからこそ、両者の間で意思疎通がうまくいかなかったし、現在もうまくいかないのである。

年長者たちはふつう人間世界の不完全さと妥協している。彼らは悪と妥協するのに慣れてしまっているわけである。彼らは、社会生活の中途半端なところや、人間の強欲やエゴイズムといつも妥協せざるをえないことも知っていて、人間の共同生活では、本来なされねばならないことが何一つなされず、どういう善き意志も利害の沼地にあっては、多かれ少なかれ目的からほど遠い所にとどまっていることを知っている。大人はたいてい、暗黙のうちに、社会生活との生ぬるい妥協に甘んじている。彼らには人間性のすべての悪に対して打つ手のないことがもう分かっている、あるいは分かっていると思っている。

ところが戦争の最悪の影響を克服しようとして大学に入った、ドイツの若い世代はそれがまだ分かっておらず、あるいはそれを知りたいとは思っていなかった。彼らが知ろうと思っていたのは、なぜこういう悪事が自分の国で起こったのか、そしてどうしてその再来を——自分たちの国だけでなく世界中で——防ぐことができるかということだった。大人たちと違って、世界の悪をもみ消すとか、それと妥協するとか肩をすくめることは、彼らにはまだやれそうもなかった。

思想や行動の妥協を許さない絶対性の傾向は、若者一般の特性だと言われるかもしれない。それはたしかに間違いではない。ただこの傾向は、ここで論じている連邦共和国の世代の場合には、特別な冷酷さと厳しさに達していた——なぜなら、彼らは自分たちの国家の過去の恥辱を脱却しなければならず、自分たちの妥協を許さない態度が、恐るべき過去といくらでも妥協するように見え、明らかにもう悪行と折り合いをつけてしまった父親の世代の態度と対立することを知っていたからである。当時の政府機関がこういう感情に対して、大きな役割を演じていたことを忘れてはならない。政治的動機を抱いていた若者の目には、アデナウアーやエアハルトの支配は古い時代のものであっただろう。だが、彼らはブラントや社会民主党に、ヒトラー時代の暴力行為と妥協抜きで対決し、伝統的な支配層には徹底的に反対して、現体制を有効に改革することを求める要求に対する支援を期待していた。だが二大政党の連立内閣は、その期待を裏切ってしまった。

何度も引用した以前テロリストだったマーラーとバウム大臣との対話には、こういう経験の記憶が非常に生き生きと現れている。政治家のほうは妥協の効用や絶対的道徳の有害さを考えていた。かつて議会外野党を作っていた市民階級の若い世代は、なぜ政党と議論するのを止めてしまったのか、と彼は尋ねた。彼が見た通り、それを止めることによって、若い世代は現実から隔たってしまったのである。[69]

マーラーさん、あの当時あなたたちは、理論的な議論に引きこもって現実から離れてしまいましたね。あなたたちが現実の政治との関係を失ってしまったのは、深く幻滅したためだったかもしれないが、あなたたちは道徳的要求と現実とは統一できないことが分かったわけだ。道徳的要求が厳格になればなるほど、必ずますます現実からかけ離れたものになるが、あなたたちはそうは思っていなかった。そういう理論的な議論をやっていたために、それぞれの集団が国家を挑発しては、国家をわざと──ファッショだと冷笑する気になったのだ。

マーラー　そして、国家もそれに挑発されたわけですよね。

ここには、国家を代表する集団と国家の外にいると感じている別の集団が互いに暴力行為のエスカレーションに駆り立てられていく、ダブルバインドの過程がどういう経過をたどるかが、舞台裏から一瞬顔をのぞかせている。[70]

世代の違いは、年長世代が妥協を認めるのに対して、若い世代が妥協を許さないというところだけにあるのではない。両者相互の無理解は、モラルとみなされているものの深い構造変化をも示唆しているのである。

古い世代にとっては、彼らがモラルとして理解しているものは、もっぱら人間生活の私的な領域──各人が自分で決断することのできる領域──に関わるものであった。そのため彼らにとっては、この関係では性行動の規制が特に重要な役割を果たしていた。今日でも「不道徳」という概念は、とりわけ性に関わる領域での慣習に反するものを指し、「不倫」と同じ意味で使われることが多い。こういうレベルでは道徳原理は絶対的な拘束力を有し、妥協の余地のないものとして妥当するように思われている。

ブルジョア的な道徳規範は個人の行動に関して非常に厳格で、今日でも依然としてそうであると思われるかもしれない。だが、経験豊かな大人は――政治家で大臣であるゲアハルト・バウムがはっきり言っているように――公的生活では、厳格な原理に基づく妥協を許さない行動が不可能なことを知っている。そういう行動は現実離れしているのだ。たとえば大臣が政治的問題を絶対的な道徳原理に基づいて解決しようとすればするほど、その行動は現実離れしたものになる。

ここが、若い世代の批判の始まるところである。ここには、彼らが道徳的とか不道徳と理解しているものと、古い世代の道徳の理解との違いが示されている。マーラーはそれをストレートに指摘している。政治家が現実的だとして弁護する妥協的な態度は、彼には――この点では彼は若い世代一般を代弁していると見ていいだろうが――「政治家たちのでたらめさ」だと思われるのである。(71)

当事者である私には、われわれが話をしようと試みた政党政治家たちのでたらめさが、われわれに決定的印象を与えたとしか申し上げられません。われわれの支持する価値には政治家たちもいつも声を大にして賛同しながら、いざ政治活動となると、矛盾についての啓発や情宣という形であっても、見えすいた理由を持ち出して尻込みして、われわれをだましたり裏切ったりしたのです。

もともとは世代の違いであり、世代間の葛藤の焦点である――二つの道徳規範の違いは非常に重要なことであって、それについてここでは、ごく大ざっぱなことしか述べることができない。

変化の重要な点は、私的道徳から公共的な道徳へと重点が移動したことである。疑いもなく、若い世代にも、個人的な人間関係における個人行動の規範は存在している。だが、人間の性行動に関する規範の重みが、規範全体ではかなり低下しているのが世代による大きな違いである。異性関係の規範は若い世代でも決して消え去っているわけではないが、古い世代の規範のいくつかは完全に消えているか、緩くなっている。伝統的な罪の観念による異性関係への重圧は減り、この領域での罪悪感の重荷はいくらか軽くなっている。だが異性関係そのものにおいて、新しい規範が絶えず作られていて、若い世代の集団内の共同生活の強くなったきずなが立派なものとそうでないものとを分けるうえで、それが大きく影響するようになっている。このことは、多くの例のなかの一例にすぎない。

この連関で特に強調されなければならないのは、私的領域での個人的関係のモラルに対して、国家の公的生活における社会的関係のモラルが重要な意味をもってきたことである。若い世代では、社会的不平等や抑圧の問題がますます道徳的関心の中心を占めるようになっている。以前は個人行動を規制することをもっぱら目的としていた定言命令の絶対性が、今では他の人間集団に対する集団行動への道徳的要求の絶対性のうちに見いだされる。ここにこそ、世代間に誤解が生まれる主な原因がある。大臣である政党政治家と以前は議会外野党やテロリスト集団の一員だった者との対話からの引用が、この相互理解の難しさをまざまざと示している。それと同時にその対話には、——彼らには——不可避である道徳的確信に基づいて、一般に不道徳で犯罪的だとされている行動へと人々を駆り立てる運命の独特の拘束力も示されている。

長すぎる春――市民階級の諸問題

12　二十世紀の六〇年代、七〇年代に登場したような議会外の政治運動は、暴力的なものであるかどうかに関わりなく、本質的に世代間の葛藤から発生したものであることを、これまで示そうとしてきた。連邦共和国では戦前の世代と戦後世代との体験の違いや、その間の意志疎通の困難が非常に大きく、とりわけ市民階級においてそれが目立っていた。「中間層」や「中産階級」や「ブルジョアジー」について、通時的な社会変化の彼方にある――比喩的に言えば――時間の彼方にある社会形態を問題にしているように語る社会科学者がいるが、そういう傾向は、実際に見られる事態を正しく捉えてはいない。その当時、理論的にもいろいろ説明されたブルジョアジーに対する闘争の大半は、市民階級の若いアウトサイダー集団の彼ら自身の父親や母親に対する闘争であるよりも――必ずしもそういうものではなくて――、有力な父母の世代に対する闘争だったのである。

農耕社会ほど伝統に縛られず、革命や戦争によって加速された変動を経験している複雑な社会で、こういう葛藤の特性を捉えるのは容易なことではない。現れ方が多様であるために、ここでは若い集団と年長の集団に見られる要求の違いや、そこから生まれる対決は、世代間の葛藤以上に捉えにくい。国家のなかで依存し合っている多種多様な世代の関係が、思想的な伝統を滑らかで自然な移行であるかのように思わせるために、そういう関係を、いわばつねに開かれた潜在的な権力闘争を伴う過程として捉えることは、現代人には逆らうところがあるかもしれない。

もっと単純な社会では、こういう闘争は、伝統によって神聖化され制度化されて、固定されている「通過儀礼（rites de passage）」で絶頂に達する。そういう儀礼を受けることによって、若者たちは、年長者によって驚かされたり苦しめられたりしながら、自己強制なり他者への恐怖なりによって、大人の生活の強制や規則に従うように強制される。その場合には、幼児の比較的規制されていない衝動的行動が大人の行動を手本として形作られていく個人の文明化過程は、恐ろしく苦しく強制的でもあるが、短期間だけの変化の儀礼で絶頂に達するのである。

それに対して、現代の細分化された複雑な産業社会では、こうした社会的、心理的な成長過程は、特定の制度がないために比較的長期の過程となっている。その決定的な理由は、すぐ挙げることができる。つまり現代社会のような社会では、衝動構造を単純な社会よりもはるかに包括的に文明化の方向へ改造することが要求されるからである。こういう社会で大人としてある程度うまく生活していくために前提される衝動制御の規模や安定性や細やかさは、以前の発展段階の社会よりもはるかに大きい。現代の高度産業社会の人々が通らねばならない個人的な、こういう文明化過程の長さや複雑さを外面的に示しているのが社会から要求される異常に長い学習期間であり、青春時代とみなされるものの異常な長さである。生物学的な成熟がある程度の幅はあっても、自然によってあらかじめ決められているのに対して、現代社会のそういう自然の成長の歩みでは、十歳から十五歳までの多くの若者は社会的にはまだ必ずしも大人の特徴をもたず、成熟していないが、生物学的成熟と社会的成熟との間のこういう落差が二十世紀が進むとともに非常に大きくなった。

この二通りの発展過程の時間的なずれは、まもなく特別な困難に導くことになった。なぜなら、合法的とみなされ社会的にも認められる――男性でもいくらかそうだが、特に女性の――恋愛関係は、結婚や家族という、要するに市民層における社会的に成人であることの条件に結びつけられていたからである。生物学的な大人と社会的な大人との分裂によって、当時のブルジョア的上流階級の若者に特殊な個人的問題が生じたが、なかでも社会的に延期された思春期の純粋に生物学的に理解されがちな問題が現れてきた。その問題は、男女共学が増え、性のタブーが緩むとともに、消滅はしなかったもののかなり軽減された。それだけに今度は、青春時代も老年期も長くなったことと結びついた、別の社会的問題が明確な姿を見せるようになった。

その際の問題の大半は、階級特有の問題、とにかく大学教育を受けた市民階級の若者の集団に特に顕著に現れた問題である。産業国家の高い地位を占めるようになったこういう集団では、若者たちが三十歳代の終わりまで、時にはそれ以上も、将来の職業の準備段階にとどまっているのも例外ではない。彼らのキャリアでは、三十九歳の者も青年ではないとしても、若いとみなされることも珍しくはない。四十五歳か五十歳になるまえに、職業においても政治的な分野でも有力な指導的地位に就くのは、しばしば異常なことのように見られている。こういう集団の人々がその経歴の絶頂にいる期間は、多くの場合せいぜいで十五年から二十年である。

言い換えれば、かなり高度に発展した産業社会では、肉体的な安全が増大した結果、老年期が延びたこととならんで、青春時代も長くなったのである。それは、先に述べたように、年長の有力な世代によって職業上でも政治的にも、キャリアが閉ざされたり狭められたりすることに対応している。

長い間「若者であること」の特質とその社会的な原因の問題は、人生の区分が社会発展の以前の段階での区分とどれほど違っているかを思い出せば明らかになるだろう。(72) 戦士の社会、つまりたとえばアラビア人やノルマン人、あるいはトルコ人の侵略部隊では、十八歳から二十五歳の者は、衝動や情動のコントロールの仕方を全体的にマスターした一人前の戦士になることができた。それに応じて、個人的な衝動や情動の抑制をしつける過程での、個人の文明化過程は比較的短かった。その過程が二十世紀の産業社会では——特に高度に発展している社会では——はるかに長いということは、非常に複雑で細分化された社会での共同生活が、男性にも女性にも同じように求められる基本的な動物的衝動の変形への要求や、大人の規範のビルトインへの要求が高いことに基づいている。

テロリスト集団に極端な形で現れている若い世代の行動様式や経験を、現代社会における個人の文明化過程の特質や、特にその長さと結びつけると、独特の問題が現れてくる。この関係を科学的に捉えようとする支配的な傾向は、若い世代による行動様式や感じ方の習得に最も注意している。その傾向を表わしているのが「社会化」という概念である。その際には、大人の規則が新しい世代にとって基準となるということが、いわば自明のことのように思われている。そういう規則の習得の問題は、必ずと言っていいほどいわば孤立した個人の問題のように扱われ、核心の問題は、若い世代の各個人がそういう規則をマスターするかどうか、どこまでマスターするかという問題である。だが、こういう見方をしているかぎり、ここで取り出された世代間の葛藤を理解する道は、ほとんど開かれないのである。というのは、何らかの意味で孤立して存在する個人的存在とみなしうるかのように、若い世代の代表者だけに注意を向けているかぎり、この種の葛藤は見えなくなってしまうからである。

二十世紀の二度目の大戦の後に連邦共和国のみならず、部分的にはヨーロッパやアメリカの高度産業国家でも起こったことにとって特徴的なのは、若い世代の集団が主に古い世代と特にその規範に対して反抗した市民階級の出身だったことである。彼らは批判の鉾先を、市民階級の古い世代の生活様式や規範に向けた。古い世代の行動様式や感じ方を「社会化」という概念の意味で引き受けるのではなくて、古い世代の行動様式や感じ方に対して、彼らは自分たち自身の様式を突きつけ始めたのである。

若い世代の新しい様式は決して一挙に現れたわけではない。新しい様式は部分的には伝統的な思考様式の姿を借りていたのであって、伝統的な思考様式は、古い世代の有力な市民階級に対する反対を表現するのに利用されていた。新しい様式はふつうゆっくりと、ややためらいながら、若い世代の独自の行動様式や感じ方として形成されてきた。たしかにそれは、書物に書かれている理論的な学説の形で、純粋に知的な作業の成果として発展してきたのではない。その大半は、古い共同生活の様式が不満足なものであることが経験され、別のもっと満足のゆく様式が、思想によってだけでなく、何よりも実践において長い間の試行錯誤の過程のなかで見いだされて、必要になってきた共同生活そのものの実験から成長してきたのである。

　このように見れば、テロリストのうねりは、こういう実験の失敗にほかならないのである。それは古い世代への抵抗や、古い世代の生活様式に対する戦いが見込みのないことへの、若い世代の絶望のあらわれだったのである。

　疑いもなく以前の時代にも、世代間の社会的葛藤は同じように存在し、葛藤が展開されるなかで、若い新しい世代は、古い世代が守っている確立した行動様式や感じ方に楯つき、新しい規範をそれに対立させようと試みていた。だが、現代の場合と同様にほかの場合も、この試みに加わった者たち自身がその対決をまったく非個人的な意味で、つまり、たとえば対立するか統一不能な信条や理想の間の対決として解釈していたために、こういう葛藤を世代間の葛藤として捉えるのは困難であった。その際、主として成長した者と成長しつつある者との間に葛藤が起こっていることは、多くの場合、周辺的な現象であるかのように思われていたのである。異なる意見の主な代表者の間に、年齢の差があることはよく知られている。だが意見や理想の違いが古い世代と若い世代の経験や関心の違いと関係があることは、ほとんど認識されていない。

13 事実、現代の場合に関して、議会外運動やドイツ連邦共和国のテロリストの大部分を生み出した、市民階級の若い世代の特殊な社会的状況や、それと結びついた体験を、研究する際に一緒に考察しないかぎり、研究者はこういう葛藤の独特の性質を捉えることはできない。より広い社会の構造特性と連関しているこの状況の一面を、以下で明らかにすることにしよう。その側面はまさに、当の集団の大半が、引き延ばされた文明化過程をへていたという事実に関わりがある。そういう過程は、高度産業社会で職業労働や職業によって金を稼がねばならなくなるのが、二十五歳から三十歳までの間か、それ以上の年齢まで引き延ばされるところではいたるところで見られる。そしてそれが今日では、市民階級出身の人々の主な特徴となっている。

そういう若い人々は、労働者の家庭出身の同年齢の人々の大半よりもやや長い学校時代を終えており、彼らの多くは学校から直接に大学へ進んでいるため、彼らの経歴は特殊な形で労働者の子弟のそれと異なっている。労働者の子弟の場合には、道は学校から多かれ少なかれ直接に、——たとえば弟子として、かなり低い地位ではあっても——大人の世界の内部の地位につながっている。労働者家庭の若い子供の大半は、二十歳以前に給料をもらえる仕事の口を探し、それに応じて——仕事の口が見つかれば——そういうかなり早い年齢で職業労働に就くことになる。

それに対して、大学へ進んだ市民階級の若い息子や娘は、大部分が一種の若者の島に生き続けていた。彼らの両親の家からはすでに多少は独立しているものの、まだ職業上の大人の役割やその特殊な強制の領域の外部に生き続けていた。そのことが彼らに世代として組織を作り、自分たちだけでまとまって、自分たちの目的や理想や行動様式をもって、古い世代に対立することになるチャンスを与えたのである。

多くの場合、彼らの学生時代は財政的には国家によって——社会によって——支えられていた。[73] こういう財政援助は一般的には十分だったが、乏しい場合には休暇中のアルバイトで補われた。集団としては学生たちは、これまでの時代に存在したような貧しい人々ではなかった。彼らは飢えに苦しむ恐れはなく、収入も完全に保証されていた。病気や事故その他働けない場合についても保護されていた。それにもかかわらず彼らは——同年代の工場労働者よりも——相対的に金に困っていた。学生時代の生活水準が、市民階級である両親の家で生活していた水準に比べて低いこともあった。彼らの収入は社会のなかでも最低に近かった。それに対して、彼ら自身の将来への期待や地位への要求は最高であった。

こういう学生たちの状態のもう一つの特徴は、社会の有力な集団である古い世代との関係では、彼らがアウトサイダーの集団だったということである。彼らは大衆として登場したり、集団として組織されたりしても、それで勢力が大して増えるわけではなく、増えるとしてもごく僅か増えるだけであった。だが、前に言ったように、産業社会だけでなく社会一般には、重要な指導的地位や権力の座は年長の世代が占め、若い世代はどんなに協力したところで、比較的無力なアウトサイダーにとどまるという構造がある。

社会的な——特に貧困や抑圧などの——問題への関心が高まり、アウトサイダー集団がそういう問題に関心をもつ傾向が増大したのは、何よりも官吏を通じて、あるいは訳の分からない規則を通じて触れるだけで、個人的な接触のない無名の社会から、乏しいながら十分な援助を受けている集団という独特の状態のせいだったと考えざるをえない。

連邦共和国では、戦争による破壊の後での再建がかなり進んだときに、こういうことに関連してさまざまな問題が起こってきた。この時期の若い世代には、彼らの先輩たち以上に、自分の国の運命や意味と対決するチャンスがあった。最近の出来事を思い出すことによって、彼らは権威主義的な強制や、他の集団に対するある集団による抑圧に特に敏感になっていた。そのうえ、彼ら自身の国家には、権力国家や警察国家としての非常に長い伝統があり、それが国民の人格構造にも、また国民の人間関係での行動にも深く刻み込まれていた。敗北した国土が再建の途上にあったときに成長した戦後世代にとっては、こういう伝統から隔たって、特に大学や国家の政党政治のレベルでトップに立っている有力な古い世代に対して、公然と最初は無暴力の勢力争いで対立するのは容易なことだった。なぜなら、彼らには父親たちの犯罪に加担した責任は感じられなかったからである。

彼らが自分の国の恥辱から自分を解放しようと努力しているうちに、彼らには企業や大学、国家や政党の有力者である古い世代の代表者は、個人的には過去の忌まわしい暴力行為に加担しなかったとしても、みないかがわしいものに見えてきた。若い世代には、集団的には彼らにも、非人間的な体制の出現を防ごうとしなった共同責任があると思われたのである。暴力国家が復活するとき、あの当時は諦めてしまった古い世代が、今度はその危険にもっとよく立ち向かうことができるのだろうか？ 古い世代が社会的、政治的に努力している目標はワイマール共和国の改訂版にすぎず、独裁者にチャンスを与えて破局へと導いてしまったものと同じ形態の国家的-社会的な共同生活への復帰にすぎないのではないか？ 新しい世代の目には、新しい道を示しえないことを見ても、古い世代の道徳的権威は力を失っているように思われた。

あらゆる権威主義的抑圧の徴候に敏感になった若い集団は、自分たちをおびやかしている強制や、他の国々と同様に、旧体制の後継者たる西ドイツにも見られる強制のうちにその徴候を見たのである。

14　有給の職業労働の強制から一応解放されていることが、市民階級出身の多くの若者の特徴だったが、それは決して彼らが社会的強制を少しも受けていないということではなかった。彼らの場合はその強制が別の性格のものだっただけである。無名の財政的援助者として学費を配分する立法機関による強制、高等教育機関の強制や、関係は薄いが教育や試験の計画を策定する文部大臣からの強制は、たとえば事務で上司や同僚から絶えず直接に受ける強制とは非常に異なる。事務員と比べれば、学生には個人的な知識欲を満たし自分で考える余裕がかなりある。

現代の女性も男性も二十代から三十代まで学生生活を過ごすが、彼らは――たとえば宮廷社会にも劣らない特殊な構造をもち、その起源は中世まで遡ることのできる学生社会という――一つの独自の社会を形成している。その社会に属する者は、明らかに、昔から独特の――待機状態と言うべき――浮遊状態にある。彼らは家族から脱け出し、青少年時代からも脱け出して、多かれ少なかれ自立して、社会的共同生活の迷宮で自分の道を見つけ出さねばならない者となっている。家族との狭い結びつきからは脱出したが、彼らはまだ、職業上のかなり狭い結びつきで他の人々やその強制に縛りつけられているわけではない。彼らの仲間うちの社交生活の中心は男性にとっても女性にとっても、同年代の学生仲間であって、そこには、顕著な独特のサブカルチャーが普及しており、国家のうちに確立されている古い世代の規範と違いがあっても一致するところもあり、また鋭く対立するところもある行動様式や感じ方があった。[74] 要するに、彼らは学習する者たちであった。

彼らの学習または修業の時代の長さは、人類の多くの知識領域で知識が増大し複雑なものとなったという、当然のように受け止められている事実がもたらした結果である。知識が多様化するとともに、ドイツ語で「教養（Bildung）」と呼ばれるものへの要求も増大した。つまり、現代社会のように複雑かつ広大な社会で、どういう専門家にも専門知識以外に必要な、広い視野に立つ指針を求める要求が高まった。この事情も修業時代を引き延ばすうえで一役買っている。専門的研究機関そのものは、極端な専門化の伝統のせいで、ほとんどその要求に応えることができず、個人の自学自習に多くを委ねるほかないが、その気のある学生にはたいてい、そういう方向での自学自習を促し、そのため相当の余暇を提供している。

学生が受ける強制の特質にとっては、もう一つの側面が特に特徴的である。彼らがめざしている職業は広範で包括的な知識だけでなく、他人から強制される勉強では身につかない種類の知識も習得することを求めている。言い換えれば、習得するために外部からの強制のほかに、高度の自己強制が求められるような知識が求められているのである。大学の組織はそれに対応するものであるが、それで若者たちにとってそうした変化に対応し易くなるわけでもない。学生が勉強するかどうかに高校教師は心を砕くが、大学の教師たちは比較的それに関心はなく、試験はたしかに外的強制であるが、それを強い自己強制で補わなければ有効ではない。

集中的に勉強して自己訓練を十分にやれる者には、社会的ランクが高く収入も多い職種につくチャンスがある。だが、成長過程にある人々のいる大学独特の中間点から、後の職業という目標地点に達するまでの道には多くのリスクがあり、その道は不確実で危険も多い。めざす地位が長年の間、年長者によって占められ、そこに達する道が閉ざされているかもしれない。学生特有の社交の誘惑に負けて駄目になることもあるだろう。また研究に集中しようとしても、仲間との陰陽さまざまな競争で落伍するかもしれない。

そのうえ、当事者たちが自ら言ったり、自分でもそう思ったりしているように、学生という存在は中間点とか、列車が出るまで一時停車している一等車の待合室であるだけではない。家族から初めて独立し、いわば世界と自分自身を検討し、自力で自分の生き方の基礎を見つけだす機会が与えられるかぎり、学生であることには、教養と形成の時代としてのまったく独自の価値がある。過去においては、生き方の基礎は、主として世の処し方についての宗教的、哲学的な基礎であり、時代との社会的、政治的な対決の構えさえしばしば宗教的な様相を呈していた。現代では人生のこの時期に作り上げられるのは、人間世界の錯綜した組織における指針という世界内部的な教養の基礎である。

まさにこの点で、有力な古い世代と若いアウトサイダー世代との間の関係や葛藤が、大学で重要な役割を果たすのである。明らかにこの関係は、いわばつねに曖昧である。そこには規模の違う非常に複雑な性質の相互依存があるという事実だけでも、その関係を曖昧にするに十分である。ここでも他の場合と同様に、若い世代の欲求を満足させるチャンスは古い世代が握っている。彼らがそういうチャンスをいわば独占しているのである。彼らにはまず第一に、社会に関して貯えた知識がある。反面教師としてであれ模範としてであれ、教師がいわば両親の後継者として学生に提供する人間像も、古い世代が握っている若者の欲求を満足させるチャンスの一つである。個人の文明化過程で恐れさせたり引きつけたりしながら、そういう人間像が学生の自己強制の発展を助けるのもそういうチャンスの一つである。

逆に社会の将来が新しい世代にかかっているかぎり、教師や社会の古い世代は新しい世代に依存している。若い世代はまさに文字通り古い世代にとっての将来なのである。彼らは明日には現在の大人の地位に就くだろう。今日はまだ実質的に古い世代の人々のものとされている社会的決定は、――世代間の力関係が根本的に変わらないかぎり――明日には今日の若い世代に属する人々によってくだされることになる。そして、現在は多くの権力の座が彼らだけに開かれているために、古い世代が圧倒的に優勢だが、彼らの力にも限界があって、明日には彼らの地位に就く若い世代の代表者が古い世代の苦労と仕事の成果を間違った決定でぶち壊しにすれば、古い世代の苦労も仕事もすべて無駄になる以上、それは当然のことである。

スタティックに見れば、若い世代は古い世代に依存しているように見えるかもしれないが、――ダイナミックに見れば、両者の力関係の不均衡はそう長く続くものでも大きなものでもない。だが、自分の地位に与えられる力を得るチャンスがあればいつでも、集団の将来を無視してそのチャンスを生かそうとする多くの人間集団の傾向は、古い世代と若い世代との間の関係でも、特にドイツのように命令と服従の強力な長い伝統のある国家では珍しいものではない。世代間の関係でも、古い世代の規範に対する若い世代の反抗や、政治活動の規則に対する公然たる拒絶は、国家権力に対する耐え難い挑発という形になりがちである。国家権力の年長の代表者と若い人々の反対集団との間の力比べで、年長の代表者は自分たちが死んだら、若い人々が社会の生活に関与することになるのを忘れてしまっていることが多い。

テロリズム、国民の自尊心、国民による文明化の違い

15 古い世代と若い世代が同じ文化的、政治的な方向をめざしている世代関係もあれば、若い世代が有力な古い世代の様式に対して、新しい様式を公然と対立させるような関係もある。ワイマール共和国の議会外野党やテロリストたちは最初のタイプの例であり、ボン共和国のそれは第二の関係の例である。

すでに述べたように、同じような葛藤は、独裁的でないすべての開発国、特にヨーロッパの産業国家に見いだされることを考慮していなければ、二番目のような様式や信条や政治理想をめぐる世代間の対立を十分に理解することはできない(75)。その種の葛藤は、一般に第二次世界大戦がある点ではこういう国々の発展にとっては、ヨーロッパにおけるこれまでの戦争や革命以上に深い亀裂であったことと連関している。第二次世界大戦の結果、ヨーロッパ諸国は中小の国に限らず強大な諸国も、それまで数世紀にわたって保持していた、地球上の諸民族のうちでの覇権を失って、二流の強国に落ちたのはまだいいほうであった。

こういう地位の大きな喪失が、これらの国を形成している人々に、どういう影響を与えたかをここで述べることはできない。古い世代と若い世代の関係について、それがどういう意味をもったかに関して、先に始めた考察を続けることで十分なはずである。

勢力配分が変わったため国家の地位が変わっても、多くの場合、古い世代の国民的自尊心はほとんど影響を受けなかった。古い世代には戦前の教育や個人的に受けた刻印が残っていた。イギリス人、フランス人、イタリア人、ドイツ人であるという彼らの「われわれ」意識は、その時代に形作られたのであって、そういう「われわれ」意識が個人の自尊心や人格構造に深く刻みつけられていたため、そういう場合でもリアリティの変化からそれほど影響を受けなかったのである。自分の国家の格が落ち、勢力も減少したという理性的で冷静な知識も、彼らの国民意識の熱を冷ますことはほとんどなかった。彼らの国民的プライドは大体において無傷のままだった。——だが、戦時中か戦後に生まれた人々の場合は違っていた。この点ではヨーロッパでも、それぞれの国によってかなりの差があった。

たとえばイギリスの戦後世代は、一九三九—四五年の戦争後、自分の国が列強としての地位を失ったことを知っていたが、それを知っていることが、イギリス人としての彼らの自尊心にも影響を与えた。[76]だがイギリスでは、自分の国に属することのもつ高い価値の意識は——多分、ヨーロッパの他のどの国よりも——非常に安定していた。その集団的な自尊心は、政党のプロパガンダによって燃え上がらせねばならない政治的理想という性格のものではなかった。その意識は、イギリス人であることはフランス人やドイツ人その他であるよりもいいことだという、普及し自明のものとなった——理由を言う必要もなければ、特に力説する必要もない——感情と結びついていたが、今でもそうであることに変わりはない。[77]そういう感情は、しだいに優勢となり国の富が増大していった数世紀にわたる連続的な国家形成過程と結びついて形成されたものである。また多種多様な階層や地域がしだいに依存し合うようになり、統合されていったことも、国家形成と国民全体の連帯感の発展に大きな役割を果たした。さらに、この感情はイギリス人では、慣習となった非常に際立っているが地味な行動規範によって支えられ、確証されている。そういう行動規範のおかげで——未知の人の反応の仕方を見れば——、それにふさわしい反応をするとイギリス人だと分かり、違う反応をする人は外国人だと分かるのである。(78)

つまり、ここでの問題は、個人の人格構造に深く根ざしている国民的な行動様式や、それに結びついている「われわれ」意識なのであって、この意識が個人の個性の要素であるとともに、その集団への所属や仲間との連帯の不可欠な象徴なのである。こういう行動様式や「われわれ」意識は、イギリス人としてどう振る舞うべきか、イギリス人である以上どういう振舞いは許されないか (it isn't done)、といった特定の指令を含んでいるかぎり、それが良心の機能も果たしているのである。

国民感情と国民的行動様式と国民的良心の構造との関係のイギリス人の例を見ると、連邦共和国のテロリズムの社会発生を説明するにあたって、ドイツのテロリズムだけを見て、戦後世代の反抗集団がなぜ特にドイツでは——たとえばイギリスと違って——暴力的な政治活動に走ったのか、という問題に一応目を向けるとき見落とされている一つの問題を提起したくなる。その問題は一つの提案もしくは仮説と言ってもいいものだが、徹底的に研究してみる価値があると思われる。

政治目的を実現するための手段としての殺人や放火や窃盗は、国内の人々の比較的平和で暴力のない共同生活の維持を保証している国家による肉体的暴力の独占に対する侵害である。産業国家の複雑な機構は、国内の平和に大きく依存している。テロ集団の暴力的戦術は、国家による暴力独占体制に対する明確な目的意識に基づく攻撃であり、いわば国家の心臓に向けられた攻撃であった。この独占が機能しなくなればることに対する——ふつう小さい時から各国民のうちに形成された良心の一部となっている——個人的なバリアを破らねばならない。国内では暴力行為を行なわないことが、「文明化した行動」と呼ばれるものの基本要素の一つである以上、また文明化過程と国家形成過程がきわめて密接に入り組んでいる以上、テロリストの運動は、文明化過程の意味では反動以外の何ものでもない。テロリストの運動には文明化に反する性格がある。

この発言に含まれているものは何一つ、テロ集団自身は自分たちの行動に対する反論として認めはしなかっただろう。連邦共和国とその文明は破壊するほかなく、しかもあらゆる手段を使って破壊するほかはない、と彼らは主張していたからである。この目的を暴力行為によって達成できると信じていたからこそ、彼らはテロリストとなったのである。

イギリスでも同じように、多少とも革命的な理想を抱く市民階級の若者の集団が、社会秩序が不正であることを理由に、社会秩序をきっぱり否定して戦う計画をもって登場した。だが私の知るかぎりでは、どの集団もドイツのテロリストのようなところまでは至らなかった。人質を取ったり、殺人や放火や窃盗をしたりして、国家機構を揺るがそうとする運動は一つも起こらなかった。イギリスの議会外野党の集団が——たとえばフランスやオランダと同じように——多少の差はあっても無暴力で、そのかぎりでは合法的な形態の反対にとどまったのは、私の仮説によれば、何よりもこういう国々の国民感情の強固な堅実さと関係がある。たとえばオーウェルのような人が、二十世紀初めの十年間について、イギリスにはあらゆる階級対立を超えた非常に堅固な国民感情が存在しており、共通の国民的自尊心があると言ったのは、——イギリスから以前の栄光の多くを奪い、文明化の覆いを剝がしそうな現実の打撃を受けたにもかかわらず

――おそらく八〇年代までのイギリスについては当たっているだろう。イギリスの伝統的な形の国民的自尊心が、そういう打撃を超えて続くかどうか、またどれくらい続くかは誰も予見できることではない。だがイギリス人であるということがもつ高い価値感は健在である、という印象がまずわれわれにはある。自国の現在の社会秩序にきわめて批判的である若者の集団にも、そういう価値観は明らかに生き続けている。自殺人や窃盗を政治的闘争手段と考えるのを妨げる文明化した自己抑制と国民的自尊心との明確な結びつきが、これまでのところは変わりなく存在している。

国民的自尊心と個人の文明化には独特の関係がある。素朴な部族においても、幼児における衝動の放任状態から大人の衝動の抑制の仕方を習得するまでの文明化には、ありとあらゆる不安や苦悩や苦しみといったかなりの困難が伴い、開発国ではその過程は、かなり高い文明水準にあるため非常に長くかかるだけでなく苦渋に満ちたものである。その過程には相当のリスクがいつも含まれている。要するに、個人の文明化過程で人に課される衝動の断念と、その過程によって可能になったり開かれたりする喜びの獲得とのバランスが問題なのである。幼児にその欲求を何でもすぐ満たしてやれば、幼児は肉体的には成長しても、人格としては幼児のままであろう。報奨と拒絶――飴と鞭――の両者が、衝動や欲望を大人の世界の規範に合わせて、抑制したり変形させたりすることのできる大人へ、幼児が変わっていくうえで原動力として働くのである。すでにかなり文明化した自己抑制を維持するためにも、何らかの種類の喜びというプレミアムが必要である。自己愛の集合態である国民的自尊心が、こういう報奨として役立つ。イギリスは、こういう国民的自尊心と、行動や感覚における国民特有の規範の遵守との間の相互補完的な関係を示す一例である。

イギリスやフランスのような国では、数世紀にわたる特に連続的な国家発展のなかでだんだん強固になってゆく形で形成された、堅固なきわめて独特の文明化の様式によって、——一九四五年以後の勢力の衰退にもかかわらず——戦後世代も、世代の国民的連鎖において眺め、この自明的な国民性と意味や価値とを結びつけることができるようになった。国民のもつ集団的価値にあずかることによって個人が感ずる情緒的な報奨は少なくなり、戦前に成長した人々が得た情緒的な報奨と比べると、いくらか疑わしいものになっているかもしれない。だがこれらの国では、いろんな動揺が起こったにもかかわらず、国民性やそれに対応する文明化様式の価値や意味が疑わしくなることはなかった。自国への所属と結びついた目的達成の衰退が、長い目で見ればどういう影響を与えるか、個人に断念を課す国民的理想や良心の様式が、国民的自尊心という報奨が低下したとき有効でありうるかどうか、またどこまで有効でありうるかは、経験が教えてくれるに違いない。これまでのところは、ここにも見られる戦前世代と戦後世代との間に続いている葛藤が、国家発展の連続性を断ち切ることもなければ、国民的な文明化の様式を壊すこともなかった。

あらゆる高度産業国家と同様に、ドイツでも大人の生活には個人の衝動の構造の文明化が要求される。だが他の多くの開発国では、文明化した自己強制や断念を維持する場合に喜びのプレミアムが一つの役割を果たしているが、ドイツ連邦共和国の国民であるという特別な価値の感情による報奨はきわめて限られたものであって、——あるとしても——きわめて限られたものにすぎない。世界の国家の序列では上位にある他の国で、ドイツ連邦共和国の国民ほど不明瞭で色褪せた「われわれ」意識しかもたない国はほとんどない。この点でドイツは不幸な国である[80]。国家の現実的な可能性をはるかに超えたナショナリズムと、二度の過酷な敗北という二つの運命的なうねりの後に残ったのは、混乱して多くは否定的な国民感情だった。ヒトラー時代の極端なナショナリズムと、彼がドイツ民族に提案し勧めた国民的自尊心や集団的ナルシシズムの極端な自己満足に続いて、破局の後には別の方向へ向かって、それにも劣らない極端な後退が起こった。その次に起こったものは冷静な総括ではなかった。その代わりに来たのは、自分に汚名を着せようとする強い傾向を伴う方向喪失の時期であり、ある場合には自己憎悪の時期であった。

議会外野党や特にテロリスト集団のメンバーによる連邦共和国に対するまったく絶対的な排撃が、何よりも肯定的な国民的「われわれ」意識の脱落と連関していることもありえないことではない。たとえばホルスト・マーラー[81]は「国家はわれわれにとって絶対的な敵であった」と告白している。「国民」という厄介な言葉——あるいは「国民感情」とか「国民的」のような言葉——の消滅とともに、そういうものの存在そのものが、若い世代の経験のなかからほとんど完全に消え去ってしまったのである。[82]

新しい世代にとっての積極的な意味が、西ドイツには認められなかったとは私は思わない。メンバーが次のように言う運動を想像してみることもできるだろう。「世界中の国家は強制装置である。そして発展の現段階では、繁栄した共同生活に必要な自制心を国民全体が育て上げることは期待できない以上、ドイツ人の共同生活を現在のところでは、警察やそれに類する外的強制の組織を手放すわけにはいかないのだ。だが、癌性腫瘍と化したヒトラー時代のドイツ国家の記憶から浄化され、それから解放される最善の方法は、模範的な人間的国家を作り出すことなのだ——それは、無数の人々の平和で親密な共同生活は、相当の自制心と相互の配慮なしには不可能であることを自覚させる教育を重視し、そこでは警察さえも、犯罪者たちの非人間的行動にカッとなって非人間的な暴力行為に走ることのない国家である」。たしかに、そういう国家は一日や一年では実現しない。だが、権力国家の伝統から決定的に決別して、政党や官僚機構や軍隊を含むあらゆる国家機関を人間化する試みを辛抱強く続けることは、過去の汚名からの浄化の手段であると同時に、現在および将来の国家と国民を有意義なものとする手段としても有用であり喜ばしいものとなるだろう。人間的な国家というものは世界にはまだ一つも存在していないのだ。[83]

16　数世紀にわたる国家形成の過程をへて強国への連続的上昇をたどったヨーロッパ諸国にも、疑いもなく、国民の文明化様式の混乱の始まりの前徴やその様式の破綻の徴候があった。その文明化様式の堅固さは、その様式が形成された国家形成過程の長さと連続性に対応していた。だが一九四五年以後その動きが徐々に下降の方向へ逆転したために、そこにも動揺が起こり、若い戦後世代と古い戦前世代との部分的には非常に激しい葛藤が現れた。そこでも若い世代の代表者は、古い世代の多くの代表者たちには聖なるものと思われていた文明化のタブーを一部修正することを要求した。

　そういう世代間の深い葛藤における問題が規範の間の差異や対立であるかぎり、そういう葛藤が起こったすべてのヨーロッパ諸国には明らかに類似が見られる。特に性道徳の領域では、若い世代は古い世代の規範に対して自分自身の様式を対立させる。社会的不平等を問題とする若い世代の道徳的運動は異常なほど大きかった。いたるところで、人間関係の社会的形式の——会釈やお辞儀のような——細かな事柄、特にそういう形式が勢力や地位や威信の違いを示すように見えるかぎり、若い世代はそういうものを意図的に軽視したり、それに対して一種の軽蔑を示したりする。[84] 若い世代が、抑圧者に対する闘争における被抑圧者、あるいは強者の優位に対して弱者を強力に擁護するのは、結局、戦前に成長した者よりも戦後世代にとってより重要な規範の一つのあらわれなのである。

　ヨーロッパの世代の道徳的な政治参加に見られる、こういう転換は分かり易いことである。先に述べたことをもう一度まとめれば、戦前に成長した祖父や父親たちには、特に私的生活における個人の行動や感覚に関する個人的道徳があった。外国ならびに自国の弱い集団に対する優越した態度は、ほとんど——個人的な行動が問題である場合以外は——道徳的な要求の領域に関わりがあるとはみなされていなかった。こういう父親世代は集団の関係における力の差を、つまり社会的な優位や、それがもたらす偏見を批判的に吟味することもなく、たいていの場合自明のものとみなしていた。世界の大半でヨーロッパの優位が失われたことは、戦後世代をして最近の過去と対決させることになった。その際に息子や孫たちは図らずも、父親や祖父に対して批判を加えることになった。彼ら自身は、アウトサイダーや脱落者となってそれぞれ独自の道を歩き始めた。彼らには他の集団に対する支配者や主人として、父親たちの例にならうことはほとんどできなかった——あるいはそうする可能性は少なかった。他民族に比べて明らかに力の衰えたヨーロッパ諸国の戦後世代には、父親たちの優位は弱い集団に対する不正だったと感じられたのである。父親たちとの対決において、息子たちはきっぱりと被抑圧者の側に立っていた。

17　諸国におけるこういう共通点を見ると、一つの問題が浮かび上がってくる。それは、他の国々では市民階級の若者を主体とする反対運動が——部分的にはかなりの成果を挙げた後に——、世代の問題は似たような状態にあったにもかかわらず、肉体的暴力の行使という非合法活動には至らなかった——つまり、テロリスト集団ができなかったのに対して、イタリアとドイツでは、後にはテロリスト集団となって、平和的手段では達成されなかった社会変革という目的を暴力によって成し遂げようとするに至ったのはなぜかという問題である。国家形成過程の多様な型や、それと連関する各国の文明化様式の違いを考えなければ、この問題には答えようがないと思われる。

イタリアとドイツはともに、ヨーロッパの大国のうちでは後発の国——国家の集権化と統一の過程において遅れた国——である。その過程がドイツ民族の神聖ローマ帝国の跡継であるこの二つの国で、特にイギリスやフランスより遅れたのは、中世の帝国が異常に大きかったことが、各地に王国や君主国や自由都市などの形態が成立するのに好都合だったからである。その結果は深くかつ広範囲に及んだ。

特に市民階級が望んでいた統合は、イタリアでもドイツでも、実質的に国王やその軍隊によって何らかの暴力を使って実現された。そのどちらにおいても国家は――髪を束ねる帽子か壊れた建物の回りの鉄の足場のような――市民自身の外部にあるかその彼方にある社会組織であり、「われわれ」ではなく「彼ら」として捉えられた。両国が高度の集権国家の段階に入ったのはずっと後のことで、極度の努力を重ねてのことだったために、イタリア人もドイツ人も国民としての自尊心はほとんど慢性的に不安定な状態にあり、それが優越感と劣等感の間の極端な動揺となって現れた、――戦前のヒトラー政権下での自尊心の法外な高揚の後で、六〇年代の連邦共和国の議会外野党に見られた国民的自尊心の弁証法的低下はそのほんの一例にすぎない。さらに後発国の運命として、両国が平和になったのは最近のことである。そのうえ人間関係での争いに肉体的暴力を使うのを抑制する、国家による外的強制に支えられた自己規制機構も、国民のプライドと同じように不安定だった。肉体的暴力の行使に対する文明化によるコントロールの脆さを最もよく示しているのは、いずれの場合も、中産階級と組織労働者との間の軋轢から起こる社会的闘争が一般に暴力で決着がつけられるという事実である[85]。

ドイツもイタリアも第一次世界大戦で、「陽のあたる場所」を取り戻そうとする戦いに敗れ、諸国民間の予選とも言うべきこの戦争での敗北が、両国の特に市民階級に非常に苦々しい思いとルサンチマンを残すことになった。ムッソリーニは、国民の傷ついた自尊心や恨みを利用して上昇することができた。ヒトラーは疑いもなくイタリアのファシズムの経験から学びとった。だがイタリアの手本を学ぼうとする彼の試みから生まれたのは、実際には――ドイツ独特の国家発展の仕方や、それと関連する感じ方や行動様式の伝統の特徴を示す――別ものだった。

先に示した類似と並んで、中世の帝国のこの二つの跡継の間には非常に重要な違いがある[86]。ムッソリーニとその信奉者は権力の絶頂にあったときでも、大半のイタリア国民の間では、ヒトラーとその信奉者がドイツで権力の絶頂にあったときほどの熱狂的な共感をとうに失っていた。だが、暴力的だったイタリアのファシズム運動が、ドイツのそれほど組織的な暴力行為を行なわなかったということは特に言っておかなければならない。国家社会主義運動の特徴として歴史に名を残すことになった、冷静な計画に基づくまったく無感動に見える集団虐殺は、イタリアのファシズムの特徴とはならなかったのである。

ドイツ的な発展に特有だったのは、最初は議会外野党だった組織による非合法の組織的暴力活動そのものでもなければ、権力掌握後も体制強化のために、肉体的暴力を使って敵を抹殺しようとしたことでもなかった。そういうことは他の国々にも例がある。それに対してドイツ独自のもので、そのため納得できる説明がなされていないのは、完全に無抵抗の人々の計画的虐殺の規模、つまり——社会や体制にとって殺人組織に必要な経費に見合う意味や利益があるというような意味で——「現実的」または「合理的」な理由が未だに見つからない虐殺の規模である。問題として記憶に残っていないながら、相変わらず説明されていないのは、いわゆる理論とか政治的信条や理想のための暴力的な大量虐殺、つまりドイツ人またはドイツ系の人間が支配するヨーロッパの強国という夢やユートピアのための大量虐殺である。擬似科学的、擬似合理的な理想と、犠牲者である人間が虐殺者にとって石鹸や骨粉や飼料などの製品の原料として工場で処理する物でしかなかった、絶対に妥協の余地のない暴力行為との混合——虐殺者の代表者にとっては人間が実質的に一つの理論の象徴でしかなかったこの混合——これは、今日もなお未解決のまま問題として残されている。

この問題を思い出すことは、ここで説明したテーマと無関係ではない。後の時期のテロリスト集団にも似たメンタリティが見られるからである。彼らの場合も、犠牲となっているのは人間であり、自分も敵も結局は同じ人間であるという感覚がしだいに失われていった。彼らの場合にも、暴行を働く者にとっては犠牲者は一つの理論の象徴にすぎず、――もはや人間として認められず、特定の論拠に基づいて壊滅させるべきだとされる社会現象を象徴する集団の代表にすぎない。

国家社会主義および連邦共和国のテロリズムのこういう特質を解明するためには、ドイツの発展の様式の特色とそれに関連する文明化の様式の特質に目を向けなければならない。それを見れば、ドイツの発展が直線的でなく、紆余曲折に富んでいることにすぐ気づくはずである。たとえばイギリスとは逆に、ドイツ人の歴史的運命は長い連続的な国家形成の過程を妨げ、求心的な集団と遠心的な集団が戦い、国家の統合を求める傾向と解体を求める傾向が争い優勢を競い合った。そこでも、国家形成の構造と国民の行動様式や感じ方の伝統の構造が密接に結びついている。国家形成過程と、争いにおいて暴力行使を規制したり妨げたりする安定した自己制御機構をもつ国民の平和状態と比べれば、それは特に明らかである。無論、ドイツの発展の部分的な断絶から生ずる困難のために、ドイツ的な文明化様式の展開はあまり研究されていない。その点については推測を述べるにとどめざるをえない。

すぐ目につくことだが、十八世紀後半優れた古典的な詩人や思想家が現れた時期のドイツ市民層の指導的な人々の間では、戦士的な行動、軍人的な美徳や暴力活動はあまり評価されていなかった。それに対して第二帝国とそれに続く第三帝国の時期には、戦士的な行動や、国家によって認可された暴力行為の諸形態がかなり高く評価されていた。統一されたドイツが予選と言うべき列強の争いに加わったために、人間関係での暴力行使に対する文明化による自己抑制のバリアが弱まったような印象を受ける。決闘が重要視されていた――たとえばフランスのように重大な名誉に関わる事件に限られることなく、たいていの団体に所属する学生のいわば日常茶飯事だった――ことは、特に一八七一年以後発展したドイツ特有の文明化様式のなかに蓄積されていた、軍事的暴力の伝統の強さの一つのあらわれにすぎなかった。それが武力による統一というドイツの国家形成過程の様式と関係があるのは、あまりにも明らかなことである。[87]

あらゆる暴力行使を正当化したのは、何よりも国家のための戦いであった。国家の目的のための戦いがドイツ人の行動様式や感じ方の伝統に、ある目的のための意図的な暴力行為という色彩を与えることになったように見える。

軍人貴族が支配的だった時代には、こういう意図的な暴力行為は上流階級の道徳通念によって抑制されていた。ヒトラーとその支援者たちは王家の生まれではなく、栄達のためにあらゆる努力を重ねたが、彼らにはこういう紳士の障壁は役立たなかった。彼らはあらゆる手段を使い、どういう犠牲を払っても、無条件に権力と偉大さを求めようとした。肉体的暴力の無条件な行使はその一環であり、紳士の規範も良心の咎めも妨げとはならなかった。ドイツ人の第三帝国——第三の帝国であることに注意されたい——という彼らの夢を実現するために努力しているうちに、名誉や道徳という文明化による強制はすべて意味を失ってしまった。

イタリアのナショナリズムは、昔の偉大なローマ帝国や古代ローマ文化に訴えて勢力を獲得したが、ドイツのナショナリズムが力を得たのは、ローマ帝国の滅亡に野蛮人としてある程度加わった民族移動期のゲルマン民族に訴えることによってであった。国民の理想を表わすモデルのこの違いは、ファシズムと国家社会主義という二つの独裁制の運動の文明化のレベルにとって無意味なものではない。指導者たちが模範としたものは、一方では帝国とその文化であり、他方の場合は、自分たちはいわば自然によって世界を支配するように決定されている人種であるという観念であった。世界帝国の夢をぜひとも実現しようとする戦いに、ドイツ最後の君主、成り上がり者である国王が死にもの狂いで国民を総動員した結果、純血種によるゲルマン帝国の樹立という夢に見た目的に役立つと思われさえすれば、政治的レベルでは非人間的な暴行に対する自己抑制を放棄させることができたのである。

こういう目的が国民の自己愛にアピールしたのを見れば、国民大衆が偉大な総統とその幹部の命令にあれほど従順に服従した理由も分かってくる。当時の権力者たちが非服従者に対して使った強制手段だけでは、ヒトラー体制のなかでドイツ民族全体がほぼ完全に統合されたことは説明がつかない。それを説明できるのは、国家社会主義が信奉者たちに、彼らが服従するために受け入れた——しばしば困難な——断念の代わりに大きな楽しい報奨を約束していたということ以外にはない。総統の命令に服従する者には、ヨーロッパの新しいエリート、新しい貴族の一員としてヨーロッパの他のすべての民族を支配するという大きな報奨が約束されていた。その約束が果たされるという期待が、個人の自己放棄や、上司の命令への絶対服従、最終的には総統の命令への絶対服従を生み出した。言い換えれば、こういう国家構造のなかで、あらゆる政治的問題において総統の命令が個人の良心に取って代わったのである。

18 外部からの強制に高度に依存して自己を規制し、他人の指図に従うのに慣れて、自分でも他の人々に命令し指図することに慣れ切った人々の人格構造は、権威主義的人格に関する理論の枠のなかで記述されたり論じられたりすることが多い(88)。その際には、ある種の家族構造に基づいて成長する人々には、それに応じた性格構造の徴候が発展するということが、暗黙のうちに基本的な前提となっている。こういう説明を放棄する必要はないが、説明としては不十分である。権威主義的な家族構造は、国家の権威主義的構造と密接に関わっているのである。それを認識するには、生成しつつある組織、つまり長期にわたる過程の一面として国家組織を捉える必要がある。

ドイツは——政党が力をもってきた一八七一年以後の統一ドイツではいくらか緩められたが——一九一八年まで絶対主義的な支配のもとにあった。ドイツ人の人格構造は、数世紀にわたる連続的な絶対主義の伝統に合致するものとなっていた。そのうえ、上官と部下、命令と服従という軍隊の形式が、その他の領域でも広くモデルとなっていた。そういう形式が官僚機構や警察の行動のうちにも、さらには家族にもたしかに見られた。こういう領域やその他の領域でも、権力国家というモデルが中心的な役割を果たしていたのである。

人間関係におけるドイツ人の行動や感覚には権力国家のモデルが深く浸透し、そういう構造全体のトップに立つ最高の命令者が非常に重要な役割を果たしていた。そういう実態を捉えて初めて、一九一八年に皇帝が退位した後に、ドイツ人が直面した困難を理解することができる。第一次世界大戦以前は、皇帝や国王が依然として絶対的支配者として多くの特権を有しており、戦争も和平も決定し、軍の高官、行政のトップ、特に大臣を任命していた。絶対的支配者がいなくなった後で、最高の命令者なしに、上からの命令に従うことなく、誰に支配されるべきかという問題に初めて直面したとき、ドイツ人が感じた嫌悪は、「軍隊」も労働者も統治について共同決定権をもち、地位の低い者が支配者の役割を果たすということに驚いたためだけではなかった。彼らの反応は、自分の人格構造に合った社会的シナリオの中心人物が突然いなくなったことのあらわれであった。新たに登場したのは、彼らの感情的要求にも彼らの行動規範にも合わない人物たちだった。無論、皇帝は彼らの「われわれ」意識という肯定的感情に満ちた象徴にはならなかったし、ドイツ帝国大統領のエーベルトもその役目を果たすことはできなかった。それは新しい体制もいろいろな面で同じことだった。もしもドイツ国民がまず第一に最も適切な自治制度を確立していたならば、それは有用な手段として大きな意味をもっていただろう——正確に言えば、大きな意味をもちえたことだろう。だが実際には、象徴的な守護者——立派な父親、立派な母親——を求める要求はほとんど満たされず、満足感は得られなかった。

議会制に対して戦後数カ月で早くも現れた大きな敵意は、一種の階級対立と密接に結びついていた。それは確かなことだが、擬似合理的な利害が絡んでいたことを指摘したり、「民主的」統治形態の長所が明確に認識されていなかったことを指摘したりするだけでは、決してその敵意を十分に説明したことにはならない。ワイマール共和国に対する多くのドイツ人の根深い敵意を理解するには、議会制が機能しうるためにはその前提として、議会活動と連関して徐々に形成されるほかはない特殊な人格構造が必要であることを考慮しておかなければならない。

皇帝や国王のなかば絶対主義的な体制から、ワイマール共和国の議会制への移行はまったく突如として起こった。一般の国民にとっては、その移行はまったく思いがけず起こって、敗戦といううきわめて不愉快なことを連想させた。多くのドイツ人は、政党間の争いや交渉や妥協による統治形態を根本的に忌み嫌っていた。喋るだけで活動しない——と思われる——議会という「雑談施設」が彼らは嫌いだった。人々はそれぞれに、重要な政治決定はすべてトップに立つ強力な男によってくだされる簡単明瞭な、はるかに単純な支配形態に憧れていた。ドイツの幸不幸をめぐる心配は、彼に任せておけばいいのだ。自分の私的生活だけ考えれば十分だ。ワイマール時代のそもそもの最初から、多くの人々は、君主だろうが独裁者だろうが、決定し命令をくだすトップの男を待ち望んでいた。麻薬を求めるようにそういう男を求めていた。彼らはそういう男がいることに慣れてしまって、禁断症状がすぐ起こるのであった。

よくあることだが、たとえば独裁制にまさる合理的な長所しか考えないという偏った見方で、議会制という形態の共同生活を研究する場合には、議会制が確立する際の独特の事情を見逃しがちである。象徴的な支配者が部下たる国民への責任を担う体制からの離脱も、個人にはできるだけ限られた責任しか負わせない体制への転換も、なるべく危機の起こらないような環境が必要であって、それには少なくとも三世代はかかることがほとんど意識されていないのである。こういう新しい方向へ進むうえで起こる厄介な事柄は、ヨーロッパの歴史にいくらでも例がある。議会制という国家構造と個人の人格構造が、これまで比較的に摩擦なく調和している数少ない国の一つはイギリスである。イギリスの歴史においても、そういう調和が出来上がるまでには長い過程が必要であった。ピューリタンの独裁者の息子が権力の多くを捨てて、新たに即位した国王に統治権を譲らざるをえなかった時代から、非常にゆっくりした道のりをへて、その調和は出来上がってきたのである。(89)

こういう転換がそれほど苦難に満ちたものになる理由を少し考えておいたほうが、ここでは役立つかもしれない。その場合も、文明化の理論が道を示してくれる。絶対主義的 - 君主制の体制または独裁体制に適合した人格構造は、命令に従い、外部からの強制によって指導され易い態度を個人のうちに作り上げる。個々の国民は、意見の異なる人々との対決に加わる重荷を免れる。被支配者たちはどちら側につくかを自分で決める必要はない。命令は上からくだされ、決定がなされる。こういうタイプの体制にあっては、被支配者たちは国家のレベルにおいてはまだ幼児の段階にとどまっている。両親の命令はたしかに楽なものばかりではないが、独裁的な君主や独裁者の命令もそれと似たようなものである。だが結局、人々はそれに従うのである。従わない場合には、一枚岩的な独裁的国家組織の主要な支えである軍隊や警察がすぐ動き始める。個人の人格構造は命令と服従のヒエラルキーに合っているかもしれないが、完全に安定させるために、独裁的支配者はふつう国家による暴力独占を無制限に活用して、個人が道を誤らないように、可能な限り緊密な監視装置や外的強制の装置を作り上げる。

異なる集団の間の力関係が盲目的かつ無計画に変化してゆく国家形成と文明化の入り組んだ過程において捉えれば、君主制的か独裁的な統治形態や、少なくとも二つの競合する政党をもつ議会制的統治形態は、それぞれ異なる段階であることが分かる。独裁体制が命令する者と服従する者に求める人格構造は比較的単純である。この事実から、数世紀にわたって繰り返し一人の男が——小さな集団とともに——多くの人々に対する支配を確立し、維持することができたのも説明がつく。このことは、少なくともファラオがエジプトの北部と南部を支配下におき、二重の王冠を戴いていた時代や、清朝の君主たちが今日の中国の中央部の支配権を握った時代から、ドイツやオーストリアやロシアの君主たちの時代だった一九一八年まで、そして今日の独裁制という形に至るまでの時代についても言えることである。それに対して、議会制をとる多党体制がかなり複雑で面倒な統治形態であり、それに応じてより複雑で洗練された人格構造を要求するのは明らかである。

二つの統治形態の間のこういう違いは、議会制をとる多党体制が人々や集団の間の争いを当然とみなすことに関係がある。多党体制は争いを例外とか異常とか非合理的なものといった分野に押しやるのではなく、それを社会的な共同生活に不可欠の正常な現象とみなすのである。この点で民主制は、秩序を調和に満ちた争いのない状態と同一視した古典的合理性の要求に反している。(90) 民主制では国家という組織の課題は、社会における最も重要な集団の争いを特殊な制度によって規制して取り除くことにある。その特殊な制度が、対立する集団の闘争を可能にするとともにその解決をも可能にするわけだが、——その際、闘争は暴力を使わない主として議論や討論によって行なわれる対決という形態だけに限られ、参加者によって定められた規則に従うという決定に束縛される。

共同生活の最高目標または理想像、つまり文学的あるいは科学的なユートピアはたいてい、理想的な体制、理想的な社会形態は絶対に争いがなく調和のとれたものであるはずだという考えから生まれている。こういう考えは、人々の間の争いがいわば神経にこたえ、それが不安の一つの要素であることのあらわれであって、完全に安定した完全平和の状態が理想だと思っている人々は少なくない。私はそういう考えはもっていない。争いのない共同生活などというのはまったく考えられないものであって、人間の社会にとって闘争の有する積極的な意味を考慮せずに、——結局は高度の指針とか模範というような意味で考えられている——社会の理想像を描くのは無意味なことだと思われる。争いのない社会というものが合理性の頂点だと思われるかもしれないが、それは同時に墓場のように静かな、極端に感情の冷え切った最高に退屈な社会——さらには一切のダイナミックスを失った社会——なのである。現代社会においてもそうだが、あらゆる理想的な社会では、闘争を取り除くのではなく——それは無駄な企てだ——、闘争を規制して、闘争の戦術や戦略を規則に従わせることが課題なのであるが、その規則も終局的なものとみなしえないような規則である。そういう規則は、闘争の緊張を維持するいわば燃え上がる炎なのであって、それが自分や回りの人々を焼き尽くすほど熱くなってはならず、また暖めもせず照らしもしないほど弱いものであってもならない。

もちろん、そういう具合に適度の闘争を前提とする議会制のような体制は、それに属する人々にある程度の自己規制や自重を要求するが、そういう自己規制や自重は容易に育てられるものではないだけに、議会制の要求は独裁体制の要求をはるかに上回っている。まさにこの点に関連することだが、多党体制が絶対主義的君主制や独裁制よりも、文明化過程において高い段階にあることを確認しておかねばならない。君主制や独裁制は——たしかに同じように自己強制を作り上げるが——自己強制よりも外的強制を優先させる。それに対して、議会制をとる多党体制の中心的な特質の一つはより高級な自己強制である。外的強制がなくなっているわけではない。外的強制を欠く国家は存在しない。だが暴力的手段を使って敵と戦うことを禁じ、議会制による活動の規則を破ることを禁止する、自制心の堅い覆いが裂けたり破れていたりすれば、議会体制は崩壊してしまう。政治闘争において自己規制が解かれることは、おのずから多党体制の終わりであって、おそらく独裁者か君主による独裁体制へ変わってしまうだろう。そこでは相手との対決ではいつも自分を抑えようという要求は消え去っている。議会制をとる多党体制は、この点ではフットボールに似ている。争いは起こるが、守るには高度の自己規制が必要な厳格な規則に従って争われる。争いが過熱して、フットボールが規則破りの殴り合いになれば、フットボールではなくなってしまうだけだ。そうなれば、プレーヤーの自己抑制は、警察が代表するような外部からの規制にその役目を譲り渡すことになる。

この喩えは正確ではないが本質的なことを示している。あらゆる社会形態と同じように、君主制であれ独裁制であれ絶対主義国家にも特殊な構造の争いがある。だがそれは公的生活の舞台裏に隠されている。こういうタイプの国家における生活は、表向き調和がとれている。下のレベルでの争いは、上からの要求——外部からの強制——によって、実に簡単に片づけられる。最高指導部のレベルの争いは舞台裏で秘密裡に行なわれる。[91] そういう争いがあることを知っている人は多いかもしれないが、制度上は争いの存在する余地はない。国家の公式のイデオロギーもそれを認めようとはしない。

議会制をとる多党体制が国民に自己抑制能力を絶対主義体制以上に要求するという事実は、絶対主義体制から議会主義体制への移行が非常に厄介な過程である最も重要な理由の一つである。その過程に加わる運命にある多くの人々が、その要求に応えることができないのである。外部からの強制が支配的な上下関係に慣れ、最高の支配者である軍司令官を除けば、多くの人々が上から命令を受け、下に命令をくだすという一見調和のとれたヒエラルキーに慣れて、多党体制における政党の争いを絶対に耐えられないものではなくても苛立たしいものとみなしている。先に述べたように、いかに好都合な状況であっても、議会制をとる多党体制の安定した機能によって人格構造の変化が起こるまでには、数世代はかかるのが普通である。その過程を経験したどういう国でも、社会が議会制度やそれに必要な暴力の断念という文明化した自己抑制に慣れるまでには、独特の制度上の変動や文明化に伴う変動が起こっている。(92)

暴力の行使や過度の憎悪の表現や挑発的な罵倒が全くない公然たる集団の争いは、実に神経にこたえるものである。相手が我慢しきれなくなるまで、つまり議会の規則に従う穏やかな戦いが殴り合いや反逆や互いに暴力化するダブルバインドの過程に変わるまで、はたして我慢できるだろうか？　テロリスト集団が発生するのも、人々が政治問題では国王や独裁者の権力を恐れて抑制していた文明段階から、政治上の敵との対決では自制して公認された戦いの規則に自ら従う文明段階に達するまでの困難な長い過程の一面なのではないだろうか？

19　議会制をとる多党体制は専制君主制や独裁体制よりもはるかに自己抑制を要求し、その意味でより高い文明段階であると言うのは、まさにありのままの事実の確認にほかならない。もっとも、これはよく言われるように、そういう体制による現代の闘争解決の形が最終的な理想的形態だということではない。国家形成と文明化においてこれまでに到達された形態は、支配者と被支配者の力の差を縮め、両方の文明化によって自己規制を高めてゆく一つの里程標にすぎない。一点だけ挙げれば、党派が出来上がる重要な争いにはつねに今日の階級や階層の間の葛藤と似た性格があるとか、それ以外の葛藤がありえないと考える必要はまったくない。現代では階級闘争の圧力で一般には隠され、表面に現れていない男性と女性との間の葛藤、若い世代と古い世代との葛藤、あるいは地域や人種に基づく葛藤のような別のタイプの葛藤も、同じように党派が出来る土台になりうるのである。

議会制をとる多党体制を理想化することが、その種の国家と独裁制の国家との外交上の争いをいつも引き起こすのであって、構造的な問題を公に議論することを妨げ、困難な事態に立ち至らせることが多い。多党体制の理想化によって、たとえば新しい世代の人々が個人的な文明化過程の枠内で議会体制に独特の出来事を処理する際に出会う困難が隠されることもある。[93] 公教育が彼らに与える知識は、民主制についての型通りの理想像の知識にすぎない。議会制の活動の現実に突き当たったときに、自分の経験の乏しさゆえに唖然となっても不思議ではない。連邦共和国のテロリスト集団による国家への非難においても、政党の実態が必ずしも民主制の原理の理想像通りでないのを見ての驚きが大きな役割を果たしていた。

議会制の多党体制の実践活動では、すべての参加者がつねに相手の力について正確に把握し、それに応じて譲歩もしながら交渉を進めねばならない。あらゆる社会、特に高度に細分化した産業社会には、若い新しい世代と古い有力な世代で、それぞれの文明化の仕方に一種の違いがあるが、この点についてはすでに述べておいた。多党国家の政治的生活では、その違いは特に若い世代が現実の葛藤の妥協抜きの徹底的な解決を古い世代以上に求めるところに見られる。どういう政党にも、若い世代の絶対的な要求と、政党間の複雑なパワーバランスに合わせて目標を設定する古い世代の態度との対立がある。部外者の目には——そして特に批判的で知的で敏感な若い世代の目には——、こういう妥協は、各政党の掲げる理想や原理に対する裏切り以外の何ものでもなかった。反体制グループの若者たちには、政党体制の何もかも、愛着や希望を呼び起こしうるものを何一つ提供しないとしか思えなかった。こうした感情が連邦共和国に比較的強かったことも、ドイツ特有の伝統と関わりがあるかもしれない。

さまざまな利益集団の交渉で暴力を断念することには、ドイツ人ではしばしば否定的な意味を含む言葉でしか示されない形態が伴っている。ドイツ語の「値下げ」には英語の「バーゲン」よりはるかに不愉快な響きがある。行動の無条件さ、原理への絶対的な忠誠、自分の確信の妥協のない堅持はドイツ語では特にいい響きをもつ言葉である。それに対して妥協には何か卑しい響きがある。そこでもドイツ人の行動様式や感じ方の伝統に深く入り込んでいるのは、軍事的な価値にほかならない。自分の名誉、自国の名誉、皇帝の名誉、総統の名誉に関して将校は妥協することができない。交渉したり自分の立場をあれこれ論じ合う商人たちを、将校は軽蔑の目で見くだす。このようにドイツ語には、数世紀にわたる独裁的だった時代の評価や昔の国家や社会の形態への敬意が、実にさまざまな形でつきまとっているが、それらは議会制をとる産業的な共同生活の条件に反するものである。生きている者が使っている言葉には、死者たちが広い範囲にわたって刻みつけた特徴が残っている。そのため死者たちは、生きている者が死者の価値を低下させるのをなかなか許そうとしないのである。

議会制の多党体制は、軍事的伝統では軽視されていたものを高く評価する。最終的には生か死かが問題になる暴力的な闘争に対して、多党体制は暴力を断念した交渉を対置させる。そこでは、絶対服従の代りに、また——「原理への忠誠」——という原則に反して、中庸の道や調停案や妥協が求められる。禁止か命令しか存在しないところでは、自分の道を見いだすのは易しいことだが、自分の進む限界や立ち止まるべき場所について一種の細やかな感覚を経験によって獲得せねばならない状況では、自分の道を見いだすのは実に困難である。どこまで進みどこで譲るかを配慮し妥協するのが議会制度の基本的生活様式の一部だが、そういうやり方をドイツ人が高く評価するようになるにはほど遠い。それに慣れるまでにはおそらく数世紀はかかるだろう。

IV　文明化の挫折

1

アイヒマン裁判(1)は表面的には一個人についての裁判であった。それは、かつてのナチ親衛隊員を被告として、原告であるイスラエルの人々と証言者たち、強制収容所を生き延びた数人の生存者、そして被告と原告双方の言い分を聞いて判断しようとする、目に見えない世界中の聴衆によって行なわれた裁判であった。ところが何カ月もの間、裁判のニュースが世界中をかけめぐって、多くの国々の多数の人々の会話や思考や感情に入り込んだとき、それは個人の裁判以上のものとなったように思われた。それはある程度、画期的な出来事という性格を帯びてきた。ドイツによる二度の戦争と同様に、それはしだいにさまざまなことを顕わにして、われわれが抱いている文明社会のイメージを疑わしいものにする様相を呈するに至った。表面的には局所的な出来事であったこの裁判が、立ち入ってみると非常に大きな意味をもってきたのである。

国家社会主義者たちがユダヤ人を悲惨な目に合わせた事実そのものは、知られていなかったわけではない。だがアイヒマン裁判までは、自分と無関係な無力な他人のことは、どんな痛ましい出来事でも忘れてしまうという恐るべき人間の能力がすでに働き始めていた。現代の国家が少数の憎むべき人々を抹殺しようと試みたことについての記憶は、人々の意識からしだいに消えてしまっていた。ところがイェルサレム裁判がその記憶を再び明るみに引き出したのである。その結果、虐殺された人々や殺人者たちについての記憶を消して、せいぜいで歴史書に墓碑銘として二、三行残す程度にしたほうがよくはないかと考える必要もなくなった。記憶は甦ったのだ。記憶が甦るに至った事情もきわめて示唆に富んでいる。

たいていの場合、歴史の犠牲者、敗れ去った無力な集団が覚えられている可能性はほとんどない。記憶のなかに歴史として残るものの主な枠組みは今日に至るまで国家であり、歴史書は相変わらず国家の記録である。虐殺されたユダヤ人についての記憶を呼び起こしたものも、新しいユダヤ人の国家とその権力の手段にほかならなかった。

この記憶が呼び戻されると、それとともに多くの問題が復活してきた。二十世紀の最高のやり方とも言うべき、合理的と言うよりも科学的な仕方で、昔の粗暴な野蛮への後退とも思われる企てを計画し、それを実行に移すという——人数の違いを無視し、死んだ奴隷にも人間存在の資格を認めるなら、昔のアッシリアやローマならありえたかもしれない——ようなことが、どうして起こりえたのだろうか？　地主である戦士が奴隷の生死を左右したり、十字軍騎士がユダヤ人を略奪して焼き殺したりした封建時代なら、そういうこともあったかもしれない。しかし、二十世紀にそういうことが起こりうるとは、誰ひとり思ってもいなかった。

国家の名のもとに行なわれた老若男女の外国人の大量虐殺が投げかけている主な問題は、詳しく見れば明らかなように、その行為そのものにあるのではなく、それが現代の高度先進国の特徴と思われている基準と結びつかないところにある。二十世紀の人間はしばしば暗黙のうちに、自分も時代も文明化や合理性の点で、昔の時代や現代の後進国の粗暴さをはるかに超えていると思いがちである。進歩信仰が疑わしくなっているにもかかわらず、進歩信仰に関する人々のイメージは少しも変わっていない。しかしこの点に関する感情は分裂していて、そこには自己愛と自己憎悪が入り混じり、自負と落胆が——自分の時代の異常なほど大量の発明や冒険心や、進歩して人間らしくなったという自負と、現代特有の無意味な野蛮への絶望——が入り混じっている。現代こそ人類最高の文明段階であると思わせる経験は多いが、それと同時に果てしなく続発する戦争を含めて、懐疑を深めさせる別種の経験もある。アイヒマン裁判は第二のカテゴリーに属する経験である。以前から分かっていた事実がこの裁判で歴然となり、個人や官憲の手によって暴露された。われわれはもう知らぬふりをしているわけにはいかない。裁判が進むとともに明らかになった恐るべき出来事を聞いてショックを受け、信じられなかった人も少なくなかった。こういうことが高度産業社会で起こりえたこと、こんなことが文明人に起こりえたことを彼らは信じたくなかった。それが彼らの根本的なディレンマであった。これこそ社会学者にとっての問題なのである。

そういう出来事を処理する手近なやり方は、ヒトラーが始めた虐殺を、例外として片付けてしまうやり方である。その場合には、国家社会主義者たちは文明社会という身体に出来た癌だとか、彼らのやったことは多少とも精神異常であるとか、特別に悪質な不道徳的人間の非合理な反ユダヤ感情によるものであるとか、ドイツ特有の伝統や特質に基づくものだったと言われるかもしれない。こういう説明はすべて、計画的な冷酷な組織的大量虐殺を他に類のないものとして扱っている。――そういう野蛮なことは、二十世紀の高度先進国でふつう起こるはずがないと考えているのである。

こういう説明は、それに類したことが再び起こるとか、そういう野蛮なことは現代産業社会の構造に内在している傾向に由来するものかもしれないというつらい思いから守ってくれる。それが一種の慰めを与えるのだ。しかしそれでは、説明になっていない。ヨーロッパからユダヤ人を抹殺しようとした出来事に歴史的に比類のない側面があることを示すのはたやすい。しかしもう一つの面は比類のないものではない。現代の多くの出来事を見れば、国家社会主義が現代社会の状況や、二十世紀の行動や思想の傾向を非常に極端な形で表わしたものであるのは明らかなことである。科学的に行なわれる大規模な戦争と同じように、高度技術と科学的計画に基づいて行なわれた、特設された死の収容所や隔離されたゲットーでの餓死や、毒ガス殺人や射殺による住民全体の抹殺も、決して技術化した大衆社会の枠外にあるものではない。アイヒマン裁判で明らかにされたさまざまの出来事を、例外的なものだったのだと考えて自分を慰めてはならない。この種の蛮行を助長し今後も助長しかねない二十世紀の文明化の状況と、その社会的諸条件を研究しなければならない。われわれはこう問わずにはいられない。こういう残虐行為が起こる事情とその理由を理解し、権力者が相応の知識で残虐行為を防止でき、防止しようとするまでに、こういう残虐行為が何度繰り返されねばならないのか？

今日でも依然として多くの場合、他の人々に与えた傷害や苦痛のかどで個人的責任を問うべきだという社会的な要望と、そういう出来事が起こった事情や理由を社会学的または心理学的に解明しなければならないとする社会的要求が混同されている。こういう社会的要求は最初の社会的な要望を消し去るものではない。人間的事象の経過においては、そのどちらにもそれぞれの役割がある。いかに非難されようとも、われわれは解明しなければならないのである。解明しようと試みることは必ずしも許そうと試みることではない。アイヒマン裁判は、覆っているカーテンを一瞬上げて、文明化した人間の暗黒面を見せたのだ。それに目を注ごうではないか。

2

国家と党の指導部だったヒトラーと側近グループが、ドイツおよび占領地域のあらゆるユダヤ人の抹殺を最終的に決定したのは、ポーランドへの侵攻後まもない一九三九年九月のことだったと見られている。それ以前に強制収容所や時々行なわれた人間狩りで殺された人々のなかには、ユダヤ人のほかに——共産主義者、エホバの証人、同性愛者、抵抗運動を続けるキリスト教の牧師や司祭その他、迫害される少数派に属する人々がいた。この時期に主な攻撃目標とされたのはユダヤ人たちの生命ではなく、彼らの収入や仕事の基盤であった。商社や工場、家屋、銀行資産、宝石、美術作品その他、ユダヤ人の財産の大半が奪われ、非ユダヤ人との接触で成り立つ職業その他の活動からユダヤ人は追放された。ユダヤ人はドイツ総人口の約一パーセントであった。ユダヤ人は商業、産業、専門的職業に携わる者がほとんどだったが、一般に都市の少数派であって、彼らの財産を没収したところで、ドイツ国民全体が得る経済的利益はわずかなものにすぎなかった。それでも——社会集団の間に起こる財産の没収や地位の強制的剝奪の場合と同様に——この侵害によって直接に利益を得たドイツ人家族が少なくなかったのは確かである。ユダヤ人の屈辱を見て喜び、これでより良き未来が開けるものと期待した人々の数はそれを上回っていた。この点では、ユダヤ人迫害には強烈なリアリズムと合理性の要素があったわけである。ちなみに、その当時ユダヤ人たちは、匿ってくれる国が見つかったり、故郷となった土地を離れられないような年齢でなければ、死なずにドイツを離れることができた。財産の一部を持ち出すこともできたし、ひと頃は制限内の金額を持って出ることも可能だった。

後から考えると、自分たちの勢力範囲にいるすべてのユダヤ人を殺すという、一九三九年にくだされたヒトラー国家の指導者たちの決定は予見できたように思われる。だが実際には、国家社会主義者が実権を握った一九三〇年代には、ヨーロッパやアメリカのたいていの人々には、ドイツ人が冷酷にも数百万の老若男女を殺すなどとはまったく考えられなかった。国家社会主義者のパワーエリートによる決定は完全に秘密裡になされた。その決定の実行に当たったのがゲシュタポのユダヤ人問題部局であり、一九四〇年から一九四五年までそれを指揮したのがカール・アードルフ・アイヒマンである。目標が決定されてからもそれを達成する方法はまだ見当もついていなかった。西部戦線と東部戦線で進撃が始まるとともに、ますます多くのユダヤ人がドイツ軍の支配下に入った。数百万もの非武装の人間を組織的に殺す手本は存在していなかった。考え抜き実験を繰り返して、ようやく最も効果的で経済的な殺害方法が見つかった。ユダヤ人抹殺のためのさまざまな措置を計画し、それを監督するためには一つの行政機構を増設する必要があった。その機構が大きくなるにつれて、競合する部局の間の摩擦や葛藤も大きくなってきた。

国家社会主義の国家機構はなかば独立した、封建制のような数多くの部局からなっていた。各部局は二流の指導者であるリッベントロープやゲーリング、ヒムラーやゲッベルスのような者の支配下にあって、さらにその下に作られた組織が全国に広がっていた。こういう各部局はそれぞれに一つの行政分野を構成していたが、それぞれの分野がヒトラーや党にどれだけ貢献するかが各部局のトップに立つ者の威信や地位を左右した。下級指導者たちの間の力関係は不安定なものだったために、ヒトラー自身と同様に、彼らもみな他の指導者に対して不信を抱いていた。一人の昇進が一人の破滅になりかねなかった。暴力と殺戮を政治の通常の手段として使おうとする者は、他人が自分に向かって同じ手段を使うかもしれないという恐怖から決して抜け出すことができない。そういうわけで、一見スムーズに機能していたように見えるヒトラー国家には、異常なほどの緊張や嫉妬、地位争いがあって、それに伴って金と労力が徒に費やされていた。支配者たちが相争っている独裁的国家機構が、一見独立した管轄分野で一つにまとめられ抑えられていたのは、何よりも彼らがみな総統に依存し、差はあってもみな教条主義的な信仰を抱いていたからである。

他の多くの独裁国家と同じように、こういう組織の一つに秘密警察があった。秘密警察はヒムラーの管轄に属していた。秘密警察は多くの部局に分かれていたが、親衛隊の中心機関でありその権力の拠点であった。親衛隊の隊長たちは早くから国家社会主義の戦闘的な擁護者であった。彼らはヒトラーがくだしたユダヤ人虐殺の決定を全力をもって支持していた。その決定に従えば、ヒトラー官邸で競合している各党派を上回る権力が得られるからであった。ユダヤ人虐殺の決定はゲシュタポのユダヤ人問題担当部局の活動分野を途方もなく拡大させた。それだけでなくユダヤ人の計画的抹殺、または公式名称では「ユダヤ人問題の最終解決」はつねにヒトラー時代の最も緊急の課題の一つだったために、執行を命じられたヒムラーやアイヒマンとその部下たちが総統の共感と支持を得るのは確実であった。こうして当時の国家の枠組みのなかで彼らの地位と威信は高まる一方であった。

しかしこの政策を広い範囲で実現するには時間を要した。まず適切な技術上、管理上の補助手段が開発されなければならなかった。伝統的なやり方でのユダヤ人の大虐殺《ポグローメ》は、ドイツでは行なわれなくなっていた。国家社会主義者たちはそれを復活させようとした。迫害は親衛隊の指揮のもとに徹底的に大規模に組織的に行なわれることになった。ドイツ軍が東部へ侵入した一九四一年にはすでに、親衛隊は他の部隊とともに占領した都市や村で逮捕したすべてのユダヤ人を組織的に殺していた。約三万二千人がヴィルナで虐殺され、キエフでは三万四千人、バルト諸国では計二十二万人が虐殺された。ポーランドであれロシアであれ――それほど目立たないが――バルカン諸国であれ、ドイツ軍が現れるところではどこででも、ユダヤ人は組織的に狩り出され、力の及ぶ限り殺された。

絶滅させる方法としては、広い場所での迫害には欠陥があった。それではあまりにも非難を招く恐れがあった。それは残酷であり、面倒でもあったし、それほど能率的ではなかった。逃亡するユダヤ人が必ずいた。絶滅という目標を達成するためには、もっと小奇麗で人目につかず、偶然に左右されない大量虐殺の技術が必要だった。ドイツが占領したヨーロッパ地域のユダヤ人が一人も網から抜け出せないように、緊密な包括的組織が必要であり、どういう措置も国防軍士官その他の部外者の介入を許さず、ゲシュタポやそのユダヤ担当の司令官レベルから直接コントロールされる閉鎖的な組織が必要だった。そこでゲシュタポの担当部局上層部は、射殺という古い軍事的方法その他の多種多様な直接的な肉体的暴力のほかに、手間がかからず無残でもなくて、正しく使えば直接暴力をほとんど使わず、コックをひねれば数百人の人間を同時に殺せ、しかも係員自身はいわば遠隔操作で過程全体を監視できる新しい虐殺方法を開発した。それがガス室での虐殺であった。

従来の大虐殺やその他の軍事的方法と比べれば、この新しい虐殺法は合理化と官僚化の進歩を表わしていた。毒ガスによる収容所の消毒実験や、国家社会主義者によって生きる値打ちがないとみなされた人々を素早く殺す実験から、こういう方法が思いつかれたのである(2)。ちなみに、ヒトラー自身が第一次世界大戦では毒ガス攻撃の犠牲者となったことがあり、一九二五年には『わが闘争』のなかでユダヤ人の大量虐殺のために毒ガスの使用を勧めていた。最初のガス室は数回の実験をへて一九四一年末にポーランドの一つの収容所に設置され、その後次々と作られていった。武器による殺害が続けられるうちに、絶滅政策の重要問題は、脱走できないような特殊な設備を備えた強制収容所が少ないことに移っていった。ガス室によって、ヨーロッパ占領地域全体からのユダヤ人の抹殺を速めることができた。そのおかげで、ユダヤ人の抹殺は少数の場所で集中的にやることができるようになり、それが行政によるコントロールを簡略化した。ユダヤ人はゲシュタポのユダヤ人担当官の直接監視のもとに収容所に送られるようになった。こうして得られた権限と威信の増大は、国家機構の他の部局との関係で困難な問題を引き起こすようになった。そういう状態がかなり続いたが、物質的な技術のほかに、無数の人間の組織的虐殺に必要な行政的な技術が作り上げられた。ユダヤ人を見分けるという問題もその一つだったが、行政的な困難は、ヒムラーの代理人の一人によって招集された側近グループの協議で、一九四二年一月に最終的に解決された。この会合でユダヤ人絶滅の最終方針が確定されたのである。アイヒマンの職務権限はより明確になり強化された。彼の部局は全力を挙げて仕事を続けたが、一九四四年十月――必ずしも守られなかったが――ヒムラーはユダヤ人虐殺を中止し、死の収容所の状態を改善するよう命令した。その頃にはドイツの敗北はすでに明らかになっていたのである。ヒムラーは生存しているユダヤ人を引き渡せば、連合軍は自分を文句なく釈放してくれるだろうと期待していた。彼は一九四五年の始めにオーストリア地区指導者たちの前で、ユダヤ人は自分の最も貴重な抵当物件だと宣言している。

一九三九年末から一九四五年始めまでに、全部で九百万ないし一千万のユダヤ人が国家社会主義のドイツの支配下に置かれた。そのうち約四百万人が射殺されるか、毒ガスその他の仕方で殺された。

3

ドイツの支配下にある国々にいたユダヤ人を絶滅させようとする試みが中断されたのは、ドイツが敗北したからにすぎない。それだけが二十世紀文明社会における野蛮への後退であるわけではない。そのほかにも、容易にいくつも例を挙げることができる。だが、それはこういう野蛮への後退のうちでも、おそらく最も深刻なものであった。他の実例はこれほどまざまざと文明化の脆さを示し、現代の成長過程の危険と、成長過程と崩壊過程が並んで進行するだけでなく崩壊過程のほうが成長過程を圧倒することもありうるという事実を、これほど強烈に思い起こさせるものはない。

国家社会主義者によるユダヤ人の扱い方が最近のヨーロッパの歴史における文明化の最も重大な挫折の

一つの徴候として認識され始めたのは、ごく最近になってのことである。これほど認識が遅れた原因の一つは文明化に関する根本的な誤解である。多くのヨーロッパ人は、文明化した行動をとることは自分の本性であると思っているように見える。――それは貴族たちが、彼ら特有の行動様式や作法を暗黙のうちに生まれつきのものとみなしていたのと大差はない。ヨーロッパ人は話したり考えたりする場合に、文明化した行動が特定の人間集団に限られた遺伝的属性ででもあるかのように、自分は「文明化した人種」の一員であり、自分を「文明化していない人種」とは違うものとして際立たせようとすることがある。国家社会主義者による野蛮への歴然たる後退のような出来事に対して、多くの人がまず信じられない――「そういうことはヨーロッパでは起こりえない」――といった反応を示し、それから取り乱し落胆して――「どうしてそういうことが文明国で起こりえたのだろうか?」と言ったりするのは、ある程度、文明はヨーロッパ諸国民の自然的素質であるという、こういう考えのせいである。現実の経験が、西洋文明の不可避的な没落について囁かれてきた多くの意見を支持するもののように思われた。――そういう意見が声高になり、永遠の進歩とか、西洋文明の永遠の優越への信頼を失ったという声のほうが完全に優勢になってきた。事実、子供の頃から、自分たちの高い文明は自分の本性なり人種なりに属するものだという考えに基づく教育を受けてきた者は、大人になって、そういう快い信頼がこの出来事によって崩されたのを見るとすぐ絶望して、正反対に考えるようになることだろう。だがどういう戦争であっても、野蛮への後退であったのは明らかである。

だがこれまでのヨーロッパの戦争は、かなり限られた形の後退にすぎなかった。文明的な人間関係の一種の最低基準が戦争捕虜の扱いにおいても守られていた。少数の例外を除けば、敵を無意味に苦しませることなく、敵を最終的には同じ人間として扱い、敵の生命への同情を失わないだけの自尊心がまだ残っていた。

　ユダヤ人に対する国家社会主義者の態度にはそのようなものは何一つなかった。少なくとも意識のレベルではユダヤ人の痛みも苦しみも死さえも、国家社会主義者には蝿の苦しみと変わらないように見えていたのだ。先に述べたように、親衛隊が強制収容所で傍若無人にやったこと、強制収容所で囚人たちに強制されたことは、二十世紀ヨーロッパにおける最も深刻な野蛮への後退であった。

　国家社会主義者たちがこういう措置を決心したのは戦争のためだったのだ、と思う人があるかもしれない。しかしユダヤ人の絶滅は戦時中に起こり、一部は戦争によって可能になったことではあるが、戦争の遂行とはほとんど関係のないことだった。それは戦争行為ではなかった。アイヒマンたちはそれをアメリカの最初の原爆による日本市民の殺害と同じようなものとみなした。だが日本人は合衆国を攻撃したのだ。広島より真珠湾のほうが先だった。ユダヤ人に対する国家社会主義者の攻撃には、現代の捉え方では戦争中の敵対関係や集団虐殺に一種の現実性があると思われる関係がほとんど完全に欠落している。ユダヤ人に対する国家社会主義者の憎しみは、この段階では一方的な憎しみであった。たいていのユダヤ人にとっては、なぜドイツ人が自分たちを最大の敵のように扱うのかほとんど分からなかっただろう。彼らがその出来事に与えることの出来た唯一の意味は、彼ら自身の伝統から与えられる意味だけだった。遠い昔からユダヤ人は迫害されてきた。ヒトラーは長い系列のなかの一人であり、その祖先よりもたぶんもっと不気味な新しいハマンだったのだ。ヨーロッパの占領地域のすべての住民が、ドイツの支配者である圧制者にとっては一種危険な存在だったかもしれないが、散り散りになったユダヤ人の集団は他の集団以上に危険な存在であるはずがなかった。ユダヤ人が死んでも、ドイツの侵略者の土地が増えるわけでもなければ、ドイツ国内での国家社会主義者の政治力が増大したり、世界中の国々のなかでのヒトラーのドイツの政治的な力が少しでも大きくなるわけでもなかった。ユダヤ人の絶滅はドイツ民族の多種多様な党派の間の軋轢や葛藤にとって、政権獲得以前の戦いでユダヤ人攻撃が国家社会主義者にとってもっていたような役割をもっていたわけでもない。プロパガンダ的な価値はこの段階ではなくなっていたか、むしろマイナスの価値しかなくなっていた。どういう面から見ても、数百万のユダヤ人を移送して殺すために必要な多くの労働力や資材は、——何もかもますます金がかかるようになっていた戦争の絶頂期には——無駄な出費にすぎなかった。

事実についての情報が増えれば増えるほど、標準的な説明はこの事実には何の役にも立たないことが明らかになってくる。

4

国家社会主義者の指導部が戦争の始めに、勢力範囲にいるユダヤ人の絶滅をなぜ決定したか、という問いに対する答えは簡単で分かり易いものである。だがこの答えは多くの人々の目にはほとんど意味をなさないように思われる。親衛隊隊長だったヒムラーおよび彼の党派が、国家と党のトップの内部での絶えまない地位争いで頭角を現わしたというような——いくつかの側面以外は、「ユダヤ人問題の最終解決」に着手するという決定には、ふつう「合理的」とか「現実的」と言われるような理由は存在しなかった。それは最初から、国家社会主義運動の中心をなしていた根の深い確信の成就を意味していたにすぎなかった。その確信によれば、現在および将来の偉大なるドイツとドイツ民族に最高に具現された「アーリア」人種全体が「人種の純潔」を求め、この生物学的に考えられた「純潔」が、混血によって人種に危険を及ぼしかねない「劣等」な人間集団、特にユダヤ系の人間を排除すること、必要なら絶滅することを要求するというのであった。

ヒトラーと部下たちは、ユダヤ人をドイツの最大の敵とみなすことを決して秘密にしなかった。彼らにはそのために特別の証拠は必要ではなかった。それは自然によって、世界秩序とその創造者によって決定されたことだ、という彼らの信念だったからである。ユダヤ人は生来の人種の特質のために、優れたアーリア‐ドイツ民族を憎み、許されるならアーリア‐ドイツ民族を滅ぼそうとせずにはいない、と彼らは信じていた。したがって、人類の極致であるアーリア人種をユダヤ人その他の劣等人種による絶滅から救おうとする者はすべて、ユダヤ人を絶滅することに自分の最も高貴な課題と使命を見いだすにちがいない、と彼らは信じていたのである。ヒトラーや彼の部下だった多くの指導者の演説や、国家社会主義者のあらゆる文献にこういう強固な首尾一貫した信念を認めることができる。そこでは、一九一八年の敗北やヴェルサイユ条約の屈辱的な決定事項を含めて、ドイツが体験したあらゆる不幸が最終的にはユダヤ人の謀略に基づくものであったとされている(3)。敗戦後のドイツの再生をユダヤ人がいかに妨害したか、第一次世界大戦後改めてユダヤ人の扇動者たちがいかにドイツの他の諸国との紛争の種をまこうと試みていたか、チェインバレンがミュンヘンに来た一九三八年にユダヤ人の計画がいかにして挫折したか、その失敗に世界中のユダヤ人がいかに憤激し、努力を倍加したか、一九三九年にユダヤ人が自分たちの利益のために隣国諸国をドイツに進撃させるのにいかにして成功したか、というようなことがさまざまな言葉で繰り返し語られていた。ユダヤ人種による妨害を終わらせることこそ、ヒトラーが何度も宣言した目標であり、国家社会主義運動の目標であった。国家社会主義運動の早い時期から、「ユダヤ民族くたばれ！」のような言葉や「ユダヤの血をナイフで流せるものなら」といった婉曲な文章で、この目標が大衆向きに示されていたのである。

多くの人々が暴力のない政治をめざしていた社会での――露骨な脅迫や肉体的暴力の計画的行使が、ヒトラーに最終的成功をもたらした最も重要なファクターの一つである。ドイツの「人種の純潔」と「劣等人種」の集団、特にユダヤ系集団を排除することが国家社会主義者の政治プログラムの重点だったが、国家社会主義者が自分たちの行動が他国の世論に与える影響を考慮する必要があると考えているうちは、彼らはその目標を徹底的に追求するのをはばかっていた。だが戦争がそういう制約を取り払ってしまった。ドイツ国内では国家社会主義の権力者たちがいまや完全に権力の座を占めていた。彼らは国民の紛れもない指導者となっていた。この好都合な状況で、ヒトラーと彼の側近の協力者たちは自分たちが信じ、早くから宣言していた通り実行することを決定した。彼らはユダヤ系のあらゆる人間を、その宗教が何であれ、断固抹殺することにした。戦争が終わればドイツには――求め続けてきた「大ドイツ」帝国には――、ユダヤ人による妨害もユダヤの血によるドイツ人の汚染ももうなくなるのだ。

一九三九年にユダヤ人虐殺を始めたのはなぜかという問題は決して答えにくいものではない。その決定も実行も、国家社会主義の信条体系の中心的信条から直接生まれたものだからである。ヒトラーと部下たちは、ユダヤ人に対する消し難い完全な敵意やユダヤ人抹殺の願いを少しも隠そうとしなかった。もう危険はないと思われたとき、彼らがこの抹殺に取りかかったのは驚くべきことではなかった。

驚くべきことは、国家社会主義者が公言していたことを実行に移すかもしれないことを、長い間ほとんどの人々が、特に世界中の指導的な国々のほとんどの政治家が想像もできなかったことである。その当時も今日でも、政治的、社会的な信念を過小評価する傾向がある。そういう信念は、信念を抱いている集団が「利益」と思っているものから浮かび出た単なるあぶく――「イデオロギー」――とみなされている。

そういう考えによれば、宣言されている目標や信念は、しばしば隠されている利益に役立つかぎりで宣言される二次的なものにすぎないとされ、社会集団の行動や目標は何よりも「集団利益」から説明される。

このために、国家社会主義者による数百万のユダヤ人の虐殺を説明しようとする無数の論文が、彼らの政策の底には一種の現実的な「利益」が発見されうるという想定から出発している。そういう論文では、多少とも「合理的に」捉えられ、単に信念の実現に尽きない「現実的な」目的から導き出されるような根拠が求められている。この意味で、たとえば潜在的な経済上の競争相手の排除とか、党員のための新しい収入源の開発とか、あらゆる不満を外部のいけにえのせいにして国民の団結を固めることとか、出来るかぎり多くの敵を虐殺して戦争に勝つ可能性を大きくするというようなことが指摘されている。

国家社会主義者が権力を掌握しようとしていた段階や、その後ヒトラーが政権は握ったがまだ権力が不安定だった時期に、この種の「現実的な」利益が反ユダヤのプロパガンダの原動力となり、反ユダヤ的措置をとるに当たってある役割を果たしたのは確かである。だがユダヤ人の絶滅を決定し、国家社会主義者の権力が安定していた戦時中に虐殺を執行するために、多額の費用をかけての執拗な努力がまったくこの種の「現実的利益」に基づいており、反ユダヤ的な信念はイデオロギー的なあぶくにすぎないということにはならない。結局、ユダヤ人の大量虐殺は「合理的」と呼べるような目的のために行なわれたのではなくて、国家社会主義者たちは何よりも彼らの強固な揺るぎない信念そのものによって虐殺に駆り立てられたことは、この上もなく明らかなことである。ここにこそ、この出来事から学ぶべき教訓がある。

以上述べたことは、説明したような非合理的信念をいつも集団行動の根本的ファクターとみなさねばならないという意味ではない。(4) そういう信念そのものが集団行動の根本的ファクターとなる状況もある、ということにすぎない。明確な目標や信念はせいぜい行動の二次的な原動力にすぎず、適当な概念がないいために「現実的」とか「合理的」と呼ばれている他のもっと小さな部分的利益を隠している単なるイデオロギー的な武器かヴェールにすぎないのも珍しいことではない。そういう場合に集団行動をこの種の目標や信念から説明するのはまやかしか幻想であるか、少なくともきわめて不完全なやり方である。だが集団の明確な信念のうちに設定された目標によって、行動の展開が強く規定されているのは珍しいことではない。よく言われるように、そうした信念は「非現実的」で「非合理」であるかもしれない。言い換えればそういう信念の実質はまったく空想的なもので、それが求める集団行動の目標は感情の直接的満足を期待させるだけのものであるかもしれない。そういうときには——社会的に実現され長期にわたる——満足が、当の集団にとっては信念が実現されたという利益しかもたらさず、そういう利益が何にもならないことも起こりうる。ユダヤ人を絶滅しようとする国家社会主義者の試みは、まさにこういうカテゴリーに属するものであった。それは、ある信念が——ここでは社会的な信念、はっきり言えば、国家主義的な信念が——人々に及ぼす力の最も顕著な一例だったのである。

二十世紀の二〇年代と三〇年代のドイツ内外の多くの人々は、そういうことが起こりうるとはほとんど思っていなかった。人々のもっていたあらゆる思想が、——世界中の支配者や政治家のどの集団であっても——人間集団はいかに空想的な信念を抱いていても、いずれは過酷な「現実」により、いわゆる「現実的な利益」によってつねに方向づけられ、その信条がいかに徹底的で、彼らの説く憎しみがいかに妥協を許さないものであっても、結局は節度の長所を認めて、自分たちの問題を多少は「合理的」で「文明的」な仕方で処理するものだと思わせていたのである。だが、暴力行使と敵の絶滅が計画のなかで大きな比重をもち、メンバーが残酷な虐殺の価値を力説していた国家社会主義の運動は実際に残虐行為を行ない、虐殺を実行したのであって、そういう事態の可能性についての洞察を妨げた特殊な思想に大きな誤りがあったのは間違いがない。

自分の考え方や行動様式に逆らうものを吟味し、現実の出来事に照らして検討するということは、そうざらに行なわれていることではない。その意味で、国家社会主義者の強制収容所やユダヤ人の大量虐殺のような出来事を、多くの人々に受け止めさせなかった思想や性向や確信を見ると、自分たちの文明についての上のような支配的理解の根本的欠陥を、是非とも中心的な問題として取り上げねばならない。多くの人々は、現代でも文明を維持し改善するには、その作用メカニズムを確実に把握し絶えず努力しなければならないことに気づいていなかったのである。彼らは「合理性」も文明も自分たちの永遠的属性として捉え、生まれつき優越しているという意識をもって、いったん文明化すれば永遠に文明的であると考えていたのである。そういうわけで、彼らはドイツに限らずどこでも、国家社会主義者の野蛮な信念や行動を聞いても、肩をすくめるだけで無視してしまった。なぜなら、国家社会主義的な信念を抱く者が公言し、自ら望ましいと考え、国家の名において命じられていると思っていた残忍非道なことが、文明国で行なわれうるとは考えようがないとしか思えなかったからである。ケニアのマウマウ団のような種族団体の人間が、他の人々の殺害を求める信念で団結している場合には、彼らに関する観念から、彼らが言っている通りに実行するかもしれないと考えて、適切な防御策を講ずるものだ。ところが国家社会主義者のような進歩した産業社会の人間が同様に野蛮な信念で団結している場合には、こういう考え方のために、彼らは「イデオロギー」を抱いているだけであって、彼らが言っているような残忍なことはやらないだろうと考えるのである。

これが当時の状況であった。一九三三年前後のドイツの光景を見ていた知識人たちは、彼らの精神的素養のために、自分たちの足元で野蛮が本当に再発する可能性があるとは見ていなかった。ある種の政治運動に見られるもっと野生的で感情的な信念を思想的に論ずることなら、彼らも一種の技術を心得ていた。ヒトラーとその部下たちはプロパガンダのなかでユダヤ人をいけにえとして利用しているが、自分たちの言っていることを全部無条件に信じてはいない「扇動者」だと彼らは考えたのである。「自分たちの言っていることの多くが馬鹿馬鹿しいことは、国家社会主義の指導者たちもわれわれと同じように基本的には分かっているのだ」と人々は考えていたように思われる。「真面目になれば彼らもわれわれと同じように考え行動するだろう。だからこそ彼らはああいうことを言っているのだ」とひそかに思われていたのである。彼らの信念は合理的な目的の手段とみなされ、国家社会主義の指導者たちが権力を獲得するために開発した道具にすぎないと捉えられていた。そして権力を取る目標は、権力を握っている世界中の人々が明らかに「合理的」だと思うもの以外にはなかったのである。

今日と同じようにその当時も、無数の人々が、そしてたしかに多くの政治家も、自分たちのものとは異なる心情が分かっていなかった。少なくともいくらか文明化した信念と異なるものが、文明国の国民によって真面目に主張されるとは想像することもできなかった。ある社会的信念が非人道的で不道徳なもので、言語道断な明らかに誤ったものであれば、人々はそれをにせものとみなし、それを指導者が自分たちの別の目的を達成するため、大衆の間に信奉者を獲得しようとして、でっち上げたものだとみなしたことだろう。国家社会主義運動の指導者たちが一般に半端な教養しかない連中であることは、彼らも漠然と感じていただろう。だが、ヒトラー自身やその側近のたいていの協力者が、自分の言っていることの大半を深く信じていることは、彼らの理解を絶していたように思われる。

現代の高度産業社会でも、高度の教養と低い教養との裂け目は依然として非常に大きい。文盲の数は減ったが、「半端な教養しかない連中」の数は増大している。二十世紀文明の特徴とみなされているものの多くが、そういう連中の特徴を帯びている。――それは現代の教育体制の不備から生じた結果であり、それに伴ってありとあらゆる幻滅が生じ、能力が浪費されている。

国家社会主義運動の表面的ファクターの一つとして、そのエリートたち独特の社会的特徴がある。たいていの党指導者が事実「半端な教養しかない連中」だった。こういうタイプの運動には決して珍しいことではないが、彼らは古い体制ではアウトサイダーか役立たずかで、さまざまな野心に燃えていた。そのため彼らは欠乏に耐えることも自分の過失を認めることもできなかった。原始的で野蛮な国家神話を科学的に見せかけた国家社会主義の信念体系は、道徳的にも思想的にも曖昧模糊たる生活の一つの極端な徴候であった。国家社会主義の信念体系が高度の教養を備えた者には、判断に耐えぬものであり、少数の例外を除けば何一つ魅力のないものだったことが、彼らがその信念自体の重大さも、その信念につきまとっている感情の実質も見損なった理由の一つであるかもしれない。現代の社会的神話、特に国家主義的な神話にはほとんど必ず、似たようなまやかしや野蛮な思想が含まれている。国家社会主義の信念には、そういう神話に共通のさまざまな側面が歪んだ鏡に写ったように極端な形で示されている。

ヒトラーと彼の協力者たちがまやかしの大家で、作り話を広める達人であり、彼らの言葉には大量の憎悪やたわごとや嘘八百が含まれていたことは、彼らが自分たちの信念の究極的な正しさを確信していたこと決して矛盾したことではなかった。国家社会主義では、政党の特徴に宗教的運動に見られる多くの特徴が結びついていた。国家社会主義を一つの信念体系についての真剣な信仰に基づく運動として見ることこそ、現実の出来事を捉えるための第一条件なのである。運動はセクトとして始まった。セクトの指導者は早くから、自分が救世主たる任務をもち、ドイツのための使命を帯びていると信じていた。それは彼の信奉者たちも同じであった。長期の危機が絶頂に達し、彼らが奇跡的にトップに立ったとき、自分たちの信念が正しく、自分たちの方法が正当であり、自分たちの使命が達成されることは最初から決まっているという確信は、彼らにとって絶対に揺るぎないものとなった。

国家社会主義者の大規模な退行現象が、古いエリート的教養人を代表する多くの人々には青天の霹靂のように思われたのは無理のないことだった。敵に対する武器としての嘘八百や宣伝トリックや意図的なデマの下に、彼ら自身には疑わしくまったく荒唐無稽としか思えない信念への真剣な信仰が潜んでいるのを彼らは認識できなかった。彼らは国家社会主義の信念体系の核心をなす激しい極端な反ユダヤ主義さえも、プロパガンダかドイツ民族統一のための巧妙な手段であると思いがちで、宗教的な力をもつ深い確信だとは思ってもみなかったのである。

社会的出来事を自分流に解釈する「教養ある」上流階級と、出来事をまったく別の仕方で解釈しがちな「中途半端な教養しかない」大衆との間の裂け目は今日でも残っていて、そのため上流階級は大衆を正しく認めることができない場合は少なくない。多くの「教養人」は、ヨーロッパ社会の文明的態度はおのずから持続するものであるという暗黙の想定のなかで成長してきたために、切迫している文明化の挫折に対して何の心構えも出来ていなかった。だが、なぜ彼らには心構えが出来ていなかったかをもっと正確に捉えるためには、国家社会主義者たちがチャンスを摑んだ当時の国家の状態を詳しく見ておかなければならない。

5

当時のドイツの事情だけが注目されている場合が多いが、そういう見方をしているかぎり、国家社会主義者の運動が起こり、彼らの信念体系が生まれた事情を明らかにすることはできない。そういう見方をして、たとえば一九三〇年頃の重大な経済危機とかそのために激化した階級闘争のような、この運動を助長した特定の短期間の展開に着目して、そういうことに関連づけて説明している例が少なくない。しかしこの運動が独特の成功を収めた事情を理解するためには、何よりもドイツの長期の発展をもとにして考察しなければならない。高度産業国家での空前の激しい野蛮の再発がよりによってドイツになぜ起こったのかと会話のなかで尋ねられることがある。国家社会主義者のやり方と同じ——ドイツ人の「自然本性」に潜む何か「人種的」か生物学的な遺伝的素質がその原因だというような——説明は、空想の産物として度外視していいから、舌足らずではあるが「歴史的」という概念で表わしている発展社会学的な方向で、社会としてのドイツの発展のうちにその答えを徹底的に究明しなければならない。

この種の問題はあまり研究されていない。ドイツの発展が実際に数多くの情報を提供しているにもかかわらず、それがあまりにも利用されていない。ドイツの長期発展のどのファクターが、またいわゆるドイツ人の「国民性」のどういうファクターが、国家社会主義者の登場に寄与したかを系統的に研究するという課題にはまだ手がつけられていない。こういう長期過程に関する知識の現状では、一つの理論を構想して頼りになる仮説を提示するにとどめざるをえない。——長期発展の諸ファクターというより、むしろそれらの一時的な集合とそこから生まれた原型が、ドイツ特有のものであることを明らかにすることのほうが先決問題であろう。

ドイツ人の住んでいた地域のいくつかの特質から始めることにしよう。それらの特質がドイツの持続的発展の条件の一部だったのは確かである。エルベ川の東側も西側も——ポーランドと同様に——ドイツ領だったが、隣接する他の国々の領土とは違って、そこを守るのは困難であった。そのうえドイツ国家の出発点となったドイツ皇帝の最初の領土は非常に広大であった。ドイツ人がドイツ領とみなしていた地域の広大さが、最初の君主国家の統一もその後のドイツ国民国家の統一も、ヨーロッパの他の君主国家や国民国家よりも遅く実現した原因の一つであったことは疑いがない。他の国々はずっと狭い地域から出発していたからである。

最初のドイツ帝国の各地域が数多いばかりか広かったため遠心力が強く、数世紀にわたってドイツ人は争い合い、また隣接諸国の統一や集権化が順調に進んでいたときにも、いつまでも統一されず弱小で無力のままであった。こういう事情が、ドイツ人の自画像やドイツ人についての他国民のイメージに深い傷痕を残すことになった。この事情のうちに、求心力と遠心力が危ういバランスをとりながら、遠心力のほうが強くなった後、ドイツの危機的状況にライトモチーフのように繰り返し現れる統一への熱望が生まれた根がある。そういう一貫した自画像や繰り返し見受けられる態度や確信をどう説明できるか、また、どのようにそれが世代から世代へ受け継がれていったかは、ここで述べる必要はない。そういうことが国家の発展で役割を果たすことは事実であり、現代の歴史叙述法では非連続性や変動が脚光を浴びているけれども、そういう連続性が役割を果たしている場合が多いのである。

度重なる分裂の経験や、不和や争いを抜きには共同生活を営めないという経験と結びついたドイツ人の自画像は、自分たちを統一し団結させる統治者、君主、強力な指導者への熱望という形をとって現れた。

こういうドイツ人の自画像には、平和共存できないことへの不安と、分裂を終わらせてくれる強力な集権的支配者への熱望とが相互補完的な要素となっているという特徴があるが、その特徴は時代とともにその性格も役割も変化した。だがそういう特徴から、ドイツ人の信念や態度の伝統という別の永続的な原型とも結びついて、衝撃的な争いの経験に対して特殊な仕方で反応する傾向が生まれ、それが繰り返し引き継がれ——ドイツ人には、皇帝や総統のような強力な人物が現れて自分を仲間や敵から守ってくれないかぎり、自分たちの性格から見て統一の実現は不可能にちがいないという深い感情が生まれてきた。

もっと現代に近づくと、ドイツ人のこの感情はさらに高まって、相互の戦いや争いに関して言えば、多種多様な政党間の緊張や葛藤を引き起こした議会制民主主義に対する反感となって現れた。議会制をとる政党国家は、自分たちの間の葛藤に耐えてそれを処理し、個人の野心を抑え、政党間の抑制された競争を生活に味を添えるものとして満足し、それを楽しみともする人々においてのみ機能することができる。ところが多くのドイツ人には、その信念や行動の伝統のせいもあって、社会各層の葛藤や争いや議会での政党間の格闘は、感覚的に受け入れられず我慢ならぬもののように感じられた。彼らには、どこまで争い、どういう妥協なら自分の確信を裏切らずに受け入れられるかを示してくれる伝統的なモデルが存在していなかった。そして彼らには戦いや妥協についての内面化された確固たる規則がなかったために、自分たちの葛藤を制することができず、放置しておけば自分も相手も抑制がきかなくなって無秩序になるのではないかと内心恐れていた。

強力な支配者という外部からの統制を求める要求が、危機的な状況ではしばしば高まったが、それは自己抑制の基準が不確実であることと深く結びついた要求であった。二十世紀の二〇年代、三〇年代にも「君主制がなくなれば無秩序になってしまう」という声が聞かれた。薄笑いを浮かべて「アメリカ人やイギリス人にとっては、議会制民主主義は結構で素晴らしいものかもしれないが、われわれには向かない。それはドイツ的ではない。われわれには規律と秩序のうちに保ってくれる強力な人物が必要だ」と、教養の高い洗練された人が言うのも珍しいことではなかった。彼らは数世紀来ドイツ人が夢見てきたような、まったく争いのない完全な統一を考えていたのである。

完璧な統一や団結を求める要求は高度産業国というまったく別の枠組みに関する要求であったが、そのなかには理想的な統一への憧れが、国民感情のライトモチーフのように生き続けていた。そういう憧れは、ドイツ皇帝の力が弱くドイツの多数の君主のほうが強かった数世紀のうちに定着してきたものであった。「派閥争い」を見てドイツの広範な層が感ずる反感は、競合する数十カ国に帝国を分割する「分邦主義」に対する反感のなごりであった。以前、無数のドイツ人が自分たちの分裂した不幸な国を救う者として、数世紀にわたって夢みていたのは皇帝や領主や世襲君主であった。二十世紀の二〇年代、三〇年代となって状況が変わるとともに、無数のドイツ人が夢みたのは、貴族であるかどうかとは無関係に、とにかく強力な指導者だった。事実の示す通り、貴族たちは——貴族としての——役割を終えていた。現実行動の強力な決定因子は、民族の同様の経験の繰り返しによって強固になった、行動や態度の国民的伝統であり永続的な「民族的神秘主義」であった。かつてフリードリッヒ・バルバロッサの夢のうちに表現されていた統一への憧れが、状況の変化とともに姿を変えて、別の指導者像にまとわりつくようになった。その一連の指導者像の最後の姿は、ワイマール共和国の多くのドイツ人が到来を待ち望んでいた強力な男であった。多くのドイツ人は、受け入れられず耐え難いと思っている国内の派閥争いや、一九一八年以後敵国によってドイツ国民に加えられたように思われた経済的、政治的な不正を終わらせてくれることを、その男に期待したのである。

今日では、特別に強力で危険な可能性をもつ大国というドイツのイメージが、世界中の国々で支配的になっているが、そういうイメージとは正反対に、十五、六世紀から十九世紀後半までのドイツは、国内でも国外でも、比較的無力な国とみなされていた。その時代のドイツ帝国が政治的に弱く、いくつかの州が比較的強かったことが、一八七一年までは、ドイツとも言えないような印象を与えるのかもしれない。だが明らかなように、ドイツ人は自分をドイツ人と感じなかったことはなく、プロシア、ハノーファー、バイエルンその他どの州の出身であっても、他の国々の人々からドイツ人として認められていた。

もちろん、ドイツ人がドイツ人である自分についてもっていたイメージには、数世紀間の自分の国の弱さが深く刻み込まれていた。ドイツ人だという永続的な自覚とドイツの相対的な弱さが、ドイツ人の精神的傷痕をとどめている自画像の性格と、そのイメージを取り巻く非現実性のアウラをいちだんと強めた。そしてそのことが、どういう外国よりも理想主義的で、不潔な現実とかけ離れたドイツの理想像を作り上げる傾向を促進した。その同じ状況がドイツ人の国民感情に特有の矛盾や揺らぎを与えることにもなった。ヨーロッパ諸国のなかでも劣っているという古来の感情や、それに結びついている恨みや屈辱感がある一方で、自分の国の偉大さや力を誇張する一八七一年以後に高まった正反対の傾向があった。二十世紀の二度の戦争のあとでのドイツのプライドの動揺にも、それと似たような揺れが見られる。国民の自画像は世代や社会階層によってかなり違うとしても、――それを他国の国民の自画像と比較すれば、それぞれの自画像の連続性や特性が非常に明確になる。

ドイツにおけるReichという言葉の遣い方が、この種の連続性を示すもう一つの例である。(5) それにあたる英語やフランス語のempireは、昔の君主国家がしだいに発展してきたものを指している。ところがドイツ語では、Reichは失われてしまったものを指すのである。ドイツ人は過去の偉大な帝国を記憶にとどめてきた。Reichのような概念がその記憶を忘れさせないのだ。後世の国家形態は昔のReichの再来として登場したものであった。「第三帝国（Drittes Reich）」という理想像が多くのドイツ人の共感を呼んだことは、相変わらず昔の「第一帝国」がドイツの消え去った偉大さの象徴だったことを示している。それはドイツ人が自分自身について抱いていたイメージの一部として切り離せないものとなっていた。

自分たちの歴史の輪郭がドイツ人の国民的自画像に入り込んでいるが、その輪郭はヨーロッパの大半のもっと大きな国民国家とは異なっている。その輪郭ではドイツは、まず広大で強い帝国から始まって、何度かの逆行をへながら、団結を失って収縮の一途をたどる。数世紀後、――他のたいていのヨーロッパ諸国よりも遅れて――ドイツは、一八七一年になってようやく新しいレベルに達し、以前よりも小さな規模ではあるが、Reichという理想に近い一つの形に再び到達した。ようやく統一されたこの新しい国家は、多くのドイツ人が夢みていたヨーロッパの強大国という地位に短期間ついたが、一九一八年にはまたも敗北してワイマール共和国の時代に入った。だが、その時代は多くの人々には没落期と感じられた。こういう歴史的な自画像によれば、理想化された第三帝国は、ドイツが当然の偉大さに達するのを妨げ続けているように思われた束縛から脱出するための第三回目の試みであった。それは、数世紀も夢みながら、いつも手に入れられなかったReichを再建するための、ある点では絶望的な最後の試みであった。その試みはこれまでの先例と同様に、ドイツ領土がいっそう狭くなるという結果に終わり、ドイツは等分でない形で分割されることになった。

ドイツよりも長期間、統一国家の形態をとったフランスやイギリス、そしてロシアは、最近までそれぞれに実質的に拡張を続けてきた国家であった。ドイツはその歴史の圧倒的部分が弱小国であっただけでなく、収縮してきた国であった。最近のドイツ分割は、オランダ、フランドル、スイスの一部、オーストリアのように、住民がドイツ語に近い言語を話しドイツ帝国に属していた地域が帝国の主要部からもぎ取られ切り離されてきた、同様の出来事の系列の最後の出来事にすぎなかった。中世の最盛期には、ドイツ帝国は東方へ広がっていた。その最初の大規模な植民地化や拡張を除けば、ドイツはますます分裂してゆく過程をへてきたわけである。国境が広がるとともに中高ドイツ語と新高ドイツ語に分裂したことは、昔の西部や南部の地方から後の植民地化された東部地方へ権力の中心地が移ったために、ドイツ人の行動の伝統全体に分裂が起こったことの端的なあらわれであった。十七世紀前半にドイツはヨーロッパの戦場となった。多くの点でドイツの発展過程は、ヨーロッパの他のどの大国よりも問題の多い過程であった。大まかに見るだけでも、ドイツ人の信念や行動の伝統やドイツ人の自画像に、この問題の多い発展が大きな影響を及ぼしているのは明らかである。

6

どう評価するにしても、ドイツ人の国民としての誇りや集団的プライドは、イギリス人やフランス人のような上昇し続け順調に発展してきた民族に比べると、つねにはるかに傷つきやすいものであった。

特にイギリスの場合、君主国家から国民国家への発展が他の諸国に比べて特に順調に進んだために、国民としての誇りやプライドは、数世紀のうちに異常なほど固定し、安定したものになった。国家社会全体の発展形態と支配的な行動や信念の伝統との関係についてケーススタディを行なおうとすれば、おそらくイギリスはドイツとほとんど対極をなすものとなるだろう。どの国民にも特徴的なことだが、イギリスにもドイツと同様に、自分の国の価値や意味について、事実に即した冷静な評価をはるかに上回る考えを抱いている人々が現れた。他の国々と同様に、国家の現実の業績や特質についてのプライドが、まったく想像上の誇張された業績や特質についての――地球上のどの民族より偉大であり幸せだという集団的空想や国民的傲慢に知らぬまに変わっていった。だがイギリスではよかれあしかれ、国民的な誇りや傲慢がしっかりと根づいているために、イギリス人自身はそれを茶化して、外国人の笑いやウィットもある程度まで我慢することができた。ドイツでは国民の自意識は、プライドと傲慢との間でいつまでも不安定で傷つきやすいものであり続けた。国民的プライドを傷つけるようなことを茶化すことは、相手を傷つけようとするのでもないかぎり、ドイツではタブーであった。どういう場合でも、ドイツ人の国民的な誇りは厳粛できわめて真剣なものであった。プライドが不安定であるために、ドイツ人はすぐ侮辱されたように感じやすかった。見くだされているのではないかという疑念がドイツ人にはすぐ生まれた。彼らはまるで待ち構えていたように、理由の有無にかかわらず見くだされたことに腹を立て、その反対に自分たちの優越感をことさらに強調しがちであった。自分自身についても彼らは過小評価と過大評価の間で揺れていた。イギリス人の自画像にもそうした揺れや食い違いはあったが、それはドイツ人に比べれば小さなものだった。

他の国々の国民の場合と同様に、イギリス人の自画像にも国民の過去、現在、未来が理想化されて含まれていた。彼らの「われわれ」というイメージは、個々のイギリス人に向かって、何がイギリス的で、何がそうでないか、イギリス人であるということは何を意味し、イギリス人としてどうあるべきかを教えるものであった。その理想は到達できないものであった。そういう理想で教育された人々に、その理想がイギリス人特有の仕方で行動する義務を課していた。イギリス人がその義務を守れば、自分の理想通りに行動した誇らしく喜ばしい感情が湧くのであった。国民の理想と国民の現実にはそれほど大きな食い違いはなかった。

イギリス人の愛国心はロマンティックではなかった。ドイツ人と同じように、イギリス人もしばしば過去に指針を求めた。しかし彼らのイギリスのイメージのなかでは、過去と現代が溶け合っていた。過去は現代に比べて格段に偉大だったとは思われていなかった。過去は永遠に失われた偉大な時代として、あるいは現代を小さく見せる到達し難い理想として聳えていたわけではなかった。安定した柔軟な伝統が絶えることなく続いているおかげで、イギリス人であることや国についてのイギリス人のイメージのなかでは、過去は現代と溶け合うことができた。変化する状況に対応して、そのイメージはイギリス人であることについての正しい観念や、イギリス人がなすべきことやなすべきでないことに関して、ほとんどあらゆる生活状況において正しい指針を個人に提供した。

ドイツ的であることが何であり何でないか、ドイツ人であるということは何を意味するか、そしてドイツ人として何をなすべきであるか、これはイギリス人の場合に比べてはるかに曖昧であった。イギリス人の自画像と比較すると、ドイツ人は自分の国や自分の国民的特徴について不明確なイメージしかもっていなかった。思想や言葉のなかにはドイツ独特のものとみなされる生き方（way of life）は存在していなかった。ドイツ独特であるのはせいぜい「世界観」や独特の信念だけであった。ドイツ人であることに大きな価値があるのは知られていたし感じられてもいたが、その価値がどこにあるのかはきわめて曖昧であった。その点に関する見解は千差万別であった。ドイツは弱小だったから、過去においては台頭してきたドイツ市民階級の国民的プライドは、何よりも科学や文学、哲学や音楽における共通の業績に——要するにドイツの「文化」に——基づくものであった。後に、ドイツ人であることの価値が語られるとき、それは共通の感情を指すことが多く、共通の業績を指すことはそれほど多くなかったし、ましてやドイツ国境の彼方で意味のある——人類にとって意味のある——業績を指すことはなかった。

ドイツ人の自画像は、個人が自分自身に立ち返ったとき、ほどんど指針を与えなかった。そのイメージは、イギリス人の自画像が提供したような、個人の良心のうちに内面化され、それによって他人や自分を評価しうる確実な基準を個人に提供する特定の行動規範と結ばれていなかった。ドイツ人の大半の国民意識は主として祭日や休日とか、特に危機や戦争のような危険な状況で盛り上がったが、日常生活では、イギリス人がイギリス人であるのに比べて、彼らがドイツ人でないはずはないが、ドイツ人であることをそれほど意識していなかった。「ドイツ」という言葉を聞くだけでも、ドイツ人には聖なるものに近い何か異常なもの、カリスマ的なものが連想された。権力者かその筋の人でもなければ、通常の生活では、ドイツ人であることにはほとんど義務が伴っていなかった。権力者かその筋の人でないかぎり、友好的であろうとなかろうと、人々は自分のその場の感情の赴くままに振る舞うことができた。

イギリス人のプライドやイギリス人として感じられる義務は、日常においても非日常的な状況でも示された。国民的なプライドは、イギリスでは一種の自尊心と結びついていて、——日常でも例外的な極端な状況でも、イギリス人としてなすべきこととやってはならぬことが存在した。国民的プライドは、社会階級に応じて階層化されていたが、それによって互いにイギリス人と分かるほど統一のある集団的慣習となった確たる行動基準を伴っていた。その基準が与える明確な規定がある程度第二の天性となり、個人の良心や自己の理想の一部になっていた。

他の国々の人々と同様に、イギリス人も自分自身の良心に背くこともあれば、イギリス人としての行動の理想像のうちに打ち立てられた集団的な規則や基準に反することもあった。だが国民的理想そのものである彼らの基準では、人間の能力不足についての考慮がなされていた。個人的な行き過ぎや基準からの逸脱が許されていた。もっとも、こういう逸脱が許される余地や、公式に求められる行動と逸脱を許される行動との落差や、自分の理想に及ばなくても自分の自尊心や他のイギリス人の敬意を損なわずに行動できる程度は、そのつどその場の集団でかなり厳しく定められていた。要するに、イギリス人の自分に関する理想像は等身大ではなかったが、それほど大きなものでもなかったのである。理想像通りになることは不可能なことだった。現実のイギリスはまだまだ不足があると人々はいつも感じていた。その不足について不満を言っては、以前のほうがよかったとか、先々はもっとよくなるだろうと思っていた。だが結局、この国の現実の生活は、イギリス人が正しいとか当然だとみなしていたものとそれほどかけ離れたものではなかった。イギリス人は一般に完成を期待していなかったから、——高度に発展したイギリス風の強制が、状況に応じて色合いや調子を変えて個人のうちに統合されているかぎりで、共同生活をおくるのにドイツ人ほど苦労することはなかった。人間的な弱さに対する一種の寛容が子供の頃から身についているため、イギリス人でさえ完全ではないことが十分に考慮に入れられていたのである。

ドイツ人の理想やドイツ人の行動規範は、人間の不完全さや弱さを認めていなかった。その要求は妥協の余地がなく無条件であった。規範との完全な合致に達しないものが満足を与えることはなかった。ドイツ人は数世紀にわたる絶対的支配の間に、絶対に服従されるべき国民の理想、信条、原則、規範への暗黙の要求を発展させていた。一切か無だった。命令は定言的であった。ドイツ人の国民的理想が有意義で誇りの対象で深い満足の源だとみなされるのは、それを信ずる者がそれを完全で無条件のもので絶対に妥当すると確信できる場合だけであった。そのため、人々が理想に恥じない行動をすることができたのは、異常な短期間だけのことであり、特に国家的な危機に限られていた。

平常は、ドイツの偉大な理想像は背景にとどまっていた。ドイツ民族の生活では、祭日にはどこか輝かしさがあった。だが、それはドイツ人の生活に影を投げかけていた。つまり輝かしいものが法外に高められて、ドイツ人の多くは、政治的な平常業務を浅薄で重要でないもののように感じていた。国民的理想の光に照らせば、議会の仕事はしばしば非常に汚い業務のように見えた。議会制民主主義が歴史的遺産の中心的部分をなしているイギリスや合衆国その他の少数の国では、政党の争いや再三行なわれる選挙や議会での討議の煩わしさや緊張に耐えることができ、それを楽しむことさえできた。それは、各世代がそれにふさわしい教育を受けたからだけではない。人々はそれに同化しそれを誇りにしていた。議会制民主主義は、人々が国民としても個人としても自ら抱いていた理想の一つであり——「われわれ」と呼ばれるものの理想像の一部であった。人々はそれに同化し、大半の人々がある程度は議会的な行動の伝統に一致していたから、議会の大きなドラマも十分上手に演ずることができた。それに反して、長期の専制の伝統をもつ他の国々の人々と同じように、多くのドイツ人にとっては、一九一八年に議会制民主主義が登場したとき、人々は自発的にそれに同化することができなかった。国家を破壊せずにどこまで政党の争いや議会での対決が許されるかという意味で、議会制民主主義は相当厳しい要求を抱えているが、その要求はイギリスやアメリカのように、自分たち独自のものと思われる機構を誇りとする感情で埋め合わせられることはなかった。ドイツ人にとって議会制度は国民的理想と溶け合うものではなかったのである。多くのドイツ人には、議会制民主主義が退屈でしばしば汚くもある日常生活の一部であるように見え、政治活動はしばしば実際に汚いものになった。

この点でも、理想と現実との深い亀裂、異常な状況と日常的状況との深い亀裂が重大な結果をもたらした。すなわちその亀裂によって、日常的状況はどうでもいい無意味なものとなり、それに対して、例外的な状況で理想に近づくことには、長く立っておれないほどの強烈な感覚が伴うことになった。ドイツ人の国民的理想は空高く輝く星のようなものであった。日常生活では理想は行動の基準とか有意義な目標という大きな役割を果たしていなかった。日常生活ではドイツ人は手綱を緩めることができた。よかれあしかれドイツ人は、イギリス人よりもはるかに多くのことを勝手にやることができた。社会に広まっている外的な拘束や外部からの束縛に抵触しないかぎり、ドイツ人は緊張をゆるめ、何をやっても許された。特にドイツ国民のなかでも中流や上流の階層では、人間はみな日常生活では自分の利己的な関心だけに従っているというのが普通の考え方であった。「誰かそれで儲かったはずだ」という疑念がいつもつきまとっていた。誰かが儲かった場合も少なくはなかったが、いつもそうとは限らなかった。人間が自分の殻を抜け出して、無私の心で行動できるのは異常な状況に限られると思われていた。

こういうドイツ人の伝統には、センセーショナルな異常な状況へのひそかな憧れが見え隠れしていた。ドイツ人の行動や信念の伝統には、他の産業国家では一般にはるかに穏やかな形でしか見られない性質が極端にはっきりと現れていた。日常の手順が通用しない異常な状況への憧れはどの産業社会にも見られたが、大半の国では、日常と異常な状況での態度の違いは必ずしもドイツほどひどくなく、その底にある緊張もそれほど大きくなかった。というのは、日常生活での自己抑制が共通の規範や目標によって支えられる度合いが小さいほど、人々は、日常生活で自分の理想がかなえられない、利己心の奴隷となった孤独な状態から自分を解放し、共通の理想のもとに共同の感情を与えてくれる異常な機会を捉えて満足を得ようとするからである。国家社会主義以前のドイツでは、人間に自分を忘れさせ、個人と個人、理想と現実との間の柵を取り壊して、伝統的な国民的理想と議会制の産業社会の日常業務との間の鋭い対立とは反対の真の「共同体」を再建できる、異常な出来事に対する潜在的で自覚されない願望が存在していた。したがって危機が生じたとき、ドイツ民族のうちで最も不満な集団は権力獲得のための武器としてその願望を利用することができたのである。その理想と比較すれば、日常生活では目標はつまらないものに見え、規範は不安定であった。そのためイギリスとは異なり、日常生活のための国民的理想は束縛する機能も指導する機能も獲得することができなかった。

ドイツ人は、イギリス人よりはるかに高い「われわれ」の理想を抱いて成長したため、人間や制度、私的関係や公的関係にどういう不完全を理性的に許容し、どういうものは受け入れないかを決定するのにしばしば苦労した。仕事では、彼らは自分たちの完全性への熱望を満たすことができた。しかし社会生活、特に政治的生活では、理想と現実との間には、また完全性の追求や夢の国である理想的な共同体への熱望と、その正反対の空しいとかつまらないという感覚、無感覚やシニシズムとの間には深い亀裂があった。理想に到達できないときには、何をするか、どう行なうかはほとんど重要なことではなかった。

7

共通の理想を日常生活の外部に見いだそうとする、こういうドイツ人の傾向を強め、絶えず再生させたのは、失われたと思われる国家の偉大さというイメージであり、昔の強大な帝国の理想化されたイメージであった。そういうイメージを、ドイツ人はみなドイツ人としての自分のあり方のうちに受け止め、「ドイツ人としての私とは何か？」という問いに対しては、そのイメージが一応の答えを与えていた。自分の国家の過去についての同様のイメージは、イギリス人やアメリカ人の自画像にもある。だがドイツ人の場合そのイメージは、没落は一時中断されただけだという感情を与え、しばしば重苦しいものであった。そして、他の国々の過去が現在の国民に――クロムウェルとチャールズ王、リンカーンとジェファーソン、ルイ十四世やマーラーとナポレオンといった――対立する国民的英雄の間のさまざまな選び方を許しているのに対して、ドイツのパンテオンの国民的英雄であるフリードリッヒ大王やビスマルクのような人物は、独裁制の伝統やドイツの国民的理想の一枚岩的な構造に対応して片一方だけに偏っていた。彼らはすべて帝国の創設に寄与したことで名声を得た、実物よりはるかに巨大な人物であった。ドイツ人の集団的な自画像に入り込んでいる唯一別の人物は、ゲーテやベートーヴェンのような――政治の彼方にいる文化的英雄であるが、彼らは「歴史」の「作者」でもなければ、違うタイプの国家的英雄でもなかった。

歴史教育や――以前は領土だった地域やそれ以外の土地にも広がっていた「ドイツ民族」と現在のドイツ国家との大きな違いを示す――（国家の姿をまざまざと示す）地図上のドイツの変化だけでなく、ドイツ語に近い言語を話すが現在のドイツ国家の市民ではない集団とも直接、間接に出会うことによって理想化されたドイツ帝国の姿は、栄光に満ちた過去が現代に影を投げかけるような形で生き生きと保たれていた。危機的な状況になるたびに行動の現実的な拠点となったのが、この「帝国」というドイツの理想像であった。ドイツ人はその旗印のもとに団結した。それは強い情緒的な力を発揮し、現実のドイツと理想的なドイツが接近して、時にはほとんど区別がつかなくなるほどだった。そういう場合には、ドイツ人の国家像は妥協を許さない絶対的な性格をいかんなく発揮した。昔の栄光に包まれたドイツの復興が問題になる場合には、絶対的理想を追求する場合と同様に、現実の事情を――この場合は現実の政治情勢を――顧みることもなかった。譲歩することなど考えようがなかった。

しばしば危険なものと見られるドイツ人のある種の特質は、そう思っている人もあるとしても、攻撃性や破壊欲が他民族より強い自然本性のあらわれだったわけではない。それはむしろ、行動の伝統だけでなく何度も起こった歴史的経験や学校教育やプロパガンダが一緒に働いて、ドイツ人に刻みつけられた一つの傾向に基づくものであった。その傾向とは、危機的状況において法外に高められた「われわれ」ドイツという理想の名において呼びかけられると、いわゆる「過酷な現実」も他者や自分自身に起こる結果も無視して、その高い理想の要求通り無条件に行動しようとする傾向である。理想化されたドイツのためなら、一切が可能であり一切が許されているように見えた。独裁的な信念や、信奉者に一時的に全能の力を与え、どういう犠牲を払っても実現を求める国家的、社会的な絶対的理想——そこにこそ、国家社会主義運動において極大に達した危険があったのである。

疑いもなく、この種の信念や理想や行動の傾向は、他の国民にも他の社会的運動にも見いだされる。だが長期的には敗北とそれに伴う勢力の喪失を特徴とするドイツの波瀾に富む歴史の蓄積された効果や、ドイツ人自身の不安定な国民的アイデンティティから生まれる国民的プライドの喪失、そして偉大な過去を未来に投影した幻影にすぎない懐古的な国家理想が、よそにも現れる行動や信念の傾向の特に悪質な変種を生み出してしまった。それは、絶対的で融通がきかず変えようもなく、疑いを許さず、新しい経験や理性的論証の光によって修正することもできないアプリオリな理想や信念や原理への——つまり、十九世紀初頭以来のナショナリズムやその他の社会運動やそれ以前の無数の狭義の宗教運動にも顕著だった種類の信念に対する特に極端で危険な形の傾倒にほかならなかった。

十九世紀始めから、社会的理想の追求に高い価値を認める傾向が目立ってきた。「理想主義」という言葉に「善いもの」という積極的な倍音が一般に伴うようになったが、「信仰」や「原理」や「確信」といった言葉も同様であった。「堅い確信」や「確実な原理」を有し、「自分の信念を堅持する」か「理想主義に基づいて」行動する人々が高く評価されるようになった。重要だとされる「信念」や「原理」や「理想」が「善い」とされる根拠は明確ではなかった。「善い」「悪い」をどう理解するにしても、そういう「信念」や「原理」や「理想」が「悪い」ことは少なくともありうることであった。一つの社会的、政治的その他の何らかの理想が「善い」ものであるか「悪い」ものであるかは、それぞれの理想や信念や原理がどういう種類のものであるかによるのは明らかである。絶対不変の理想や原理の形をした長期の目標や指令が、人々の間に激しい葛藤や戦いを引き起こすこともあれば、人間らしい友情や協力関係を発展させることもあるのは、多くの実例が証明しているところである。理想や原理の硬直や排他性、あるいは矛盾する事実や論証を拒絶する傾向が、しばしば人間集団の間に絶対的な妥協を許さない敵対関係を作り上げる主なファクターであることは明らかにされている通りである。

　ユダヤ人を完全に排除したドイツ帝国という国家社会主義の理想は、その理想が注入する敵意を行動に現すように信奉者たちを駆り立てた。だがいくつかの点でその理想は、絶対的な敵対関係を引き起こしたか、引き起こしうるその他のアプリオリな理想とは、質的に違うというより段階が異なっていた。その理想に特に顕著だったのは排他的な性格であり、それが唯一の国民または「人種」のための理想であることであった。ロシアや中国の一国社会主義やアメリカの国家資本主義のような場合も、理想が信奉者に注入する敵意や排他性は絶対的なものでないわけではなかったが、唯一の国民や「人種」でなく人類のよりよい未来に関わることによって、その理想はある程度和らげられ修正されていた。

　魔術を「白魔術」と「黒魔術」に分けるように、信念や原理や理想についても、人間にとって好ましい形態や側面と人間に危害を与える形態や側面を、つまり「白い」信念と「黒い」信念を区別し、「白い」理想と「黒い」理想を区別したほうがいいだろう。すでに述べたように、国家社会主義者の集団的確信の純粋さやその拘束力を見落とせば、国家社会主義運動とヒトラー・ドイツの意味や特性を誤解してしまうことになる。その信念の非常に理想主義的な契機を考慮しなければ、国家社会主義運動の勝利も挫折も理解することはできない。そういう契機は、しばしば総統と部下たちをして、彼らの信念が命ずることしか考えられないようにし、時には自分たちの希望や願望の光のもとでしか世界を見ることができないようにした。こういう理想への傾倒は、彼らに関する資料を読めば一目瞭然である。彼らの理想主義には、「黒い理想主義」の特徴がほぼ典型的に示されている。彼らの信念の建設的な側面よりも破壊的で野蛮な側面のほうがはるかに目立っている。それは、似たようなその他のファクターとともに、国家社会主義政権の根本的特徴をなしているものであって、それがドイツにおける文明化の挫折に大きな役割を演じた。その文明化の挫折の絶頂が戦争捕虜の残酷な扱いであり、強制収容所やガス室を造ってそれを作動させたことであった。

通常の政治活動の場合には、既定のドクマ的な国民的集団表象が、国民の生きている長期の状況へのより現実的で柔軟な考慮と一体となって、一国の指導者の決定のなかに入り込んでいる。ところが国民的な集団表象のほうが優勢になる状況がある。特に戦争のような国民的危機では、言うまでもなく国民の行動の伝統や状況に応じてその力は千差万別ではあるが、国民的な集団表象が独自の原動力となることがある。排他的な「われわれ」の理想への傾倒はそれぞれの国民によってさまざまである。国家社会主義運動のような運動は、ドイツの国民的伝統から必然的、不可避的に起こったと考えるいわれはまったくないが、必然的ではないにしても、それが伝統の可能的な発展の一つであったことは確かである。いくつかの点で国家社会主義は伝統の刻印を帯びている。

8

その後に影響を残している特性でここで考慮すべきものの一つは、国民の苦しい時代に少なくとも一時的に、ドイツの名において課されると、非常に厳格な訓練や支配にも服従する——ドイツの歴史を見ればよく分かる——傾向である。そういう状況にあっては、疑いを容れない絶対的な服従が各個人の国民的義務とみなされる。他の国民を殺さねばならぬとあれば、必ず殺さなければならない。自分の命を犠牲にせねばならないときには、死ななければならない。ドイツ人ほど、国民的な神話や詩や歌のなかで死や自己犠牲を取り上げている民族は少ない。並んで行進するときや、討ち死にするまで戦うときに歌われた「戦友」という歌は、ドイツ兵士の愛唱歌であるとともにドイツ国民の愛唱歌でもあった。ほかの例を挙げれば、漁師が魅了され危険を忘れて溺死する「ローレライ」の歌、歌う者の若死を照らし出す「曙」の歌、あるいは闇夜のなかを馬に乗って「死へ、死へと」急ぐ人々の歌がある。

人々はこういう悲しげな歌を繰り返し熱心に歌っていた。こういう歌が、ドイツ人には奇妙に魅力があった。歴史の授業を受けたドイツ人は——失われた——偉大なドイツのことを知っていた。その偉大さを取り返すこと、機会が来れば、自分や他の人々にとってどういう結果になるかといった余分なことは考えず勝利に向かって邁進することが、ドイツ人たる者の義務だと教えられていた。しかし、感じたり考えたりするその底の深いところには、失われた世代の思い出や、高揚した希望に続く破壊と死の思い出が残っていた。イギリス人が歴史を学ぶときには、たとえ敗北しても、心の底では最終的には戦いに勝つことを確信しているように見えた(このことが、実際に勝つ助けにもなっていた)のに対して、ドイツ人は勝っていても、最後の戦いで敗れるという気持ちを捨て切れずにいるように見えた(そして、このことが結局実際に敗れてしまうことにも大いに影響した)。

ドイツ人の日常生活で、国家的な危機の時代にその特殊な国民的信念に重くのしかかっていたものが何であれ、それこそが、共通の敵に対して戦場に赴くのがドイツ人の義務だと言う総統に従わせたのである。

ドイツの名において与えられる要求から逃れることは、ドイツ人にとって容易なことではなかった。その要求は、彼ら自身の良心や「われわれ」の理想や——ドイツ人としていかに行動すべきかという——自分についての理想像によって強められていたからである。外部からの強制だけでなく内部からの強制や彼らのプライド、彼らのアイデンティティやドイツ人としての価値意識が、そういう状況ではものを言った。祖国が苦境に陥っているときには、彼らは武器を取れという呼びかけに、結果を問うこともなく従わずにおれなかった。そして、彼らが打ち負かそうと思う祖国の敵に向かって行進しながら、いまの自分と同じように忠実に、ドイツの勝利を堅く信じながら敗北し戦死した過去の世代の記憶が彼らに重くのしかかっていた。自己犠牲の魔力や運命としての死へ向かっていった人々の——「死にゆく者として、われわれは汝に挨拶を送る（morituri te salutamus）」——悲しげなドイツの歌がこういう気分を表わしていた。そこには、歴史や社会の原型だけでなく、理想や良心の原型も映し出されていた。

どこの国民も、敗北して戦死した英雄たち——フランス軍の占領からプロシアを解放しようと企てて、ナポレオンに対して反乱を起こし、軍事裁判にかけられて射殺された「シル将校団」のような英雄たち——を自分たちのパンテオンに入れようとはほとんど思わなかった。ところが、よく読まれ多くの教科書にも載せられた、ゴート人の王アラリックについてのバラードがある。そこには、忠実な戦士たちが、敵軍によって王の遺体が傷つけられないように、戦いに敗れて倒れた王を、ブゼント川の流れを変えて川床に埋めたのち、流れを元に戻した様子が歌われている。

人々は声を合わせて歌った、
「英雄の眠りにつき給え！

ローマ人の卑しい欲望が
墓を損なわんことを祈る！」

今日この詩を読むと、敗北して自殺したとき遺体を敵の手に渡さないために、ひそかに焼いて埋葬されたヒトラーの死の手本のように思われる(6)。

「英雄的な死」はドイツの歌だけでなくドイツの歴史そのものにも、子孫に歴史として残されたもののうちにも見られるモチーフである。ヒトラーを追放し、暗殺しようとした勇敢な人々の大部分は野蛮なやり方で処刑されたが、彼らが国民的英雄に祭り上げられていったことも、英雄的行為も祖国のための犠牲的行為も、敗北と破滅に終わるというドイツ人の伝統の型通りである。もっとも、ここには新しいことがあるのは言うまでもなく、彼らが忘れられなければ、彼らはドイツの名においてドイツ国家の支配者と戦ったという意味で覚えられている最初のドイツ人となることだろう。それは別としても、学校の生徒たちは何度もドイツの歴史で彼らの先例を読んで、ドイツ人の義務である祖国への不屈の献身や英雄的行為が必ず敗北と死に終わることを知るだろう。こういう教えがこれほど明確にされているところはよそにはない。だが、世代から世代に伝えられてきたドイツ人の遺産には、そういう教えが含まれていたのである。

9

他の民族にも、歴史を読んで得られた自画像と同じように、独特の愛国心やナショナリズムの特徴があるのは明らかである。そのさまざまな形態は、それぞれの社会形態に特有の一種の忠誠心であって、そのすべてに共通の基本的な特徴がある。愛国心とナショナリズムは、その主張において異なるところがあり、概念としても区別されることが多いが、現実には連続したものである。両者の違いは質的なものではなくて、そこに含まれている他者への優越感や排他性や敵意の程度の違いにすぎない。どちらの概念も、自国に対する個人の結びつきやアイデンティティや帰属の感情を表わし、苦境では自分の命を含めてあらゆる犠牲を払って守らねばならないものが価値の優れたものであるという確固たる信念や、それぞれの国が各個人に課す外的な義務との関連を表わしている。

近代の国民国家ではどこにおいても、国難において人々に課される外的な強制は、良心の原型として個人の「内部」に多少とも根づいている自国への忠誠心や義務感、国家存続という最高価値への信念といった個人のうちなるものに対応している。どこにおいても人々は、自分の国の苦境でも平和なときも兵士その他として戦闘に赴き、自分の野心や目標、希望や生命をも自分の属する社会の存続のために捧げる覚悟でいる。「個人主義」について語られ、個人の自由が社会の最高価値として称えられ、「国家」や「国民」や「社会」よりも個人の優越が宣言されていても——いざ国難となると、個人の自由は全面的に制限され、個人の生命は社会の存続のために無視される。平和なときでさえ、近代国民国家の多くの組織や教育が——特に国民的な信念体系や特定の社会的宗教が——あらかじめ戦争への準備を整えているのである。

さまざまな社会の間での生死をかけた組織的戦争は決して新しいものではない。だが、現代のように国家あげての出来事として、社会的要求に個人的要求が従属するようになったのはごく最近のことである。「武装した国民」が誕生したのはかなり後である。フランス革命以前には、また多くの国ではそれ以後も、戦争を行なうのは、有給で軍隊勤務についた部下を従える貴族や職業士官であった。一市民である貴族や紳士が自分の国の戦争に参加する必要はないという見解は、少なくともイギリスではナポレオン戦争の時代にもまだ完全にはなくなっておらず、ナポレオンがイギリスと戦争を起こしてパリ在住のイギリス人に危害を加えたときには、憤慨の声が上がったほどであった。

現代のような愛国心やナショナリズムは、産業社会の中産階級や労働者階級の勢力の増大や、攻撃や防衛のために国が市民全体に頼らざるをえなくなった事実と密接な関わりがある。自分の国には優れた価値があり、国民はすべて国のために生命をなげうつ覚悟でなければならぬという――世俗的な国民的信念体系の形成や、国のすべての階層のあらゆる個人が自分を国と同一視し、国への所属を自分の自画像の重要な要素と考える傾向は、国家社会の民主化の進行や国民軍の必要と結びついていた。こうしてドイツだけでなくすべての発展した産業国家において、上流階級や中産階級の人々が、その後さらに統合が進むと労働者階級の人々も、「内的な」信念や「外的な」規制によって自分の国にますます結びつけられることになった。

無論、個人の生存への願いと国家存続の願いとの間の葛藤は、必ずしも「個人」と「国家」または「社会」という名の「外的な」力との争いという露骨な形はとらなかった。個人のうちでも、異質な努力の間の「内的な」葛藤がいつも起こっていた。国民国家の規則や規範には国家の外的強制に支えられた態度や信念体系が伴っていたが、そういう規則や規範には、個人が良心や「われわれ」の理想という形で自分に加える自己規制が対応していたのである。

「外的な」強制と「内的な」強制、つまり他からの強制と自己による強制とは容易に補い合って、この二つの強制装置は強め合っていたにすぎないと思われるかもしれない。こういう考えは、たとえばデュルケームに見いだされる。彼は、社会は規範や規則を個人のうちに投影すると考えていたように思われる。フロイトや彼の後継者たちも似たようなスタティックな対応関係を想定していた。もっとも、フロイトの場合は、「個人」が良心の原型を「社会」に投影するように見えることが多い。出発点とするモデルが特定の時代の社会のモデルであるかぎり、またそれが本質的にスタティックなモデルであるかぎり、これ以外の仕方で事態を解釈することはできず、個人的規制と社会的規制との間の組織や型の関係をめぐる多くの問題を処理することも不可能である。そういう問題を考えることができるのは、スタティックなモデルをダイナミックなモデルに替えて、社会や個人を発展の過程として捉える場合だけである。

こういう観点から見る場合に初めて、国家による規制の型と個人による規制の型との間の程度の異なる一致や不一致が認められ、それを説明することができるようになる。それらの発生の仕方や発展過程での結びつきを問わずに、特定の時期での関係だけを問題にすれば、相互の対応や両者の食い違いはいつまでも分からない。その場合には、使われる用語も思考方法も不十分なままにとどまる。社会発展のそういう両側面が異なるばかりか別々のものであるかのように、個人に「外的な」強制を加えるものは「社会」というような概念で捉えられ、個人によって内面化または外面化されるものはすべて「文化」のような概念で捉えられるのが普通である。結びつける明確なモデルもなしに区別されているだけである。この場合に限らず、「社会」と「文化」の関係、「国家」と「個人」の関係、「外的な」制御機構と「内的な」制御機構との関係は、それぞれに動きつつあるものとして捉えないかぎり、つまり争うとともに調和している機能的に相互依存の過程である社会的過程の側面として捉えないかぎり、明確に認識することはできない。

これらの側面の相互関係は複雑である。その関係は、一方が社会発展の第一の原動力であり、他方は二次的に働くとか受動的に続くという具合に簡単であるわけではない。そういう側面の大半には、一つの社会的過程の側面として能動的機能と受動的機能が共に含まれている。そのいずれも、形成するとともに形成され、動くとともに動かされるか、外部からの変化に対して抵抗するかぎりで能動的であるかである。

もっとも、それらが影響し合う程度も、社会発展全体に影響を及ぼす程度もさまざまである。国家発展の——「経済的領域」「文化的領域」「政治的領域」といった——「領域」と呼ばれる無数の部分的過程のなかには、それぞれの特性に応じて他のもの以上に強力に変化を引き起こすものがある。しかしそういう相互関係における力は、あらゆるタイプの社会や社会的発展のすべての段階でつねに同じであるとは限らない。またそれらは必ずしも、現代の用語が示唆するように明確に区別されているものでもない。現代の用語そのものが、社会の細分化、複雑化に応じて細分化されてきたものにすぎないのである。

特定の発展段階で社会領域や部分過程を支配し操作しうる程度の違いに応じて、この複雑さはさらに大きくなる。国家の制度は、昔はほとんど意図的ないし計画的に変えられることはなかった。「国民性」の特性または「文化」は、今日までほとんど計画的操作を受けたことがない。よく使われる概念的区別にも、単にこの種の違いに基づいているものがある。永遠的特性のようにみなされている個々の社会的「領域」の特徴が、それを処理する能力の大小を示しているだけの場合も珍しくない。「政治的領域」では進歩は明白である。十八世紀のアメリカ革命やフランス革命の指導者たちは、十七世紀のクロムウェルの一派より深い洞察をもって熟慮し、国の政治制度の変革に取り組んだ。そして、二十世紀のロシアのパワーエリートが革命を企てた際の知識の範囲も意識の程度も、アメリカやフランスにおける以前の革命よりもはるかに大きかった。

現段階で共同生活の諸領域で行使しうる意図的制御の程度の違いが認められないかぎり、浅薄で混乱した概念を構成することになるだけでなく、社会発展そのものに特殊な問題を生み出すことになる。第一次世界大戦後のドイツの発展がその種のものであった。

一九一八年の敗北によって、ドイツでは意図的に議会制民主主義へ向かって政治制度を変えうることになった。この制度変革を機に、国内の力関係の安定化を図る試みがなされた。ドイツの伝統的な上流階級や中産階級の代表的権力者たちは、敗北の結果、権力を失った。台頭してきた労働者階級とそのパワーエリートたちはその変化のおかげで、多くのユダヤ人やリベラルで社会主義的な知識人を含む昔の市民階級のリベラルな小さい党派とともに力を獲得していた。だがドイツ社会のさまざまな集団の信念や行動の国民的伝統は、政治機構ほどには変化していなかった。その当時ドイツその他では、人々の「国民的特性」がいかに永続するものであるかが明確には捉えられていなかったために、その特性を望ましい方向にどのようにして向けうるかが分からなかった。国民的特性は、政治制度やその他の社会制度以上に計画的に制御しえないものであった。こうして、ドイツ人はこの時期に制度や権力関係のかなり急激な変動を体験したが、「国民性」の発展には似たような変動は起こらなかった。制度や権力関係が民主化の方向へ著しく変化したのに対して、国民性のほうは、数世紀にわたる専制支配のもとに出来上がった権威主義国家の特徴を保っていた。その当時（今日でもいろんな形でまだ考えられているように）、民主主義的な議会制が打ち立てられれば態度や信念の民主化が引き継いで起こるだろうと考えられたのは、現代の無歴史的な合理主義の幻想的期待にすぎなかった。

10

ドイツのほとんどの州に数世紀にわたる慣習から態度や信念の伝統が生まれていたが、それは被支配者はほとんど少しも加わらずに、上からの強力な支配に基づいて出来上がったものだった。国家の支配に関する決定がすべて巨大コントロール・システムを操作する比較的小さな独裁的パワーエリートによってなされることに、人々は慣れきっていた。この外部からの強制の型も——ナショナリズム以前の君主専制以上に専制的な国家独裁体制における広範な形成過程における出来事であったが——、ある程度内面化されていた。人格構造や良心の構造や行動規範は、この支配形態に類似したものになっていた。国家は批判を許さないものと考えられ、国家統制の直接及ばない哲学、文学、音楽のような領域においてしか、個人には決定権がなかった。そのほかのところでは、支配的パワーエリート以外の人々は一切の責任や決定から切り離されていた。支配する苦労も喜びも彼らには無縁であった。そして知識人の党派が政治参加を求めたときにも、（限界内での）自己支配を実行するのに必要な熟達や模範的良心や行動規範も政治参加の要求とは別の方向へ向かっていた。制度の変革とともに、それらが自動的にすぐ発展したわけではない。ドイツの発展の特質には、そういう適応に逆らうものがあった。

ドイツの発展の特質としては、ドイツが分割された専制支配の期間が長かったこと、そこに生まれた多くの束縛を課す夢想的な絶対的理想や哲学的思想、一八七一年の国家統一の仕方を挙げることができる。ドイツの発展の最も重要な特徴の一つは、中産階級や労働者階級の勢力増大を伴う初期の産業化も国家統一もすべて専制体制において起こったということである。

昔の専制的‐君主国家が国民国家へ移行した過程は、ドイツでもほかと同様に、何よりも市民階級の勢力増大や自意識の高まりと連関して始まった。フランスと同じように、国民国家の段階への移行は、「第三身分」が商業化と産業化の進展のおかげで勢力を獲得し、自分の力を自覚したときに初めて起こった。だが、他のほとんどのヨーロッパ諸国とは異なり、ドイツの「第三身分」は自分たちの増大した勢力を結集して、古い専制体制に対する共同行動を起こすことができなかった。集権化した国家と比べると、ドイツは多数の王国や侯国に分かれていたために、ドイツの中産階級や労働者階級は、国中の最も重要な都市を網羅する統一組織を作るのが困難であった。ロンドンやパリのような、行動の重要拠点となりうる支配的な都市は存在していなかった。そのうえ、一八四八年に一つのチャンスが訪れたときには、第三身分の中産階級と労働者階級が十八世紀後半よりもはるかに分裂していた。もう「第四の」身分であるという集団の自覚が深まり、その自覚をもった労働者階級の代表者たちが中産階級の代表者に与える圧力が大きくなっていた。ドイツ中産階級は当時すでに両側から挟み込まれていた。伝統的エリートである貴族や官僚への反抗は、台頭してきた労働者大衆とその代表に対する恐れのために阻まれていた。文字通り「中間」に立って、中産階級は支配的秩序に対して決然たる行動に出ることができなかった。

こうしてドイツの中産階級は、自分たちの国民的な夢の実現を専制的支配者の手に委ねざるをえなかった。ドイツの中産階級と労働者階級の力が増大しつつあった産業化の初期段階では、その政治的な勢力はまだ極端に限られていた。統一されたドイツ国家という夢が実現されたときにも、ドイツ国家はまだかなり権威主義国家のままであり、国民の大部分が国家や政治について抱いていた国民的レベルの考えには、依然として非現実的なものがつきまとっていた。ドイツ人の国民的理想は、ヨーロッパの他の多くの国々とは異なって、専制君主とその体制に対する変革や革命の運動と結びついていなかった。その理想には、国王や貴族の英雄イメージに対立する英雄のイメージは含まれていなかった。そしてその理想は、社会的な夢のための戦い方や、その夢のリアリティを検討しその実現に成功する方策を提供しなかった。棚ぼた式に実現した後も、理想は専制的な性格を保って、夢想の薄暗がりに沈み込んだままであった。上から支配される習慣は依然として続いていた。優越した権威に身を任せ、責任も命令権も彼らに委ねていいという考えが魅力をもち続けていた。

ドイツの国民大衆が——他の国々でも似たようなものだったが——、すべてが支配者の宮廷を中心に回り、特権的なパワーエリートとの裂け目が大きく広かった君主国家に生きていたかぎり、国民はいわゆる「国家」という組織を「われわれ」でなく「彼ら」とみなしていた。ドイツがプロシアの支配者のもとに統一されたときに、――依然として一般に特権者の組織であり、「彼ら」として国民大衆が体験していたドイツ国家のイメージと、中産階級と後には労働者階級がそれと一体となって「われわれ」と呼んでいたドイツ国家のイメージという――二つのイメージがしだいに溶け合ってきた。こうして、多くの外国の場合のように専制的集権国家のイメージを振り落とすのでなく、「われわれ」としての国家という自画像のなかに専制的集権国家を思わせるイメージが吸収されたのである。

先に述べたように、「われわれドイツ人は規律と秩序のなかに保ってくれる強力な人物を必要とする」のような言葉のうちにこの融合が示されている。たとえばザクセンの老人についての一九一四年以前の物語のなかば冗談めいた笑い話のうちにも、この融合が写し出されている。その老人は毎晩、帰り道で国王の城の前を通るたびに、国王の部屋に明かりが点っているのを見ては、安心して眠りにつくのであった。「王様はまだ起きて、われわれのために仕事をしてくださっているのだ」。お上へ服従すれば、そのお返しとして、国家の利害について心配する必要はない――その責任は他の人々に委ねておけばいい――という満足が与えられた。老人は気が楽になって、古典的なドイツ語の詩を引用している。

ローマ帝国のために思い煩わずにすむことを
私は毎朝、神様に感謝している。

専制国家の多くの住民が国家の問題に能動的に参加して一つの国民となる道は、どの国でも思うほど簡単な過程ではなかったが、それは現在でも変わっていない。支配されたり命令や責任を他人に委ねたりすることは多くの場合、気が重くて楽しくないことだが、専制のもとに成長した者や子供にとっては、それなりの褒美がある。それは人々がよほどの圧力を受けないかぎり投げ捨てようとしない状態なのである。ことの成り行きが国民大衆にその状態を投げ捨てさせようとすることがあっても、その事態に直面した人々はその力に従うよりもそれに逆らおうと思ってしまう。君主制的なものであれ独裁制的なものであれ、専制的なパワーエリートに服従することは身にしみついた習慣なのである。その習慣が身についた人々には——支配者に不満を抱いていても——服従以外の仕方で反応するのは難しい。権威主義的でない体制へ移行するには、新しい社会的な技術や能力を学びとる必要があり、より高度の判断能力が要求され自立性と自己抑制が求められる。たいてい民衆には専制に結びついた習慣が根づいていて、長期の専制体制から抜け出す歩みは遅々たるものである。その移行期に重大な危機に陥ると、多くの場合、専制段階へ逆戻りする傾向が非常に強くなる。

ドイツの発展もこの点では決して例外ではなかった。ドイツの発展では、独裁制の習慣やイメージが——その反対のイメージがないまま——国民的規範や国民の自画像のなかに流れ込んだ程度も独特だが、ドイツ国民の「われわれ」の理想のうちに沈澱している権威主義的国家の伝統のきわめて強力で絶対的な、その意味できわめて圧制的な性格が独特である。

11

大きな強制力をもつ社会的集団への同化も集団への愛情も、さらには集団による抑圧を良心や理想とい形で内面化するのも、ドイツだけに限ったことではない。そういうことは、人類発展の現段階ではあらゆる国民国家に見られる。

国民国家は互いに戦っていた領主たちによって支配されていた専制国家から生まれたが、その由来は国民国家に領主の伝統が続いていることに示されている。国民国家も昔の君主国家と同様に、政治における利害や考え方の違いは最後は戦争によって解決するほかはないという信念に支配されていた。しかし大きな君主国家がドイツと同じように、個人の自画像のうちに内面化された一つの非人格的な強力な信念によって、あらゆる地域のすべての階級の人々を統一できるわけもなく、またその必要もなかった。住民や戦闘部隊のいわゆる「士気」は外部からの圧力や強制によって維持されたが、戦争を正当化するのに「国家利益」や「社会的理想」などを掲げる非宗教的なやり方が国民大衆にアピールするほど世俗化が進んでいたわけではなかった。

都市の中産階級や労働者階級が名実ともに力を伸ばして民主化された産業国家では、戦争を最後の手段(ultima ratio regum)とする考えを含む共通の国民的な価値や信念が形成されるようになった。そういう価値や信念はまずヨーロッパで、後には全世界で、国民の統一を維持し、必要な場合には敵を殺し自分の命を捨てる覚悟を国民にもたせるのに不可欠の手段とみなされた。そういう覚悟をもたせることによって、地球上のあらゆる国家の国民の大半を平時においても、戦争の準備を整え、国家に個人を従属させようとする国民的信念が絶えまなく続く戦争に役立った。国民的信念から生まれ、育て上げられた絶対的な敵意を有する排他的な国家宗教が、戦争という形で何度も繰り返される文明化の挫折をもたらした主要なファクターの一つとなったのである。

必要な場合には生命を要求する国家は、ドイツでは内面化された圧制者という形をとったが、そういうばならない。

独特のあり方が悲劇をいちだんと深刻化したことは言うまでもない。二つの点を、ここで取り上げなければならない。

第一点は、ドイツ的理想に見られる拘束力の強い厳格な性格である。国家に関わる場合には、妥協は許されないように思われた。なすべきことは何事でも無条件にしなければならなかった。現実の状況を考慮することは、冷酷で打算的な分別だとみなされ、それは商売や仕事では適切なことだが、祖国の事柄では適切ではないと考えられていた。ドイツのナショナリズムの良心や行動の伝統のきわめて圧制的な性格は、ドイツ人の国民的理想の高度に夢想的な内容や、数世紀かかって刻み込まれた高度に理想主義的な内容と密接に結びついていた。国家の現実は満足のゆくものでなく、集団的理想の現実的な吟味は不可能であるか幻滅に終る恐れもあって、国家の現実は決して望ましいものではなかった。夢想への衝動が良心の要求のなかに入り込んでくるにつれて、事実に照らしての批判的吟味による修正を求める要求は実現不可能となり、夢想から身を引き離すこともできなくなって、集団的理想はますます厳格で圧制的、専制的なものになるからである。

こういう要求の強制的で過酷な容赦のない性格は、そういう要求が個人の良心や理想から生まれるのではなくて、多くの人々が互いに要求し合う場合にはさらにいちだんと強化される。個人の良心や理想を同じ方向へ駆り立てていく集団的な圧力は、内面化された声が互いに強め合うと、組織されているかいないかは別として、現代社会にしばしば見られる特定の集団的ダイナミックスとなるが、この点については後でもう少し詳しく述べることにする。特に戦争が始まった後の国家社会主義者の指導部内部におけるそのダイナミックスの実態は、そのダイナミックスの概念的モデルを使えば簡単に捉えることができる。良心や理想から与えられる夢想的な神託から離れるのは、個人的には可能な場合もあるが、社会的に強化されると非常に困難である。そのため、不都合な事実を直視する能力も批判的な判断も麻痺してしまう。その結果、要求がいかに夢想的なものであっても、それがいかにも当然で正常なもの、高度に現実に即したもののように思われてしまう。特に危機においては、相互作用によって「内なる声」や信条、道徳的原則や理想などがますます過剰になり、人々はそれに絶対的に服従するように駆り立てられる。そういう状況では、集団や社会運動や国民全体がエスカレーションのダイナミックスに捉えられ、それが集団的夢想をいちだんと強化し、いっそう現実離れした行動へ誘い、最後には大きなパニックが起こって、――多くの人命が失われることも少なくないが――ようやく地上に戻って振り返ってみると、強迫的な理想主義がいかに空しいものであったかが明らかになる。

こういう過程が進行しているときに登場する指導者たちは、趨勢を利用することが多い。ともかく地位を求めようとする者たちと戦いながら、激化する趨勢に乗って共通の信条や目標を極端な形で表わした者が、主導権争いでは勝利を収める。指導者はよく言われるような「父親的な人物」ではない。一般に――他の多くの社会的組織の指導者と同じように――国民の指導者、特に危機的状況で支持者を獲得し心酔させうる指導者は、部下の良心や理想の特徴であるいくつかの性質を具えている。指導者として受け入れられるためには、彼らは自分が率いようとする人々のスタティックな言い方での「文化」や伝統のうちに含まれている指導者のイメージに多少とも合う者でなければならない。指導者たる者は、国民やその他の集団が自分自身について――自画像という形で――抱いている理想像に含まれている役割を果たさなければならない。指導者のイメージが変化し、時には正反対にもなる幅は多種多様である。指導者像は個々の指導者の行動に応じて修正され、特に成功した場合には大きく修正される。だが、変化や対立や修正は場合によって異なり、特定の国民の――あるいはそれぞれの集団の――発展に応じた独特の特徴を備えている。

国民および国民のなかの有力な階層の信条や良心や理想——つまり人格そのものの規制装置——が、ドイツのように伝統的に厳格で権威主義的である場合には、人々は必ず自分と似た特徴を具えている指導者に引きつけられる。それぞれの国民の歴史のパンテオンのなかに祭られている指導者のタイプの違いを見れば、伝統的指導者像と国民の理想的な自画像や「われわれの理想」との違いが分かる。

国民の発展は特殊な社会機構だけでなく、個人の人格の一部となる特殊な国民的信条や良心や理想を生み出す。こういう事情があるからこそ、他の国と同じようにドイツでも——国民全体または支配階層が、集団の自画像や集団的信条や道徳観念、理想や目標の方向転換を強いられるような決定的敗北を喫しないうちは——共通の信条や行動の伝統が、世代を超えて受け継がれてきたのである。未来を偉大な過去に従わせようとする「われわれ」の理想や権威主義的な良心の型へ傾く古来の傾向を有するドイツ国民のような国民の場合には、国家的危機において最初は支配的なパワーエリートが、その後は広範な社会階層が、行動や信条が強め合ってしだいに現実認識を妨げるようになるエスカレーションのダイナミックスに取り込まれると、独裁へ向かう伝統的傾向は従来以上に強くなって、夢想がますます強く支配するようになる恐れがある。

12

ドイツ人が圧制者と一体となろうとするところには、もう一つ別の特徴がある。その特徴は、著しく混乱した歴史の歩みを無視すれば、ドイツの歴史が上昇と下降を繰り返しながら数世紀にわたって没落してきた歴史であったことに関係がある。他の諸国の国民は国家の強制力に対する補償として、力や自尊心や名声の増大についての満足を得たが、そういう満足がドイツ人に与えられたのはごく短期間だけであった。その歴史のどの段階でも、ドイツ人にはそういう補償はほとんど与えられなかった。今日でも、ルイ十四世、ナポレオン、ヘンリー八世、エリザベス女王は、成功の象徴として彼らの国民の自画像のなかに入り込んでいる。それに対してドイツでは、長い伝統をもつ専制支配には相対的な失敗が結びついている。敗北や没落を反復し、興隆する他国に対する勢力を繰り返し失ったのに対して、完璧な勝利は数世紀間ほとんどなかった。ホーエンシュタウフェン家の没落であれ、ホーエンツォレルン家の滅亡であれ、ヒトラーとその政権の終焉であれ、どの場合も結末はいつもドイツの弱小化であった。

しばしばドイツ人の感傷や自己憐憫の傾向として論じられる問題の解答も、ドイツの歴史のこういう側面に求めなければならないだろう。十九、二十世紀のドイツ民族は、行動の多少とも自動的な自己規制の要素として自分の良心に祖国という理想を受け入れていた。彼らの祖国という理想は、特に外国との緊張や葛藤において命を捧げることを正当化するほど偉大で栄光に満ちたものだった。だがその理想には、没落と挫折を免れず犠牲も無駄と思わせる国家による要求が示されていた。その理想は愛情にしか見られないような輝かしい幸せを約束していたが、そこには死に劣らぬほどの絶望や危機を予感させるものが含まれていた。

没落の歴史というドイツの歴史の特徴を捉えれば、ドイツ人の信念や行動の伝統の特徴をもっとよく説明することができる。そうすれば、その伝統に潜んでいる多くの力のうちのどういう力が、国家社会主義運動のような残酷で野蛮な運動の発生に影響を与えたかも明らかになる。国家社会主義運動の興亡は、ドイツの歴史のある時期が――つまりドイツ人が主に過去に感じた偉大さの感情を「帝国」という概念で表わしていた時期が――完全に終わりを告げたことを示すものであった。

ヨーロッパ諸国はほとんどすべて早いか遅いかの違いはあっても、領土拡張競争に巻き込まれていた。始めのうちはそのエネルギーはたいてい海外の領土に向けられていた。ドイツ人は信念や行動の伝統の一部として、ヨーロッパのなかの帝国というイメージを抱いていたほとんど唯一の国民であった。内外の事情によって、ドイツは海外の領土をめぐる競争に大きな遅れをとったが、そのときドイツ人はその伝統にいっそう密接に結びつくことになった。

国家社会主義運動が計画されたのは、現実の出来事の経過のなかで、ドイツ帝国復興という古来の夢が以前にもまして危うくなったときであった。ヨーロッパのなかの偉大なドイツ帝国という夢が、彼らにとってきわめて有意義で価値があった大半のものとともに、ドイツの現実の状況とますます合わなくなってきたと思えたために、ドイツ国民の集団のなかにはしだいに不安になる集団もあった。一九一八年の敗北まではその夢が生き続けていた。ドイツ人は数世紀にわたって、現実には弱小であるにもかかわらず、自分たちを偉大で強大な国民、人類を指導する国民だとみなし続けていた。だがドイツの歴史はいまや、ドイツ人が自分の国は一流の国ではなく、領土拡張の中心となる力もないという事実に目を開かざるをえない所に立ち至った。国家社会主義という出来事は、ドイツの歴史において帝国の夢が永久に過ぎ去った過去の残響であり、決して戻ってこない偉大さの残響であることを認めざるをえなくなった時期の出来事だったのである。ヒトラー時代の蛮行を引き起こしたものとしてほかに何があるにしても、その原因の一つが歴史の展開を受け入れることへの拒絶であったのは確かである。現実から目を逸らそうとする傾向がいかに強いかは、目を逸らし続けるやり方の極端な残忍さのうちにいかんなく示されている。

同じ頃かもう少し後、他のヨーロッパ諸国の国民も同じような問題に直面していた。いたるところで、痛ましいことに国民の自画像や自尊心を改造せざるをえなくなり、信念や行動の伝統を転換するという難しい問題に直面していた。ドイツ人にとってこの課題は困難をきわめた。なぜなら、ドイツ国民の実態がドイツ人の理想像や期待に達したことはほとんどなかったからである。

イギリスが勢力を失って諸国民のなかでの地位が低下したことに気づいたとき、国民が受けたショックはそれほど激しいものではなかった。列強の地位を失って二流の国家になり、永遠の帝国という夢が消えたことが分かったとき、不可避的に起こった騒ぎははるかに穏やかだった。だがイギリスでも、事の成り行きに激しく憤慨する声が上がった。一九六二年一月一日の『タイムズ』紙には、次のようなマニフェストが掲載された(7)。


——われわれは世界における指導的地位を要求する資格をすべて失ってしまった。

——わが国の外交政策はないにひとしい……

——世界貿易にわが国の占める比率は下降の一途をたどっている。

——官僚どもはわが世の春を謳歌し、ますます思い上がっている。

——独占と規制が産業と自由企業家に大きな負担をかけている。

——教育水準は落ちている。

——伝統的な手工業の誇りは消えつつある。

——国有化に鉱山労働者のエゴイズムが重なって、わが国の石炭輸出は低下してしまった……

——暴力や犯罪が増加しているにもかかわらず、適切な処罰が行なわれていない。

——労働組合は国を脅迫して、国家のなかの国家となっている。

——基幹産業である電力供給の大半は依然として、E・T・U［電力労組］の委員長である共産主義者フランク・ファウルクスの指導下にある。
――飲酒や不注意による交通事故の死傷者が増加している。
――子供たちは教育によって無責任な寄食者となっている。
――国民の道徳水準は過去二百年間で最低である。
――祖国愛や忠誠心は流行遅れになってしまった。

こういう文章に表わされる運動それ自身については、次のように書かれている。

運動は、指針を与え、実例を示すことによって大英帝国を昔の道徳水準に引き戻し、かつての偉大な国にするという巨大な課題を引き受けた。多くの欠点があり、見落としたものも少なくないとしても、大英帝国は他の諸国以上に文明の進歩に貢献した。世界はまだわれわれの指導を必要としているとわれわれは信じている。

一九六〇年頃のイギリスの歴史的状況や発展段階は、国家社会主義者が台頭した当時のドイツの状況といくつかの点で似たところがあった(8)。

イギリスにも、ドイツと同様に国力の低下や喪失についての認識の深まり、昔の偉大さの再建への願いといったものが見られる。だが信念や行動の伝統が違うため、似た状況に対しても反応は多くの点で異なっていた。諸国家のなかでの低い地位に甘んずることは、数世紀来指導的な強国だった国にとっては明らかに途方もなく難しいことである。イギリスでも、古い有力なパワーエリートたちはその難しさを恰好の手段に使って、進展する産業化の条件であり随伴現象でもある広範な権力配分に抵抗するとともに、その過程が進んで国民が進展する他国民との競争で肩を並べるために必要な社会改革を行なった。イギリスでは、文明化に独特の貢献を行なったということで国家が正当化されたが、それに対してドイツでは、優秀な人種であるという不明確な自然的事実で国家が正当化されていたにしても、自分の国が他のあらゆる国より優れているという感情はドイツにも存在していた。多様な労働組合、鉱山労働者、監督官庁などの社会集団による破壊的な影響に対して、かつての偉大さを復活させようという衝動が同じようにあったが、イギリスの場合は昔の栄光への復帰は昔の道徳水準への復帰と結びついていた。それに対してドイツは、道徳や人間性を完全に無視して、是が非でも昔の栄光へ復帰しようとせずにおれなかった。国民は自分の集団に関わりのないものには一切無関心で、願望や希望とそれに対する異論とが相互に強め合うなかで、取り返しようのないものはいずれ取り戻され、昔のままの偉大さ、世界政治における指導的な役割を取り戻すことができる、取り返さねばならないということになっていった。

イギリスはそれと同時に、その後の適応の困難の前兆だったと見られる勢力の喪失に対して暴力で反抗せず、国際的なパワーバランスの差し迫った変動に対して戦争によって立ち向かうことなく適応しようと試みたヨーロッパ列強で唯一の国であった。他の多くの国々の血なまぐさい後退の戦いと比べると、イギリスが昔の地位を暴力によって取り戻そうとしたスエズ危機のような少数の事例は小さな過ちのように思われる。イギリス人にとっては、現実の出来事に関する現実的な診断に基づいて、国民の理想を評価し修正することができたのは明らかに伝統のおかげである。

そのうえ、イギリスにおける数世紀にわたる勢力と輝かしい成果が、他のたいていのヨーロッパ諸国、特にドイツよりもはるかに安定した国民的な価値感情を作り出した。イギリス人の国民的な信念体系は、以前から少なくとも部分的には、他の国々や人類や文明に対する功績と奉仕によって優位に立つことができた。イギリスの国民的イデオロギーによく現れるライトモチーフである——世界政治における指導者の役割への要求は、イギリス人が信念体系によってイギリス以外の世界へ目を向けたやり方にとって特徴的なものであった。その目には数世紀にわたって世界の大部分と貿易し、それを植民地化した国民の経験が反映している。それに対してドイツ人の国民的イデオロギーは自分たち自身に関わるものであった。人種の優越性に基づく要求は、たとえ指導者としての奉仕でも、他の国々への奉仕によって正当化する必要はなかった。イギリス人もドイツ人のように「人種」という言葉を、自分たちの優越性の根拠として利用したが、イギリス人が「英国人種」と言うときには、その言葉はことさら強調する必要もない優越感に満ちていた。イギリス人自身の間では特に強調されなかったが、彼らの優位を正当化するのに必要だったのは他者に対する礼儀や他者のための指導者としての務めであった。

ドイツ人の国民的理想は実に深い所に根ざしており、現実の出来事からはるかにかけ離れていた。このため、ドイツ人の国民的理想の専制的で抑圧的な性格、衰退の状況ではきわめて顕著になったその強制的な性格は、出来事の現実経過のようなさほど重要でないものに合わせて修正できるものではなかった。現実の出来事は是が非でも変革されなければならず、国民的理想に合わせられなければならなかった。ドイツで形成されたような国民的伝統においては、自分が二流、三流の国家であることを認めるときのショックは耐え難いものであった。今世紀の二〇年代、三〇年代のドイツの運動には、それを過激にした多くのファクターがある。その強力なファクターの一つは、ドイツの地位の変化を認めたときのショックを何としても避けようとする試みであり、またドイツを二流、三流の国家に突き落とそうとしている発展過程を逆転させたいという願望であった。理想に比べれば、つまり理想を再建するために国家社会主義者によって投入された夢の国という理想に比べれば、ドイツの現実の方策はあまりにも貧弱だったこともあって、その試みは無謀で野蛮な結果に終わった。

13

われわれの考察を最後の段階へ進めるためには、上に述べたことが独特の人間像に対して有する大きな意味について以前行なった考察のいくつかの点を、もう一度取り上げてみなければならない。そこで述べたことの多くは、個人と社会との関係についての普通の考えに逆らうように見えるかもしれない。

ドイツ人の国民的特徴のうちで自己憐憫や感傷に傾く傾向として認められたものは、少なくとも部分的には、他のドイツ人の特質と同じように深い葛藤の徴候にほかならなかった。それは独特の根本的な葛藤であって、高度に個人化した国民を有するあらゆる大きな国民国家の国民に何らかの形で認められるものである。ドイツでは、それは国民国家への特殊な発展形態によって特別な形のものに変化した。

そこで生じたのは、フロイトが要請したように思われる種類の葛藤、つまり個人が成長した結果起こる葛藤だけではなかった。葛藤はまず個人の生存への願望と、個人が属している社会——個人が帰属感によって結ばれると同時に個人を超えている社会的統一——の存続への願望との葛藤として現れた。家族や部族のような血縁集団が、死を超えて持続する個人のアイデンティティの担い手としての機能を失うにつれて、別の社会的集団の同じような機能が強くなった。かつてのヨーロッパには、国家組織と並んでしばしば権力闘争のライバルでもあった教会のような宗教的な特殊組織が主要な焦点となっていて、アイデンティティを求める願望と価値や帰属や意味を求める願望という双生児的な願望は個人の生活範囲を超えて広がっていた。その当時は、君主国家以上に、こういう超自然的な信仰や行動の伝統が君主国家と結びついて、肉体的存在を超えて持続する価値や意味を個人に与えていた。この価値が壊されるという恐怖や迫りくる意味喪失への不安が、非常に強力で完全な敵意を呼び起こして、信者たちは排他的な超自然的宗教の名において——後に階級や国民その他の宗教という社会的宗教の名においてその信者たちがしたように——敵対するものと感じられた他の信仰や価値の体系の信者と戦い、可能な場合には彼らを絶滅させて、自分の宗教組織やそれが代表している伝統を存続させ、その優越を確保しようとした。

近代では、特に十九、二十世紀には、こういう感情がしだいに高まり、それぞれの信念や行動の伝統を具えた完全に世俗化した社会組織にこういう感情がつきまとうようになった。階級や国民のような組織がそれぞれの欲求の主要な焦点となった。以前は部族や家族その他の血縁集団のようなもっと小さな血統の組織が果たしていた、個人的であると同時に個人の生命を超えたアイデンティティや価値の保証であり象徴である機能を、そういう組織がしだいに引き受けるようになった。もっと素朴な社会では内密に伝えられていた——先祖の名前や伝説や儀式の伝承のような——知識が、集団への帰属感や連帯感や、他人との関係で永続的な意味や価値の感情を個人に伝えていたのに対して、今日では一般に自分の国の歴史の教育や学習が登場している。

こうして、まず最初は表面的に個人の生存欲と自国の存在への願いとの葛藤であった上述の根本的葛藤が、深い次元では、肉体的生存への個人の願望と自分の存在に意味と価値を与えてくれるものの存続への願望との葛藤であることが明らかになる。昔は身分や職業集団や教会や種族や部族に関して選択を迫られていたように、人々は自分の国との関係で、「私」と言われるものの生存と「われわれ」と言われるものの存続との間の選択を迫られていたのである。自分の生命を捧げなければ、残るのは価値もプライドも意味もすべて失った肉体的生存であるように思われた。自分が価値と感じているものの喪失や自分の生命の意味と感じているものの破壊ほど、人間に苦痛で心に傷痕を残す経験はほとんどなかった。

個人において価値や意味と感じられる内容は多種多様である。それは強い感情を伴っているが明確に意識されていないかもしれない。われわれの社会のような独特の個人主義化した社会では、自分の生活に個人的な形で認められる価値や意味が、つねに他者との関係における価値や意味であり、現実的にも想像の上でも一個人を超えたものとの関係における価値や意味であることが忘れられがちである。他者のための役割抜きでは、つまりいかに間接的にでも社会的な役割を抜きにしては、人間の生活は空虚で無意味なものでしかありえない。そこで、他者への愛や好意が報いられなかったり、愛する人が亡くなったときには、生活が無意味になることもありうる。愛するということは、自分を駆り立てる欲求であるにもかかわらず、愛されることと同じように社会的な機能だからである。自分の価値や永続する意味が生まれてくる源泉は仕事であるかもしれない。人によっては、その源泉は財産であったり、生まれであったり、切手収集であったり、あるいは小さな子供のために無条件に全力を尽くす愛情であるかもしれない。あるいはまた、心からの祈りの経験や神の恩寵にあずかっているという確信であるかもしれない。現代社会のような社会には、人々がそれぞれ個人的な仕方で自分の価値や生活の意味を汲み取る多種多様な源泉があるが、社会はそういう源泉を絶えずおびやかし、個人の意味や価値を破壊しているのである。

個人主義化したにもかかわらず、人々が価値や意味への欲求に基づいて個人的に体験する充実感や不満が、社会の発展や成功や失敗から人々の生活に伝わる充実や不満、満足や幻滅から完全に独立していることはまずありえない。人類発展の現段階では、意味や価値を人間生活に与えると思われるものを充実させ、あるいは破壊するファクターとして、国や国民の幸不幸が中心的な役割を果たしている。こういう連関はふつう大して注意されず、ほとんど意識されていないかもしれない。個人の生存の意味や価値を国その他の社会の運命と結びつけている目に見えないきずなに気づくのは、国家的あるいは国際的なレベルでの発展が、人々が個人生活で意味や価値があると感じているものをおびやかすときであろう。だが、気づくかどうかはともかく、国家のレベルやその他の個人と国家との間のレベルでの失敗や成功も、個人的な満足や幻滅、個人的な高揚した気分と意気消沈の永続的な源泉となって、個人的な源泉から生ずる感情を高めたり弱めたりするのである。

その後、国家は相互の関係や序列において、人々の意味や価値の感覚に超個人的な影響を与えるもののうちでも支配的な最も強力なものになったように思われる。国家的または国際的なレベルで個人の相互依存が深まり、切り離せないものとなっている。個人が生活のなかで指針となり意味を与えるものとして経験するものがほとんどすべて、国家レベルの社会の存続に結びつき、個人の属する国なしには個人の生活はありえないことがますます意識されるようになった。個人生活において永続的な価値とみなされているものの保証者、保護者、具体化、象徴としての国家や国家集団の機能を、個人がますます意識するようになったのである。そして、二十世紀の国民国家がこれまでのどの国家形態よりも「われわれの国家」——つまり、あらゆる社会階層がさまざまな程度で所属している組織——であるという事実、また以前は排他的な信念体系を教えることによって確保されていた国家が、国民的宗教やアイデンティティを共有していない敵に対するそれ以上に深い敵対感情を備えた連帯感や忠誠心によって維持されているという事実が、他のすべてのファクターの効果を高め、国家間の敵対関係や争いを生み出している。

14

ここで、非常に厄介な問題が現れる。有意義かつ貴重だと感じられるものの独特の意味は、排他性や人類のごく一部の集団への制限や他者への深い敵意と（必ずしもそれに条件づけられてはいないが）結びついているように思われる。特定の国民国家の一員である自分自身に人々が与えている価値や意味が——現代で指摘できる——その最も顕著な例であろう。

排他性や深い対立、他者に対する陰陽の敵意が、現代の価値や意味の本質的属性の一つであるために、現代の価値や意味の諸形態にはそれ自身の破壊の発端が含まれているのが普通である。まさにこの国民の一員であることは、国民国家の一員にとっては意味を与えるきわめて価値あることである。個人の生活の価値や意味は、最終的には自分の国の主権の維持にかかっているように思われる。主権侵害への恐怖、自分の生活にとって有意義で価値ありと思われるものの破壊への恐怖は、他の国の国民には有意義で価値ありと思われるものへの公然たる、あるいはひそかな脅威や破壊となってほとんど自動的に現れるが、——他の国でも自分の国や各州の永続に関する不安、高く評価される価値や信念の永続に関する深い不安が、他の国々や各州に対する敵意を生み出し、それに対して他の国々は同じ理由で脅威を感じ、同じように不安を感ずるという同じディレンマに捉えられている。このレベルでも、相互に強め合う過程が認められる。その過程は一つの国民の内部での共通の信条や理想の強化だけに限られるものではない。国家間の関係においても、その過程は特に相互間の脅威と恐怖との相関的な性格のうちに示される。どのレベルでも、こういう運動はしだいにエスカレートするダイナミックスに陥る可能性がある。そうなるといつ何が起ころうとも、それは文明化とともに悪化して、文明化の挫折が近づくのである。

こういう状況では、その事実にそれまでほとんど気づいていなかった人々も、個人の自画像には国民のイメージが含まれているという事実を強く意識するようになる。通常の生活では多くの場合、自分の国への帰属感や国民の一人であるという意識はなく、国民的良心や国民的理想も良心や理想のレベルにとどまって沈黙している。それは特定の体験や行動へ向かう傾向であるが、計画的か無計画に特定の状況で与えられるある種の信号に反応する場合には、特定の体験や行動がその無意識の潜伏状態から現れてくるのである。

そういう特定の状況の一つが、国内で個人の国民感情が相互に強め合う過程である。諸国民の間、特に権力関係のシステムの緊張の主軸である国民の間の恐怖と脅威の激化には、必ずそういう過程が結びついている。国際的レベルでの脅威と恐怖の相互強化は、関係するどの国もその過程を止められず、制御できないエスカレーションのダイナミックスが、双方を武器による戦闘に駆り立てて相互の絶滅に至りかねない。そういう状況では、個人の内部にある国民の良心や理想の声が非常に高まってくる。国際レベルで高まる脅威と不安が、国民の理想や規範に従って行動しようとする気持ちを国民の一人ひとりに起こさせる作動装置として働くかもしれない。こういう感情が個人レベルで高まれば、それが互いに強め合って、国民感情の沸騰が国際レベルの緊張や恐怖を高めるかもしれない。こういう状況では、自分の国と一体化しようとする個人的な気持ちが強くなるが、その個人的な気持ちは、最初見たとき思えるような外的なファクターではなく――状況の一部なのである。国内レベルでの国民的理想や信念の相互強化は、何らかの仕方で国際的レベルの脅威と不安を相互にエスカレートさせるが、逆に働くこともある。

こういう相互強化の過程が国民国家システムの少なくとも二つのレベルで――ほぼ同時に――動き出し

うるという事実によって、その過程に巻き込まれた国家やその集団は、武力闘争へ向かおうとする内在的な力を抑えられなくなってしまう。それを有効に阻止するためには、この過程の本性に関して十分な理論的知識を有し、一方だけが悪いという考えを退けて適切な戦術を駆使しうる中立的な権威が必要である。

相互強化による国民感情の動員がどの程度に達し、敵との関係で文明的な行動が国民感情と結びついてどこまで崩れるかは、国や状況によって多種多様である。その重要なファクターとしては支配構造や、内部葛藤の激しさや形態、信念や行動の伝統、過去および現在における権力の配分など多くのものがある。だが、何を挙げるにしても、国民感情の激しさや特性を決定し、憎むべき敵との関係で国民が陥る野蛮さの程度を決定するのは、決して単に一国の現状だけではない。過去の先例やチャンスや将来への期待が、国民の行動を決定するファクターとして、直接の現在と同じように今ここで大きな役割を果たすのである。他の点と同様にこの点でも、現在の秩序や行動様式のうちに条件として内在的に刻み込まれ、現代の世代が自国の過去から引き継いでいるイメージとして過去が明確に刻み込まれている。すなわち過去には、未来と同じように、現在の一面としての性格と機能があるのだ。過去、現在、未来は、行動の決定因子として共同で作用している。体験される状況はいわば三次元的な状況なのである。

明らかに国民の信念や規範や理想は、一国の過去、現在、未来の発展の特性に応じて非常に異なっているが、それと同時に、国民の信念や規範や理想には多くの共通性がある。――身を引き少し距離を置いて眺めなければ、この共通性は見えてこない。異なる国民の愛国心やナショナリズムにはしばしば驚くほどの類似が見られる。それらが互いに熱を上げ合うのも、いずれも閉じた社会である個々の国民国家の優れた価値を力説する排他的信念であり、その限りにおいて双生児のように類似しているからである。国家間で脅威と恐怖が強め合う状況に対応して、ほとんど例外なく、国内では国民感情が伝染病のように高まってゆく。国際的なレベルでこういう状況が再現することは、国民の信念や行動の伝統が存続する唯一の根拠ではないにしても主要な根拠の一つである。国民の信念や行動の伝統は、有意義とみなされるすべてを保護し、その他のものは自分の命でもそれに従属する最高価値であり、他国の国民や自国の少数派や未知の者や部外者に対する陰陽の敵意を正当化するものにほかならない。こういう排他的な信念や行動の伝統のほうも、国際的なレベルで相互に強め合って戦争に至りかねない脅威と恐怖の過程が再来する唯一の根拠ではないにしても主要な根拠の一つである。

国民的良心や国民的理想が動員される時代には、人々の自覚の仕方にもいろいろ特殊な変動が起こる。人間には「私」と言える個人としての自分についてイメージだけでなく、「われわれ」と言える集団の一員としての自分についてのイメージもあることは、人間の最も基本的な特性の一つである。もっと素朴な社会では、「私」の経験と「われわれ」の経験は、その社会の人々の自画像のなかでほとんど区別がつかないことも少なくない。発展した現代の国民国家では、「私」の経験と「われわれ」の経験は正常な場合には厳しく分けられていて、あらゆる他人から際立ち孤立した個人としての自分の経験である「私」の経験が、自己経験の明確な中心をなしているのに対して、「われわれ」として体験される関係の意識はむしろ背景にとどまっている。たとえば社会が「社会的背景」として語られるときのように、今日の日常会話で表現されるのがこの形態の自己経験である。だが国家が苦境に陥ると、短期にせよ長期にせよ重点が移動する。自画像の「われわれ」のレベルの情緒的な比率が増えて、「私」のレベルのそれは低下する。「われわれ」のレベルが情緒的な重みを増した分だけ、「私」のレベルから重みが減るのである。

しかし高度産業社会においても、国民のような「われわれ」という集団のイメージが個人の自画像の一部であり、個人の人格構造は共通の国民的な型の無数の変種の一つを表わしていることが顕わになるのはこういう苦境には限らない。個人の刻印や自己経験を社会と結びつけているきずなの強さや弾性が明らかになるもう一つの状況がある。国籍の変更がそれである。少なくとも成人にとって国籍の変更の難しさは、人格の変換の難しさに劣るものではない。それがうまくゆく可能性も人格の変換より大きいものではない。旅券を変更して済むことではない。国民的アイデンティティの混乱、自画像に入り込んでいる国民のイメージの混乱は、それが一個人の生活の変化だけによって起こったものであれ、国民全体の生活の変化によって起こったものであれ、必ず行動や感情の方向転換に至りつく。その方向転換は、自分の価値や信念を評価し直すことを求め、自分や他人についての経験の組み替えを要求する。その場合の適応能力は個人によって異なるが、成人の場合には必ず決定的な限界がある。大人になったフランス人やドイツ人は、アメリカ市民になったとき、直ちにフランス人やドイツ人としての基本特徴を失ったり、自分の以前のアイデンティティの記憶を失うことはない。同様に国民全体も、現在の状態が変わっても、すぐ自分たちの行動や信条の伝統を失うわけではない。国民の場合にも、変化した状態に適応するか、どの程度適応できるか、そして自分たちの伝統的な「われわれ」の理想や自画像を組み替えることができるか、どの程度まで組み替えられるかを決定するのは過去、つまり国民の発展の総体なのである。

15

こういう考察によって照らし出して初めて、歴史や歴史についての国民の自画像や個人の自画像に認められる意味を十分に理解できるようになる。国民的な出来事が、個人生活における意味や充実感の源泉であるとともに、価値や意味がおびやかされ、それが失われたという感情を与えることもありうるのである。

世界そのものにそういう性質があるのだが、勢力失墜と意味喪失や価値喪失との注目すべき関係の実例を提供しているのはドイツである。その関係は特定の国に限られるものではない。他の多くの国民においてもその関係は見られるが、――国民だけではない。多くの証拠が示している通り、勢力の失墜が迫ると、あらゆる時代の支配的な集団がその集団に属する者の目には意味や価値を失ってしまうように見える。力を失っていくものが部族であれ、エリート、身分、階級、国民のいずれであれ、どういう種類の支配的集団でも、たとえ勢力や支配を確立する機会が無に等しいとしても、めったに戦うこともなく退却することもない。そういう集団が弱くなり、優越性が実際に不安定になり危うくなるにつれて、集団が地位を維持しようとする手段も必ず乱暴なものになり、過酷で非現実的なものになってゆく。

衰退する社会組織に属する者が力にしがみついて、しばしば力を求めてあくまで戦うのは、何よりも彼らがその組織によって得られる――たとえば高い消費水準や部下から肉体的奉仕を受ける可能性のような――「物質的」な利益を諦めないからだというのが一般の考えである。たしかにそういう利益を失うことは不愉快な将来に対する不安や予感をかきたて、発展とともに彼らの影響力が失われ、力関係は明らかに彼らに不利に傾いていても、彼らを戦いに、しかも残酷で絶望的な手段を使う戦いに駆り立てる。だがその種の行動を「物質的」な理由、あるいはよく言われる「経済的」な理由から説明するのは部分的な説明にすぎない。差し迫った勢力失墜にどういう別の意味があるにしても、支配的組織に属する者にとっては、それはまさに彼らの自画像をひどく混乱させ、彼らの生活に意味や価値を与えると思われるものを完全に破壊してしまう。それと同時に、彼らのアイデンティティの喪失――自己喪失――が起こる恐れもある。そして、何よりも彼らが自分のアイデンティティや価値、人々のなかでの地位として感じているものが失われる恐れがあるために、自分の状況を直視して、自分のアイデンティティや目標や自分の意味や価値の感情を、変動する状況に合わせられなくなってしまう。ほとんど例外なく、彼らは台頭しつつある敵の肉体的、社会的な優勢によってうちのめされるだけでなく、彼ら自身が高い地位を得ていた古い体制が消滅すれば、生活は生きるに値しないという感情によってうちのめされる。社会的優越性という属性を失えば、彼らには生活は無価値で無意味だと思われる。こういう状況において、人間集団全体が変化にあくまでも抵抗し、優越した地位を確保するために戦って自分の命を捧げようとするのは、物質的な安楽さが失われた生活への恐怖からだけではない。優越した地位を失えば、生活手段や贅沢な生活が危うくなるからではなくて、生き方そのものが危うくなるからである。何よりも彼らの自尊心、彼らのプライドが危うくなるからである。

「物質的」あるいは「経済的」なものも含めて、多くのものが人々にとって意味があるのは、地球上のほとんどの大人や人間集団にとって、他者との関係で必要な誇りや自尊心や高い地位の象徴として役立つからであるが、そういうことが今日では少し過小評価されているように思われる。そういう事情を研究すれば、勢力失墜と意味や価値の喪失との奇妙な関係が今日でも投げかけている多くの問題を解く鍵が見つかるだろう。勢力を失ったときには、強力だった社会組織に属する者が戦いを決意し、しばしばこの上もなく残酷で野蛮な手段に訴えるのは、組織の勢力と巨大で卓越した組織という彼らの自画像が、彼らにとっては他の何よりも価値が高いからである。それはしばしば彼らにとって自分の生命以上に価値が高いのである。自分たちが衰退するにつれて、彼らが弱まり不安定になって絶望し、優位に立つためには背水の陣をしいて戦うほかないと思うに至ると、彼らの行動はますます乱暴になり、彼らの誇る文明的な行動基準を無視して破るようになる。文明的な行動水準は、彼らの勢力のその他の機能や象徴や道具が有意義であるかぎりで有意義であるにすぎないからである。このためパワーエリートや支配階級や国民は、しばしば彼らの優れた価値や優れた文明の名において、自分の擁護する価値に反する方法で戦う。背水の陣で戦えば、途方もない文明破壊に至りかねない。彼らは容易に野蛮人と化すのである。

勢力や高い地位は意味や価値を生み出すものだが、その重要さを考慮して社会的な没落を診断すれば、低い地位に甘んずることが困難であるのも分かってくる。没落に順応するのは個人の場合には非常に骨が折れる。強力な社会組織の場合には、——それが存続するかぎり——その順応はきわめて困難であって、一世代で成し遂げられることはほとんどない。かつては強力だった国民（またはその他の集団）が勢力の喪失を耐え抜いて、以前より低い地位を直視して情緒的にも受け入れうるようになり、偉大だった過去が基準や要求と思われなくなって、現在の世代が自分の新しいイメージを見いだし、それがプライドや自尊心の源泉となり、有意義な将来の課題や生きるに値する目標が見いだされる社会の一員としてそのイメージを発展させるまでにはふつう三世代以上はかかる。

こういう没落や勢力や地位の喪失から直接起こる結果はふつう敗北感や幻滅であり、価値喪失や目標喪失の感情であって、過度のシニシズムやニヒリズムや自己への撤退に傾きがちである。奇妙に思われるかもしれないが、信仰を失った人々や現実によって理想が砕けた人々にも同じようなことが見いだされる。彼らは死んだ恋人を悲しむ感情や態度を思い起こさせ、医者が「退行」と診断する現象と多くの点で共通する現象を呈する。

徐々に衰退してゆくときには、それを止めようとして数世代にわたって戦っても決着がつかず、時々起る復興や回復によって昔の栄光の復活への希望が新たに燃え上がるものであって、衰退が紛れもないものとして認めざるをえないほど進行しないかぎり、国民の地位の曖昧さや不安定の徴候が国民に深く刻み込まれ、信念や行動の伝統全体に染み込んでゆく。まさにそれが見られるのがドイツの発展である。先に述べたように、現代には——国民にとっては意外にも、突然に——勢力や地位の喪失にさらされて、帝国としての役割の消滅に国民的理想や自画像、プライド、自尊心を合わせざるをえなくなった国民の実例は多い。一九一八年以後の帝国としての役割の喪失へのドイツの対応は複雑をきわめた。ドイツでは中世にすでに始まっていた衰退過程が傷痕を残しつつ続いてきたからである。勢力喪失の経験と意味や価値の喪失の経験との間の関係を示すさまざまな出来事のスペクトルのなかで、ドイツの衰退の型は奇妙であり、おそらく独特のものであった。ドイツの衰退が数世紀にわたって何度も行きつ戻りつしながら徐々に進行したため、帝国の野望が時代遅れになったり、ドイツ人は諸民族のなかでの低い地位に最終的に甘んじて、自画像や理想の方向転換を図ったりするほどどん底に達したことはただの一度もなかった。

ここで問題にしている国家社会主義者によるユダヤ人絶滅の試みは、諸民族の興亡の一つのエピソードにすぎないが、いろいろな点でそれには原型的な特徴がある。その試みには、衰退して敵に包囲され追い込まれたという慢性的な感情が、消え去りつつある勢力や栄光を救うには絶対に容赦しない態度しかないという確信を生み出したとき、文明国の指導者が帝国としての役割を奪回し、それを維持するための戦いにおいて何をやりかねないかが示されている。その試みには「他なるもの」、自分たちに所属しない「部外者」、敵となりうる別の集団の者として体験されるものに対して、人々が国民的な信念体系の排他的な性格のために、どういう極端な行動に立ち至るかということも明らかにされている。

そういう状況でドイツ国民の指導者たちが展開した冷酷野蛮の程度は、国民が自分たちのドイツのための希望や野望に降りかかっていると見た脅威の大きさに対応していた。彼らが旗印に掲げ、その名においてドイツ民族の大部分を自分のまわりに結集させた祖国愛は、現実のドイツに対する愛情ではなかったからである。その祖国愛は、同等の多くの国民のなかの一国家としてのドイツに向けられたものではなく、ましてや二流、三流の国家としてのドイツへの愛ではなかった。それは、彼らの感情によれば存在すべきドイツへの愛であり、他のヨーロッパ諸国よりも大きなドイツ、何らかの点で世界中すべての国家より大きなドイツへの愛であった。その愛は一つの理想へ向けられた愛であって、現実のドイツに向けられたものではなかった。

国家社会主義者および彼らに従うドイツ国民の多くの部局がめざしたのは、この理想的な自己イメージの実現にほかならなかった。求める「大ドイツ」帝国に比べて、また打ち破られ服従させられるべき他の諸国の力に比べても、実際のドイツの資力はすでに非常に小さなものになっていただけに、その努力は途方もなく絶望的で容赦ないものであった。ドイツ人の国家像とドイツ人の現実の国家との間のただでさえ大きかった落差はさらに大きくなっていった。ヒトラーも自分の時代を、ドイツが帝国としての役割を取り戻し、世界がドイツの「千年王国」の至福の時代に入りうる道がまだ残っている歴史の最終段階として捉えていた。この目標に達するためには、彼が繰り返し言っていたように、ドイツによる損害をものともしない全面戦争が必要であり、劣等という烙印を押された敵の集団の大量虐殺を含むまったく遠慮会釈のない冷酷な戦いが必要であった。ドイツ人が失われたと思っている偉大な帝国を全力を振るって取り返し、再建することができなければ、ヒトラーの目には、ドイツ人は永遠に滅んだも同然だと見えた。ヒトラーも現実のドイツに対しては愛を感じていなかった。彼が愛したのはドイツとその偉大さという蜃気楼であった。国家社会主義者の戦争とその一部であるあの数年間の恐ろしい出来事はすべて、他の強力な諸国との関係で急速に二流、三流の国家に転落した国家が、第一級の世界的強国としての自分の理想像を実現しようとする最後の試みとして企てられた絶望的な手段だったのである。

ドイツ人は数百万のユダヤ人を殺すことなく、もっと控え目な自画像をもって生きることもできただろうと思われるかもしれない。だが、他国が強くなるのに自分は弱くなるときには、強力な社会組織が発展の方向を洞察して平和裡に勢力の失墜に適応し、社会的地位の低下や自分の自画像や「われわれ」の理想や自分のアイデンティティの変化に適応するのはきわめて珍しいことである。たとえそういう発展に関する社会学的診断が、部外者や衰退する社会に属する個人や集団の一部には明らかであっても、当の社会の圧倒的多数は自尊心やプライドを傷つける事実を認められないのが普通である。そこで彼らはまたしても、自分たちの偉大さのイメージを提示して、自分たちの優れた価値の名において訴え、脅威への対抗を呼びかけ、集団の優位やそれと結びついている理想のための戦いを呼びかける指導者に目を注ぐのである。こういう状況で、当の社会の信念や共通の願望や希望が——自分たちの状態のリアリティに逆らって——互いに強め合うのに呼応する、自分の認めたくないものを認める能力の欠如という当事者の不感症が大きく立ち現れてくる。野獣と同様に、強力な国家その他の強力な社会組織が最も危険になるのは、窮地に追い込まれたと感じられるときであり、——力関係が自分に不利になって、可能的なライバルや敵の武力が自分の武力にまさり、自分たちの価値がおびやかされ、自分の優位が失われると感じられるときである。現代ならびに過去における人間の共同生活の状態では、この種の展開は、人々が暴力を使うように駆り立てられる典型的状況であって、最もよく見られるものの一つである。それが戦争へ至る状況の一つなのである。

16

国家社会主義のドイツの場合には文明化の挫折が特に大きく、ユダヤ人に対して異常に激しい暴力が振るわれたことには、多くのファクターが働いている。そのファクターのいくつかはすでに述べたものもあるが、そのほかのものについても説明しなければならない。これまで述べたことから、国家社会主義が台頭し支配した時期のドイツの状況だけを考えているかぎり、国家社会主義者の態度や信条はほとんど理解できないことがいくらか明らかになっただろう。夢想によって深く規定された社会的宗教や粗暴な暴力を振るう傾向のある極端な国家主義的、反民主主義的、反ユダヤ的運動がドイツで勢力を獲得したという――国家社会主義のエピソードは、同時にドイツの長期の発展という広いコンテクストにおいてその位置や機能を考えなければ、理解することができないのである。一九一八年の敗北ののちにその種の運動が登場し、ついに政権を握るのを助けた長期の発展の傾向のうちでは、一八七一年以後のドイツ第二帝国による短期間の中断をへて徐々に進んだヨーロッパの強国としての衰退が、そのなかでも最も重要な傾向の一つである。ドイツに匹敵する他のヨーロッパ列強とは反対に、ドイツでは、現実の状態が国民的理想にいくらか近づいた偉大な時期はわずか数十年間だけであった。その中間の時期の後、理想と現実は以前と同じようになおいっそう分裂してしまった。

ドイツ人の祖国愛や帝国としての役割の象徴である国家観念の「ロマン主義的」傾向が生まれたのは、ある程度はこういう経過のせいであることはすでに述べた通りである。ドイツ国民の大半が自国の将来の目標を偉大だった過去のイメージに合わせる傾向があった理由も、その経過から説明することができる。

そういう経過から、伝統的な用語では「ロマン主義的‐保守主義的」と呼ばれる国民的態度に傾く素質が作り上げられたのである。そして本当に国家が偉大だった時代として理想化された過去が、ドイツ人の自画像のなかで高い位置を占めたことが、少なくとも部分的には、歴史の研究——特殊な歴史の研究——がドイツ人の価値基準において高く評価される原因ともなっている。

伝統的な自画像と出来事の事実経過との間の矛盾が大きくなって、彼らの意識に浸透し、真実が顕わになる時が近づいたとき、極端な暴力行為への道を整えたドイツ人の態度や信条の伝統のある種の要素は、こういう発展傾向と密接に結びついている。暴力行為に先行していた感情の特徴を特によく示している例は、ドイツ語の「レアール・ポリティーク」という言葉に示されている政治概念である。その背後には、ドイツの国家イデオロギーの全体が潜んでいるが、それは次のようにまとめることもできるだろう。「他の人々がどう言おうとも、唯一の現実的な見方は、政治は暴力の無制限の行使に基づいているということである。特に国際政治は別の手段での戦争の継続以外の何ものでもない。外国の政治家は奇麗事を言うかもしれないが、事態が風雲急を告げるときには、彼らも自分の政治的目標を達成するため〈力〉に頼るようになり、ドイツ人と同じように力を無制限に行使するのだ。ドイツ人のほうが正直であるところが違うだけである」。

「レアール・ポリティーク」へのドイツ人の国家的信念は、戦争を国家間の紛争解決の最後の手段とする信念といくらか関係がある。その国家的信念には、この確信が産業化以前の絶対主義的な君主国家の伝統からの由来がはっきりと示されている。最低生活条件ぎりぎりで生きている一般に無教養な国民を有するもっぱら農業に依存する国家の専制君主が、他の君主との争いはすべて優れた軍事的暴力によって解決できると考えていたのはある程度正しかった。彼らは領土を征服し、必要な場合には住民に自分たちの宗教を押しつけ、住民が望めば自分たちの言語を押しつけて、しばしば単に魅力的な富を有する地域であったり、戦術上有利な国境の一つの地域である紛争地域を自分の支配圏に取り込むことができた。

二つの世界大戦におけるドイツの指導者の戦争目標に見られたように、ドイツの「レアール・ポリティーク」はこの種の専制的な君主政治をまだ引き継いでいた。ますます相互依存度を高める産業化した国民国家の世界では、軍事的な勝利者が必ずしも勝利の最大の享受者ではなく、敗北者が必ずしも敵以上に衰えることもなければ、より以上に被害を受けるわけではないことが歴然となっても、「神は常に最も強力な部隊とともにある」という信念、国家間の争いはすべて現在も将来においても、最終的にはよく指揮された強力な軍隊によって決着がつけられるという信念が維持されてきた。「政治の最終手段」としての軍事暴力の有効性への信念は、相互依存度が相対的に小さかった産業化以前の国家の間の限られた力関係では的はずれではなく、数も増え関係が密になってきた国民国家のほとんど世界規模となった権力システムにも、その信念が当然のように受け継がれた。だが、教育水準が向上し、比較的貧しい階級にも国民的自覚が深まり、最も貧しい階級もしだいに生活水準が上がるとともに、急速にであれ徐々にであれ、外国の住民を自分の国民にするのはしだいに困難になっていた。

一九一四年にも一九三九年と同様に、ドイツの「レアール・ポリティーク」はこうした古いタイプの戦争目的に向けられていた。ドイツのような歴史を有する国家の指導者グループが、肉体的暴力を政治の決定的道具とみなす強い確信を抱いていたのには多くの理由がある。そういう理由の一つは、ドイツの長期にわたる弱さであった。ドイツ人は、数世紀にわたって外国の君主からの攻撃や侵入にさらされてきた。相対的に弱い国家の集合体に属する者として、ドイツ人は他の国々がその優れた力をいかに使い、いかに容赦なく力を使うかを見る機会が多かった。そして、まずプロシアが、その次にはドイツ自身がかなりの程度、軍事的勝利のおかげで台頭したという、地主である戦士貴族がエリート集団として生き残ったことにとって重要な事情が、ドイツ人の信条や行動の伝統のこういう傾向を確固たるものにした。そういう現実認識の一面性は国家の歴史の型に対応するものであった。過去の弱さを自覚し、一八七一年以後も自分の強さを決して確信できなかったために、ドイツ人には政治の力の側面を何よりも高く評価する傾向があった。ドイツの指導者も代表的思想家が、「力」を疑いもない事実として扱っていた多くの他のヨーロッパ大国以上に、政治の力の側面を概念的に明確に捉えることができたのはそのためであった。

国際関係における肉体的暴力や「力」の役割について高い感受性をもっていたのに対して、ドイツ人はその他の点で発展させてきた優れた力の行使の限界をそれほど感じていなかった。自分の優勢の長い伝統を有していたヨーロッパの国民国家は、人間の共同生活における力や肉体的暴力の役割を——たとえばホッブズのような場合を除けば——それほど概念的に的確に捉えていなかった。武力はむしろ伝統的な仕方で投入され、数世代の経験はいろいろな点で、優れた力を容赦なく使うことの可否を決定する伝統的な規則を作り出した。すなわちその経験を通じて、粗暴な手段を実際の政治の手段として使う限界についての感覚や、容赦ない暴力の行使が意識されたときには、それを制限し——それを完全に阻止できなくても、ブレーキとして働く——良心装置がいくつかの場合には形成されることになった。それに対して、ドイツ人の信条や行動の伝統は、絶対的なものへの熱望とも相まって、そういう制限や制止の意味を過小評価する態勢を作り上げた。制限や制止の意味が感じられないことも多かった。露骨な暴力が行使される場合には、制限や制止のうちに抜け目のない偽装、偽善の現れ以外の何ものも見られないことも多かった。

これによってドイツ人自身が一時強力になったとき、国家間の関係を基本的な意味での権力政治——「レアール・ポリティーク」——としてのみ捉える顕著な傾向が彼らの信条や行動の伝統の一部となった。

第二帝国でも第三帝国でも支配階級は、国際政治の舞台では比較的新しく登場した新参者であった。彼らは、巨大な専制政治の伝統の遺産として、思想においても行動においても、言語も伝統もまったく異なる場合でも、当の住民の願いを考慮する必要を何ら覚えることもなく、全領土を征服によって獲得できた大選定侯またはフリードリッヒ二世のような成功したドイツの君主の先例に頼ろうとしがちであった。支配階層におけるドイツの過去の思い出が強権政治への傾斜を強め、よそ以上に政治の権力の側面を明確にすることへ導いたのに対して、ドイツ人は、多くの国家からなる複雑なシステムにおける権力行使の限界には、特に軍事力の行使の限界にはほとんど目もくれず、それをほとんど考えもしなかった。絶対的で無条件の、きわめて非現実的であることの多い国家的理想主義に従う同じ人々が、同時に彼らの理解する「リアリズム」、彼らの「レアール・ポリティーク」を誇りとしたことは、実際、ドイツ人の信条や行動の伝統の根本的パラドックスであった。

他の形態の理想主義と同様に、ドイツ人の国家的理想主義も――一般にあらゆる国民の理想主義も――個人の行動に指針を示し、価値や意味を与えて、時には目的を達成させる指導原理という役割をもっていた。そう見れば、その理想主義が、ドイツ人が自分の国に捧げた犠牲的行為の不可欠な条件だったのである。個人に関して言えば、国家的理想主義、愛国心、ナショナリズム、その他どういう名であっても、これらはふつう「道徳的に善い」行動や感情に関係づけられる特徴である。国民国家全体に関して言えば、国家理想には、ふつう「道徳的に悪い」とみなされている行動や感情に関係づけられる多くの特徴がある。ドイツではよそと同様に、集団的な国家理想主義は集団的エゴイズムの極端な形であった。それには、部外者に対する身についた敵意を伴う排他的な性格の国民的信条があった。それはたやすく権力政治と結びついた。国家理想を追求する際の暴力行使が共通の規範や慣習によって抑制されることはほとんどなかった。

この意味でドイツの国家理想主義が決して「理想主義的」でなかったように、ドイツの「レアール・ポリティーク」もまったく「リアリズム」ではなかった。君主制の農業国家であった時期には、その住民たちは、君主がスペイン、オーストリア、バイエルン、フランス、イギリスの出であることよりも、自分が立派な君主によって支配されているかどうかを重視していたが、その頃は、勢力争いにおける公共的な問題の解決に決定的な役割を果たしていたのは、より強い部隊であった。敗者が競争から脱落せざるをえなくなるまで、勝利者は敗者から権力と富の主要な源泉である土地や人民を奪うことができた。多くの国家からなる世界では、パワーバランスも非常に複雑で、——国民意識が増大したこともあって——しだいに密接に相互依存の関係にある国家による無制限、無条件の妥協を許さない力の投入は、つまりあらゆる国際問題を解決するための一種の魔法の手段としての力の行使は、ヒトラーの運命が教えているように、もうほとんど国際政治のリアリティに合わなくなった。こういう世界では、「力」を行使する場合の、特に軍事力を使うに当たっての自己抑制が、「現実主義的な」戦略の目的にとってこれまで以上に必要となったのである。

17

ドイツ人の戦争目的ほど、ドイツの「レアール・ポリティーク」の非現実的な性質をよく示しているものはない。二十世紀における二つのドイツの戦争の指導者グループは、その社会的出自の点では非常に異なっていたが、その戦争目的は実質的にはほとんど同じであった。彼らは海外の属領も含めて、ヨーロッパに一つのドイツ帝国を建設することをめざした。昔の帝国のイメージと結びついた絶対主義的な伝統の連続性が未来国家のヴィジョンを生み出したが、それは事実上は、ヨーロッパおよび海外におけるドイツ人の植民地国家にほかならなかった。

第一次世界大戦のドイツの公式の戦争目的は、特に東欧を無遠慮に併合して、イタリアとノルウェーを連合国とする、フランス、ベルギー、オランダ、ドイツ、デンマーク、オーストリア＝ハンガリーからなる中央ヨーロッパ連邦を建設することであった。ポーランドとロシアの大部分を含む東欧の多くの地域はあっさり植民地になるはずであった。アフリカでも、ドイツ人による植民地国家の拡大が目論まれていた。それに類する戦争目的が述べられている特徴的な表題が「強力な政治」であったが、ドイツ帝国首相であったフォン・ベートマン＝ホルヴェークが使ったこのスローガンに、「レアール・ポリティーク」という信念との連関がうかがわれる。すでに戦争の始めに、ドイツのフォン・ファルケンハイン将軍は、ドイツはこういう強力な政治を行なうほど強くないことを力説していた。歴史家フリッツ・フィッシャー(9)は、この計画がいかに現実離れしているかを詳しく述べていた。たとえドイツが一九一八年に勝利を収め、戦争目的に従って、——どういう名のもとにであれ——ヨーロッパにおけるドイツの覇権というドイツの夢の帝国を打ち立てようとしても、その結果、最終的な挫折が延期されるにすぎないだろう、というのが彼が到達した結論だった。

公表している戦争目的の意味について、ドイツ政府が非常に明確に考えていたと想定する必要はない。だが関係する人間の数を考えてみるだけでも、ドイツ人に課された課題の大きさは想像できる。第一次世界大戦の公式の戦争目的が実現されていれば、ごく大ざっぱに見積っても四億から四億五千万の人口を擁する約六千万のドイツ人の支配グループからなる帝国が生まれたことだろう。支配は何よりも、征服された多くの民族が自前の軍隊をもつ権利を捨てることによって確保されるはずであった。さらに、その多くの民族は自衛権を失うはずだった。要するに、ドイツ人の優位とドイツ帝国という性格を守るために、この広大な地域における厳格な暴力独占と一連の経済的独占を何よりも要求するつもりだったのである。こうした征服と帝国建設という型の考えはすでに時代遅れであり、産業化以前の、ナショナリズム以前の社会発展段階から伝えられた定型の影響をあまりにも深く受けていたことは、その当時はやむをえないことではあったが今日ほど明らかではなかった。そして、産業化以前の、ナショナリズム以前の、反産業化的でさえある考え方をもつ伝統主義的なパワーエリートが、ドイツの国家政治の形態に大きく加担し、その考え方が、彼らと結びついていたドイツの実業家その他の市民階級のエリートを規定し続け、両者が融合していたかぎりでは共同して規定し続けていたという事実が、彼らの征服と帝国建設というヴィジョンの伝統主義的な特徴を作り上げたのであろう。

少数集団による広大で人口も多い地域の統治権は、当時のアフリカの大半のような、もっと素朴な農業社会からなる帝国に関わるものとしても、目論まれていた支配技術ではほとんど維持することはできなかっただろう。だがその場合には、自然の出来事や社会的出来事を処理する能力の差、つまりしばしば「文明水準」と呼ばれるものの違いが、支配する少数集団と征服された民族の大半との間ではまだ非常に大きく、それが征服者に少なくとも一時的には優位を与えたかもしれない。ところが、一九一四年にドイツの指導者グループが考えていた帝国では、支配者と被支配者は知識や能力の差がなく、「文明化」の水準の差は少なくともはるかに小さく、時には同じだっただろう。人口が多いという不利な事情だけでなく、文化または教育の相対的にわずかな優位によっては、ドイツ人の帝国主義的な努力から持続的な政治体制が生まれる可能性はほとんど残されていなかっただろう。

しかしこれは、ドイツの戦争遂行者がこういう事柄について、社会学的とは言わないまでも非常に現実的に考えていたことを示すものではない。戦争している国の指導者たちは戦争に勝とうとするだけで、戦後の問題、勝利後の国家組織の問題は比較的曖昧にしか見ていないことが多い。その当時も今日と同じように、いったん勝利を収めれば、あらゆる望みが果たされ、すべての問題がおのずから解決されると考えていたように思われる。

第一次世界大戦でも第二次世界大戦でも、ドイツの指導者たちは、勝利のあとは帝国が労せずして転がり込んでくるかのように振る舞っていた。彼らの考えに残っている伝統主義的なものと、彼らが直面していた事実上の課題との落差が、彼らの構想や運命をもう少し説明してくれる。高度に産業化し、教育もあり、自覚ももっている国民が、あるいは巨大な農夫集団でも、明確な見通しをもち自覚的なエリートによる指導のもとに長期にわたって他者によって支配されるというのは、勝利者が敗者よりも少なくとも数のうえではるかに優位に立っているか、征服された民族を計画的に大量に殺害し、絶滅させて、自分たちの集団に属する者によって入れ替える場合しか考えられない。前の可能性は、ドイツ人には問題にならなかった。後の可能性は、ドイツの戦争遂行者には第一次世界大戦の場合には明らかにまだ考えられていなかった。

第二次世界大戦におけるドイツの指導者たちには、この可能性が考えられただろう。ヒトラーはすでに二〇年代始めにすでにこういう考えをもてあそんでいた。当時彼を駆り立てていた問題は実質的には新しいものではなかった。それは、力の絶頂から敗北という深淵に突き落とされたように見えた社会の人々もしばしば直面していた問題だった。過去数世紀間は、最も当惑したのは、君主や貴族といった高位のエリートであった。ところが今度は、より貧しい、社会的にも地位の低い人々も、敗北に大きな屈辱を感じていた。反応は単純かつ激しいものであった。人々は敗北を否定した。敗北は、悪賢い欺瞞や犯罪者、謀反によって引き起こされたのであり、戦闘部隊の背後の内部の裏切り者の「陰謀」によるものだったのである。現実には敗北は存在しなかった。こうして、どうしたらドイツを再び偉大なものになしうるかという問題が現れてきた。ヒトラーの想像の世界全体が――国家的な伝統にとらわれていた大半のドイツ人にも同じことが言えるが――、相変わらず産業化以前の特徴を帯びていた。彼はまず何よりも、農夫のための移住地を征服しようと考えた。「ロシアを征服し、土着民を奴隷化し、殺して、その地にドイツの農民を移住させよう。そうすればドイツはヨーロッパ最大の、いや世界最大の国家となるだろう。将来、ドイツ人は二億五千万人に達することだろう」。それが夢だったのだ。

現実の様子は違っていた。その夢は、西欧の産業国家が――特にイギリスがドイツの拡張を黙認し、パートナーか同志として、ドイツとともに世界支配をわかち合うことを前提としていた。ヒトラーは、大陸の一国家が他の国家を支配する危険に対するイギリスの政治家の感覚を正しく理解してはいなかった。ドイツの拡大に伴って生じるパワーバランスの問題を、彼は問題にしていなかった。そのため、第一次世界大戦の将官たちと同様に、彼には一面戦争を行なうチャンスはなかった。いずれの場合も、ドイツは東西の隣国と同時に戦わなければならなかった。――しかもヨーロッパの隣国と戦うだけではなかった。ロシアを含めて、ヨーロッパにおける恐るべきドイツの優勢は、現在のパワーバランスの劇的な転換として感じられたために、二度ともアメリカ合衆国が戦争に参加したのである。

こうして、ヒトラーおよび彼の将軍たちの産業化以前の素朴な想像世界は、産業国家間の戦争のリアリティに直面することになった。敵の人力を減らして、敵の反抗心を砕くことになるはずの――「征服した土地の住民を殺してしまおう」という――露骨な夢は、言うまでもなく戦争の厳しい現実と衝突した。その戦争はドイツの人力をますます多く要求し、他国の労働力にますます依存させるようになった。敵国住民を絶滅することは、産業化以前の社会なら過剰な農民をかかえた征服者には有利になっただろうが、産業国家の征服の場合には、自滅的であることが明らかになった。絶滅は産業の能力を低下させるからである。

これが、国家社会主義のドイツの指導者たちが戦時中に直面したディレンマであった。彼らは敵の数を減らすことになる状況を許すのをためらわなかった。彼らはこういう状況をまったく意図的に作り出すこともあった。だが、戦争中にすでに、労働力の需要が増えたため、彼らは政策を転換せざるをえなくなった。一九四二年頃からの強制収容所における捕虜の扱いがその徴候を示している。ここには、あの夢が実現していたら早晩「大ドイツ」帝国に生じたはずの問題の最初の前兆が見られる。勝利者が敵の住民をすべて自分の国の国民で取り替えられなければ、同じ発展段階にある他の国による高度に産業化し教養のある住民がいる領土の征服は、安定して持続する構造にはなかなか達しないだろう。数のうえで優勢で、人間が余っているのでなければ、自国の住民によるこういう住民の取り替えは達成されない。中国人ならいつかやれるかもしれないが、ドイツ人はこういう道をとることはできなかった。そこに住んでいた人々が、高度の生産や産業社会に典型的な複雑な勤務に喜んで参加できるのでないかぎり、ドイツ人の産業化された地帯の征服は何の役にも立たなかった。戦時中にすでに認められていた——一方には、周辺の無数の「敵」への不安と、できるだけ多くの敵を殺すことによって自国の数の少なさを埋め合わせようという願いがあり、他方には、できるだけ多くの敵を生かしておくことを強制する労働力への需要があるという——国家社会主義者のディレンマは、もし彼らが勝利者であり続けていたら遠からず彼らを苦しめることになっただろう。

ユダヤ人の大量虐殺が、このディレンマと関係があるという考えを否定することはできない。ユダヤ人も労働力として使われえたのである。だが、彼らの場合は、国家社会主義者の敵意が圧倒的で、憎悪が非常に強かったために、いわゆる「合理的な」考慮はどういう場合も、その敵意や憎悪に反することは何一つやれなかった。国家社会主義者が彼らの敵や犠牲者に対して敵意をぶちまけることができなかったのは、彼らが労働力を必要としたか、宣告された敵のうちで最も弱いユダヤ人に敵意をぶちまけるには当の集団が強すぎたからであるように思われることがある。実際上の問題として、つまり勝利のチャンスや永続的な帝国を建設する可能性に関して言えば、ユダヤ人の絶滅はその他の外国人集団からなる敵の排除以上に無意味であったにもかかわらず、ユダヤ人以外の敵集団をユダヤ人と同じように組織的に、また特定目標のために殺そうとしたことはなかった。現実の危険な敵を殺すのを妨げられ、危険だと妄想された敵に対して積もり積もった怒りをぶちまける人間のように国家社会主義者は振る舞った。

国家社会主義者がめざしたドイツ帝国の国民と、予定された支配階層としてのドイツ国民との間には計り知れないほど大きなアンバランスがあった。「千年王国」の国境は明確ではなかった。オーストリアの人口をドイツの人口に加え、ロシアを含むヨーロッパ大陸とアフリカの一部を帝国と見れば、大ざっぱに見積っても、約七、八千万人のドイツ人集団が、五、六億人の帝国を支配することになっていたと言ってよい。

国家社会主義者のトップにとっては、自分たちが征服して支配しようとする人口の規模と比べて、相対的に少ないドイツ人しか使えないという問題は未知のものではなかった。だが、この問題についての意識は、彼らの社会的信念のために曖昧になってしまった。政権を取ってすぐ、国家社会主義者はドイツの人口を急増させるための一連の措置を決定した。子供の多い家族には奨励金を与え税金を軽減して、未婚者の税金を増やし、「純血種」のアーリア人の養殖場も作った。後には、外国のドイツ語圏の集団も含めて——時には、強制収容所行きが決まったあとでも——アーリア人タイプの子供を集めて「アーリア人化」し、彼らを教育してドイツの国家社会主義者にしようとした。帝国の将来の支配者の数をできるだけ速く増やそうとする同様な多くの試みは、敵である周辺の住民の優勢な数と比べて、選ばれた者が少ないことを、国家社会主義者がいかに痛感していたかを示している。だが、他の人々に対するアーリア人種の魔術的な優位への彼らの確信は、彼らの帝国主義的目的をめざす人口政策の基本方針にとってきわめて不適切なものであった。他の社会宗教と同様に、国家社会主義者の社会宗教もしばしば自らの意図をぶち壊しにした。それは認識をくらまし妨げた。それから生まれた戦術は人間を無駄死にさせる矛盾だらけのものであった。一例を挙げておこう。国家社会主義的な信念体系は、一方では人口を増加させたが、他方では重大な損失をもたらした。その措置の基礎をなしていたものが数百万のドイツ人を死と牢獄へ送ることだったからである。

18

国家社会主義の信念体系が展開したその他の活動の一つを見れば、国家社会主義の信念体系が政治の道具として役立たないことは明らかである。それは帝国建設のためだけでなく、築き上げた帝国を強化し管理するために展開された活動である。

ドイツの大衆だけでなく他の高度産業国家の大衆をも「大ドイツ」帝国に同化した信者に仕立てるには、宣伝が効果的だと信じていた一種の社会宗教の信念は、支配エリートである国家社会主義者が第一次世界大戦当初のドイツの伝統主義的なエリートから区別される特性の一つである。この信念には、一九一八年の帝国の古い支配エリートの敗北後におけるドイツ大衆の力の増大が示されている。国家社会主義者はその理想に関しては古いエリートと同様にその伝統を引き継いでいたが、この点では、産業化と民主化の途上にある社会の新しいタイプのエリートに近かった。一九一四年のドイツの支配エリートは、大衆運動を有効にまとめ上げる社会的信条を特に必要とは考えずに戦争に突入した。彼らも国民の支持を獲得しなければならなかったが、そのためには、当時すでに確立し内面化されていた国民的信念や祖国愛や、当時の国民皆兵制のような外的強制に基づく祖国への奉仕という伝統的義務に訴えればよかった。国家社会主義者は大衆の支持の根拠を共通の信念に求め、「国家主義」と「社会主義」から作った言葉でそれを表わしていたが、彼らが大衆の支持を求め、大衆に支持されたところに、ドイツ発展のいわゆる「ワイマール共和制」の段階で住民の力がいかに増大したかが示されている。一九三三年以後の国家指導部および党指導部の構成にも彼らの心情にも、こういう力の増大が反映されるとともにその限界も反映されている。

軍隊は一般に無教養で貧しい者から成り立っていたが、そのかぎりで将校は一つの確信をもっておればそれで十分だった。その確信は国民的信念どころか一般的な社会的信念にもなっていなかった。それは個人的、特殊な信念にすぎなかった。貴族だった将校たちは、自分の君主のために戦ったのであって、彼らが「賤民」と呼んでいたもの——国民——のために戦ったのではなかった。彼らを戦争に駆り立てたものは、彼らの身分の自尊心であり、自分の君主への義務感だった。彼らの確信はまさに階級の確信だった。もっと高度に統一された国民的信念が登場したのは、軍事技術が市民の軍隊を必要とするようになったとき、つまりもっと明確に言えば、戦争が実質的に兵士だけの戦争ではなくなり、すべての社会的活動の相互依存度が高まって市民と兵士を含む国民全体が参加する戦争になったときであった。こういう状況では、自分の国の価値や目的の正当性への集団的信頼によって士気を保たなければならなくなった。国家の存立が士気と全市民の連帯感に基づく以上、国家が平時においても国民一人ひとりに国家への深い帰属感や連帯感、国家の価値への揺るぎない信念を植えつけなければ、国家はほとんど生き延びることができなくなったのである。

国家社会主義の信条はこういう信念の極端なあらわれであった。そこには、自分たちが協力して作り上げた危険から国民を守るという、国家社会主義者独特の諸刃の剣的な性格が非常によく現れている。というのは、権力または権力団体への社会的信頼である国民的信念は、他の国民からは自分の価値や自分の存在をおびやかすもの、つまり、それに対して自分たちの反対の信条を宣伝して自分を守らなければならないものとして感じられ——それをまた最初の集団は脅威と感ずるものだからである。彼らの宣伝の増大はしばしば逆宣伝の増大となって、最後にはその悪循環が頂点に達して戦争が始まるのである。

国家社会主義者の信念は国民的宗教に共通の特徴を極端な形で表わしているだけに、そこには国民的宗教のいくつかの特徴が非常によく示されている。先に述べたように、国家社会主義者の信念のなかでは、比較的現実主義的な考えとまったく夢想的な考えが融合している。その信念の主唱者にも大半の信者にもこの二つを区別するのはほとんど不可能だった。夢想的な考えも現実主義的な考えと同じように説得力があるように彼らには思われた。そのいずれの考えも、その信念を吹き込まれてそれを信じている人々の望みや期待を表わしていたからである。純粋な夢想が現実主義的な思想と同じように真実と思われたのは、両者の混合物の全体が、信者のエゴイズムやプライドをくすぐるものだったからである。国家社会主義者の信条では、ドイツ人は独特の世界的使命を帯びた民族、「選ばれた民族」であるとされていた。そういう信条が、一九一八年以後に勢力が民主主義的に分散されてきたこともあって、貴族や金持ちや知識人だけでなく、あらゆる人々に——とにかく正しい頭と身体の形をしているか正しい先祖がいれば、つまり正しい「人種」の一人であれば——自分は人類のなかのエリートの一人だと感じさせることができた。「ユダヤ人」に格づけられた者や決定的に「誤った」身体特徴をもつ者だけが除外される、「人種」のような比較的不明確な性質を序列の究極的な基準として導入することが、ドイツ民族の大半にとって魅力的な優越感を支える大きなイデオロギー的な基盤となったのである。

「人種」という基準はそれと同時に、ドイツ人以外の者にも優越感を与えるものであった。国家社会主義政府はそういう信念を帝国建設の道具として大いに活用した。反民主主義的、反ユダヤ主義的な傾向が強く、人種の神話を含んだ共通の信念が、深い劣等感をもつ人々にも優越感を与え、「人種的に劣等な」敵の殺戮や虐待を制圧の正しい手段として正当化し、——こういう信念が占領地域にも共鳴者を生み出して、劣等人種を征服する責任の一端を彼らに背負わせることができるだろう、と国家社会主義政府は考えていた。それは成功しなかったわけではなかった。こうして、共通の社会宗教を普及させそれを活用することが、一九三九年に見られたように、「大ドイツ」帝国における組織の重要な仕事、特にその統制機構の任務となった。そのおかげで、帝国の支配エリートが形成されたが、それには核をなすドイツ人集団のほかに、他の国々の国民も含まれていた。暴力を背後に隠した国家社会主義の信条が、占領地域の多くの人々にしだいに受け入れられるようになると思われていたのである。そうなれば、そういう信条が——大衆の支持を必要とした二十世紀のすべての帝国の社会宗教と同じように——帝国建設の過程における統一と連帯の一つのファクターとなったことであろう。

第一次世界大戦でドイツを指導した、戦士の特徴を備えた貴族をトップとするもっと伝統主義的だったドイツのエリートたちは、ドイツ帝国の平定と支配をまず第一に軍隊や警察の問題だと見ていた。彼らは自分たちと連帯した実業界のパワーエリートが台頭してきたこともあって、その次に経済的統制のことも考えていた。それに対してヒトラーとその部下たちは、従来手の届かなかった権力の座に広範な階層が就くようになった民主化の動きのあらわれであった。彼らは他の支配装置のほかに、大衆社会の特徴である社会宗教による支配と訓練をつけ加えた。それをやったのは、彼らだけではなかった。帝国を建設するための道具として、つまり多数の被支配者に対する少数者の支配を確立し安定させるための道具として、新しい社会宗教を投入することはその時代に広く見られた現象であった。知識人やある程度自分で考えられる中途半端な教養しかない人々は、外部からの強制だけでは動かすことができなかった。彼らを――彼ら自身の良心を使って――いわば彼ら自身によって支配する必要があった。形而上学的な宗教は支配手段としてのかつての力を失っていたから、その代わりに社会宗教が利用されるようになった。

ドイツを中心とする特定の人種だけが人類の主導権を握っていると説く国家社会主義の信条は、帝国の征服された住民には当然ごく限られた範囲でしか魅力がなかった。特にフランスやオランダ、イタリア、ノルウェーのように、住民自身が強烈な国民意識をもっている場合がそうだった。信念体系としての国家社会主義の主唱者たちの期待によれば、ユダヤ人の排除や抹殺という否定的な面でヨーロッパの諸民族に広い共感が得られ、他の国々の国民からも協力者か改宗者を集めることができ、そういう人々が帝国の支配階級の一員となって帝国の乏しい人口は増えるはずであった。だが、ヨーロッパ諸民族に強い反ユダヤ感情が広がっていたとしても、国家社会主義者の信条のこういう側面が多数の改宗者を獲得することはなかった。ドイツの侵略者が占領地域に無遠慮に侵入したために高まった国民感情に逆らって、改宗者が現れるはずはなかった。

なお、国家社会主義の信念体系に夢想が入っているのはきわめて明らかであり、非常に際立っていたので、ドイツ以上に他の国々では、それに魅力を感ずる者は半端な教養しかない人々や社会的アウトサイダーに限られていた。他の国民でそれに引きつけられた人々がいたとしても、もっと多くの人々はそれに反発を感じていた。そして国家社会主義のエリートを構成していた人々のタイプは、ドイツ人以外の人々に自分たちの信条を宣伝するのに特に適していたわけでもなかった。彼らもヒトラーと同じように、お互いを理解し国民を理解していたが、他の国民への彼らの応対は、相手も自分とまったく同じように行動し同じように感ずるという暗黙の想定に基づいていた。彼らには国民の行動や信念の伝統の違いに対する感覚が欠けていた。彼らは指導者を欠く東欧の農民大衆を従わせることはできたかもしれないが、自分たちの特質を十分に理解し確固たる国民的プライドをもった国民に対しては、彼らはそれほど有能な侵略者ではなかった。

彼らが戦争に勝ったとしても、彼らが夢見ていた「大ドイツ」帝国を長く鎮圧し続けられる見込みはほとんどなかった。「目覚めつつある国民」の時代には、十分「目覚めた」国民がすでに現れているヨーロッパで一つの帝国を維持できる見込みは、ヨーロッパ以外の帝国よりさらに少なかった。つまり支配者と被支配者との間に、数量的に不利な関係があったのである。支配者には、征服された民族の全部ではなくても、その大半が拒絶するような公式の信念があった。国家社会主義の中核集団の大部分が社交上の礼儀も器用さも欠いていたが、彼らは他国の素朴な感情については理解が乏しく、敗れた国民に対しては高飛車な態度に出た。ヒトラー自身が狭い範囲では確かな洞察をもち、高い立場から権力や暴力を使って成功するだけのセンスはあったが、そのほかはほとんどあらゆる点で、彼の現実感覚は極端に狂っていた。実際に実現していたら、第三帝国がゲリラ集団と戦い、占領されていない世界中の大国の大半から支持される国民的抵抗運動と――ドイツ国内でさえ――戦わねばならなくなっていたのは確実である。そして、こういう圧力によって、第三帝国は早晩破滅し、そのあとには第二次世界大戦のあらゆる結果をはるかに上回る苦悩と憎悪の傷痕が残ったことだろう。

19

しかしその場合でも、ヒトラーとその仲間が、自分たちの築こうとしていた「千年王国」を現実的に考えていたことにはならない。勝利を収めた後の課題を明確に現実的に想像する能力をほとんどの戦争遂行者が欠いていたうえに、自分の理想が要求することを——その要求の実行可能性や成功の見込みの有無とは無関係に——行なおうとするドイツ人古来の気構えによって事態はさらにひどくなっていた。第三帝国という国家社会主義者のヴィジョンは、信念や行動の長い伝統の絶頂であった。そこにも、国民的理想と理想を代表する指導者には無条件に従おうとするドイツ人の傾向が生きていた。そういう根本特徴は、国家と党の指導者の態度のうちにも、彼らに従う大衆の態度に現れていたのと同じように現れていた。国家社会主義者の事件には、こういう理想のもっている抑圧的、専制的な性格を非常にはっきりと認めることができる。

この事件には、すでに述べた圧制者との独特の同化も明らかに見られる。そこでは、支配者との（あるいは支配者集団との）同化という一般的な形の同化の極端な形態が起こっている。個人生活で性格形成に影響の多い一般的な形の同化の原型は親との子供の同化である。圧制者との同化の単純な例を示しているのは、主人の態度や信念や価値を習得しようとする奴隷であり、あるいは親衛隊員である看守の態度や信念や価値を習得しようとした強制収容所の囚人である。高度産業社会では、その事情は多くの場合もっと複雑である。

たとえば、現代社会のような社会の被支配者の大半は多くの場合、支配者である強力なエリートの利害や感情に逆らう利害や感情と、支配者と共有している利害や感情、価値や信念との板挟みになっている。とりわけ国家的な利害や信念は、そこに内在している「他なるもの」への――特に現在の宿敵への――敵意という排他性によって、あらゆる個人を国家社会のすべての部局に結びつけている。国民的な信念や理想から生まれるこういう連帯感は、特に他国に対する緊張が国内の緊張や分裂以上に高まっている場合には、国内の緊張や分裂を抑え込んで、それが表面化するのをしばしば完全に妨げてしまう。言い換えれば国民的信念が、少数の支配者と、国内の有力な高い地位への道を閉ざされている大多数の人々との間の行動や感情の統一を固めるわけである。そういう信念を引き受けることによって、無力な多数派は、他国の国民との関係では彼らの代表者として活動し、そこで決定をくだしている支配者グループと同化する。多数派は支配者と同化している。

ところで、支配が独裁的である場合には、つまり過去にはよく起こり、今日でも多くの社会で起こっているように、支配が特に支配者のために、そして多少とも圧制的に行なわれている場合には、志向、感情、行動における共通の国民的信念との結びつきには、圧制者との同化という性格がある。仮に抑圧が感じられても、国民的理想やそれを具現している――一方で国民全体を代表するという不可避の課題を果たすとともに、他方ではしばしば無意識に国民の一部を奴隷化している――人々と同化していれば、抑圧を減らし除去しようとする意志や能力は麻痺してしまう。集団的価値を代弁し解釈する主だった者が支配者の役割を果たし、時には圧制的支配者の役割を果たしているが、そういう集団的価値を保持し確保しているという国民的な自負が出来上がって、外国に対する――特に絶対的な憎悪の対象である宿敵に対する――特異体質や敵意が共有されているために、抑圧に立ち向かって成果を上げる力が妨げられるのである。

ドイツでは国家統一そのものを始めとして、たいていの政治的成果が、比較的小さい寡頭制の社会集団が広範囲に独占していた独裁的か半独裁的な体制の作ったものであった。そのためドイツでは、征服された大衆が陥ったディレンマは非常に大きなものだった。長い間ドイツが弱小だったために、他の国々と比べると、大衆のドイツ人としての自尊心、彼らの国民的プライドは屈辱に深く傷ついて、自尊心やプライドを満足させるには、大衆はプライドを捨てて支配者に従う以外に道はなかった。自分たちを意味喪失の状態から偉大で有力な国家の段階に高めることができるのは支配者だけだと思われ、数十年間も実際そうだったからである。

おそらくこういうディレンマのせいで、特に危機でドイツ人によく見られる「服従の快感」が生まれたのだろう。――それは、ドイツや国民的理想の名において命令がくだされれば、ほとんど夢中になって、あるいは陶酔したと思われかねない状態になって、(伝統主義的‐専制的なエリートの場合は)厳密に家父長的な指導者か(より民主的な新興の独裁者の場合には)過酷で野蛮な指導者の命令に従おうとする傾向である。指導者が祖国の理想に訴えさえすれば、人々はその目的やその実現の可能性を問うこともなく必ず服従するのである。ドイツ人にとって服従が免れようがないのは、厳格で暴君的な支配者の強制という外部からの圧力によるだけではなく、自分自身の内部の声、厳格でしばしば暴君的な祖国の理想の圧力にも基づいているからである。それがドイツ人が囚われていた状態だったのである。

国家社会主義の国家は、信念や行動の伝統が抑圧的、専制的な形を取って現れた最終形態であった。その伝統のなかでは、国家の危機においては個人は無条件に――他の国々以上に無条件に――国家の要求に従って、自分にとっての結果や後々のことを考えずに、自分の破滅や国家的な破局も物ともせず、祖国への義務を果たすことが要求され期待されるのが当然とされていた。「祖国への義務を果たすのだ。喜びと誇りをもって義務を果たすのだ。自分を捧げて、道の果てに待つは死」。これがドイツの軍歌にしばしば現れるテーマであった。それにはまったく逆らえなかった。漁師がローレライの甘い歌声に誘われ、ハーメルンの子供たちが鼠取りの笛の音に誘われて、死に駆り立てられたように、またヴァルハラの神々が決まった通りに容赦なく行動せざるをえなかったように、人々はそうすれば自分の死を招くだけであるのを知りながら、そうせざるをえなかった。

ドイツ人にはいつも、勝利のときにさえ、うわべのすぐ下に宿命という感情があった。そして、敗北が続くときにはその感情が強くなったが、——それによって彼らの抑圧的な理想の魔力が緩んだり、その約束の魅力が弱まったりすることはなかった。それは、危機に際して自分と同じ国の人々とともに祖国の要求に従うときに人々の感ずる深い満足感だった。国家理想を実現することは、多くの国民に比類のない個人的充実感さえ与えた。失敗や敗北の後に残ったのは、何度も意気阻喪した「失われた」世代であった。厳格で暴君的な支配者や理想との同化から服従の快感が生まれたが、その同化のうちには基準の葛藤が入り込んでいた。

ごく一般的には、圧制者に対する反抗または抵抗によって圧制から解放されることができる。だがそれが可能なのは、主人の思想や価値の体系や、場合によれば圧制者の思想や価値の体系に対立する完全な思想や価値の体系が部下にある場合だけである。部下の思想や価値の体系が多少とも主人のそれと同じときには、部下自身の良心や「われわれ」の理想が圧制者のものに近ければ、部下の感情に含まれている否定的な要素を圧制者に向かって直接に公然と示すのは不可能である。部下と主人、被抑圧者と抑圧者との間の緊張や葛藤が、被支配者や被抑圧者自身の内的な緊張や葛藤になる。そうでなければ主人に向かって上げたかもしれない手が麻痺してしまうのである。抑圧から生まれた敵意は弱まって感じられなくなる。闘争の主戦場は対人関係の場から個人の内部に移り、しかも抑圧者に対しては、葛藤とは正反対のポーズをとる「服従の快感」のうちにしか葛藤は認められなくなるのである。

こういう葛藤の人間の内部における様子が顕わになる形は、このほかにも多くの形がある。「服従の快感」を別の方向で補うかのように「攻撃の快感」が見られるのも珍しいことではない。優勢な権力者との関係で意識されず表現されることもない敵意が、社会的に劣位にあるか弱い人々あるいは当人がそう思っている人々に対する憎悪やルサンチマンとなって現れるのである。上司に対しては平身低頭し、部下は踏みつけにする「部下には威張り上役にはへつらう男」のうちに、こういう独特の屈折が確かな形で現れている。

ユダヤ人に対する敵意の大半はこの種のものであった。多くのドイツ人は一九三三年以前からユダヤ人を社会的に劣った集団とみなしていた。そしてドイツのユダヤ人の多くが自分の低い地位を全然意識していないかのように振る舞っているのが、彼らに対する否定的な感情を高めたのである。否定的感情を吐き出させるために、支配者がユダヤ人を「スケープゴート」として賤民に提供したということだけで反ユダヤ的感情を説明するのは、事態をあまりにも単純化している。上からの社会的重圧のもとに生きながら、ナショナリズムの信念体系の形をとった自分自身の理想によって支配者と同化した結果、自分が現実に支配者に屈服した忿懣を適当に吐き出せないだけに、社会的に弱く低級と思われる人々にその吐け口を求めた者たちの、憎悪の格好の対象とされたのがユダヤ人にほかならなかったのである。

すぐ想像できるように、国家社会主義のシステムは古い「部下には威張り上役にはへつらう」人物に力を与え、新しい「部下には威張り上役にはへつらう」人物を生み出すのに特に適したシステムであった。こういう態度の変え方が反ユダヤ的な態度と直接関わりのあるものだが、それを明らかに示していたのが強制収容所の看守をやっていた親衛隊員のある種の定式であった。生き延びた囚人だった一人がこう書いている。(10)

囚人たちの準備はゲットーから収容所への移送のうちになされるのが普通だった。あまり離れていないときには、移動に時間をかけることが多く、囚人たちの内部の抵抗をなくしてしまう時間はたっぷりあった。収容所へ移送される間に囚人たちは絶えまなく虐待された。虐待のやり方はそれぞれの親衛隊員の思いつきしだいだった。彼らは一人ずつ囚人の一隊を受けもっていた。それでも、虐待はある特定のやり方で行なわれた。肉体的虐待は（下腹部や鼠径部を）蹴ったり、鞭で打ったり、顔を殴ったり、発砲して負傷させたり、銃剣で傷つけたりした。移送の間、それを何度も何度も繰り返して、囚人を完全に参らせてしまおうとした。囚人は無理やり、強烈な光を何時間も見させられたり、床に何時間もひざまずかせられたりした。

時には囚人が死ぬほど痛めつけられることもあった。傷ついた囚人を介抱することは許されなかった。看守たちは、囚人たちに殴り合いをさせたり、親衛隊員には囚人が一番大事にしていると思われるものを泥まみれにさせたりした。囚人たちは神を呪わねばならなかった。汚らわしいことをしたといって互いに責め合わねばならなかった。不貞を働いたとか売春したといって自分の妻を責め立てなければならなかった。少なくとも十二時間かそれ以上も続けられる、収容所のためのこういう準備を免れた囚人には、私は一人も会ったことがない。……

こういう最初の拷問の目的は、ショッキングな体験で囚人の抵抗を潰して、人格は変えられなくても態度だけは変えてしまうことだった。それは、囚人が抵抗を止めて、どんな恐ろしいことでも親衛隊員の命令にすぐさま従うようになれば、虐待が減ったことからも明らかだった。

こういう最初の扱い方をするのに好都合な実際的な理由はたしかに想像することができる。そういう取り扱いに対する反動として、時代に同化し、親衛隊と同化して、彼らに服従した囚人は少なくなかった。その場合も、圧制者の支配を保証し、彼らを怒らせないための適当な手段として、囚人たちはきわめて計画的に圧制者に同化したのかもしれない。

それはそれとして、看守たちに国家の敵として引き合わされた多数の収容所の囚人に、収容所の規律を強要する方法は国によってそれぞれに異なっていた。状況が職務上は同じようなものであっても、監視の態度が国によって違うことは十分にありえた。国家社会主義者の監視の態度が特に残酷で野蛮だったのは、きわめて高圧的で残酷な支配者との彼ら独特の同化を示すものだった。彼らにもあの「部下には威張り上役にはへつらう」メカニズムが働いていたのである。

知られているかぎりでは、看守はたいてい最も無教養な階層の出身だった。その多くは若い農夫だったようである。彼らはごく若い頃から、支配システム全体の特徴である上からの過酷で容赦ない圧力に服従するようになっていた。足蹴にされるのに慣れていた彼らの多くは、収容所の看守になって初めて他人を足蹴にできる状況を体験したのだろう。上に対する激しい敵意を抑え、厳しい訓練にも喜んで加わらねばならなかった強制、冷酷で抑圧的な偶像の名において体制が要求すると同時に、体制との自己防衛的な同化が求める強制によって、それまで抑えられていた秘められた衝動が、恐ろしい勢いで一挙に発散された高圧蒸気のように、劣等者とみなせるまったく無力な人々に対して噴き出したのである。囚人に対しては、看守自身が主人であり、圧制者の役を演ずることができた。

看守たちの態度を見れば、彼らが同化していた圧制者が、看守たちをも含めて、反抗心を失わず命令に無条件に即座に従わない人々を扱うことができ、また扱わねばならないのを看守たちがどう思っていたかが分かる。看守たちも同様に、自分の上司に完全に服従し、自分たちに期待されているあの「盲従(Kadavergehorsam＝死体の服従)」(意味深長なドイツ語だ！)をヒトラーとその代表者に対して示すことを一瞬でも忘れると、厳罰を覚悟しなければならず、時には殺されることを覚悟しなければならなかった。そういうわけで、彼らが熱心に、いっそう粗暴な形での盲従を囚人に強要したのも驚くべきことではない。ごくわずかな自主性やちょっとした反抗心の気配でもあれば、彼らは暴力で抑え込まねばならなかった。絶対的服従以外、何一つ囚人には許されなかったのである。

強制収容所の看守たちが、そういう行為に喜びさえ感じていたことは十分ありうる。もしかすると彼らは、それを一種の解放と感じていたかもしれない。だがそれがどういう状態だったにせよ、強制収容所の蛮行は、決して個人の非常にサディスティックな傾向から説明できるような特別の現象ではなかった。それが示唆しているものは、指導者がいわば歯を食いしばって、手段も乏しい巨大な課題に取り組んでいた社会システムの一枚岩的な外見の背後にある——人間同士の間や人間の内部における——緊張や葛藤の途方もない重圧にほかならない。そこにまざまざと示されているのは、きわめて抑圧的な国家理想への共鳴や指導者への絶対服従に対して、人々がいかに多大の犠牲を払わねばならなかったかということである。指導者は勝利と千年王国を約束していたが、それと同時に彼は部下に、自分たちは勝利にも王国にも値しないかもしれず、今度もまたわが国の犠牲は無駄で、敵国がまたも勝利を収めるかもしれないことをいつも思い起こさせていた。追い払いたい矛盾だらけの感情が入り混じって、体制はそのほかの吐け口を与えないために、強制収容所の囚人の扱いのうちにその力を発揮したかのようだった。「ついに敵はわれわれの力に屈した。敵はわが手中にあるが、誰も見ている者はいない。誰が主人であるかをできるかぎり見せつけてやろう」。こうして彼らは、こっそり他人に対してやろうと思っていたことを全部囚人に対してやったのである。秩序のある社会では子供にも禁じられているようなことを囚人に対して行ない、自分が受けた幻滅にたっぷり復讐したのである。

20

こういう残虐行為はすべて、多くのドイツ人にとって良心の代わりをしていた中枢である総統という権力者の是認のもとに起こったことであった。すなわち、長くは続けられないことをなかば意識しながら、そしておそらくその後のことは大して気にもしないで行なわれたのである。ヒトラー国家の最高官僚である政府官僚で、占領されたポーランド総督であったハンス・フランクは「総統が汝の行為を知ったとき、その行為を是認するように行為せよ、これが第三帝国における行為の定言命令であった」と書いている。(11) 国家社会主義のシステムは圧制者との同化を促進するものであった。強制収容所に見られるのは、それが生み出した結果の一部なのである。

フランクの格率は、ドイツ人の間に——重苦しい専制支配の長い伝統をもつ他の民族の場合と同じように——一九三三年以前にすでに非常に広まっていて、国家社会主義が支配した数年の間にさらに顕著になった傾向の特徴をよく示している。

ドイツ社会の発展と伝統が生み出した個人の良心は、ややもすれば弱い良心であった。大人でも個人の良心の力は、少なくとも非個人的な公共の関係という広大な領域では、外部の誰かが配慮することに依存したままで、人々が自分の力だけではやれない訓練を強化する強制力に依存していた。そういう生活領域で自分の利己的な衝動を抑制し、自分の行動を規制するために、多くのドイツ人が必要とした外部の機関のなかでは、国家とその代表者が特に大きな役割を演じていた。個人の良心によっては、ドイツ人は、許されない禁じられた危険な活動にしっかりした柵を設けることができなかった。自己抑制のためには強力な国家の助けが必要であり、危機的な状況ではしばしば国家の援助を待ち望んでいた。特に国家の苦境や戦争では、自ら自分を制御し自分の生活についての責任を担う重荷を多くのドイツ人が喜んで放棄した。そういう状況では国家の権威、特に象徴が国家のトップに登場し、個人の良心の一部または全部の代わりを務めることになった。それが、国家元首に対して服従し敬意を払うもとにもなった。行為や正不正についての決定は、喜んで政府に委ねられたのである。

国家社会主義者が台頭する以前のドイツが、最も有力な者でも非人格的な法規集の指令に縛られ、判決には高度の自律性があって、確定した原則に従って決定しようとする法治国家であるうちは、国家の援助に依存する個人の良心に、誠実さや人間らしい礼儀の高度の基準に基づく指令や模範を提供していたのは国家であった。ところが国家がそういう基準をもたない人々の手に落ちたとき、つまり国家元首を含めてドイツの公的な支配者たちが、以前なら反社会的とか犯罪的とみなされた傾向を推奨するようになったときには、ドイツ人の大半は自分に自主的な行為をさせる独立の強力な個人的良心をもっていなかった。強制収容所で老若男女が虐待され、殺されていることが耳に入ったとき、彼らも個人としては良心の痛みを感じたかもしれない。だが、そういう良心の痛みはすぐに抑圧されてほとんど忘れ去られてしまった。自分の良心をドイツ国家の代表者によって強化されるのに慣れ切っていたため、彼らは国家による統制と良心による制御との間の葛藤に心を痛めていた。そのため彼らは、そういう葛藤を引き起こしそうなことはすべて自動的に無視しようとした。人々はそのことを認めようとも告白しようともしなかった。後になって「あなたは強制収容所で起こっていたことを聞いたはずではないか？」と問われると、その答えは決まって「私は何も知らなかった」であった。よくあるように、人々は不愉快なことは見ないようにしていたのである。強力な国家と国家に依存する比較的弱い個人の良心とが争えば、国家が勝つに決まっていた。国家による規制が良心による統制に取って代わっていたのである。

さらに、公的な問題では個人的良心への関係を意図的に取り除こうとしていたのも、国家社会主義体制がドイツのそれまでの専制的支配形態と違うところであった。国家社会主義体制は、ヒトラーや党綱領から独立した自分なりの良心をもっていると主張する人々を信用せず、そういう人々はできる限り処罰していた。国家社会主義体制には、総統の理想や国家社会主義の「世界観」と異なるものに従う良心の活動への敬意はほとんどなく、良心を働かせる余地もほとんど残されていなかった。フランクによるカントの定言命令の変形は、その当時のシステムの発展の一般的趨勢のなかにあったものを端的に示している。そういう趨勢のなかで大小の指導者たちが作り出されたのである。そして、ヒエラルキーの最低段階にいる、強制収容所の看守を務める親衛隊員のようなつまらない者たちのなかには、残忍きわまりない圧制者がいた。

重圧は単に一方からかけられていたわけではない。あらゆる抑圧の根源であり源泉だったように見える総統も、決定をくだす際に決して自由ではなかった。彼自身が、危機が深まるとともに状況を無視してますます激しい緊張へ彼を駆り立てる、容赦ない理想の命令や国家的信念の命令に従っていた。多くの人々がその信念を信ずるようになるにつれて、彼が指導する運動、組織、国家もますます大きく強くなってゆき、それが彼をその運命へと強制するようになっていった。いったん動き出すと、総統をトップとするシステム全体が自己増殖と自己強化のダイナミックスを発展させていった。ヒトラーは部下が彼に求める要求から逃れることができなかった。それは部下が彼の要求から逃れられなかったのと同じだった。彼が自分の地位や命を失う危険を冒したくなければ、部下の期待を裏切るわけにいかなかった。彼の部下への圧力が大きくなるにつれて、彼に対する部下からの圧力も大きくなった。当然のように、体制の過酷さも粗暴さも、体制をおびやかす力に応じて増していった。国家社会主義の指導者たちが自慢していた規律とか力量のうわべの下では、緊張、葛藤、競争の重圧が極度に高まっていた。

一九三三年以後ドイツが強力な戦争機械に変身して、ヨーロッパの大部分を迅速に征服したために、その背後に潜んでいる残忍な仕事は多くの場合表に出なかった。勝利は一人の天才の業績であり、残虐行為は偶発的なもののように見えた。人々は成功を見て、そのために払われた犠牲は忘れていた。他の民族には平時にそれだけの犠牲を払う覚悟はなかったことが、初期の成功を可能にしたのは言うまでもない。その成功と体制の圧制的性格は相互補完的であって、成功に乗じて、国の資力をあげて軍事的優勢を獲得し、ヨーロッパを支配する地位に達しようとするヒトラーと彼の部下たちの無謀な決意が分からなかった。この目標の前では、そのほかの事柄はすべて抑え込まれていたのである。

国家社会主義者が彼らの冷酷さや残忍さへの反対勢力を抑え込んだ技術は、きわめて有効であった。テロが短期間の支配手段としてこれ以上有効に使われたことはそれまでなかった。強制収容所は体制に対する現実の敵や敵と思われる者を動けなくしたばかりか、その他の住民を震え上がらせるのにも非常に有効だった。強制収容所はドイツの戦争努力を可能にした重圧の特徴をよく示している。だが、もし国家社会主義者が、ドイツ人に個人の自己抑制に必要な補足として国家による外的強制を易々と受け入れさせるような信念や行動の伝統を遺産として受け継いでいなかったならば――つまり、もしドイツ人の良心の構造が、公共的な事柄において的確に機能するうえで国家当局による規制と制御を必要とするようなものでなかったならば――、強制収容所やその他同様な措置がこれほど決定的な影響を与えはしなかっただろうし、順応と服従を強制するのにこれほど成功はしなかっただろう。国家に対するこのような依存が、ドイツ人の国民や国家への同化に――国家が圧制的であるかぎりでは、圧制者への同化に――独特の特色を与えたのである。

体制の措置が何らかの反対や反逆に対してきわめて有効で完璧であるために、ドイツ国内でも多くの場合は、国家社会主義者による圧制への抵抗は不可能だと感じられていた。ドイツ人による有効な抵抗は事実上不可能だったが、それは、国家に対する反抗を困難にするすべての外的な強制力のためであるより、むしろ公的生活のあらゆる問題において、支配者や代表者が誰であろうと、大半のドイツ国民の良心や自己抑制が著しく国家に依存したままだったからである。国家に対する国民大衆の絶対的忠誠を確保するために国家社会主義者が使った徹底的な教育や宣伝の技術は、人格構造の特色を強化したにすぎないのであって、その人格構造は、個人による行動の規制が国家による統制や制御に大きく依存するような構造のものであり、そういう人格構造が、人々が仰ぎ見てその姿を自分の良心に刻みつけることのできる国家指導者の要求に忠実に服従する素質を個人のうちに作り上げていたのである。

国家に依存する良心を具えたドイツ人の一団が、「合法的」に設立された政府を「非合法」な手段で転覆させようとめざしたとき、こういう弱点がよく示された。戦時中にドイツ国家の元首を殺そうと決意した関係者たちは、決意を固めるには深刻な良心の葛藤をへなければならなかった。自分を立派なドイツ人とみなし、ドイツの国民的伝統やその理想に完全に同化していた貴族や将校を含む人々が、国家のトップに立っている男に反抗してその男を殺そうとしたことは、ドイツの歴史にはほかに例がない。その試みが失敗したのは、見かけほど偶然だったわけではないのかもしれない。

21

多くのドイツ人が心の底で憎しみや疑いを抱いていたかもしれないが、圧制者との同化がどれほどのものであったかは、戦時中にも、戦闘部隊やドイツ国民の士気がそれほど衰えなかったのを見れば明らかである。国民が体験していた著しい緊張の重圧を知ったうえで国家社会主義システムを眺めると、ドイツ国民の大半が抱いていた支配者たちへの共感や信頼が、厳しい結末を迎えるまでともかく生き続けていたことがいかに重要なことであるかがよく分かる。東部でも西部でも敵軍がドイツ領土に踏み込んで、ドイツの中心地を前進したときでも、大部分のドイツ人は国家当局や党当局の命令に無条件に服従していたのである。

ある程度まではこの原因は、結局はヒトラーが、彼だけが、多くのドイツ人には全滅を防いでくれると思われていたことにある。しかし他の国々なら、別の民族であれば、人々は状況をほどほどに現実的に見定めて、そういう信頼は捨てていただろう。殺し合いを続けるのは無駄だと思って、彼らは完全に絶望して服従するのを止め、自分たちを欺いた支配者に怒りをもって反抗したことであろう。だがドイツ人は決して服従を止めなかった。ドイツ国民の大部分は総統が死ぬまで、もしかするとその後もずっと総統を揺るぎなく信頼していたと言っていいだろう。

ヒトラーの優れた才能の一つは——そして彼の成功の主なファクターの一つは——、ドイツ人の指導者とその部下なら国家の危機において満たしてやらねばならない欲求に対する直感的理解であった。ヒトラー自身の情緒的な欲求は、彼の信奉者たちの情緒的欲求と一致していた。言葉で表わされるかどうかに関わりなくどういう情緒的信号に対しても、絶望的と見える苦境や危険から救ってくれると信じて信奉者たちが指導者に求め期待している通りの情緒的信号で、ヒトラーはあまり考えることもなく即座に応えた。だが信奉者の欲求に対する彼の答えだけが唯一可能な答えではなかった。当時のドイツの状況で彼が登場したように、少し別の仕方で国民的「救済者」の地位に就きうる別の「総統」も潜在的には存在していた。そしてヒトラーの象徴や信号に対して、否定的な反応をするドイツ人も少なくはなかった。

それにもかかわらず、ヒトラーが権力の座に就いて、——いくつかの点で他の国々の危機の指導者とは異なる非常に独特の役割である——ドイツ総統という役割を果たすことができたのは、彼の人格構造と多くのドイツ人の欲求がまったく一致していたからである。国家元首の役割を実に見事に果したために、彼はしだいにドイツ国民の大半から元首として、すなわち彼ら自身の良心の象徴的な補足として、また彼らの「われわれ」の理想の象徴的な体現者として認められたのである。

ヒトラーが国家社会主義者だったという、顧みると多くのドイツ人には非常に奇妙に見える事実は、戦争中のドイツ国家の元首、あらゆるドイツ人の総統という役割に比べれば背景に隠れてしまった。総統として彼は、ワイマール共和国の指導的人物は誰ひとり十分に満足させえなかった感情的欲求に応えた。一九三〇年の危機が深まり、次に国家社会主義者自身が作り出した一連の危機が起こるとともにしだいに強くなった欲求の一つは、盲目的に服従でき、自分から責任の重荷を取り去り、すべての国民的な期待や願望を満たし、ドイツの屈辱を終わらせて新しい偉大さをもたらす新しい力への憧れをいわば魔法を使って実現してくれる人物への欲求であった。

他の点と同様この点でも、ヒトラーを現代社会の一般的な基本特徴の象徴とみなすことができる。社会生活の緊急課題の多くは、われわれが「自然」と「社会」に分けている両方の問題に素朴な社会が取り組んだのとまったく同じような仕方で取り組まれてきた。魔術めいた手法でそれを解決しようとしているのだ。ヒトラーがドイツで素朴な部族集団の雨乞祈禱師か魔法使いかシャーマンに酷似した機能を果たし、酷似した特徴をもっていたと言うのは、決して言葉のあやではなく、事実の確認にすぎない。雨乞祈禱師が長期間の乾季のために飢えや渇きに怯えている人々に向かって、雨をふらせてやると断言するのと同じように、彼は動揺し苦しんでいる国民に向かって、最も望んでいるものを与えてやると断言した。そして部族の酋長のように、彼は物や人間を犠牲に捧げることを要求した。ドイツ人は新しい自信、新しい偉大さ、新しいプライドを渇望していた。彼はドイツ人に向かって、その願いをかなえることを約束した。疑いもなく彼自身が、自分の約束を守る能力を信じていた。彼が全能の力を深く感じていたことは疑いがなく、それを彼はある程度自分の信奉者にも感じさせることができた。演技し嘘をつく場合でも、彼はそれと同時に自分には、ドイツの偉大さを回復させ、全世界ではなくともヨーロッパを支配する使命があることを心から信じていた。

このようにしてヒトラーは、そういう欲求を抱えている点では、ドイツ人だけでなく他の多くの近代国家の国民も単純で「無邪気」で「原始的」とも言えるような、部族社会とあまり変わらない欲求を発《あば》き出してみせたのである。「自然」と呼ばれる宇宙次元での出来事の制御は比較的進んでいるのに比べて、社会としての人間自身に対するコントロールの程度は最高に発展した社会でもまだきわめて低い段階にとどまっている。社会的次元では今日でも、諸関係についての客観的知識が欠けているために制御不可能な出来事を、魔術的な方法で制御できると思われている場合が少なくない。自分が巻き込まれている広い意味での社会的過程に対するたいていの人々の態度の特徴が、指導者の態度のうちにも顕著に認められる。特に危機的状況では、国民大衆は「進歩した」国家においても、素朴な部族社会が氾濫や気象や乾燥や病気について理解していた程度にしかその特質を理解していない危険によっておびやかされていると感じている。そして部族社会と同様に、国民大衆は怪しげな真理や神話で自分の知識の間隙を満たそうとしがちである。

ヒトラーは本質的に革新的な政治的魔術師であった。ほかの者ならもっと慣習的なやり方をとったかもしれない。国家社会主義体制は社会神話や社会の魔術的操作のきわめて悪質な形態であるが、まさしくそれだけに、国家社会主義体制には、社会的問題の操作や現代の社会的諸問題の解決において人間能力の達した段階がはっきりと現れている。

衝撃や疑いにもかかわらずドイツ民族の士気が衰えなかったという事実は、ドイツ人が――外的な強制によってだけでなく、彼ら自身の要求や信条によって――最高のシャーマンやその助手たちにいかに強く結びついていたかを示している。生活は不確実で絶望的であったが、その不確実で絶望的な状態を直視せざるをえなくなったとき、生活はほとんど耐え難いものだったであろう。魔術的行為や神話的教義には麻薬のような作用があり、それが、身体的生命や生の意味をおびやかす出来事に対する無力さを思い知らされてのショックや意識の完全な覚醒から人間を守る。それと同時に魔術的行為や神話的観念は、まさにそういう魔術的行為や神話的観念を求める欲求を生み出す、恐るべき出来事に対する人間の無力と無知の状況を維持し新たに生み出すのにも役立つ。神話的思考が減れば、社会的出来事の連関について現実的な思考が可能になり、魔術的行為が減れば、こういう危険に関して現実的な形の行動が可能になるかもしれないと考えることを妨げる情緒的緩和剤を、魔術的行為や神話的観念が人間に提供するのである。

これが、支配的な夢想を抱く他の民族と同様に、当時の体制下にあって、ドイツ人が行動においても思考においても陥っていた悪循環であった。ヒトラーと国家社会主義の信条が不安を再生し強化する役割を果たしているのに、ヒトラーと国家社会主義の信条がその不安から信奉者を守ってくれるように見えていたのである。「人種」のような生物学的概念を広く魔術的、神話的な意味で使うことは、現代における「自然」への科学的アプローチが「社会」への魔術的 - 神話的アプローチに役立てられる奇妙なやり方の多くの例の一つであって、そこには、科学的概念が別のコンテクストでは神話的概念に変形しうることがはっきりと示されている。

ドイツの象徴とみなされた総統に対する多くのドイツ人の信頼の根本的な単純さや、それと結びついている厳しい結末まで保たれたドイツ人の士気の高さが、知的な議論によって曖昧にされているのは珍しいことではない。ドイツ人は確信を抱く国家社会主義者であるか、そうでなければ、確信を抱く民主主義者であり国家社会主義者の敵であると書かれているところを見ると、そういう議論はドイツの（またはどこか別の国の）国民大衆が明確で整然たる信念体系に従っていると想定しているように思われる。だが総統への信頼や、彼が最後まで国民の大半に及ぼした力に対する信頼は、こういう簡単明瞭な政治的カテゴリーでは適切に説明するのはほとんど不可能である。そういう信頼の根底は、結局のところ、単純な人々の単純な要求であった。彼らは世界政治の大きな出来事に対しては無力であるために、自分たちの要求にかなう性質や特徴をもつ男、つまり外的な強制装置を使って、依存的でひ弱な自己抑制に大きな衝撃を与えずに、あらゆる犠牲や努力にも、戦争へ向かう社会の全重圧にも、耐え抜かせることのできる男に傾倒していたのである。

22

こういう人々の本音を聞けば、彼らの状態がもう少しよく分かるかもしれない。以下の引用は、一九四四年に前線に書き送られた手紙からの抜粋であるが、前に一般的なレベルで説明した問題を実例に即して分からせてくれるだろう(12)。

(四四年七月六日) ローベルト様

会にまたもや悪い知らせが届きました。——マルティンが戦死したのです。……それを聞いたとき私は倒れそうになりました。……クリスマスを私たちは二人で祝いましたが、そのとき彼は突然召集されて、それ以来、休暇も取れなかったのです。……あの人たちがもう戻ってこないと思うと恐ろしい限りです。そんなことは想像もできません。——

今日アンネ＝マリーエが泳ぎに来ました。彼女はヘルベルト・ウーリッヒといま文通しています。私は初めて聞きました。

今日の水泳は素晴らしくて、水温は二十二度でした。子供たちはとても楽しそうでした。あなたがいま休暇で戻って、一緒に毎日泳げたらどんなに素敵でしょう。でも残念ながら、戦争が終わって、あなたが家に戻るまで待たねばなりません。

これで終わりにします。もう遅いし、まぶたが閉じそうなのです。……

リリー

（七月十九日）

……驚いてまだ膝が震えています。まるで重病から立ち直ったばかりのようです。非常に疲れて、具合が悪いのです。——

ヘルマン、日曜日には埋葬がありました。前に書いたように、私はお勤めをしました。埋葬がどんな具合に行なわれるのかが分かっていたら行かなかったのに、といろんな人たちが言っていました。みなナチのお芝居に怒っていたのです。牧師さんはつけたしでした。家族の人たちは怒ってしまって泣くこともできませんでした。済んでも始まったときと、それは同じでした。

（追伸。七月二十日）……また警報が鳴りました。あいつらが私たちの上空を飛んで行きました。N市へ向かうのです。物凄い爆音でした。シュタイガーさんの所にはとても立派な納屋があります。ここの人たちはたいへん興奮していますが、私は実に落ち着いています。毎日、廃墟を通りかかるたびに、気の毒で、何もかも失ったかわいそうな人たちのことを思わずにはおれません。わが家ももうすぐこうなるかもしれません。

これまでに六十三人の方が亡くなられました。昨日は女の人の死体に出会いました。昨日の朝の空襲警報で、フランツェンさんの奥様は興奮のあまり、水車小屋のところで心臓麻痺を起こしました。レーバー夫人もとても興奮して、おとといは一日中泣いていました。教会がなくなってしまったので、彼女はいまも泣いています。日曜の九時に礼拝が行なわれるはずでした。私は八時四十五分に行きましたが、礼拝が終わろうとしているときにまた警報が鳴りました。十分前に警報は解除されました。それから信者のために鐘が鳴らされました。人々は急いで中に入って、オルガンが始まりましたが、また空襲警報なのです。

ラジオはまだ鳴っていますが、今はもう音楽を聞く気にもなれません。……

（七月二十一日）……ほんの二、三時間でも会ってあなたの口や優しい手にキスしたい。――もうそれもできないと思います。私は自分の気持ちが驚くほどはっきりしました。……今日はもう二回も地下室に入りました。きりがありません。……連中は街を本当に粉々に壊してしまいました。平静が失われたら、長い間にはきっとひどいことになるでしょう。

（七月二十五日）……前線の兵隊さんと本当の仲間になれるなんて、実に素晴らしいことに違いありません。男の人なら、少なくとも親衛隊の人たちなら、みな私と同じように思うことでしょう。私たちは心配していません。でも、私が信じているのは今でもあの親衛隊なのです。私は親衛隊に入ったわけではありませんが、親衛隊がきっといつか打ち勝つことでしょう。それを私は信じて疑いません。だってあなたを知っているからです。あなたほど女性にとって模範になる人はいません。誇り高く気高いあなたが目に見えるようです。あなたにふさわしい者になることが私のしたいことなのです。……もっと後になってあなたが私の態度を見たら、きっと私をあなたの妻にしてくれると思っています。

（七月二十七日）……何が起こっているのか、あなたの様子が分からないのが残念でなりません。私たちの総統の暗殺計画のことはあなたの所にも伝わっていることでしょう。この運命の一瞬が転換点となるだろうと私も思っています。昨夜ゲッベルス博士が講演しました。私たちは二、三キロ車を走らせて、その講演を聞きに行きました。それは立派で、多くの真実が語られました。私が特に心打たれたのは、私たちが一つの国家社会主義の国であることを明らかにするのに、党が十一年もかかったということでした。そして何よりも滑稽だと思ったのは、私たちの民族を党の指導下に置く時がまさに今この戦争状態でやってきたことです。……国防軍の国家かそれとも党の国家かが決定されることになると二人で話したことがありましたね。今がその決定がなされる時なのです。私はそれを不安な気持ちで見ています。党はこれまでこの戦争ではあまりにも活動的ではなかったし、民族が信頼を失ったのも無理からぬことでした。それでも私はゲッベルス博士が代表者として信頼を回復するものと信じています。あの方は総統に百パーセント役立つ方で、完全なナチ党員です。そして、祖国の国防軍の責任者であるヒムラー党員は、きっとまたうまくやることでしょう。とにかく、親衛隊は国防軍のことをもう笑ってはおれないのです。国防軍もドイツ人は歓迎しているからです。あなたは国防軍が歓迎されると思いますか？　いつ、どんな仕方で歓迎されるのでしょうか？……たしかにお父さんは歓迎していますが、一つの家族のなかに二つの党があるのはいいことではありません。それでは、私たちはイタリア人と同じようなことになるでしょう。……

民族は一つにまとまるのがいいのです。戦争に敗れたら私たちは完全に駄目になってしまうことがしだいに分かってくることでしょう。

（七月二十三日）ヴォルフ様

今日は日曜日で、いま家は私ひとりです。お父さんは在郷軍人会に行っています。アンナリーゼはリーナおばさんの所に行っています。今日、七月十四日付けのあなたの嬉しいお便りを受け取りました。あなたの優しい言葉に心からお礼を申します。お便りによると、あなたはそこまで元気に行ったとのこと、そこなら、こちらのことも書くことができます。いまや敵前にいるのですね。それがよく分かりますよ。あなたはドイツ兵士にふさわしく任務を遂行することと思っています。全能の神があなたをお守りくださるように。私たちの大事なドイツは大変危険な状態です。あたり一面に敵の攻撃を受けています。七月二十日には、私たちの大事な総統の側近が総統を暗殺しようとするというとても恐ろしいことが起こりました。でも全能の神がそれをお望みにならず、総統を守ってくださったので、総統は軽傷で済みました。総統がいらっしゃらなくなったら、私たちはどうなっていたでしょうか？　結局は何もかもうまく行くと思っております。私たちの大事なエーリッヒも負傷しました。きっと近いうちに故郷に帰ってくることでしょう。去年の今頃は、あなたは家にいて、ライ麦を刈ってくれましたね。今年は別の任務を果たさねばなりません。きっと来年はもっとよくなるでしょう。もうこれでおしまいにしましょう。今週は取り入れです。あなたが一体どこに、西部のどの街にいるのか、どうか知らせてください。

では、神があなたをお守りくださるように！

かしこ
母より

神の御心ならば、またお会いしましょう！

（七月二十三日）私たちの現在の軍事的状況について、私は決して幻想は抱いていませんし、この状況を克服するためには、大変な努力と大きな犠牲が要ることをよく知っています。いまや帝国の内部でも敵がいまや自分たちの時が来たと思っているような状態になっています。しかし、ドイツの将軍が私たちの敵の卑劣な手先に傷つけられるなんて、誰も思っていません。……それだけに、国民大衆の憤慨は大変なものです。こちらの気持ちは、総統に何事もなくて神様ありがとうございます、とし

か言えません。いまや私たちが総統の味方をしなければならないのです。(13)

しかし、私たちの指導部と軍隊が突撃を食い止めるのに成功するに違いないという信頼はびくともしていません。

（七月二十四日）……元気にしていますか？　フリッツはいまZにいますが、また出て行くことでしょう。彼は夏の制服を着ていましたから、きっとイタリアに行くのだと思います。あそこは何もかも恐ろしく高くて、ビール一杯が七マルク、靴一足が千五百マルク、ワイン四半分が二十マルク、サクランボ一ポンドが五十マルクです。……でも、あなたたちの所でもすぐそうなるのでしょうね？　わが国のインフレを思い出すと、それでも安いものです。あの当時はパン一個が一兆マルクだったのですから。ああいう数字は今ではもう書けませんよ。今度の総統へのテロが成功していたら、またそうなっていたことでしょう。このことを前線ではどう伝えましたか？　こちらでは、あのニュースをラジオが伝えたときには、私たちは心臓が止まってしまいましたよ。あれが成功していたら、今頃はもう戦争はしていなかったでしょうが、その代わりに占領され、内乱が起こってボルシェヴィズムになっていたことでしょう。それがまだ分からない人たちが、それも敗戦から学んだはずの人で分からない人がいるなんて想像もできません。総統が無事でお元気なので、私たちはとても幸せです。あの方はきっと何もかもやり遂げられるに違いありません。あの方がやらずに済ますことなんか一つもないのです。このBにいるフランス人たちは、ドイツ将校のやることはわれわれが考えもしなかったことだ、などと言いました。こういう仲間がいることを、あの人たちは恥ずかしく思うに違いありません。

毎日空襲警報が鳴ります。おととい爆弾が一発、Mの一軒の家に落ちました。大型爆弾は駐車場の突撃隊宿舎を直撃しました。……Rでは一軒の家がまるごと破壊されました。死者が二人出ました。しかもそれはフランス人でした。……昨日埋葬されましたが、ドイツ人がたくさん参加しました。フランス人も私たちの埋葬に加わるでしょうか？　私たちドイツ人にはまったく真似ができません。私たちは人が好すぎるのです。それで外国人は私たちを嘲るのです。……

今でも食べ物は十分あります。私たちはいずれは勝利が来るのを堅く信じています。今は誰でもそのために力を尽くさねばなりません。前線に駆り出せる女性は依然として十分いるのですから。党の活動はまだ成果を上げていないと言う人もありますが、それが間違いであることはすぐ分かります。そうするとまたも勇気が湧いて、やる気が起こるのです。……

力を込めて、ヒトラー万歳！

母より

（七月二十六日）……二、三日前、敵機が来襲してE駅に爆弾を投下しましたが、駅には命中しないで、道路だけがやられて、大きな被害が出ました。しかしもう修復されるはずです。Lも爆撃を受けて、家が一戸破壊され、十六名が犠牲になりました。T工場やOの小屋が爆撃されないのは不思議です。二つとも［…？］のために日夜仕事がなされているのですから。おそらく敵は方向を見失ったのでしょう。敵はきっとまたやって来るでしょう。石炭からベンジンを作っているPの新設された水素添加工場は最近、周囲の民家と一緒に完全に破壊されました。人的被害も相当なものでした。これはもう戦争とは言えません。こんな破壊作業が一体いつまで続くのでしょうか？

私たちの事務所が閉鎖されたので、私もだらしない格好で薪割人として雑多な仕事をしています。

働く人がもういないからです。もっとも、駆けずり回ったり、なんとノラクラと日を過ごしている人はたくさんいますが、そういう人たちは保護を受けていて、仕事なんかどうでもいいのです。

（七月二十七日）この戦争は今年中には終わるでしょう。誰もそんなに長くもちこたえられないからです！　それでも私たちは求められるままに、仕事をやり続けなければならないのです。

（七月三十日。ドイツ東部地区から）……原則として私は戦争のことは書きませんでした。ただ、あなたが東部のことをどう思っているかを知りたいのです。いつかすべてが好転する、と私は思っておりますが——ここを立ち去ったほうが、いいのではないでしょうか？　パパが二週間前に突然やってきて、［南ドイツの］Qに連れて行くつもりだと言って、私たちを大変驚かせました。でも私たちは事態をそれほど深刻とは思っていませんので、それを聞いてパパもかなり安心しましたが、ロシア軍がワルシャワに入ってきたら、すぐ行くのだと言いました。今朝、ぜひともパパの農場に来るようにという電話がありました。どうしたらいいのか分かりません。賛否両論入り乱れています。まったく時代が狂ってますよ。しじゅう新しい問題に直面するのです。あなたはこれをどう思いますか？　本当にQへ行くことになっても、もしあなたがこちらに配置換えになれば、私だけはここに来ます。そうすれば、少なくとも子供たちは安全な所に移せるでしょう。

（七月三十日）……ここの状態はきっと実に大変なことになるでしょう。——私の楽しい楽観も萎み始めました。——彼らはほとんどワルシャワに入って、バルト海のあたりも楽観できません。——追い払われるのではないかと、私はとても気をもんでいます。——そうなったら、私たちはきっとほとんど何も持って行けないでしょう。——小さな荷物しか持てないでしょう。私はイルマのところに行くつもりです。子供のいる他人の所よりも知り合いの所のほうがいいから。……

（八月二日）前略

取り急ぎ一筆差し上げます。畑から戻ったばかりです。ライ麦と小麦は取り入れを済ませました。お父さんはきっとあなたにいて欲しいのでしょうが、私もあなたにいいベッドで寝てもらいたいのです。いつになったらそういう時が来るのでしょう？　昨日は飛行機が四時間も来ましたが、……また助かりました。Ｋ（とＸ工場）では……いたるところ炎々と燃え上がりました。黄燐焼夷弾が落とされたのです。Ｋ駅は完全に駄目になりました。昨日ほどひどいことはこれまでありませんでした。列車もなく、郵便も来ません。もう数日たちました。何もかも破壊されてしまったのです。

お元気で……さようなら

インゲン豆のサラダを作りました。何よりの御馳走でした。

（八月六日。田舎のある女性宛）……しかし、くよくよ考えても無意味です。一人のお方が私たちの時代を手中に収めているのです。それが今では唯一の慰めなのです。ここには非常に重苦しい気分が支配しています。誰ももう自分を勝手にどうすることもできないからです。昨日、ヒトラー青少年団の一人から次のような書類が届きました。

「マルホルト行動（偽称）のために、あなたに炊事場の手伝いなどの女性向きの仕事をしてもらうことになりました。八月七日月曜日以降呼び出しがありますので、待機していてください。……

郡婦人団長　ミシュケ」

今日の昼前に知らせがあり、土木作業労務者の世話をすることになっているのを聞きました。昨日は、高等学校の生徒百五十名が目標も知らされずに出発して行きましたが、今日は女子高等学校の警報で、いろんな高校の教頭や教諭が、明日の動員を（労働服を着て）待機するよう命じられているのを知らされました。先生たちはみな六十歳以上で、なかにはもっと上（六十四歳）の先生もいます。そのうえ物凄い暑さです！　天気はよくなるかもしれません。誰でもできることは、進んで手伝いますよね。でも、六十歳の人たちを使ってはいけません。私でもこの暑さは耐えられないし、あんな粗末な所に宿泊させるのはもう駄目ですよ。……何か起こって、私は行かなくてもいいようにならないかなあと思っています。……

（八月八日）オットー様

今日、七月三十日と八月一日の二通の手紙を受け取りました。ありがとうございました。こちらは相変わらず暑くて、大変蒸し暑いときもあります。昨夜は雷雨がありましたが、ここはほとんど降りませんでした。取り入れはもうすっかり済みました。……シュルツェの娘さんと結婚したダーン氏が公務中に行方不明になったことが、日曜日に分かりました。手紙の来ない人はほかにもたくさんいるようです。ここでも二、三十人はいます。アヒムからも六月二十日以後手紙が届きません。ダーン氏とちょうど同じくらいです。見るにつけ聞くにつけ、どこもかしこも嘆きと不幸ばかりです。時にはもう人々と付き合う気にもなれません。ありがたいことに、今のところ空襲はありません。あなたたちの所もそうあって欲しいと、いつも心配しています。最近は特に心配で、ぐっすり眠ったことがありません。……

さようなら
あなたのアルマと子供たちより

（八月十七日）そのうち戦争はきっと終わることでしょう。でも、フランツ、敵はいたるところに着々と押し寄せて来ています。東プロシアではわが軍の陣地を越えました。兵隊さんたちがロシア軍を食い止められたらいいのですが、それが心配です。兵隊さんに責任はありません。責任は指導部にあるだけです。彼らが最後の手段に出たのですから。兵隊さんが祖国のために戦っているのを聞くたびに心が痛みます。

（八月二十一日。最初の部分は狩りの話）こんなことをなぜ全部書くかというと、半時間でもあなたに勤務のことを忘れてもらいたいからです。……戦争のことなど聞きもせず見もしなかった頃は、Gは実にのどかでした。苦情を言ってもめごとを起こす人もいませんでした。新聞を読んだりラジオで軍隊のニュースを聞いたりして、驚くばかりでした。でも、奥さんたちはこれは別世界のことで、まったく関係がないと思っていたのです。ところが今の状況はとても深刻です。空軍の優勢は否定できません。「数週間のうちに事態は一変するだろう」とあなたは書いています。どうしてそうなるのか私には分かりませんが、あなたはきっと分かっているに違いありません！ 敵機はわが軍の戦車工場を組織的に捜し出して、壊滅させています。ヤンキーたちは歌いながらやっているのかもしれません。……工場長の話によると六十パーセントは恐ろしい空襲で破壊され、……壊れたホールの片付けにいま工員総出で頑張っているそうです。労働者の九十パーセントは外国人だそうです。……疑っている人もいますが、V2号は事実、攻撃準備ができています。なぜなら、最高司令部には奇襲攻撃をかける理由が十分あって、多くの人々にも、わが軍はもう戦争に負けたように思われるからです。特にこの地方では、………職業や身分は無視して十五歳から五十歳までの……あらゆる女性が戦争に動員されているからです。そのうち命令が来て、翌日には旅立つ覚悟でいなければならないのです。でも私には、そのつらい仕事があの有名な大西洋の土塁以上に意味があるとは思えません。でも、不平を言ってはならないのですね！

家主さんの息子さんが昨日、両親に寄越した手紙に私は大変励まされました。彼は農場の管理をしていて、四十歳くらいですが、東部戦線の北の端にいます。こう書いてありました。「戦争に負ける心配はありません。ロシア軍に無数にいるかに見えた人間ももう尽きました。ロシア軍はここでは部隊に空いた穴を十二歳の子供で埋めています。わが軍の戦車が前線を突破すると、その後ろには予備軍はおらず、誰もいない驚くほどのからっぽの地域が広がっているだけです。ここで側面攻撃をかけてなぜ混乱させせないのか、私には分かりませんが、われわれが限りなく信頼している指導部には、その理由がきっと分かっているのでしょう！……」

警報は毎日、しばしば夜中にも鳴ります。……敵機がいる場所を絶えず知らせる有線放送が（これは実に素晴らしい設備です）警報を流すと、われわれは急いで防空壕を捜します。……もちろん、そこに長くいるわけではなく外に出てドアの前に立っているのです。高射砲が照明弾を発射すると、照明弾が街全体を真昼のように明るく照らし出します、これは実に素晴らしい光景です。……われわれにはこの世で失うものはもう何もありません。われわれは命も幸福も超えてしまっているのです。

これらの手紙の抜粋を読むと、出来事の現実の進展によって、戦争に勝って、敗れずに済むことがしだいに信じられなくなった頃の、普通の人々の考えや気持ちがよく分かる。そこには、希望に満ちた素晴らしい夢から覚めて、最初は想像もできなかった恐ろしい現実に目を開き始めている様子が示されている。たいていの他の国々よりおそらくいくらか強くて、無批判的であったにしても、ドイツ人も他の多くの国の人々と同様に、自分たちの指導者の約束や予言を信じていた。だが、いまやそれが空約束であり、偽りの予言だったことが明らかになった。

ヒトラーが政権の座に就いてからは、たいていのドイツ人は多かれ少なかれ、少数派に掌握された受動的な存在になっていた[14]。ほとんど完全な政治的受動性と無責任の時期、そこでは自立的な政治的思考の試みはみな非常な危険にさらされていた時期が、ドイツ人を比較的絶望的な状態に陥らせていたのである。勝利の幻影が色褪せて、生活が困難になり、慌しく変化し不安定になったとき、自分の家、家族、個人的な友人や財産が、残された唯一のよりどころとして以前より大きな意味をもってきた。多くの人々にとって、広い世界はその親しみ深い姿を失っていった。こうして、私的世界がますます生活における唯一の確実な要素となった。多くのドイツ人は関心をいっそう「個人に向ける」ことで、軍事情勢の明らかな悪化に対して応えていたように見える[15]。

これらの手紙のなかには、空襲を示唆した個所が多く見られる。それらはたいてい、少なくとも表面上は、相当な自己抑制を示している。前線にいる家族に「不平」を言わないように警告して、少なくとも外部に向かっては、国民の士気を保っておこうとする当局の措置がそこに働いていたのかもしれない。近隣の破壊や知人のなかの犠牲者について述べられている場合でも、その報告は事実を伝えるだけに抑えられている。明らかに深い感情に促されて急いで書かれているにしては、公然たる苦情や訴えがほとんど見られない。「もう何もない気の毒な人々」というような言葉のはしばしに、底に秘められた緊張が少しうかがわれるにすぎない。

それに引き換え、増大する破壊についてはは個人的にも一般的にも述べているのが非常に多い。それは、人々にはこういう経験に対する心構えがほとんど出来ておらず――、ドイツの飛行機によるワルシャワ、ロッテルダム、ロンドンのような都市の爆撃について、彼らがいかに意識していなかったかを非常によく示している。自分たちの空軍がもたらした破壊について聞いたり読んだりしたことがあっても、その空爆の結果をはっきり思い描くだけの想像力も関心も彼らにはなかったのだろう。ドイツ軍の戦争行為を正当化するプロパガンダも、ヒトラーの空軍が敵の都市の市民に与えた苦しみに対する一種の不感症を作り出していたのであろう。そのため、戦争が戸口に近づいたときの衝撃が大きかったのである。

これらの手紙に書かれている、空襲その他の戦争の危険に直面した際に明らかに見られる訓練や自制心は、外部からの絶えざる圧力や強制だけで生まれたのではなく、何もやれないという深く浸透した感情からも生まれていることを示しているものが多い。引用した言葉（その他それに類するもの）から受ける最も強烈な印象の一つは、自分たちを組織して、国家機関とは独立に、またはそれに対抗して共同行動を起こそうとする能力も可能性も失い、麻痺してしまった従順な国民という印象である。公的問題からの比較的顕著な後退、つまり「私的領域への閉塞」の傾向はこういう無力さの裏側であった。

敵軍が東西から押し寄せてきたとき、公的な出来事の成り行きへの関心を全然もたないわけにはいかなくなった。手紙の引用はその反応が多種多様だったことを示している。少なからぬ書き手が、最後の時期になっても、敗れるかもしれないことを認めようとしていないのは明らかである。そして、終わりが近づいているのが分かっていた人々でさえ明らかに、自分は死ななくてもドイツが敗れれば、自分のあらゆる希望と願いも終わりだという気持ちを抱いていた。近づいている敗北を、ドイツは自分の生きているうちに取り返すことはできず、その後は悲惨で不幸な人生を過ごすほかはない破局だ、と彼らは感じていた。

敗北に直面しての極度の絶望は、この連関で無視できない問題を示唆している。たいていの人々は当時――敗戦後の祖国が直面するものを思うとき――、ドイツが今後長期にわたって世界政治において大した役割を果たすこともなく、ドイツ人が破壊から立ち直って、ほどほどに満足できる生活を過ごせるようになるまでには何世代もかかるだろう、と思っていたのであろう。こういう予想がその後の発展によって覆されたのはなぜかという問題に、ここで立ち入るわけにはいかないが、それが覆されたということ、ドイツが政治的には分割されていながら、少なくとも部分的には完全に立ち直ったことは、現代における戦争の無意味さと無益さを最も決定的に示している事実である。

この発展は、前産業期と高度産業社会時代とにおける戦争目的の違いについて、先に述べたことが誤りでないことを明らかに示している。産業社会の住民には、社会を維持するために必要な知識とそれに必要な技能がある。世界のドイツ以外の国がドイツ人を絶滅しようとか、どこか別の所に移住させようとか、即座に飢え死にさせようとでも思わないかぎり、敗戦後も産業社会再建のためにドイツ人に必要な資金を与えて援助しないわけにはいかなかった。

結び

ヒトラーや国家社会主義の名前と結びついている文明化の深刻な挫折には、一緒に作用している二つのファクターがある。その一つは、ドイツの長期の発展の特質であり、もう一つは、その当時ドイツが到達していた段階の特質である。前者には、まずドイツの異常に混乱した長期発展の型と、とっくに失われた「帝国」をドイツの偉大さの象徴とし、その再生を未来の最高目的と思わせる慢性的な敗北と、大半のドイツ人に公的問題における従属的で比較的ひ弱な良心を残すことになった、ほぼ直線的に連続した専制の伝統が挙げられる。こういうファクターやその不都合な結果は、必ずしも挫折に導くものではないが、文明化の特定の形態の挫折へ至る道を整えたものである。

そのほかにも直接的な原因がある。そのなかでも中心的な役割を果たしたのは、一方では、ドイツ民族のうちでも有力な集団の伝統的な野心であり、他方では、一九一八年以後のドイツの新たな勢力失墜であった。こういう葛藤を極端にまで押し進めたのが一九三〇年の危機であった。

多くの有力な国家が歴史のなかで早晩出会う古典的な危機は、実際に国家の勢力が失われるのではなくて、国家の勢力がいくらか失墜し、それと結びついて権力組織における自分たちの立場や地位が危うくなることを国民が認めざるをえないときに起こる。ドイツでは、ヒトラーのような人物や国家社会主義運動のような運動が政権を握ったことが、こういう状況の特徴をよく表わしている。

ドイツ内部では産業化の進展とともに、力関係は昔の支配階級に有利な方向へ進んだ。古風なヒンデンブルク将軍をトップとするドイツ貴族の代表者たちは、幻滅した商工その他の集団の支援を受けて、失われてゆく勢力を取り返そうと試みた。より広範な支持を得ていたワイマール共和国に対する彼らの背水の陣の反抗と、支配と優位を得るために最後の戦いもせずに没落はしないという彼らの決意が、国家社会主義者に道を開いたのである。

他の国々の国民と比べると、国家社会主義者の成功にそのほかにどういうものが働いていたにせよ、国家社会主義者の台頭は、何よりもドイツ国民の大部分が徹底的に事態を回避しようとしたことを意味している。要するに多くのドイツ人は、世界的経済危機の重圧のもとで、自分の国のかつての帝国としての偉大さが永久に失われたと感じたりそう考えたりするのを回避したのである。ドイツの立場が世界の諸国民の間で弱まったとはどうしても認めたくなかった。魔術の象徴ハーケンクロイツを携えた有能なシャーマンであるヒトラーは、ドイツ人大衆の前に、優れたドイツ帝国という蜃気楼をもう一度呼び出してみせたのである。

昔の偉大さを求めて背水の陣で戦う偉大な国民と同じように、ドイツの指導者たちもこういう状況において、自分たちの目的に合えば、いつでも礼儀の規範や誠実さや他の人々への共感などは一切かなぐり捨てた。ドイツの消えつつある栄光を救うという目的が、すべてを正当化するように見えた。好都合な信条を強化し不都合な信条は拒絶することによって、ドイツ国民の広範な集団をして、集団的幻想という繭のなかに自分を閉じ込めさせることになり、——自分たちの昔の勢力も優位も失われて二度と戻ってこないことを認めざるをえないときに、どういう強力な国民も有力な社会組織も経験する——「認識のショック」から身を守らせることになった。多くのドイツ人はドイツが一九一八年に紛れもなく敗北したこと、あるいはヴェルサイユ条約の制約はその長所や短所はともかくとして、逆にドイツが勝った場合に敵国に課そうとする制約に比べれば、きわめて緩やかなものであるのを認めることができなかった。そこで国家社会主義者たちはドイツ人に、自分たちは依然として一流の大国であり、ドイツの支配者が大国としての資力を使って、中世の皇帝と同様にヨーロッパの広大な領域を支配することになるという確信を新たに甦らせたのである。彼らが行なった弾圧、暴力、蛮行のひどさが、ドイツにもう一度偉大な外見を与えて、ドイツが優勢だった時代も帝国の夢も過ぎ去ってしまったという認識のもたらすショックを回避するために、どれほどの苦労が必要だったかを物語っている。

V　ドイツ連邦共和国について

1*

今日少し距離を置いて西ドイツを見るとき、驚くべきもの、最も恐るべきものと思われるものに、国民の一部が他の一部に対して感じている恐ろしいほどの敵意や敵愾心がある。連邦共和国のすべての階層や地域が相互に依存しているという意識がなくなりつつあるように見える。それに関連して、人々は途方にくれて「一体われわれはどこへ向かっているのだろう？　ドイツ連邦共和国に未来はあるだろうか？　あるとすれば、それはどういう未来なのか？」と問うているように思われる。しかもドイツ近代の歴史の初期の場合と同じように、同じ社会の別の集団に対する憎しみのこもった敵愾心は絶対的なもので妥協の余地がない。同じ民族である相手側に対する完全な敵愾心は抑制がきかないどころか、それを抑制するのは偽りであり不正直なことであり、したがってドイツ的ではないと感じられている。これでは前の場合と同様に、妥協を許さぬ対立状態が民族のどちら側も結束させて、どちら側も意図もせず望みもしなかった警察国家や一党独裁の方向へ向かうことにもなりかねない。

少しまえフランスでは、共産主義者たちの指導者が「わが国が攻撃の脅威にさらされれば、フランスの共産主義者は最前線に立って防衛するだろう」と言明した。(1) イギリス人はヨーロッパの他の国民と同じように、強国だったイギリスが二流の国家になったことに衝撃を受けたものの、あらゆる階級や地域を超えた連帯感もイギリス人であるという自負も、全体としてはほとんど揺らぐことはなかった。ドイツでは国家社会主義者たちが自国を果てしもなく褒め称えたため、そして彼らの壮大な集団的夢想が戦後の国際関係の過酷な現実と激しく衝突したため、特に若い世代では正反対の方向へ向かって激しい感情が噴き出してきた。国家社会主義者の大言壮語がドイツ民族の名における暴力行為と結びついたために、多くの若者集団にとってドイツ民族という名の価値はなくならないまでもひどく低下して、かつては栄光に包まれていたものが今では罵倒の対象になっている。

別の個所で述べたように(2)、若者、特に市民階級出の思想的に比較的目覚めた集団のマルクス主義への傾倒は、一九六八年の出来事において頂点に達したが、それは、国家社会主義という汚名を背負ったドイツの過去と自分たちが同一視されることから解放されたいという気持ちとも結びついていた。その点についてもっと詳しく話してもらえないかと尋ねられたので、ためらいながらもその求めに応ずることにした。そうする責任を逃れるわけにはいかないと感じたからである。社会的出来事を広い連関で研究し解明することには慣れている社会学者としては、自分の専門の仕事のせいで時事問題を短期的に見ている多くの人々のために社会的出来事を明らかにするのに役立つかもしれないと思えたからである。社会学者としての責任を感じなかったら、時事問題に取り組むことはなかっただろう。というのは最近の社会事象の広い連関を検討すれば、短期的な説明の多くが不十分なことは明らかだからである。誰に対しても、右であれ左であれ、あるいは中道であれ、気に入ることだけを話すわけにはいかない。そういうことをしても、どういう意味があるだろうか？ 私にやれるのは、今日の西ドイツ社会で起こっていることや、そこに見られる二、三の傾向、特に危険な傾向についていくらか解明するということ以外にはない。

西ドイツ国民の深い分裂や、今日この国民の間に広がっている憎悪や恐怖の高まりを解明するには、目の前の現実を見ているだけでは足らない。連邦共和国における閉鎖的なテロリスト集団の暴行やそれに応ずる警官隊の暴力の高まりは、目に見えない破損個所を一挙にさらけ出し、世界中の人々の目につくものとするきっかけになるだけで、西ドイツにおける社会崩壊の原因はずっと深い所にあるからである。

国家社会主義の指導者たちが発展を遂げたのは、大部分は、貴族やブルジョアといったドイツ古来の指導的集団の積極的援助があったおかげだったが、国家社会主義の指導者たちは三十年戦争以後では最大の破局にドイツ民族を突き落とした。しかしドイツ国民の大半は、東でも西でもこの破局の大きさに気づかなかったように見える。ドイツ民族が二つの国に分割されたという目に見える結果には、たしかに人々は気づいていた。だが、それに劣らぬ別の重大な結果には気づいていなかった。その結果は言いにくいものである。言うべきことは多くが非常に痛ましいことだからである。それゆえ、西ドイツの多くの人々がそれに目を閉ざしているのも無理はない。自分の民族の歴史的破局を解明する試みが彼らには苦痛だからこそ、破局を忘れようとしているのである。

そういうわけで、アデナウアー政権が国家社会主義の時代は過ぎ去って、本質的には何も変わらなかったかのように見せかけたとき、それはあの当時としては正しかったのだと言われるかもしれない。次のように考えているように思われた。「ドイツはたしかに分割されたが、それは一時的な状態にすぎない。そうではないと思ってはならない。〈DDR〉とか〈西ドイツ〉と言ってはならない。ドイツの統一が必然である以上、統一は必ずまた達成されるのだ。重要なことは何一つとして変わっていないのである。すべてが昔のままで、平常通り営業しているのだ（business as usual）」。

こうして西ドイツの本当の問題、現実の問題が被い隠されたのである。動揺が大きすぎ、傷はあまりにも深くて苦痛だったために、それをまともに取り上げることができなかったのかもしれない。そこへ奇跡的な経済復興が起こり、かなりの繁栄を迎えたために、ヒトラーがドイツ民族に残した危険な遺産を公に論ずることは締め出されてしまった。現在でも、連邦共和国の比較的高い経済的能力が、西ドイツ国民の経済以外の重要な問題を直視する必要を国民の意識の外に追いやるのに一役買っている。

今日振り返ってみると、こういう隠し方が失敗だったのは明らかである。何か呼び戻しようのないことが起こったことはもう隠しようがない。西ドイツには新しい世代が育ち、彼らは自分たちの生きている社会にはどういう意味があり、どういう価値があるかを問題にしている。「しばらく待ちさえすれば、昔の偉大な統一ドイツが戻ってくるのだ」と言うだけで、片づけるわけにはいかない。そういう言い方をすると、西ドイツでこれまで克服されていない最も重大な——アイデンティティの危機という——問題を先鋭化させるだけである。顕著な方向喪失、連邦共和国の前途や価値や意味に関する困惑の増大が認められるが、それは国家社会主義の不幸とその結果である統一ドイツの崩壊の結果、新しい状況になったことをひた隠しにしようとしてきた結果である。

ドイツではナチ党が消滅したことを除けば、一切が昔のままであるように見せかけようとする理由は明らかである。その態度は昔のドイツの指導者層が尊敬すべき老人の指導のもとに、自分たちには汚らわしい成り上がり者を排除して、ドイツ民族の運命を今後も導いてゆく使命があると堅く信じていたのとそっくりである。敗北と破壊、昔の受難と現実の生活難のために麻痺してしまった西ドイツ国民の大半は、改めて父親のような人物に自分の運命を託そうという気になりがちだった。

昔は、国民が敗北によって領土の一部を失って、国王や国民の指導者集団の判断力の欠如が暴露されれば、彼らは国民の信頼を失うのが普通だった。現代では国民の大多数が求めれば、ドイツの伝統的な指導者層は自己吟味を強いられると思われるだろう。「こういう国家的不幸に立ち至ったのは、われわれの伝統や態度や政治哲学のどこが間違っていたのだろうか？」と彼らが自問するものだと思えるだろう。ドイツの指導者層がこういう自己吟味にさらされることもなく、すべてが昔のままだと称して、西ドイツの成立が投げかける新しい問題を理解しようともしていないことが、決定的にこの新しい社会に困難をもたらしているのである。この社会が何よりも必要としていたのは、指導者層が態度を変えて、もっと素晴らしい人間性と寛容の方向へ進んで、国民のあらゆる階級と世代がしっかり結びつくように方向転換することであった。その当時かもう少し後でもよかったから、人々の信頼する人物が立ち上がって、チャーチルが戦争の始めに自分の国に向かって、自分は血と汗と涙以外には何一つ約束することはできないと宣言したように、ドイツ国民にも次のように誠実に言っていたらよかったのにと思わずにはいられない。

重大な破局がわれわれに起こった。少なくとも一八七一年以来われわれの先祖が知っていた昔のドイツはもう存在しない。新しいドイツ国家が成立したのである。われわれは協力して、この国家の国境の内部に一つの国民が生まれ、いずれ将来、古いドイツの伝統の最良の部分を継承するとともに自らの伝統を創造して、若い世代やわれわれに続く世代にとって、この新しいドイツに属することが喜ばしい心躍る有意義なことであるような一つの国家が形成されるようにしなければならない。これはもう非人間的な国家社会主義体制が生み出した昔のドイツではないことを、何よりも世界と自分自身に示さなければならない。われわれが新しい人間的なドイツであることを示さねばならないのだ。そのためには、災いの根を断ち切って、国家社会主義の暴力行為に見られた昔の態度と戦って、家庭でも幼稚園でも学校でもそういう態度を解体し、はっきりとした自覚をもって、年齢や社会的地位や政党と無関係にすべての人々がお互いを尊敬する新しい立派な態度を作り上げる必要がある。

われわれは、企業家と労働者との利害対立や、そこに生ずる国民総生産の配分をめぐる綱引きを取り除くことはできない。これまで、どの産業社会も階級闘争を解決していないのである。資本主義や共産主義の産業社会よりも不平等の少ない産業社会の合理的プランは、これまで誰ひとりとして立てたことがないのである。私の確信によれば、生産手段の所有関係だけでなく、何よりも生産手段そのものを、つまり生産形態を変えないかぎり、それは不可能である。マルクス主義諸国で十分明らかに示されているように、生産手段そのものを変革しないで生産手段を国有化しても、それで人間の不平等が減ることはない。

われわれは今後も連邦共和国に階級闘争が存在することに耐えねばならない。だが、もしもどの階級も階級闘争を自覚的な自制によって解決しようとしないで、連邦共和国の警察国家によってであれ連邦共和国の右翼か左翼の政党独裁によってであれ、またもや互いに言葉や腕力で相手の口を封じたり、相手の身体を傷つけたりするほかないような状況へと駆り立てられてゆくとすれば、すべてを失うことはなくても、大半を失わざるをえないだろう。そういう事態になることを、われわれは是非とも防がねばならない。それを防ぐためには、特に国内での対決で相手側に対して自覚的に節度を守る必要がある。自覚的に節度を守れるようになったときにこそ、新しい小さなドイツにも、生き残り、繁栄し、成長する可能性があるのだ。

決意を固めた人々の一つのグループがこういう考えを社会に広めていたら、連邦共和国の多くの人々に聞いてもらえたことだろう。そうなっていたら、法律だけでなく人々の行動規範も、特に人間関係における相手の行動規範が、それに応じて変革されて、この連邦共和国は生きるに値するという感情が若い世代に生まれていたであろう。そういった感情が、今日の西ドイツの若者たちにどれほどあるかは分からないが、若者たちには、連邦共和国への不満が現在しだいに増えているように見受けられる。ドイツへの若い世代の不満を増大させている人々はすべて、短期間の満足のために国民の将来を危険にさらしているのだが、このことは言うまでもないのではなかろうか?

他のヨーロッパ諸国は前世紀に手痛い敗北をこうむって、領土が縮小したばかりか、プライドも深く傷つけられて、民族や国家としてのアイデンティティが怪しくなった。デンマーク、スウェーデン、フランスがその実例である。そういう場合、自己反省の運動が全然起こらないなどというのはまずありえないことだった。最初は声高なグループが復讐戦を呼びかけるのが普通で、一八七一年後のフランス、一九一八年後のドイツがそうであった。昔の偉大さは失われて取り返しようがないとは考えられなかったのである。その後おそらく一世代か二世代をへて初めて、欺瞞的な国家的夢想を突き破って、昔の偉大さと諸民族における昔の地位は永久に失われたことがはっきりと認識されるようになった。さまざまな分割をへた後のポーランド、ノルウェーとシュレースヴィッヒ・ホルシュタインを失った後のデンマークがそうだが——人々は現実のショックに対してどう対応したのだろうか?

デンマークには昔の偉大だった帝国を再建しようとする運動のほかに、自己反省の傾向もあった。その傾向は国の社会構造に合わせて、何よりも、大部分はまだ貧しく無教養な階層として有力な階層の外部にいた農民を小さくなった国家の国民として統合しようとした。当時のデンマーク人のなかには、国民の生活水準と教育水準を向上させるとともに、階級の格差を減らし、国民という運命共同体の意識を高めることが、社会的にも国家的にも必要であることを認識した人々がいたように思われる。敗戦後の国家革新の努力に何より役立ったのは、農業高等学校のネットワークだった。それはデンマーク農民の知識水準を向上させるとともに、生産水準と生活水準を向上させた。敗戦後デンマークがしだいに繁栄するようになって国家が生き残ったのは、言うまでもなく、こういう自己反省とそれに関連した改革によるものだったのは確かなことだろう。だが、そういう努力には、国家の防衛はすべての階層、特に若い世代の幸福と連帯感に依存するという洞察が伴っていたと見て、おそらく誤りではないだろう。

　ドイツ連邦共和国の特質の一つは、こういう洞察が特に指導者グループの人々にほとんど完全に欠けているように見えることである。戦前に育ったアデナウアー、ブラント、シェールの世代の人々は、ドイツの伝統と同化するのが当然であるように思っている。そのため彼らは戦時中か戦後に成長したルーディ・ドゥチュケの世代のような若い世代では、事情が変わっており、そういうものではありえないこと、あるいは若い世代にはドイツ崩壊の問題の最も現実的な解決は、東西両ドイツの慎重な歩み寄りだと思われているのが分からなかった。

　こういう解決に魅力を感じない人々は一種のパニック状態になって、上からいわば拳を振り回しても、戦後世代の人々のこういう確信を弱めるどころか強めるだけだということを理解すべきであった。メディアによる法外なキャンペーン、抑圧的な法律、特に官庁がそれを政党政治の手段として利用することは、「自由」とか「デモクラシー」といった政治的な選挙スローガンを見抜き、西ドイツにおける抑圧はひそかに増大して東ドイツの公然たる抑圧に近づいているという確信（問題はこういう確信なのだ）を抱く者を新たに増やすだけである。東ドイツの体制にはほとんど共感をもたない連邦共和国の若者たちを私は知っているが、彼らはこう言うのである。「どこが違うのでしょうか？　あちらでは、マルクス主義者でなければコースから外されます。こちらでは、マルクス主義者であるかマルクス主義者だった場合には、おそらく活動的な青年社会主義者か青年自由主義者であっても、コースから外されるのです」。効果的に防衛するには、ハードウェアに劣らず、若い世代の自分の国が生きるに値するという意識や連帯感が必要である。

　ところが、連邦共和国の防衛のために最新兵器に無限に金をつぎ込むことには賛成するくせに、若い世代のかなりの部分を連邦共和国から遠ざけてしまおうとしている人々がいる。私には彼らの近視眼が不思議でならない。新しい世代の目的達成のチャンスについて我慢強く、節度をもって寛容な態度で、そして意図的に配慮しさえすれば、連邦共和国の未来がかかっている世代に、権威主義的でなく抑圧のない正しい社会への鍵をマルクス主義諸国が見いだしたわけではないことを確信させるのは格別困難ではないだろう。しかしドイツの指導者層は、我慢強い自制、節度、人間性、そして特に意見を異にする人々に対する理解が苦手なのだ。

2

世界中に見られる緊張の本質については、今日かなりの混乱が見られる。多種多様な弱い集団がマルクスの思想に訴えて指針を見いだし、同盟者やイデオロギー的正当化を見いだそうとしているために、この混乱は何倍にも増大している。周知のように、マルクスの理論は、資本を握っている産業の専門家と、労働力以外は何ももたないために彼らに依存している人々との闘争というきわめて特殊な争いを取り扱っている。だが、マルクスでは、冷静な形態分析に予言が結びついている。彼は——後には、彼の信奉者たちと彼らの独裁者による産業労働者の名における革命の勝利として理解された——プロレタリア革命の勝利によって現体制が不可避的に転覆され、その後には社会的不平等もなければ抑圧もない階級なき社会体制が必然的に続くことを予言した。

国民のなかの少数派や抑圧された少数民族集団を解放するための戦いというスローガンへの変形のような、この予言的な社会理論の多様な変形を追うのは、ここでは諦めねばならない。マルクスの思想は豊かになった産業国における労働者と企業家との産業上の対決の実践においては現在は比較的わずかな役割しか果たしておらず、伝統的な工場労働の最後の世紀になりかねない世紀においては、そのヒエラルキー的な性格は東ドイツでは西ドイツよりも小さいどころか、むしろ大きいということだけをついでに指摘するにとどめざるをえない。マルクスの思想は工場における不平等を少しも変えなかった。それは豊かな産業国家内の別種の緊張や葛藤では重要な役割を果たしているが、産業国家の社会学的特性を正しく理解していない。問題は世代間の緊張と葛藤なのである。世代の連鎖において今日では、戦争が境目になっている。戦前に成長した人々の経験世界と戦後に成長した人々の経験世界との断絶は、特に一九三九—四五年の大戦の場合が大きかった。全世界の大半がそうだったが、特にヨーロッパの帝国主義国家がそうであった。そしてその最たるものがドイツであった。

イギリスとフランスは帝国主義的な列強として参戦したが、植民地を次々に失って二流の国家になってしまった。それに応じて、オランダ、ベルギー、ハンガリー、チェコスロヴァキアのような小国の（必ずしも経済力ではない）力も衰えていった。

このようなヨーロッパ勢力の衰えが、どうしてヨーロッパの人々によって引き起こされたかという問題はめったに取り上げられない。ヨーロッパ社会で今日起こっている多くの出来事が説明できないのはそのためである。正しく説明されていない出来事の一つに、フランス、ドイツ、イギリスその他の国々で一九六八年頃に一時顕著に現れた学生運動がある。ここでは特にドイツの学生運動と、それに関連するその他の運動の社会学的側面について述べておきたい。だが、それを述べるためには、ヨーロッパ的な出来事が問題であることを考えておかねばならない。一つの国だけを取り上げていては、若者の反乱とも見られるこういう出来事を説明する場合に、見る目が狂ってしまう。

一九六八年の学生運動で絶頂に達した緊張のうねりは、先に述べた世代間の葛藤から最も勢いを得ていたし、現に得ていると思われる。それはすぐ分かることであり、簡単に説明することもできる。すぐ目につく構造的な特質は、指導者たちや信奉者のかなり多くの者たちの社会的出自である。彼らは主に中産階級の若者たちであり、それに労働者階級出の社会的に進出してきた学生たちが少数加わっていた。大部分は中産階級の家庭の出であるこういう戦後世代の人々は、ブルジョアや一部は貴族だった戦前世代の人々によって支配されている社会に自分たちがはめ込まれていることに気づいた。アデナウアーもド・ゴールもその世代の人間であった。学生運動は排除された世代の先駆だったが、今日でもその状態が続いている。

彼らの先遣隊は、それぞれの社会を支配する戦前のブルジョアが政治的に重視するものや広義の人間的な価値ときっぱり縁を切った。彼らは先祖の目標や業績を総括し非難した。自国の偉大さと価値の明白な証拠として戦前のブルジョアのプライドや自尊心を育てた植民地主義的帝国は崩壊していた。ドイツの場合は、帝国の再建、帝国としての自尊心の再生を求める要求は、自分の力を超える自滅的な夢想であることが明らかになった。このことは、ドイツでは国家社会主義の経済政策によって改めて勢いを得ていた大ブルジョアたちの、自分の企業での絶対的優位を復活させようとする消えやらぬ願望についても同じだった。戦後生まれの人々には、結局、父親の世代こそこういう抑圧的理想のためにヨーロッパならびにヨーロッパに依存する世界の大部分を一九三九―四五年の恐ろしい戦争に追い込んで、ドイツの崩壊と衰退だけでなくヨーロッパの大方の戦勝国の衰退やその昔の偉大さの喪失をもたらしたのだと思われた。

このために多くの場合、戦後世代の思想的に目覚めた若者たちが直面した課題が十分に捉えられているとは言えない。ドイツだけでなく他の多くのヨーロッパ諸国でも、彼らが問題としたのはドイツで「過去の克服」という概念で示されていた問題だった。ドイツ連邦共和国の戦後の若者ばかりでなくイギリス、オランダ、フランス、イタリア、デンマークの多くの人々が——ドイツほど切実ではなかったにしても——アイデンティティの問題に直面していた。昔の国家のアイデンティティがどこででも——分割されたドイツ、特に連邦共和国ほど——評判が落ち、疑わしくなったわけではない。やむなく国家社会主義の後継者となった人々にとってこそ、「過去の克服」は特に苦渋に満ちた困難な問題であった。だがその他の諸国の人々、特に数世紀にわたる連続的な発展のおかげて、はるかに安定し深く根づいた共同体意識や共同の理想を有するフランス人やイギリス人にとっても、列強の地位を失ったことは伝統的な国民感情の深刻な動揺をもたらした。

列強の地位からのドイツの転落は二つの段階をへて起こった。そのどの段階も、ドイツのためにすべてのヨーロッパ諸国とその国外の植民地に対する覇権を獲得しようとする、貴族やブルジョアの試みが失敗した結果であった。二十世紀後半になると、ヨーロッパ諸国のこういう競争が、地球上の諸国におけるヨーロッパの指導的地位の失墜を運命づけたものであることは容易に認識できるようになった。

とにかく、以前の列強と同じ地位は最近一八七一年にようやく戦い取ったものであり、しかもヨーロッパで優位に立つチャンスとドイツでの支配権とを同時に失っただけに、一九一八年の敗北によって列強の地位を失ったことは、皇帝時代の伝統に依っていたドイツの指導者層にとっては耐え難いことであった。没落した帝国の指導者層の代表者や後継者が、国内外で同時に起こった敗北から受けた二重のショックはあまりにもつらいもの、耐え難いものだったために、彼らには、自分たちの優位が国外でも国内でも永久に失われたことを認識する余裕がなかった。そのため彼らは、一九一八年以後——最初のうちは自分たちの目的達成に好都合な道具のように見えたヒトラーのような、人気のある成り上がり者の手を借りて——ドイツを再建して、経済だけでなく軍事、政治においてもドイツを強国にするとともに、国内での自分たちの支配権を復活させる準備を進めてきた。

だが、その成り上がり者たちが彼らから支配権を奪うと、彼ら自身が破滅せざるをえなかった。プロシアードイツ的な成り立ちをもつ深く根ざした良心の構造は、その伝統のなかで成長した人々の大半にとっては、たとえ自分の政治の大きな危険が分かっていても――それが分かっていたのはごく少数だったのも確かなことだが――国家元首を引き止めるのを不可能にするものであった。この階層の大多数の人々においては、国家に忠実な彼らの良心が、復讐を受けるのを恐れずにドイツの国家元首に抵抗する有効な方策を麻痺させたのである。こうして国家元首は自分の新しい指導者層とともに大部分の以前の指導者層を率いて、ヨーロッパおよびその属領に対してドイツの覇権を確立するための二度目の戦いの準備に取りかかった。組織化と宣伝に注がれた途方もない努力や、戦争を遂行するうちに必要となるドイツの戦力の総動員を見れば、大ドイツ帝国の優位という夢想と、アメリカとロシアを含む敵国の軍事力に劣るドイツの現実の軍事力との矛盾が、しだいに感じられてきたのが想像できる。こうして、ヨーロッパにおけるドイツの覇権という夢は消え去ったが、それと同時に、意外にも、全世界の国々でのヨーロッパ諸国の覇権も消え去った。

戦後生まれの子供たちがブルジョア的伝統の非人間的と感じられる側面を激しく拒否するとともに、より人間的なエートスを熱烈に支持するようになったのは、戦前のブルジョア的な両親の世代の支配的な態度や理想と対決するためであった。その際、彼ら自身は多くはマルクスに遡る概念や思想の枠組みを使っていたし――今も使っている。国家社会主義者の組織が台頭する道を開いたのは、ブルジョア的指導者やブルジョア的な政治家や企業家だけではなく、伝統的なドイツ貴族の指導者たち、特に軍人貴族や大地主たちもそれに一役買っていた。だが戦後生まれの世代にとっては、社会構造そのものが非常に立ち遅れたものだった。特に戦後世代の戦闘的集団は戦前、戦後の社会を狭い視野で捉えて、自分の国を単純にプロレタリアートとの階級闘争によって支配されるブルジョア社会と見ていた。主に中産階級出身の戦後世代の集団が階級闘争という概念を使う背後に、重要な世代間の争い、特に戦前に成長した両親のブルジョア的な態度や規範に対する中産階級出身の子供たちの争いがしばしば潜んでいることに彼らは気づいていなかった。彼らには、社会学的総合と現実的把握においてほとんど比類のないマルクスの思想こそ、両親の世代の歴然と破滅してしまった政治的、道徳的指針と対決する際に、情緒的にも思想的にも十分な指針であると思われていた。

両親の世代の態度や規範に対する拒絶は、ブルジョア的な態度や規範の全体的拒絶として考えられたが、それが戦前世代と戦後世代における経験の違いを理解させてくれる（ちなみに第一次世界大戦後にも、それに比べるとはるかに弱いが似たような断絶が起こった）。その際、戦後に成長した者たちで新しいエートスを支持したのは、決してマルクス主義を旗印にして戦った集団だけではなかった。たしかにマルクス主義的集団は、マルクスの著作のなかにある社会学的体系と将来の正しい社会体制の予言のおかげで、行動計画としても特別な刺激を与える比較的まとまった論拠と指針をもっているが、ヨーロッパが覇権を握っていた時代の両親の世代では普通だった多くの権威主義的な態度の誤りに対する感情である新しい社会的エートスの基調は、ごく一般的に戦後世代の人々に見られるものであって、マルクス主義者でない人々にも見いだされる。

まさに最も豊かな産業国において、戦後の若者たちが全世界の人々の不正や抑圧や搾取に対する戦いや、専制的体制によって政治犯として囚われている人々や、絶滅の危機にさらされている動物や、汚染されていない土地の美しさを保護するための戦いに熱心に尽力しているのを見ることは、現代の最も感動的な経験である。彼らのヒューマニズムの倫理は、ユートピア的だったり現実的だったりするが、多くの場合はそのいずれでもある。それだけでなく社会倫理的な関心には、社会倫理を補うそれと切り離せない個人倫理的な関心が欠落していることがある。個人倫理はよくブルジョア的、自由主義的な原理として軽蔑されるが、よく見れば、個人的な人間関係で礼儀を守る社会的な義務なのである。不平等でも抑圧的でもない社会体制を作っても、人々が個人的にだまし合ったり互いに欺かれたりするのでは、つまり、相互の交わりにおいて礼儀や友情や信頼が失われているのでは、それはほとんど無意味であろう。

　比較的に非個人的である理想や原理が、個人利益が期待されるから尊重されるのではなく、そういう理想や原理へのこうした熱烈な個人的献身は、発展したかなり豊かな社会にのみ見られることは特に言う必要はないだろう。イギリスの哲学者ヒュームは当時の政党、特にトーリーとウィッグという貴族政党と地元の党員たちに、非個人的な原理のために違いがあるのは驚くべきことだ、とかつて述べたことがある。歴史家でもあった彼は、こういう対立抗争は史上空前のことだ、ふつう対立抗争は異なる集団の純然たる利害追求において起こるものだと説明している。これは実に啓発的な鋭い観察である。今日でも、比較的小さな非常に豊かなグループと餓死寸前で生きている都市や田舎の貧しい人々との間の不平等が非常に大きい貧しい国々では、個々の家族や部族や地域が比較的あからさまに自己利益を求めて、対立抗争を展開しているのが見られる。大半の住民が貧しく経験も乏しく大体において無力だから、個人的な自己利益の追求を隠す必要もないのである。

　ヨーロッパ戦後世代の相当の人々が戦前のヨーロッパに搾取的な植民地主義という烙印を押したとき、その底にあった逆説じみたものがここで一挙に見えてくる。すなわち、戦後世代の人々に先祖の搾取的エートスや世界中の不正を拒絶させる力を与えた生き方の前提の一つは、――特に、貧しい国々に比べれば国民一人当たりの資本蓄積の大きい——国家の豊かさだったが、そういう豊かさそのものは、過去における勢力の差なしには、つまり他の民族や他の階級に対する君主や貴族やブルジョアなどの支配集団による搾取なしにはまずありえないものだったのである。

豊かな産業国家の戦後世代の多くの集団には、新しいヒューマニズムの倫理に共通の側面が見られるが、ここではその側面のいくつかを簡単に指摘するだけで満足せざるをえない。その指摘によって、連邦共和国における戦前世代と戦後世代の関係の特性が分かり易くなるだろう。一九三九－四五年の戦争によって引き起こされた両世代の経験世界の断絶は、ドイツでは他の諸国以上に大きく、かなり解決しにくいものだった。その断絶のおかげで起こった国内の軋轢が激しかった一因は、最初の復興を指導した指導者グループが過去との連続を維持することを特に重視したところにあった。そのために指導者グループは、連邦共和国の戦後世代が直面した新しい問題を陰に押しやるか完全に隠してしまう必要があった。だがこういう揉み消しが、ますます世代間の軋轢を激化させることになったのである。

生まれて間もないドイツ連邦共和国のまったく新しい状況では、国の意味や価値に関する公の議論による自己吟味や、可能的な目標設定についての現実的説明が最も緊急の課題の一つだった。つまり、それまでに到達していたドイツの文明水準の破壊の一因となった支配や行動の伝統を明確にし、そういう伝統を改革することによって、今後は新しい世代もドイツの隣国も、東西両ドイツでの独裁的政党支配への逆行や到達した文明水準の低下が起こるのを恐れずに生きられるようにすることこそ緊急課題であったにもかかわらず、複雑な多党国家が原始的な独裁的一党国家へ後退した結果、そういう課題は現在の世代だけに任されたのではなくて、まず将来の世代と、昨日は敵国だった深く傷ついたが現在と未来の仲間となった国々に任されてしまった。しかし、こう問うこともできたはずなのだ。二十世紀のドイツ指導者層に現実的な判断力が明らかに欠けているのはなぜか、ドイツ国民の大部分が自己責任も共同責任も抜きにして、相変わらず上から支配されたがるのはなぜかと。

ヒトラーはドイツ国民に途方もない暴力行為の呪いを残した。それから浄化される道の第一歩として、「第三帝国」の社会的発生と心理的発生およびその興亡を解明する努力が不可欠であった。「過去の克服」は空手形に終わったが、その幕開けとして、こういう問題の公平で公式の解明を始めていたら有益だっただろうが、それは、政府の断固たるイニシャティヴなしに公然と始められることではなかった。「イギリスの良心」に関する『タイムズ』の最近のある論説にはこう書かれている。[3]「国民の現在への対応を規定するものは国民の過去に対する態度にほかならない。国民が自分の犯罪をごまかすならば、同じ犯罪を繰り返す危険が高まり、自分自身を誤解して他の点でも認識を歪めることになりがちである」。

どういう国の政府でも犯罪を犯すものだ。だがヒトラー政権下のドイツ人の犯罪が他国の国民の犯罪と違うのは、その犯罪の規模だけではなく、ドイツ人の良心の構造が異常に夢想的で現実感覚に乏しく、それゆえ無意味で馬鹿馬鹿しいという特徴をもっていることである。新しいドイツ連邦共和国における過去の克服が口先だけに終わったこと、「国民の現在への対応を規定するものは国民の過去に対する態度にほかならない」ことへの洞察が欠けていたこと、逆に連邦共和国の初期に指導者たちが実質的には何も変わっていないというスローガンを掲げていたこと、これはあの当時の状況では——連合国の介入もあって——理解できないわけではない。だが何も改革せずにドイツの昔の支配者層のやり方で国事を処理し続けたことこそ、新しい世代の多くの若者たちが、根本的に何一つ変わっていない、自分たちは相変わらず権威主義的国家に生きていると感じた本質的原因の一つだったのは確かである。その際に重要だったのは、そういう考えが正しかったか誤っていたかではない。重要だったのはまったく単純に、過去のことを自分では経験したことのないかなりの数の若者たちが、こういう確信を抱くようになってしまったという事実であった。ここにこそ彼らが過激になり、極端な場合にはテロリズムに走った根源があったのである。

ドイツ連邦共和国が今日危機的状況に陥っているのは、言うまでもなく、ヒトラーの台頭と連邦共和国の成立を明確に解明して指針を与えることをしなかったからである。というのも、戦前に成長して戦争を体験した世代が年を取り少数派となって、昔のドイツのことは聞いたことしかない人々が増えてきたとき、その人々の間には、ドイツの敗戦や国家社会主義の台頭、自分たちが継ぐドイツの没落をどう説明しうるかを知りたい気持ちが強まっていたからである。こういう若い世代のドイツ人としてのアイデンティティの感覚にとって、過去とはっきり対決することが切実な問題であった。その助けも得られず、政治は一般に、過去との明確な対決を避けようとばかりしていたために、西ドイツ国民にヒトラーの危険な遺産を忘れさせることもできなかった。こうして、特に思想的に目覚めた若者たちは、ファシズムを説明してくれると同時に、自分たちはこういう過去とは一切関係がなく、責任は完全に免れているのだと感じさせてくれる唯一の思想であるマルクス主義のうちに、アイデンティティを見いだそうとせずにおれなかったのである。

これは、東ドイツが過去を克服しようとしたやり方でもあった。そこでは、資本主義的なブルジョアが労働者の力におびやかされていたために、若い世代に対しては、ヒトラーが台頭したのは多くの大企業家の支援によるものであって、労働運動を弾圧して野蛮な暴力的支配を打ち立てたヒトラーの遺産は、空っぽの強制収容所に行けば学童でも見ることができると説明する方策が取られた。この説明は断片的ではあるが、少なくとも傷跡を残している過去とまともに対決する試みである。だが、こういう教化の試みは同時に、ある点では曖昧にしようとする試みなのだ。現在は東ドイツになっている地域の住民はヒトラーの台頭には無関係だったという印象を与えるからである。さらにこの試みは、後期のワイマール共和国をファッショ的だと称し、当時の社会民主党員には「社会的ファシスト」という烙印を押してドイツの労働者組織を完全に分裂させ、それによってドイツ・ファシズムの台頭にそれなりに貢献した、かつての共産党の政策が誤りだったことをごまかしている。

あの当時も現在も極端に割れている意見の対立には、紛れもなく構造的に類似したところがある。最も極端に国家と対立している集団であるバーダー・マインホーフの集団とその後継者であるテロリストたちは、現在の——ワイマール共和国でなくボン共和国である——ドイツ国家は偏見をもった裁判官とか、警棒やアジ新聞やその他の暴力手段を使ってすべての抵抗グループを弾圧しており、そのため肉体的暴力という手段でしかそれを排除しえないファシズムの国家となっていると言っている。今日でも強力な指導者グループはこういう少数派の暴力行為をきっかけにして、国家権力や言葉の暴力を使って、自分にとって好ましくないすべての集団や個人に対する追及を犯人たち以上の激しさで始めている。ワイマール共和国の社会内部の深刻な争いを解消するために、ユダヤ人がスケープゴートにされたように、最近の政党間の争いでもテロリストによる殺人への憤激が高まって、「シンパ」という言葉にその憤激を込めて、一切の暴力に反対するグループに対してまでこの言葉を無差別に使っている。こういう憎悪のうねりと連関して、左翼集団が自分たちの信念のもとにテロ行為を激しく非難し、テロ行為と戦っているにもかかわらず、その左翼集団に対しても国家の武力を投入する傾向がますます強くなっている。このようにして、多くの若者たちが先はないぞと脅されたり、簡単に解雇されてしまうために、——法律を強化した意外な副産物として——国家から疎外された人々の集団や、場合によればシンパの集団がますます増えている。

ドイツ連邦共和国のこういう展開を一番喜んでいるのは、テロリストたち自身かもしれない。テロリストたちは、連邦共和国では人々が自由であるように見えるのは外見だけで、その背後にはファシズムの国家ではないまでも、権威主義的な警察国家が隠れている、と以前から言っていた。連邦共和国の最近の発展によって、彼らのイデオロギーはこれまで以上に説得力を増してきた。連邦共和国内の緊張を高めることがテロリストの目的の一つだったとすれば、それは成功したわけである。指導者たちが死亡し、逮捕される者が最近増えたために、彼らの組織は動けなくなっているかもしれない。だが、憎むべき国家の崩壊または権威主義的一党独裁への変化を促しうるという彼らの確信は、彼らのために反動が起こったことによってますます深まっているのである。そして、ワイマール共和国の過激派が信じていたように、彼らも公然たるファシズムのほうが隠れたファシズムよりましだと信じているようだから、この点では自分たちの戦術は間違いなかったと感じて、自分たちの戦術を今後も変える意志はないかもしれない。

3

労働者組織と企業家組織、右翼政党と左翼政党との間の軋轢や争いは、高度産業国家に現在起こっているさまざまな社会的出来事の一つである。だが、イギリスやオランダのような国々の階層や階級の間の葛藤を暴力なしに解決してきた長い伝統を顧みて、その種の争いが国家にとっては正常な出来事であることを知り、そういう争いとともに生きようとしている人々もある。これらの国々の人々には、社会内の対決や争いを解決するに当たって、自分の感情を——多少とも——抑制しうるとともに、抑制することを求める行動様式が国民的遺産として存在している。比較的長い連続的な伝統の上に国民国家を形成した人々には、対立するグループも結局は依存し合っているという感覚があり、同じ運命共同体の後継者であるという連帯感がある。激しい反感を抱いている場合でも、彼らがイギリス人やフランス人やオランダ人としての最終的な信頼や、団結心や連帯感が揺らぐようなところまで対立を深めてはならないのを忘れることはない。

自然災害や戦争といった極端な場合を除けば、国家のなかの敵対する階層の間にこういう連帯が作り上げられるには、何世代もかかることは確かである。よほど特殊な状況でないかぎり、敵対する階級や集団が別の集団の暴力行為への恐れや不信感を捨てて信頼を取り戻したり、自分たち自身も相手側も暴力を使わない争いのルールを守り、暴力手段をもつ政府与党もルールが命ずる場合には暴力を使わずに譲歩することを確信したりすることはできない。たとえば一六五〇年から一七五〇年までの――イギリスの状況がそういう特殊な状況であって、そこには、集団抗争の激しい戦いや、相手側が武力で政権を取るのではないかという疑心暗鬼の状態から、暴力を使わない議会制の規則に従う戦いへ移ってゆくことがどのようにしてできたか、そしてなぜできたかを詳しく見ることができる。

暴力を否定する確固たる規則によって守られた議会政党による無血の戦いは、ドイツではそれほど長い伝統がない。そのため、議会制による非暴力の階級闘争が行なわれるためには、法律や規定以上に重要な人格構造が、軋轢や葛藤のこの種の解決に十分に対応できるものになっていない。十九世紀には、そして実質的には一九一八年までは、ドイツは絶対君主による上からの統治を受けていた。同じような国民性は似た運命にある他の民族にも見られるが、その種の国民性にとっては、そういう統治形態がふさわしいものであった。その人格構造は根本的に上から統治される形で出来上がっている。それは何よりも、ドイツでは――いかに必要な場合であっても――社会内の他の集団や階層への敵意を個人的に自力で抑制することを可能にする自制心や良心を発展させる余裕も、そういう機会もなかったことを意味している。外部からのコントロール、上からの命令によってしか、敵意を抑えることができなかったのである。

一九一八年に皇帝という支配者がドイツから姿を消したとき、党派間の憎悪はたちまち暴力行為となって噴き出した。その場合、特に最初のドイツ共和国の樹立に対する昔のドイツ支配階級の憤激が、当時のテロリストによるエルツベルガー、ローザ・ルクセンブルク、ラーテナウ、リープクネヒトやその他のあまり有名でない人々の殺害のような暴力行為となって現れた。その後、右翼と左翼への分裂が進んで、それがたとえば議会での対立する政党同士の殴り合いとなって現れ、最後には国家社会主義者による独裁になった。それは基本構造においては、十七世紀のイギリス革命中とその後の王党派とピューリタンとの関係にも、後にはホイッグ党とトーリー党との関係にも見られた状況と似た典型的な状況であった。つまり対立する集団のどちらも別の集団（あるいは別の人々）の暴力行為に圧倒されて、国家による肉体的暴力の独占が有効に働かなくなりそうな状況であった。互いに相手をおびやかしている集団のいずれも、相手の集団に負けないために相手を打ち負かそうとして暴力を振るうのである。お互いの脅威がエスカレートすると、最後にはどちら側かの暴力手段の独占に基づく独裁支配に至りつく。

今日の連邦共和国にも同じような両極分解が進んでいるのが認められる。左翼の多くの人々は、新しいファッショ的独裁へ向かっているのではないかと真剣に心配している。市民階級の多くの人々はプロレタリア独裁へ向かうマルクス主義的運動を恐れているが、テロリストの暴力行為によってその恐れはさらに高まっている。テロリストの暴力行為によって、国家による激しい政治的な抑圧措置がしだいに必要となり、これがまた国家から疎外された人々を増加させ、新しいテロリストを増やすことになる。連邦共和国のこういう魔女狩りの爆発がいかに非合理なものであるかは、ドイツ人の論評とイギリス人の論評とを比べてみれば一目瞭然である。たとえば『エコノミスト』はこう書いている。[4]「こういう状況が求めているのは正確な爆撃であって盲目爆撃ではない。つまりテロ・グループ中核部を的確に打ち飛ばすとともに、シンパには恐怖を与えずに、できるだけ自分の側に引き入れることなのだ」。

イギリスとドイツとの――特にそれぞれの保守的な指導者グループの――行動の伝統の違いは、この『エコノミスト』の言葉とその比較の対象となりうる連邦共和国の新聞機関の態度を比べれば明らかである。ドイツ国民に不幸をもたらしたドイツの指導者層における予測能力の欠如が、「シンパ」に対する「盲目爆撃」のうちに実に露骨に示されている。国家社会主義のうちに――極端に――現れた態度と縁を切ることもなく、国家社会主義の理論の内容から解放されるだけで十分だ、と今日でも暗黙のうちに考えられているのであろう。ドイツには、アウトサイダー集団は締め出して排除する長い伝統がある。それは、たとえばイギリスの、十九世紀ならイギリス人労働者を、二十世紀なら（英国旅券を有する）外国人労働者といったアウトサイダー集団を条件つきで徐々に同化するという、早くから実行されてきた伝統とは著しく異なる伝統的方式である。

ともかく、一方の側の暴力行為が予告されるだけでも、またその恐れがあるだけでも、他方の暴力行為を激化させる悪循環の宿命的なダイナミックスがそこには働いている。先に述べたように、多くの国々の発展のなかにそれが認められる。現代の実例を挙げれば、北アイルランドのテロとそれへの報復テロがその例である。言葉の暴力は――無視してはならないが――、肉体的暴力ほどこの悪循環を進めることはない。こういう過程の計画なきダイナミックスについてはすでに述べたが、ある国のどの集団でも他の集団の暴力行為が心配になると、先手を取って予防措置として暴力を使おうと考える。そのようにして別の集団の暴力行為への恐れがもう一方の暴力行為を呼び起こし、それに対して相手側が暴力行為に出て、その結果、その意図はなかったにもかかわらず、いずれの側かの暴力的独裁制となりかねない。新しい国家の経済的繁栄が連帯感を生み出しそれを強化しているうちは、連邦共和国でこの悪循環のダイナミックスが特に目立つことはなかった。経済状態が悪化して、共通のプライドの唯一の象徴が成長を阻まれると、互いの敵意が露骨に現れて、相手の暴力行為への恐怖の悪循環がまたもひそかに働き始めたのである。

こうなると同時に、「経済の奇跡」によって隠されていた、先に述べた国家のアイデンティティの問題という連邦共和国の中心問題がはっきり姿を現わしてくる。社会の進路を示す指針の現状では、国民にとって一番まずいのは経済危機であるように思われがちである。この点では共産主義者も資本主義者も同じ土俵に立っており、いずれも経済が社会全体の中心だと考えている。資本主義者とマルクス主義者に共通するようなパラダイムが私にあるわけではないが、ドイツ連邦共和国に忍び寄っているアイデンティティの危機は、経済危機に勝るとも劣らない恐るべき危機なのである。

国家の意味や価値の喪失や、未来についての方向喪失は、連邦共和国で特に顕著であることはあまりにも明らかで――現在のヨーロッパのどの国よりもひどいと思われる。だがこの国の若い世代にとって、それこそ憂慮すべきことなのである。「この社会には、人生に意味や価値や方向を与えるものは何もない」と彼らが言うのを、私は何度も聞いたことがある。多くの若者たちにとっては、この欠陥を埋めてくれるものはマルクス主義であった。社会のなかでそのほかにコンパスを見いだせなかった若者に、マルクス主義が方向と希望を与えたのである。そして、そうでない学生に向かって、人々は多くの学生がマルクス主義に目を向けて、自分の国を信頼していないと非難しているが、これは実に憂慮すべき事態だと思われる。人々は憤慨して、学生たちを一方的に悪いと決めつけて満足しているだけだ。この国が数多くの有能な人々を疎外してしまったことを、どう説明すべきかを問おうともしていない。国家社会主義における国民としての団結心の強制的な教育に対する反動で、新しい西ドイツにおける団結心の問題には目もくれず、まさにそのために連邦共和国内部の分裂が増大するのを、なすすべもなく眺めていていいのだろうか？

あらゆる集団を包括する運命共同体という意識が欠けているように見えることが、連邦共和国の最も困難な問題の一つであるのは確かである。連邦共和国の運命共同体は社会的事実にすぎない。マルクス主義者であれ非マルクス主義者であれ、連邦共和国の多くの人々が東ドイツおよびソ連ブロックをも含むドイツの統一の復活を真剣に考えているとはとても思えない。多くの人々には、まさにこの思わざる共同の意識や、慣れた行動様式や自分の社会的存在が、連邦共和国の存続に依存しているという意識が欠けているのである。こういう問題は、大体において、揉み消そうとされがちである。（徐々に姿を消しつつある）多くの年長者たちは、一八七一年以後のような昔のドイツ国家との同化を当然のこととみなしているようである。だが、新しい連邦国家しか知らず、昔のドイツのことは歴史書でしか知らない若い人々は、それだけでは納得することができない。昔のドイツが近いうちに戻ってくるという期待は、夢のような願いであることがしだいに明らかになった。外見的にはマルクス主義によってともかく統一されている東ドイツはそれ独自の道を進んでいる。東ドイツが近い将来、ワルシャワ条約機構を離脱して西ドイツと合併すると考える現実的な根拠はない。こういう事態がどういう結果になるかをよく見ておくべきであろう。昔の偉大なドイツの再建への希望は非現実的であることが明らかになれば、連邦共和国の人々にとっては、西ドイツ人としてのアイデンティティの問題が改めて切実な問題となるからである。

連邦共和国の社会的にも地域的にも異なる集団の相互依存は増す一方だが、この問題を公に議論することがこれまで避けられて、他の西欧諸国ではよく使われるようになっている「西ドイツ」という言葉さえ、連邦共和国ではひところ政治的にタブー視されていたために、それはきわめて曖昧で、少しも意識されていない場合が多い。大きく分裂したドイツ連邦共和国が崩壊する可能性は、たしかに否定することができない。連邦共和国の人々のなかに働いている求心力は、文化的領域では疑いもなく認められるが、前面にはっきり現れているわけではない。だが、その力はたしかに非常に強く、二大政党の激しい競争と指導者たちに鬱積している相互の反感によって、さらにいちだんと強められている。経済的利害が国をまとめるのだ、と言われるかもしれない、――だがそれは経済危機が起こらないかぎりでのことにすぎない。各州が有効な政党機構を作って、多様な政党からなる揺るぎない国になるようなことはないと保証できるのか？　こういう状態では将来、バイエルン州の首相はまずバイエルン人だと感じ、その次にようやくドイツ人だと感ずるようなことにはならない、とはたして断言できるだろうか？

国民感情はどの国民にもいわば自然によって刻み込まれていると暗黙のうちに考えて、そのため連邦共和国が「経済の奇跡」へのかすかなプライドを除けば、国民に共通のアイデンティティの感覚というセメントがほとんど欠けているヨーロッパでも珍しい国の一つであることが、人々には分かっていないのだ。昔のドイツを知っている人々と連邦共和国という新しいドイツしか知らない人々との間の、先にも述べた世代間の亀裂が、国の不統一と分裂状態をもたらしている一因なのである。古い世代の人々は「若者が国民的アイデンティティの感覚をもたなければ、彼は去るべきであり、軽蔑に値する〈祖国なき者〉なのだ」と言うかもしれない。だが古い世代の人々は、西ドイツには国家組織しか存在していないことに気づいていないのかもしれない。もっとも、これはこの国の住民が自分を国民と感じていないという意味ではない。

さらに、国家社会主義者がドイツ人の国民感情に訴えて悪用したために、「国家的」という概念に積極的な意味をもたせることがなおいっそう困難になっている。ドイツ語には英語や米語の「国民の形成（nation-building）」に相当する言い方がない。連邦共和国には意図的な統合か無計画な分解かの選択しかないように見える。連続的発展をとげてきた古い国家には、あらゆる地域や階級を包括する――「私はフランス人だ、私はイタリア人だ、私はイギリス人だ」といった――国民的アイデンティティの感情が数世紀の間に計画なしに作り上げられた。たいていの新しい国家はかなり意図的に国民の形成に努めている。決して階層がないわけでもない東ドイツでは、支配者たちは大いに目的意識をもって国民の形成に努めている。ソ連でも同じように、母国ソヴィエトへの国民的な団結心を意図的に育成しようという努力がなされている。ベルギーや北アイルランドのように、こういう政策が難しいところでは、住民たちは数十年間も潜在的に内戦状態にあり、分解寸前になっている。連邦共和国がそれと同様な状態になるというのもありえないことではない。

国家社会主義を経験した後では、独裁的でないドイツ国家で国民を形成し国民的団結心を培って、それを隠れ蓑にして支配者層が優勢になろうとしてもそれはもう不可能である。それだけに、連邦共和国でまだ残されたままになっている国民の形成という課題が特に重要なのである。国民を形成するためには、国の将来が何よりも彼らの士気と団結心にかかっている若い世代に、この社会に生きるのは素晴らしいことだと感じさせなければならない。若い世代のかなりの部分が満足できるような前途がこの国で見つけることができず、前途が閉ざされていれば、国の統一は揺らぐか砕けてしまうだろう。そうなれば、西ドイツが達成した経済的成功はすぐ逆転してしまうだろう。国民を形成するためには、階級や党派の間の軋轢があっても、すべての階層や集団を同じ資格で社会活動に参加させ、また集団の態度や理念と一致しなくても、彼らを統合して国民とする努力が必要である。

こういうことを言うのは、自分がヨーロッパの伝統に深く結びついていると感ずるからである。連邦共和国の崩壊か独裁体制への変化――この二つとも重要な可能性だが――このいずれが起こっても、ドイツ民族だけでなく、ヨーロッパ諸国にとってもヨーロッパの伝統にとっても不幸である。この二つの可能性はヨーロッパ諸国の緊密な連合の機会を危うくし、ヨーロッパの未来にとって悪い前兆となる。連邦共和国が絶えず自己分裂を起こしていては、ヨーロッパの会議での発言力は減るだろうし、例によってカムフラージュした第二の独裁体制になれば、ドイツへのひそかな不信がすぐ再び燃え上がるであろう。西ドイツで国内政治上の激論が行なわれるときには、控え目に論評されてもすぐ打撃を受けたような気になるヨーロッパ中の観衆の前で激論していることが忘れられているようだ。

4

連邦共和国ではなるべく公に論じないようにされているもののいくつかは、他のヨーロッパ諸国では当然のように公に論じられている。ドイツでもつらい問題を率直に自由に議論したほうがいいのではなかろうか？　何よりも考えられるのは、国家社会主義がドイツの次の世代に残した恥辱や罪悪感の問題である。それを否定する意見があるが、この問題はドイツ人の良心に依然として重くのしかかっている。過去の克服についてはよく語られた。だが、過去が抑圧されただけで、決して克服されていないのは明白である。過去について語るのは容易ではない。過去について語れば、ドイツ人の共同意識の傷口に触れるのは明らかだが、傷が塞がっていないからこそ、——告発するためではなくて、ドイツに起こった人間の文明化の挫折を解明する努力への序論として、過去について語らねばならない。この問題を忘却の淵から引き出し、公にすることこそ、（この国に未来があるとすれば）西ドイツの未来と健全な発展のために重要なことなのである。

過去はもう忘れるべき時だと私自身が一頃思っていた。ドイツでは過去を忘れるのは厄介な問題であるが、ドイツ以外はどこに行っても、特にドイツの隣の国々では過去は忘れられるどころではない。ヒトラーの兵器に占領されて大きな被害を受けた所では、占領時代に特定の人間がどういう行動をしたかは、今日でもまったくアクチュアルな問題なのである。特にオランダやノルウェーやフランスのような国のかなり堅固な国民感情は、時々こと新たに、ある男のナチス協力の事件が公になって、祖国を裏切ったかどうかが全国で激しく論じられるところに示されている。

ドイツの若者が「われわれはそれにはまったく関係がない。われわれの先祖のしたことについて、どうしてわれわれが責任を問われねばならないのか？」と言うのは決して間違ったことではない。実際には、民族は相互交流においてそれほど厳密にお互いを区別しているわけではない。ところがドイツの若者にとっては、相手が何歳になってもイギリス人はイギリス人であり、フランス人はフランス人であり、ドイツ人はドイツ人なのである。ここに問題の核心がある。イギリスやオランダ、デンマークやフランスの政治家にとっては、ヒトラー体制に協力したという疑いが少しでもあれば、政治家としての生命は終わりである。時がたっても変わらないこの汚点という感じの重さは、最近フランスで再び感じられた。フランスでは、共産党指導者のマルシェが、強制ではなく自発的に労務動員に加わってドイツに行ったという疑いで告訴されたのである。この疑いが間違いないことが立証されただけで、彼を政治家として失脚させるに十分だった。共産主義者である彼は必死に抵抗したが――それは一フランス人としてであった。

今日では西ドイツの連邦共和国は、国家社会主義者だったことが経歴上少しも汚点にならず、将来の妨げにもならないヨーロッパで唯一の国である。ところがシュライヤー博士の残忍な殺害が、問題を一挙に浮上させた。保守的な『タイムズ』はその死亡記事で、当然のこととして事実通りに、シュライヤー博士が若い頃、国家社会主義党員になったこと、国家社会主義学生援護事業団の指導部で働き、親衛隊員となって占領下のチェコスロヴァキアの経済行政に携わったのち、親衛隊が戦犯とされたとき連合軍によって三年間拘留されていたことを報道した。ドイツの新聞の死亡記事には、こういう報道はほとんど見られなかった。知り合いのイギリス人のなかには、『タイムズ』の記事で非常に驚いた人もあった。その一人は「ドイツではみな昔のままのようだね」と言った。そう言いながら裏では「苦しい戦争を戦って、ドイツとヨーロッパの癌を取り除いたと思っていたが――潰瘍はまだ残っているではないか?」と思っているのは確かだった。

私はそうは思わなかった。昨日の敵を許さないのは、人間らしい礼儀についての私の感覚と合わなかった。私自身がもう老人で、ルードルフ・ヘスのようなもう誰の害にもならない老人を、相変わらず独房に監禁しているというようなことは非人間的なことだとしか思えない。彼を釈放してやれば、それこそ人間性を象徴するようなことだと思う。先に引いたのは単に事実の報告にすぎない。だがそこには、国家社会主義者の問題が過去の問題ではなく、依然としてアクチュアルな問題であることが示されている。

国家社会主義とその原因に関する公の議論をひそかにタブー視しているのは間違ったやり方だ、特に連邦共和国の社会そのものの将来に関わるという意味で間違ったやり方だと思われる。大きな傷痕を残すような体験を口に出して語ったり、議論したりして意識させ、治癒するチャンスを与えなければ、個人の生活に重い傷痕が残るということは、今日では以前よりはるかによく理解されている。私は以前から、民族の生活その他の多くの社会集団にもカタルシスを与えて軽減し解放してやらねば、その民族の人々の心のなかに沈澱して、深い傷痕――特に社会的な共同生活での行動に深い傷痕――を残す衝撃的な集団的経験があると考えていた。国家社会主義の支配とそれがドイツに残した恐るべき結果についての経験を明らかにしないかぎり、今日の連邦共和国の状況を理解することはできない。その傷痕を沈澱させるだけで、公に議論して浄化する可能性を奪っていた報いは覿面《てきめん》であった。それには社会的な原因があったことを言わずにおくわけにはいかない。敗戦直後、主導権を握った移行世代の人々は、ドイツの商売は何事もなかったように続けることができ、国家社会主義という幕間劇は忘れるのがドイツ民族にとって最善だと思っていた。だが、彼らが過去にけりをつけることができると思っていたのは、彼らの支配欲と権力意志のあらわれだったのである。

すでに述べたように、連邦共和国の社会は、恐怖のエスカレーションに、つまり共産主義者の独裁制となるのを恐れる人々と、西ドイツにおけるファシズムの独裁制の再来を恐れる人々との間の軋轢のエスカレーションに陥る危険を冒している。テロリストのうねりもこの連関でしか理解できない。これも長期にわたる原因に基づく社会現象の一つである。そういう連関を見ないで、テロリストの犯罪を単純に彼らの個人的な悪意や犯罪者的性質の結果として説明すること自体が、歴然たる事実を意識から追い払おうとする試みなのだ。こういう野蛮な暴力行為が国家社会主義者の野蛮な暴力行為の長年の影響から生まれるものであり、そこには反動の前兆が見られることは歴然たる事実であって、国家社会主義者の暴行そのものも決してその連鎖の最初をなすものではなかったのである。国家社会主義者たちにもシンパがいて、それは今日のテロリストとは比べものにならないほどはるかに大きなシンパ集団であった。そのいずれの暴力行為も、長期にわたるドイツ民族の特別な運命からしか説明することはできない。

バーダー・マインホーフの集団およびその後継者たちは今日でも、ドイツではファシズムが復活して、連邦共和国はファシズムの国家であり、ファシストの暴力支配は報復テロによってしか打ち破ることができないという考えをもっている。連邦共和国をファシズムの国家と言うのはたしかに幻想であるが、テロ行為が、いまさき述べた反ファシストと反共産主義者との軋轢が激化する連関の一部をなしているという事実を見逃すことはできない。国家社会主義者の場合と同じように、ここでも集団的幻想は社会的現実の一部であって、その集団的幻想の実態を直視しなければ、それを克服することはできない。そういう幻想も国家社会主義の傷痕が長く続いている影響なのである。テロリズムを単に少数犯罪者による行為と見るならば、その社会的な意味を誤解してしまうことになる。それは、あの傷痕がその後のドイツの発展に残している影響を意識から追い払おうとしているからである。こういう連関についてもっと語られ、特に学校や大学その他、若者たちの学ぶあらゆる場所でこの問題が客観的に率直に説明されれば、カタルシスも起こるというのが私の確信である。

異なる階級や政党の間に争いが起こるのは避けようがない。だが、そういう争いがしだいに熱狂的になり法外なものになるのは避けられることなのだ。敵対する陣営の間には、本当のコミュニケーションがないように思われる。相手への恐れがしだいに強まりエスカレートする無計画の過程が、いずれの側にも見えないままになっているのである。このため、この両極分解の構造をもう一度まとめて指摘しておくことにしたい。

左翼、特に若者たちの間に、今日では、将来もっと権威主義的になった国家に生きることになるのではないかという、非常に真剣な恐れが見られる。それを警察国家と呼ぶ者もあれば、ファシズム国家と呼ぶ者もあるが——名前は問題ではない。彼らがこういう恐れを抱くには非常に明確な根拠が数多くある。右翼には、国家社会主義的信条とは距離をおいているが、人間にありがちなその態度が、もう一方の側から見れば、権威主義的なファシズム国家の代表者の態度に不気味なほど似ている指導的人物がいる。この事情は政府や政党のトップにいる人々だけでなく、裁判官、大企業家、警察官にも見られる。「シンパ」に対する法外な憎しみのこもったキャンペーンを見ると、名目上は議会制をとっている体制が、事実上は一党独裁へ向かっているのではないかという心配がむしろ大きくなる。他方、右翼のほうは、相手側は革命をめざしているとつねに繰り返して指摘している。それがこの陣営にとっての恐れの中心なのだが、そういう恐れにも明白な原因がある。多くのマルクス主義者が「革命」とか「革命的」という言葉を、まるで物見遊山にでも行くような調子で気楽に口にしている。実際には、革命は戦争に劣らず血なまぐさい暴力的な事件であって、アフリカ諸国に見られるように、組織暴力のこの二つの形態は現在でも依然として区別がつけられないのだ。

革命の脅威とそれへの恐れ、独裁的警察国家の脅威とそれに対する恐れが、それぞれに悪循環を起こしているのである。この螺旋運動のダイナミックスがもう戻りようのない所に達しているかどうかは私には分からない。私としては、運動がそういう方向へ進むのを止めるだけの時間はあると思いたい。そうでなければ、――ドイツは悲惨な自滅の道をたどるだけだ。

原注

序論

＊　この序論もミヒャエル・シュレーターとの共同作業に多くを負っている。

（1）　従来「歴史」として理解されている研究分野で、このように「過程」という言葉を使うのは考えがあってのことである。社会の過去を「歴史」と見る伝統的な見方は、低い総合の段階にとどまった見方である。そういう見方はふつう短期的な関連だけを見ている。社会的な出来事の影響は、実際には数世紀たってようやく気づかれるものである。そういう影響を捉えるためには、どうしても長期的な過程というモデルが必要である。

I　文明化と逸脱

A　二十世紀におけるヨーロッパ的行動基準の変化

＊　本篇は、次の論文で展開されるドイツ第二帝国における「決闘を許された社会」の問題についての構想の素描である。（編者注）

（1）　二十世紀の七〇年代の日本は、（一部は大衆消費の抑制によって）高度の資本蓄積をめざす最初の産業化段階から、産業化の第二段階へと急速に移行した一例である。その移行では、経済成長を維持するために、内的な消費者市場と言うべき大衆の消費欲望を努めて活性化しなければならなかった。

（2）　全体として言えば、ワイマール共和国は二つの有力者の間の激烈な権力闘争の場であった。それをブルジョアと労働者との闘争だったと言うのは、誤りではないが正確な言い方ではない。現代一般の考え方からすると、ブルジョア出身の有力者と労働者出身の有力者が問題なのだと理解されがちだが、社会的由来、つまりその家族、特に父親の属する階層を重要な基準——多くの場合は唯一の基準——として人の属する社会階層を決めるこういう傾向はまったく現実に反している。十分知られていることだが、労働運動の指導者の多くが中産階級の出身であった(し、現にそうである)。ドイツでは他の諸国と同様にブルジョア政党の幹部と労働者政党の幹部は異なっており、彼らは互いに国家権力の中枢を占めようと争っていたが、それは主として、自分たちがその担い手であり代表である行動様式や感じ方によるものであった。出身が何であれ、労働者政党の指導者はブルジョア政党の指導者とは異なる思考や行動の伝統の代表であった。彼らの集団への帰属感、彼らの行動の目標や理想はブルジョア政党のそれとは異なっていた。

その違いはドイツでは、ブルジョア政治家の行動様式や感じ方がドイツの貴族、特にプロシアの貴族の行動様式や感じ方によって規定されていただけに非常に大きかった。貴族に代表されていたドイツの戦士の基準のいくつかの側面が、平時の行動基準としてドイツの広範な階層に浸透していった。

市民のなかに広がった貴族的伝統に特有の要素は、ドイツ貴族に特に顕著であった下層階級の排除と関連するものであり、それは何よりも、申し分のない貴族の家系という形で現れていた。四、五世代前であっても、祖先のなかに中産階級の女性か下層階級の女性が一人でも見いだされると、家系全体が汚され、権利や特権が失われることもあった。こういうドイツ貴族の伝統の特色は、それをイギリスの伝統と比べると特に明らかになる。イギリスの貴族の場合は、先祖のなかに中産階級出身の女性かユダヤ人女性が一人いても、子孫が態度や感覚において貴族の基準を満たしておれば、貴族の間での勢力や地位が揺らぐことはほとんどなかった。この基準の意味での個人の特性が決定的なものであった。ちなみに、高貴なイギリス貴族の子孫は、長男は別として、世代とともにしだいにブルジョアジーになっていった。それが貴族の家族財産を維持するのに役立った。それに対してドイツでは、貴族の息子も娘もみな先祖の擢んでた肩書きや地位を保ち続けていた。このために素姓や「血統」でしか貴族と認められないような貧しい貴族が非常に多かった。所属の基準としては、素姓のほうが態度以上に重要だったのはそのためである。

貴族に見られた家系調査は、ブルジョア化された形で国家社会主義者の行動様式や感じ方のうちに再登場してきた。それは「血統の純粋さ」つまり四、五代前まで汚点のない血統という観念を民族全体に適用したのである。下層階級との混血をできるだけ避けているかぎり、ドイツ民族はいわばヨーロッパの貴族として、劣等な血統の民族を支配するものとされた。他のヨーロッパ諸国を征服することによってその支配を実現させねばならないということも、貴族的な戦士の伝統がプチブル的な衣装をまとって存続していたことの一つのあらわれであった。
（3） *Mozart, Briefe und Aufzeichnungen.* Gesamtausgabe, gesammelt und erläutert von Wilhelm A. Bauer und Otto Erich Deutsch, Bd. 2, Kassel etc. 1962, S. 462.
（4） Ebd., S. 103. Brief vom 4. Nov. 1777.
（5） モーツァルトに関する文献で現在も論議されている事柄の一つに、彼が手紙のなかでまったく気楽に——たとえば、おならの音について——、今日なら笑うよりも苦々しく感じられる冗談を言っているということがある。こういうモーツァルトの手紙の歓迎されない側面や、そこに誰の目にも明らかに示されている彼の人格の不愉快な特徴は、十九世紀および二十世紀初頭には無視されていた。それを語る人がいなかったのは、それがドイツの天才の理想像にふさわしくなく、つねに快く魅力的だとされるモーツァルトの音楽を聴く妨げになるからであった。もっと最近の文献では社会的逸脱の過程が目につく。人間のこういう下品な事柄を口にすることのタブーはそれほど厳しいものではなくなっている。その結果、若いモーツァルトの有名なバーゼル時代の手紙に見られる、人間生活の排泄物や肛門に関する冗談について論じられたり説明されたりするようになったが、その場合も、それを実質的には個人的な奇癖であるとか、幼児が特定の場所で特定の時に自然的要求を済ませるように促され、清潔にするようにしつけられる時期の問題への偉大な人物の一種神経症的な固着であると捉えられている。
こういう解釈は正しいかもしれず間違っているかもしれない。しかし伝記は、現代でも多くの場合、男女いずれであれ、個人が社会的に真空のなかで成長するかのように、個人の特性を取り扱っている。そうであるかぎり、個人の行動様式や感じ方においてその人物の真に独自の特徴であり、個人が社会の他の人々と共有しているその時代の社会的特徴であるものを明らかにすることはできない。そういう場合に、一人の人物の行動や感情にその社会の基準にとって代表的なもの、つまりその基準の発展段階にとって代表的であるものと、この基準のまったく個人的形態であるものとを明確に区別しうるためには、一つの文明化の理論が必要なのである。
（6） 私の数人のオランダの友人や学生たちは特に文明化過程の側面である近代の逸脱の問題に取り組んだ。その一人であるカス・ヴーテルスが「逸脱と文明化過程」（»Informalisierung und der Prozeß der Zivilisation«, jetzt in: *Materialien*

zu Norbert Elias' Zivilisationstheorie, hrsg. von P. Gleichmann, J. Goudsblom und H. Korte, Frankfurt a.M. 1979, S. 279-298）という論文で逸脱の概念を導入した。この論文はその後の「オランダにおける異性関係の逸脱と形式化」(»Informalisierung und Formalisierung der Geschlechterbeziehungen in den Niederlanden«. In: *Kölner Zeitschrift für Soziologie und Sozialpsychologie*, 38. Jg. [1986], S. 510-528）という論文でさらに展開されている。その他に Christien Brinkgreve und Michel Korzec, »*Margriet weet raad*«. Gevoel, gedrag, moraal in Nederland 1938-1978, Utrecht/Antwerpen 1978（deutsche Zusammenfassung in: *Materialien*, a.a.O., S. 229-310）参照。この三人の論者はみなそれぞれ自分の資料を用いて、私の文明化理論を検証するとともに発展させている。

（7） N. Elias, *Über den Prozeß der Zivilisation*, Bd. 1, Frankfurt a.M. 1976, S. 107.

（8） 文明化の問題は最初は個人的な問題として現れた。それは、私自身には少しも予想もつかず、まったく想像を絶したものとしてドイツで起こった、文明化された行動の大きな挫折である野蛮化と結びついた問題であった。国家社会主義において、傍若無人な行動、本来の良心の弛緩、粗野と野獣性へ向かう潜在していた傾向が現実になった。そういう傾向は国家統制という外的な強制が働かないかぎり、せいぜいで国家統制のネットワークを免れた私的な空隙に非公式に現れていたものだが、それが形式化されて、有力者グループにとっては、国家によって求められ促される行動様式にまで高められた。ドイツの野蛮化の問題がそうして焦眉の問題となったとき、すなわち私が文明化に関する書物を書き始めたときには、文明化による規制の急激な崩壊を単純に党の原則という意味での政治学的問題として、つまり今日控えめに言われているようにファシズムの問題として論ずるのではまったく不十分だと思われた。そういう論じ方では、その問題の中心をなす側面のいくつかはほとんど捉えられなくなってしまう。私の確信によれば、それを捉えうるのは、急激な状況について人間科学者として十分に論ずることができる場合だけであって、近視眼的に「二十世紀の第二の四半世紀に高度に文明化した民族において、文明化した良心の基準が崩壊したのはなぜか？」という問いにとどまらない場合に限られる。

まず人類発展の過程で、焦点を絞ればヨーロッパの発展過程において、文明化過程という意味での行動や感情の変化がどのように起こり、それがなぜ起こるのか、われわれにはまだ全然分かっていないように思われた。一言で言えば、ヨーロッパ社会における文明化した行動や感情の構成や成長がどのようにして起こったかを理解し、説明することができないかぎり、それらの崩壊を理解することはできないのである。たとえば文明化した行動の模範とされることの多い古代ギリシア人は、国家社会主義者による大量虐殺とは異なるが、ある程度はそれに似ている大量虐殺を行なうのを至極当然のこととみなしていた。メロスがアテーナイの植民地になろうとしなかったために、アテーナイの市民集会はメロスの住民全体の絶滅を決議した。今日われわれが集団虐殺と呼んでいるものの別の形態なら、古代にはいくらでもあった。

それらが二十世紀の三〇年代と四〇年代に試みられた集団虐殺とどう違うかは、最初見たときには簡単には分からないが、非常にはっきりしている。古代ギリシアにおいてはそういう戦士的行動が正常とみなされていた。それは基準に合致していた。人々の良心の形成や人格構造は、そういう行動が正常な人間的行動と見えるように出来上がっていたのである。二十世紀のヨーロッパ社会の——実際には、人類の大半の——良心構造はそうではない。国家社会主義者の行動が恐ろしいものと思われ、それに対して自動的に恐怖感をいだくような、人間行動の基準が打ち立てられている。つまり私に現れてきた問題は、古代をはるかに凌いでいる人間性の基準を表わし、それに従って国家社会主義者の行動のような行動、あるいは他の民族におけるそれに類した行動様式には自動的に反感を抱く人格構造、特に良心や自己の構造の発展を説明し理解しうるようにするという問題であった。

（9） Andreae Capellani, *De amore libri tres*, hrsg. von E. Trojel, Kopenhagen 1892, S. 235f.

（10） N. Elias, *Über den Prozeß der Zivilisation*, Bd. 1, a.a.O.（Anm. 7）, S. 188 および ders., *Die höfische Gesellschaft*, Neuwied/Berlin 1969, S. 77, Anm. 22 を参照されたい。

（11） *Time*, 27. Nov. 1978, S. 47.

（12） *The Amy Vanderbilt Complete Book of Etiquette*, revised and expanded by Letitia Baldbridge, New York 1978; zit. *Time*, a.a.O., S. 48.

（13） この点については、N. Elias, »Wandlungen der Machtbalance zwischen den Geschlechtern«. In: *Kölner Zeitschrift für Soziologie und Sozialpsychologie*, 38. Jg. (1986), S. 425-449, bes. S. 425-427 を参照されたい。

(14) *Bielefelder Universitätszeitung*, Nr. 108 vom 12. Dez. 1978.

(15) Wouters, »Informalisierung und der Prozeß der Zivilisation«, a.a.O. (Anm. 6), S. 289.

B 決闘を許された社会

(16) N. Elias, *Was ist Soziologie?*, München 1970, S. 132–139: »Die Fürwörterserie als Figurationsmodell«. 参照。

(17) Walter Bloem, *Der krasse Fuchs*, Berlin 1910, S. 73f.

(18) 学生と将校の間での決闘法や決闘の規則ならびにそれに関係するあらゆることが統一されたのは、決闘を許された者たちの上流社会が形成されたことの一つのあらわれであった。重要な団体の指導者たちが請願した国防大臣は、決闘は法的に禁止されていたため公的な規制を拒絶したにもかかわらず、それらの統一は進展していった。だが社会的な流れから言えば、決闘法や決闘の規則に関して両集団はしだいに接近していった。

学友会所属学生の行動様式や感じ方の変化（これについては後で述べるが）で重要なのは、「サブカルチャー」の変化だけではない。行動様式や感じ方の変化にはブルジョアの若者も貴族の若者もひとしく従っていたが、その展開は貴族集団とブルジョア集団が結びついてこの時期の階層秩序に生まれようとしていた、ドイツ上流階級の性格を示す典型的徴候だったのである。

(19) 皇帝の宮廷社会に属していたのは広い意味では、宮廷にふさわしい者たちの集団全体であり、宮廷の職務にある者たちだけではなく、宮廷に規則的にか時々出るように命令された人々や、皇帝の式部官に名刺を出し、式部官によって慎重に選別されて、皇帝のレセプションや舞踏会に参加を許された人たちもそれに含まれていた。

こういう宮廷社会にはかなり大きな幅があった。宮廷にふさわしいと認められた者には、地方貴族の忠誠心のある人々も含まれていた。おそらく（十七世紀まで遡る）古いロンドンの社交シーズンを模して皇帝時代に定期的に催しが行なわれるようになった「シーズン」には、華やかな舞踏会が開かれ、地方貴族も自分の娘たちを宮廷で皇帝夫妻におめみえさせて、宮廷社会に入れるようにする機会となった。そこに作り上げられた儀式はヨーロッパの大宮廷の伝統的儀式のドイツ版であった。小さな宮廷はバイエルンやザクセンその他、帝国の多くの地方にあった。しかし生まれつつあったドイツの上流階級と彼らの社交形式にとっての統合の中心としては、皇帝の宮廷が影響力において小さな宮廷を凌いでいた。

貴族が宮廷社会の中核だったが、皇帝の宮廷は、明らかに政策的に高級官僚たちに宮廷の特定の催しへの参加を求めた。私のギムナジウムの校長がそうした要請に基づいて、毎年行なわれていた皇帝のヨット旅行に参加したのが思い出される。おそらくそういうところで、上流階級の基準の初歩から上級までを習得することになったのであろう。

(20) たしかに毎年、特に貴族という高い身分には身分の不釣り合いな結婚が見られ、それが社会的に噂になることがあった。ドイツ貴族の大半は貴族同士で結婚していた。位の高い貴族の代表者のなかには、企業家と結びつく者もあり、たとえば大きな工場の経営を引き受けたときに自分の肩書きを利権として相手に譲り渡した伯爵もいた。しかしそういう例は比較的稀だった。特に貧しい貴族は、商業に手を染めて仲間から軽蔑されるのを恐れて、そういうことはしなかった。

(21) ハンス゠ウルリッヒ・ヴェーラーは次のように報告している（Hans-Ulrich Wehler, *Das deutsche Kaiserreich*, Göttingen 1977, S. 76)。「プロシアの中級・高級官僚の四二パーセントが、一八五八年と同様に貴族の出であったような時代は、一八七一年以後は過去となってしまった。だが一九一〇年頃でも、プロシアの内閣の十一名の大臣のうち九名、六十五名の一等枢密顧問官のうち三十八名、十二名の総長のうち十一名、三十六名の州知事のうち二十五名、四百六十七名の郡長のうち二百七十一名が貴族の出であった。一九一四年には外務省の上級ポストには八名の領主、二十九名の伯爵、二十名の男爵、五十四名の貴族出身で爵位のない者と、十一名の市民階級の者がいた。同じ頃、プロシア政府の課長全員の五五・五パーセント（一八九〇年には四〇・四パーセント、一九〇〇年には四〇・六パーセント）が、一九一八年には、政府の課長補佐の五五パーセントが貴族階級の出身者であった」。

(22) 内部に緊張が存在しないわけではなかったが、こうした貴族やブルジョアのグループは、二十世紀初頭にもまだ最も権限を有するドイツ最高の地位に立つ、決闘を許された階層であった。こういう指導者層と比べれば、いわゆる経済は社会を動かす力としてはまだ副次的なものにとどまっていた。
当時の社会のダイナミックスを考慮して初めて、もっぱら財の生産と流通に関わり、そこに巻き込まれて競合していた職業集団が権力を獲得する可能性は、上流階級のそれより大きかったことが分かる。ドイツ帝国の宮廷社会を表面的に見れば、ルイ十四世の時代とそれほど差がないように思われるかもしれない。当時を振り返って、この時期のドイツの上流階級の権力獲得の可能性を過大評価したり過小評価したりしないようにしなければならない。上流階級は一方では、企業家の執行機関とかブルジョアジーの幹部というものでは全然なかったが、彼らの権力ある特権的地位は、労働者および企業家という二つの経済集団がしだいに浮上してきたために、過去数世紀の君主国家の上流階級に比べると、異様なほどはるかに限られ、おびやかされていた。こうした上流階級の主役や上流階級に属する者の大半が、その地位が低下し、その機能が重視されるようになったことをどの程度自覚していたかは疑わしい。

(23) ドイツではたとえばフランスとは異なって、貴族の家族は古来、息子の何人かを官僚のキャリアへの準備として大学に入学させたという事実には、ドイツ学生の基準の発展にとって重要な意味がある。

(24) こういう評価への変化がいつ、どのように起こったかを確認するためには、先輩の団体が職業上どういう構成だったかを詳しく研究する必要がある。

(25) N. Elias, *Die höfische Gesellschaft*, a.a.O.（Anm. 10）参照。

(26) N. Elias, *Über den Prozeß der Zivilisation*, Bd. 1, a.a.O.（Anm. 7), Kap. 1. これとともに、ders., »Das Schicksal der deutschen Barocklyrik. Zwischen höfischer und bürgerlicher Tradition« In: *Merkur*, 41. Jg.（1987), S. 451-468 を参照されたい。

(27) ここで自分が、本来なら省略しないで述べるべき社会的発展の実態をあまりにも圧縮した形で述べていることは十分承知している。十八世紀というドイツ発展期に、はっきりとした市民的運動が、当時の特殊宮廷的な伝統に対して比較的に高度の自律に到達したが、その点で、この時期は、皇帝時代のドイツ社会の発展過程とは逆である。皇帝時代にはドイツ市民層の一部が宮廷貴族グループに従属し、貴族の文化伝統の要素を吸収していたからである。この二つの時期の中間期、つまり十九世紀初頭から一八七一年までの時期は、ここでは考慮されていない。その時期の貴族と市民層との関係の展開がもっと注目されなければならず、もっと詳細な研究を要することは間違いがない。だが両者の違いは明白である。すなわち、十八世紀には、決闘はたしかにドイツ市民層の不可欠な要素ではなかったのであって、一八七一年以後に、それは決闘を許された社会において、国民的なドイツ文化伝統の不可欠の要素という意味を獲得したのである。

(28) フランスには強力な地上兵力があり、それが国王や将軍の大きな所得と結びついて、フランスはヨーロッパにおける覇権を握るために自国以外で破滅的な戦争を起こすことができた。フランスの核心部、特にパリは十七世紀半ばから十八世紀末まで、一度も敵軍の深刻な脅威にさらされたことがない。

(29) 位の高い貴族に対するドイツ諸侯の勢力範囲を制約していた条件には、ドイツが分邦国家であったことと、そのために人々が一人の君主に仕えるのを回避できたということがあった。アンシャン・レジームのフランスには、重きをなす宮廷は一つしか存在しなかった。国王の愛顧を失ったら、身分のある宮廷人には回避する可能性はなかった。それに対して、ドイツでは身分の高い者が君主の愛顧を失ったり君主に侮辱されたと感じたりした場合には、その君主の宮廷を去るとかその君主に仕えることを止めるとかして、別の領主の宮廷に入ったり仕えたりしても、自分が流罪にあったとか、自分の人生は輝きと意味を失ってしまったと感ずる必要はなかった。

こういう回避の可能性を示す実例は豊富である。ヴィルヘルム二世時代のそういう一つの実例が思い出される (F. von Zobeltitz, a.a. O. [Anm. 31], Bd. 1, S. 133f. による)。ヴィルヘルム二世は宮廷貴族の人々を宮廷に集めるのが好きだった。それが彼に輝きを与えるのだった。そういう人々のなかに、フュルステンベルクのカール・エーゴン侯がいた。彼は先祖伝来ドイツ貴族である家の生まれで、十三世紀以来絶えることなく伯爵や方伯となった家系に属しており、その子孫は十七世紀には一国の領主とまでなったが、その所領であるフュルステンベルクはナポレオン戦争の間に併合されてしまった。ヴィルヘルム二世時代のフュルステンベルクはタレイラン゠ペリゴールの王女と結婚してつねに豊かで、ベルリンやポツダムの宮廷社会の上流階級であり続けて、当時は賭博狂と呼ばれていたが、競馬や賭け事や歓楽界が好きだった。老年の皇帝は彼とその妻に非常な好意を寄せていた。ところが若いヴィルヘルム二世は短気ですぐ興奮するたちで、数年後権力の座に就くや、宮廷社会や士官たちのますます贅沢になる生活を抑えようと努力して、軽蔑するような見解を述べた。それがフュルステンベルクの領主には自分のことを言われているように聞こえた。そこですぐさま彼は首都を出て、南ドイツにある自分の領地に移り住んで、ベルリンの上流社会に大きな空白を残したと言われている。皇帝はその豊かな領主をもう一度自分の宮廷に呼び戻そうと試みた。皇帝は彼にまず軍隊で名誉ある地位を提供し、ついには彼を宮廷で位の高い身分に就けた。やがて二人の領主は再び和解して、フュルステンベルクの領主は家族とともにベルリンに戻った。

(30) 宮廷の交際の基準における命令と服従という交際の戦略が、宮廷の権力構造に合致して特に高く評価されていたところでは、当然なことに、納得できるように説得することは議論としてはあまり評価されていなかった。こういう「雰囲気」では議論の技術が発展する可能性はなく、それに対応する戦略を使う技量は貧しかった。ドイツの伝統では、命令と服従という戦略に慣れて、——しばしば直接的か間接的な肉体的暴力の介入によって——ごく最近まで、長期にわたって絶対主義的、あるいはほぼ絶対主義的な支配構造が続いたために、議論という方式を使いこなす能力がかなり欠けていたのが非常にはっきり認められる。葛藤解決のために議論だけを用いるのに必要とされる、相当面倒な感情抑制についての不快感や、逆に単純な命令と服従についての快感は、ドイツでは今日でも認められる。

私の著書『文明化の過程』*Über den Prozeß der Zivilisation* (Bd. 2, a.a.O. [Anm. 7], S. 381ff.) で、これに対応する社交形式の違いを、十七世紀の初頭と終わりとの二つの正反対のフランスの貴族を例にとって示した。ド・モンモランシー公爵は国王に対して公然と怒りを表わし、戦士のやり方で肉体的な戦いで目的を果たそうとしたのに対して、ド・サン＝シモン公爵は宮廷人のやり方で王位の継承者と話し合いで納得させて目的を達成しようとした。

(31) Ludwig Hassel, *Die letzten Stunden des Polizeidirektors von Hinckeldey*. Beitrag zu seinen Nekrolog von einem Augenzeugen, Leipzig 1856. 以下の叙述は、Fedor von Zobeltitz, *Chronik der Gesellschaft unter dem letzten Kaiserreich*, 2 Bde., Hamburg 1922; Zitat: Bd. 1, S. 208-210 による。

(32) N. Elias, »Zum Begriff des Alltags«. In: *Materialien zur Soziologie des Alltags*, hrsg. von Kurt Hammerich und Michael Klein (=Sonderheft 20 der *Kölner Zeitschrift für Soziologie und Sozialpsychologie*), Opladen 1978, S. 22-29 参照。

(33) 事実、以前の文献では、決闘 (duellum) と闘争 (bellum) とが区別されていなかった。つまり同じ言葉が二通りに解釈されていたのである。国家形成の過程が進むにつれて、中央君主による暴力独占が進むとともに、国家元首の高い見地から公的なものとして行なわれる戦争という暴力行為と、いわば私的なものとされる低いレベルで行なわれる決闘という暴力行為との違いが気づかれるようになった。

（34） 次のことを付け加えておいたほうがいいかもしれない。すなわち十九世紀には、特に位の高いブルジョア官僚や教授が帝国の宮廷社会に加わるとともに、名誉問題の裁定においては、特に文官の場合は、道徳通念については寛大な解釈が許されるようになった。一八九四年初頭に、向こう見ずなシュトゥム＝ハルベルク男爵が、著名な枢密顧問官アードルフ・ヴァーグナーに決闘を申し込んだときには、ヴァーグナーは名誉問題の裁定を申し立てた。彼は、シュトゥム氏が自分を侮辱した言葉を撤回する用意があれば、自分もシュトゥム氏が侮辱を感じた自分の言葉を喜んで撤回する用意があると説明した。確認したかぎりでは、調停は彼の望み通りの結果になって決闘は行なわれなかった。シュトゥム氏が交わっていた宮廷上流社会では、この学者の行動は不名誉なことだという評判が立ったが、彼のやり方は道徳通念の規則に少しも反していなかったので、人々は彼をどうすることもできなかった。（Zobeltitz, a.a.O.［Anm. 31］, Bd. 1, S. 10による）。

（35） W.H.R.Rivers, »The Psychological Factor«, in: ders.（Hrsg.）, *The Depopulation of Melanesia*, Cambridge 1922, S. 84-113参照。

（36） A.a.O.（Anm. 31）, Bd. 1, S. 138-140.

（37） Ebd., Bd. 1, S. 144.

（38） Ebd., Bd. 1, S. 124f.

（39） Ebd., Bd. 1, S. 77f.

（40） Ebd., Bd. 1, S. 5f.

（41） Ebd., Bd. 1, S. 318.

（42） Ebd., Bd. 1, S. 309.

（43） Ebd., Bd. 1, S. 351f.

（44） Zobeltitz, a.a.O.（Anm. 31）, Bd. 1, S. 69.

（45） Hermann Haupt, »Karl Follen«. In: ders. und Paul Wentzcke（Hrsg.）, *Hundert Jahre Deutscher Burschenschaft. Burschenschaftliche Lebensläufe*, Heidelberg 1921, S. 27.

（46） Wilhelm Hopf, »Turnte Turnvater Jahn?«. In: *päd. extra*, H. 11/1978, S. 39ff.

（47） A.a.O., Bd. 1, S. 47.

（48） 学友会の地位が変化するにつれて、社会の上流階級である有力者層との関係では、学友会はアウトサイダー集団から、有力者層のなかで同じ方向へ進む集団へ変化していった。変化するにしたがって、古い世代、特に官職で高い地位に就いている先輩と学友会会員との関係も変化した。一八七一年以後、学友会出身者たちはしだいに先輩たちの団体と結びついていった。そして八〇年代以後になると、そういう団体がしだいに学友会に大きな影響を与えるようになった。そういう団体が学友会の会館の財政援助を行ない、決闘する団体の間の競争が激しくなるにつれて、第二帝国の時期におけるその階層の経済状態の好転を反映したように、会館はかなり増え、地位争いの結果ますます贅沢になっていった。ゲオルク・ヘーアは次のように書いている（Paul Wentzcke/Georg Heer, *Geschichte der deutschen Burschenschaft*, Bd. 4, Heidelberg 1939, S. 65）。「最初のうちはこういう会館はかなり質素なものであった。……一九〇〇年頃から、これらの会館はしだいに大きくなり設備も良くなった。学友会だけでなく、どの学生団体でも競って豪華な建物を建てるようになった」。

（49） 厳しい形式を備えた決闘という暴力行為への教育も重視されていたのは確かである。決闘は、同じ頃イギリスではスポーツの競争の形で満たされていた若者たちの要求に応えていた。だがそれは同時に、男にとっては決闘を求められたり決闘を申し入れねばならなかったりする可能性がどこにでもある社会へ入るための準備でもあった。（ちなみに、剣を用いる学生の決闘が禁止されたのは、一九三三年五月二十六日の法律によってである）。

（50） A.a.O.（Anm. 48）, S. 47.

（51） Ebd., S. 82f.「儀礼的決闘が個々の学友会の大会で議題になることは、七〇年代にはまだ例外であった。ところが、儀礼的決闘の度に必ずいわゆる決闘に関する大会を催すのが通例となり、団員が犯した過ちはすべて容赦なく処罰されるようになった。その大会では、一人の立会人の判断だけで決められることが多かった。そして立会人は、決闘では自分の団体の団員の行動を注意深く追及するのが唯一の役目であった。……〈技術上〉か〈道徳上〉不満足な戦い方をすれば、最初の時はたいてい警告か〈みそぎ〉ですんだが、除名されるのも珍しいことではなかった。みそぎの決闘に失敗したりその後の儀礼的決闘が不首尾に終わったりすると除名された」。

(52) Ebd., S. 82.

(53) Ebd., S. 85.

(54) 決闘に関しても明らかな違いがある。つまり、たいてい領主の家か、あるいは領主の目の前で行なわれた宮廷の儀式の型では、明らかな争いは禁じられていた。宮廷の儀式の型では、決闘という形での争いの解決さえ舞台裏に隠されていた。それに対して学生の間では、明らかに争いや名誉問題によって互いにおびやかされていた。法的に禁じられていたが、実質的にはそれはほとんど公然たる事実であった。

(55) Bloem, a.a.O. (Anm. 17), S. 89.

(56) Ebd., S. 11. マールブルクの〈ムゼーウム〉についての報告も似たようなものである（S. 92f.)。「そして、母親や女子寮長たちが和やかに成り行きを見守っていて、［……］娘たちは人生を楽しみたがっていた……何度かデートをしてキスをするようなことがあっても、［……］それ以上のことを学生が若い娘にする恐れはなかった。……その代わりに、別の娘たちがいて、……もっと楽で危険のない楽しみがあったからである」。

(57) Ebd., S. 13.

(58) A.a.O., S. 154.

(59) Ebd., S. 158ff.

(60) 判定による決闘がこういう確信が変わりやすいことのいい例である。もっと大きな発展の見地から見ると、判定による決闘は基準が無計画に展開した結果であって、かなり無駄なものに見えるが、そういう基準に束縛されている者は、そういう展開を免れることができない。彼らはそれに囚われているのである。

(61) H. Pachnicke, *Führende Männer des alten und neuen Reichs*, Berlin 1930, S. 13. v. Heydebrand, »Beiträge zu einer Geschichte der konservativen Partei in den letzten 30 Jahren (1888-1919)«. In: *Konservative Monatsschrift*,

1920, S. 607も参照。

(62) 戦士は断固として戦い、自分の団体の名誉のために最後まで戦うに違いないという期待は、ヨーロッパの伝統ではかなり重要な役割を果たしている理想である。このため、日本の武士の規範が、明らかに勝ち目のない相手と戦う者には、ヨーロッパの戦士の伝統にはない陰の逃げ道を認めていることを指摘しておくのは無駄ではないだろう。日本の武士には、まったく見込みのないときには、それまで敵だった相手に服して、これまでの主人同様に忠誠を尽くすことが許されていた。

戦士の伝統がどの程度まで国民的な伝統になるかは、この場合を見ても明らかである。この前の世界大戦の戦勝国に対して日本人は異常なほどの同化能力を示したが、それは、伝統的な超自我の構造からして、抵抗できない強力な敵には、生きる手段として服従しても罪悪感や劣等感にさほど苦しまずにすむこと、つまりそういう服従が処世術の一つでもあることに特に関係があると思われる。

(63) Friedrich Nietzsche, *Der Antichrist*. In: *Werke*, hrsg. v. Karl Schlechta, Bd. 2, München 1966, S. 1165f.

II ナショナリズムについて

(1) 以下のテクストは、『文明化の過程』第一部（「〈文化〉および〈文明化〉という概念の社会発生について」(*Über den Prozeß der Zivilisation* [Frankfurt a.M. 1976, Bd. 1, S. 1-64) を改訂するときに書かれたものである。

(2) Friedrich Schiller, *Was heißt und zu welchem Ende studiert man Universalgeschichte?* In: Schillers Werke. Nationalausgabe, 17. Bd., Weimar 1970, S. 365, 367f.

(3) Ebd., S. 370.

(4) Ernst Gothein, *Die Aufgaben der Kulturgeschichte*, Leipzig 1889, S. 2f.

(5) Dietrich Schäfer, *Deutsches Nationalbewußtsein im Licht der Geschichte*, Jena 1884, S. 30f.

(6) こういう帰属感の変化の大規模なあらわれはフランス革命に見られる。国家の姿を絶頂に高めた価値や信条の体系への移行を示す最も有名な文学的証拠は、E.-J. Sieyès, *Qu'est-ce que le Tiers État ?* である（ここではEmmanuel-

Joseph Sieyès, *Politische Schriften 1788-1790*, übers. und hrsg. v. Eberhard Schmitt und Rolf Reichardt, Darmstadt/Neuwied 1975, S. 117-195 による)。国家の新しい強調の特徴は、たとえば次のような一節（S. 167）に見られる。「国家がまず最初にあるかぎり、国家こそ一切の根源である。国家の意志はつねに合法的なものである。国家の意志が法そのものだからである。国家に先立ち国家の根底にあるのは自然法のみである」。

シエイエスは、台頭しつつあった文字通りの市民階級、すなわち——フランスでは貴族と聖職者という——特権階級と、国家財政に役立たない「貧乏人」との中間にいる階級を代弁している。理論的には彼は、台頭してきた市民階級が特権階級との戦いで利用した、すべての人間の平等という理想を維持している。だが実践においては、新しい憲法のための提案のなかで、彼は国民議会の選挙権を少なくとも年三リーヴルの納税者だけに制限しようとした。もっともシエイエスが「市民階級」の代表者として加わった主力戦線は革命のときには、特権的支配階級である国王や貴族や聖職者に対する最前線であった。「第三身分とは何か？　一切である。だが束縛され抑圧されている一切である」（S. 123）。

こういう文章が、「国家」との同化の始まりが情緒的雰囲気の一種の変化をすでに予示していたことを明らかにしている。ここには、——考え方がいくつかの領域で現実的または「合理的」になって、情緒的ではなくなった時代に——新しい神話が登場し、「自然」ではなくて「社会」に関して、自分の国家の理想像や事実と空想との混合を中心とする新しい信念体系が現れているのが認められる。その雰囲気の違いは、台頭してきた国家主義的な信念体系を、マキアヴェリのような著者のまだ「国家」としては捉えられていなかった君主国家間の関係に対する態度と比べれば非常に明確になる。

（7）『君主論』の「君主はどこまで約束を守らねばならないか」と題された章には、次のように書かれている（Nicolò Machiavelli, *Il Principe/Der Fürst*, übers. und hrsg. v. Philipp Rippel, Stuttgart 1986, S. 134-137)。「すなわち、二つの戦い方があるのを知らなくてはならない。その一つは法律を武器とし、もう一つはむき出しの暴力による。前者は人間本来のものであり、後者は野獣のものである。だが前者だけでは不十分なことが多く、後者に頼らざるをえない。したがって君主は、野獣の性質と人間の性質を正しく使えなければならない。古代の物語作者が、アキレウスその他の多くの古代の君主たちは半人半馬のケイロンのもとに預けられてそこで訓練を受けたことを述べて、間接的に教えてくれているのがこのことにほかならない。半人半獣を教師にしたことが、君主たる者はその両方の性質を身につけねばならず、そのいずれか一方を欠けば、その地位を長く維持できないことを教えている。

つまり君主は野獣の性質を正しく使うことがぜひとも必要であるから、君主は野獣のうちでも狐とライオンを選ばねばならない。ライオンは罠に弱く、狐は狼に弱いからである。罠を見抜くためには狐でなければならず、狼を驚かすためにはライオンでなければならない。ライオンの性質だけに縛られている者は、この点が何も分かっていないのである。したがって、賢明な支配者は約束を守れば自分が不利になる場合とか約束した動機がなくなっている場合には、約束は守れず、守るべきでもない。もし人間がみな善良であれば、この規則は間違いということになるだろう。だが、人々は邪悪なものであってあなたとの約束を守るわけでもない以上、あなたも人々との約束を守る必要はない。さらに、君主には破約を言い逃れる口実がいつでもある。これについては、近頃の例を無数に挙げて、君主の不誠実のせいでどれほどの和議や約束が無効となり無駄になったか、そして狐の性質を最もうまく使った君主が最も成功したことを示すことができる」。

(8) 特殊な共同体への愛情を表わすとともにそれへの誇りや「アイデンティティ」も表わすナショナリズムは、一見それに似ている伝統的な貴族的集団の関係とは区別しなければならない。たとえばビスマルクがドイツのナショナリズムの原型とされることが多い。事実、彼の愛情は何より国王や国土に向けられていたのであって、――彼が人々に慕われる理想とされたのは後のことであって、彼自身は過渡期の人間であっただけに――、彼が愛情を向けたのは、ドイツ国民とかドイツ国民大衆の象徴的な代表に対してではなかった。

(9) Henri Bergson, *Die beiden Quellen der Moral und der Religion*, Jena 1933, S. 26.

(10) Machiavelli, a.a.O. (Anm. 7), S. 138–141.

(11) Kingsley Davis, *Human Society*, New York 1965, S. 10ff.

(12) ヴィクトリア朝のイギリスは、ブルジョアジーの支配する社会であったと見られることが多いが、そのイギリスにも非常に複雑な権力構造があった。ブルジョアジーが国の指導的集団のように見えたのは、産業労働者の観点から見たかぎりのことであった。社会全体と社会発展のコンテクストにおいて見れば、台頭してきた中産階級と伝統的な上流階級との間の緊張や葛藤は、イギリスではその当時「庶民」とか「貧民」と呼ばれていた集団と上流階級との間の軋轢や葛藤に劣るものではなかった。

ヴィクトリア朝のイギリスでは、大陸諸国以上に、対外政策に関しては君主制的‐貴族的な伝統が幅をきかせていた。それは、イギリスの政策では依然として陸軍よりも海軍のほうが役割が大きく、陸軍の兵士が兵役義務に基づく兵士でなく、過去数世紀と同様に、貧しい人々が自発的に志願した傭兵がほとんどであったためにすぎない。そのうえ、海軍力が優勢だったので、イギリスの主な拡大意欲はヨーロッパ以外の領土の獲得または支配をめざしていた。軍艦や優秀な兵器や優れた知識があったので、わずかな兵力でも、低い発展段階にある社会が存在する広大な地域を屈服させることができた。

ヨーロッパの権力闘争におけるイギリスの特殊な地位のこういう側面が、イギリス国民が本当の意味でナショナリズム的になったのが、ドイツやフランスよりやや遅れた原因である。拡張と戦争が、発展の遅れた非ヨーロッパ社会へ向けられ、傭兵の軍隊がそれに当たっていたかぎり、イギリス国民の大半はあまりナショナリズム的ではなかった。市民階級の知識人は、マシュー・アーノルドの「文明化とは社会における人間の人間化である」(M. Arnold, *Mixed Essays = Works*. Edition de Luxe, Bd. 10, London 1904, S.VI) という定義通りに、戦争を文明化という使命のスローガンのもとに理解していた。イギリスの植民地拡大が自分たちのヒューマニズムの基準に合わないことが分かれば、中産階級は自分の国を自由に批判することができた。そういう批判を行なえば、国家によって推進されていた感じ方や理想がナショナリズム化していたドイツやフランスのような、大陸の社会の人々なら追放されるか裏切者扱いされるところである。この事情は、エジプトにおけるイギリスの政策の誤りに対するウィルフレッド・スコウエン・ブラントによる激しい告発のうちに見ることができる (»The Wind and the Whirlwind«, 1883. In: *The Poetical Works* of Wilfred Scawen Blunt, London 1914, Bd. 2, S. 233)。

おまえは完全に欺瞞の徒となり果て
隣国にとっては詐欺師の手本となった。

おまえの暴行の数々は知れわたり注目の的だ。
　剣を取る者は剣によって滅ぶほかはない。

おまえは憎まれて当然だ。人々はおまえを憎むだろう。
　恐れられても当然だ。その恐れは殺戮を呼ぶかもしれぬ。
おまえは弱い人々を踏み潰した。その傷ついた頭で
　無力な人々がおまえのかかとを打たずにはいない。

おまえは面白半分エジプトの地に踏み込んだ。
　おまえはこの地に留まり、激痛を与え続けるだろう。
おまえはこの地の美を略奪したが、いずれは捨て去ることだろう。
　否、打ち倒された者同様、おまえも倒されずにはすまない。

中産階級のモラルの伝統のなかで成長してきた人々の目に欺瞞や詐欺や暴力と思えたものは、実際にはむしろ、君主制と貴族制の戦士伝統一般の特徴であった。そういう手段は――いずれも、君主や貴族的な支配エリートには不可欠な――伝統的な上流階級の基準によれば、支配と土地のための他の支配者や諸国との絶えざる争いに絶対必要な武器とされていた。そういうものが国際関係でも至極当然のように使用されていた。企業家階級が台頭し、中産階級のエリートを前衛として広い範囲にわたって、伝統的な上流階級と同じ地位を求め、支配権力を握ろうとして戦うようになって初めて、新興階級はマキアヴェリ的な政略に対して公然と、さまざまな形で激しく立ち向かうようになった。おそらくイギリスには、ヒューマニズムの道徳規範の代表とマキアヴェリ的基準の代表との公然たる軋轢を示す例が、大陸諸国よりも数多く見いだされるだろう。大陸諸国では、ナショナリズムの信条への統合の圧力がいち早く高まり、その信条を拒否することは許されていなかったからである。

最初の大きなナショナリズムの波は、イギリスではボーア戦争とマフェキングの包囲と結びついているように思われる。その当時、疑うことのできない価値の象徴として国家を中心に据える統一的な信条が形成され広まっていったのである。自分たちは社会のなかで不完全にしか従っていないヒューマニズムの道徳基準を、国家とその代表者は理想的に満たして欲しいという、中産階級や労働者階級の人々の期待と政略に不可欠な前提条件とが、その信条においてどうにか結びつけられたのである。

(13) John Drinkwater, *Patriotism in Literature*, London 1924, S. 244f. から引用。

(14) 長期にわたるこの種の変化は、基準が不明確なために曖昧にしか捉えられていないことが多い。階層そのもの相互の位置関係は変わらない、ある身分や階級から別の身分や階級への個人の上昇と、さまざまな社会階層そのものの上下関係の変化との違いが十分明確に区別されていないことが多い。そのために、そのいずれの過程もその相互関係も曖昧にしたまま研究がなされている。

異なる階層の伝統や「文化」や、特殊な規範や基準や信念を研究するためには、この点を明確に区別しておかなければならない。個人の上昇の結果はふつう、上昇した個人が自分の出た階層の「文化」を放棄して、自分のめざしている上の階層のものを引き継ぐことになるか、――むしろ上昇する家庭が、二、三世代かかって別の文化に移行する (it takes three generations to make a gentleman と言われるのがそれである)。それに対して、一つの社会階層全体の台頭、他の階層に比べて地位や勢力が増大することは、その階層の「文化」の継続的発展を伴うのであって、必ずしもその伝統との決別が起こるわけではない。そこでは、それまでは優勢だった階層の伝統の要素を吸収したり、文化が混合されて非常に包括的なものになったりすることはあっても、従来の規範や基準や信念の発展の連続性が壊されることはない。この場合には、上昇もしくは下降する階層の相対的な力関係での特殊な変化過程が、両方の文化への影響の仕方や、最終的に混合した形態を決定するのである。

III　文明化と暴力

(1) ここでは文明化という言葉を、戦争や政治闘争や個人的な共同生活などで使われる暴力と対立させて使っているが、これだけでは、文明化という概念を最初から狭めてしまうことになる。それは、文明化という概念を限定して、実はその一つの側面である暴力のない人間の共同生活だけに注目しているにすぎない。だが、文明化した共同生活には、暴力のない状態以外にも多くのことが含まれている。それには、人間の交際における暴力行為の消滅といった消極的なことだけでなく、肯定的な性質をもつ領域も含まれている。何よりも集団における個人の特殊な形成がその一つであって、それが可能なのは、人々が肉体的に攻撃し合ったり、強い腕力や優れた武器を使って、強制しなければ人がやらないことを強制するという危険が社会関係から排除されているときに限られる。平和な空間における個人の文明化的な形成は、人々の共同の喜びや相手を傷つけずに競い合うスポーツ競技とか、平和な地域の旅行やハイキングその他のうちに反映されている。幸福のレベルが千差万別で力の程度も多種多様であるかぎり、平和はありえない。また逆に、安定した平和がなければ、裕福な生活を続けるのは不可能である。

（2） 誤った問題設定は、人間関係における葛藤とそこに発生する人間内部の葛藤を、人間の生来の攻撃性に還元する今日広く見られる傾向と結びついている。人間には他の人間を攻撃しようとする生来の衝動があり、性衝動のような人間の構造に生来備わっている衝動に似た攻撃衝動があるという考えには根拠がない。危険を感じた場合には、自分の身体を別の方向へ自動的に向ける力が人間には備わっていて、それは応急反応とも言われている。危険が察知されると、身体は自動的にそれに対応して、激しい筋骨の運動、特に戦いや逃走に対応しようとする。衝動のモデルに対応する人間的な刺激は、心理的に——つまり、状況とは比較的無関係に、いわゆる「内的に」引き起こされる。戦いや逃走のための身体組織の切り替えのほうは、今ここにあるものにしろ、思い出されたものであるにしろ、特殊な状況によってそれよりも大きく規定される。

攻撃力は特定の自然的、社会的な状況、特に葛藤の状況によって活性化される。人間には性衝動に似た形で考えられる攻撃衝動があるとする、コンラート・ローレンツその他の研究者に対して、私は意図的に反対の立場に立って、攻撃性が葛藤を引き起こすのではなく、攻撃性を発動させるのは葛藤なのだ、と少し厳密な定式を与えておきたい。習慣的な考え方のために、人間について説明しようとするものは何でも、孤立した個人から説明できると思われがちである。考え方の転換や、集団における人々の結びつき方である社会構造の説明の仕方の変更は、明らかに容易なことではない。

葛藤は人間の共同生活の構造の一面である。それはさらに、動物や植物、月や太陽との共同生活——つまり、人間以外の自然との共同生活の一側面である。人間と自然とのこういう共同生活とそこに起こる葛藤に、人間は本性的に同調しているのである。

（3） 一言で言えば、共同生活の国家的形態とそれに伴う平和そのものが暴力に基づいている。文明化と暴力との敵対関係は、最初見たときには、絶対的なもののように見えるかもしれないが、よく見れば相対的なものであることが明らかになる。その背後に隠れているものは、実質的には、他の人々を国家の名において、つまり法律の加護のもとにおびやかしたり武器や筋力で攻撃したりするか、それとも、同じことを国家の許可なしに法律の加護を待たずに行なうかの違いなのである。

（4） これの発展の例証となるモデルを『文明化の過程』（*Über den Prozeß der Zivilisation*, Frankfurt a.M. 1976）の第二巻で提示した。

（5） この概念と問題についてはNorbert Elias, *Engagement und Distanzierung*. Arbeiten zur Wissenssoziologie 1, hrsg. von Michael Schröter, Frankfurt a.M. 1983, bes. S. 121ff. およびders., *Humana Conditio*, Frankfurt a.M. 1985を参照されたい。

（6） こういう専門家たちが、国内紛争において他の階層と戦う特定の社会階層または特定の政党を支持するために投入されることもありうる。先に述べたように、暴力独占には二重の顔がある。

ちなみに、かなり高度の文明化段階にあり、国内紛争に肉体的暴力を使うのに強く反対するように教育されるものも人間なら、たとえば兵役義務者、つまり国際関係での殺人の専門家に育て上げられるものもひとしく人間である。現代の国家社会における国内関係と国際関係とでの文明化段階の違いは、そこに関わっている人々の特殊な人格的な不均衡や葛藤に反映している。文明化段階の違いが、人々の人格構造のうちに現れているのである。暴力行為は処罰される平和な空間の内部で暴力行為が許され、人々は戦争のために準備させられる。あらゆる種類の暴力行為が行なわれる戦争を生き延びた人々が、国家社会という平和な空間へと戻るとき、彼らは、平和な空間で求められる無暴力にいわば一瞬にして順応するものと思われている。だが、そう簡単にいかないことのほうが多いのだ。暴力的な戦争の流れが、世代を超えて、平和な社会のなかに暴力を波及させるのも珍しいことではない。

(7) こういう規範は、格別資産のないのも珍しくない貴族の数世代にわたる将校としての経験のなかで形成されたものである。戦争が血なまぐさい仕事であるのは、この集団にとっては自明のことであった。敵を殺したり、必要な場合には敵の家を焼き払ったり、土地を荒らしたり、略奪することもあった。だが将校にとっては、それと同時に特定の規則、行動の基準もあり、特に敵が同国人である場合には、敵に向かってもその基準が守られた。貴族にとっては戦争とは一種の職業だったのである。敵をどれほど憎んでいても、敵に対する態度は、大体十九世紀か二十世紀初めまで拘束力をもっていたかなり統一された紳士の基準によって規定されていた。

(8) 個人だけではなく階級や国民のような人間集団も、経験から学ぶことができる。それゆえ、世代から世代への連続性に対応して、社会集団の集団的記憶のようなものが存在する。ヴィルヘルム二世時代の帝国の多くの市民階級の集団の集団的な根本経験の一つは、長らく抱き続けてきたドイツの統一の願いが洞察や、領主や貴族の優位に対する市民革命のような平和なやり方ではなくて、貴族の指導下のフランスに対する軍事的勝利によって実現されたという記憶である。こういう集団的経験に基づいてドイツ市民階級の相当の部分に起こった転向は、少し単純化すれば、次のように言い表わすことができるだろう。市民階級の人々の多くが「われわれの美しい理想は少しも役立たなかった。われわれを底辺から頂点まで導き、われわれの長らく求めてきた目標へ導いたものは軍事力であり、戦士の暴力であった。結局、明らかに人間の出来事で重要なものは暴力にほかならない。シラーやゲーテその他の人々の美しい素晴らしい言葉、人間性と人道への訴え——これらはすべて、われわれには役立たなかった。助けてくれたのは結局、戦いであり権力への意志であり、断固たる行動だけであった」と言っているようであった。

(9) 「補論」については「編集後記」を参照されたい（編者注）。

(10) Walter Bloem, *Volk wider Volk*, Leipzig 1912, S. 326f.

(11) 十七歳にもなっていなかった私には、こういう確信は奇妙で訳の分からないものに思えた。だが、そういう気分を味わった人は、私の友人や知人にも何人もいた。

(12) *Kriegsbriefe gefallener Studenten*, hrsg. v. Philipp Witkop, Müünchen 1929, S. 7f.

(13) 以前は自分たちより下にいた集団が、支配する役割を引き受けたことは、一般にドイツ上流階級の多くの人々にとっては、ドイツの伝統との分裂であり、自分たちの支配権の縮小のように思われた。そのため、昨日の敵であった連合国の是認と支援を受け、西側の模範に従う議会体制は、彼らには二重の意味で忌まわしいものに思われたのである。第一に、それを勧めたのが西側の敵国だったからであり、第二には、労働者代表に支配的地位に就く道を長期にわたって保証し、これまでドイツ諸国で彼らがもったことのない権力を得る機会を与えるもののように思われたからである。

この対立は階級闘争の現れとして捉えることができるが——それは書物に書かれているような階級闘争ではない。ワイマール共和国の初期の、暴力行為を伴って内乱の様相を帯びていたドイツ国民の異なる陣営の間の軋轢は、マルクスが考えた闘争というやや単純な形のものではなかった。マルクスのシナリオでは、階級闘争の中心に立っているのは工場である。工場がブルジョアと労働者との間の軋轢の焦点である。その軋轢そのものも実質的には、単に企業家と労働者の相対立する経済的利害の現れであるように見える。マルクスの時代には、言うまでもなく、工場はすでに支配装置であり、経済的なチャンスをめぐる闘争が権力闘争の一つの側面——たしかに重要な側面——であったし、彼の診断もそれなりに行き届いた診断であっただろう。だが二十世紀が進むにつれて、工場のレベルでの軋轢や葛藤のほかに、政治的なレベルでの軋轢や葛藤のほうが大きな意味をもつようになった。そして、一九一四／一八年の戦争後に（イギリスと同様に）ドイツでも労働者の代表者たちが到達した、政府その他の国家や都市の行政上の地位に就く道が、この二つの社会集団の間での権力配分にとって大きな役割を果たしたのである。

権力に大きな開きのある有力者とアウトサイダーとの関係では、有力者の優位はそのままで、権力配分がアウトサイダー集団にやや有利になると、両陣営間の軋轢が高まり非常に激しくなることが多い。以前は従属していた者たち、つまりこの場合には、労働者政党の代表者たちが、国家の重要な指導的地位だけでなく、行政の多くの中間職や下級職に就く可能性を獲得することは、昔は有力者だった多くのブルジョアや貴族には、国家に労働者が統合されるうえでの重要な歩みと感じられるのではなく、自分たちの指導的な地位が縮小され、自分たちの理想が破壊されるように思えた。

(14) 国内的にも対外的にも目標は、現実の勢力情勢にはほとんど合っておらず、そのため夢想めいた性格を大いにもっていた。ドイツの産業化の進展とともに、企業家その他の資本を有する集団の勢力が増大したが、社会における力関係での労働者の勢力も伸びてきた。労働者の重要な権力手段であるその職業上の政治的組織を破壊することに成功するには、――たとえば失業者が増える重大な経済危機のような――異常な状況が必要であった。一応平和な状況で長期間そういうことが起こりうるかどうかは疑問だった。合衆国の世界的優位が明らかになった時期に、ドイツ帝国の勢力が増大し、アメリカとその連合国を向こうに回して、ヨーロッパの覇権を獲得できるかどうかも疑わしかった。宣戦布告した敵であるロシアとアメリカが連合してドイツと戦うことになったときに、そういう可能性がないのは確実であった。

自分の国が世界的に偉大になり優位に立つ使命を帯びているとか、あらゆる民族を包括する使命を有するという魅力的な夢が、指導者集団やそれと一体となった人々のすべてを支配すれば、社会的、軍事的な敗北以外に、人間を無駄死にさせずにすむ道はふつう残されていない。そしてその結果は、その集団が自分たちの夢から覚めて、他の諸民族に比べて自国には優れた価値があるという自己陶酔的な妄想も、それに結びついた他の民族を支配しようとする努力もすべて消えてしまうことになった。国民の自画像とそれに応じたドイツの政治目的を現実に直面させて叩き潰すためには、ドイツでは自己過信に陥った指導者層が二度も敗北を喫する必要があったことは、長い間自分たちの弱さに苦しんできた民族にとって、世界的強国となるという目的がもっていた魅力と一部関係があったのは間違いのないことである。

(15) Pseudo-Xenophon, *Athēnaiōn politeia*, I, 5. In: Xenophon, [Werke] VII. *Scripta minora*, London/Cambridge, Mass. 1968（Loeb Classical Library 183), S. 476f. ――こういう有力者とアウトサイダーとの関係の一般的な型についてはN. Elias/J. L. Scotson, *The Establishment and the Outsiders*. A Sociological Enquiry into Community Problems, London 1965を参照。これに理論的序論を付したオランダ版がdies., *De gevestigden en de buitenstaanders*, Utrecht/Antwerpen 1976, S. 7-46である。（その十八頁にクセノポン偽書からの引用がある）。本書のドイツ語版は一九九〇年出版予定である。

(16) Emil Julius Gumbel, *Verschwörer*, Wien 1924, S. 14（編者による追加）。

(17) Gumbel, a.a.O., S. 45.

(18) 義勇兵たちには有名な歌があった。

ヴァルター・ラーテナウを撃ち殺せ、

呪われたあのユダヤの豚を！

彼らはこの歌を歌ってその通り実行した。粗暴や肉体的暴力の礼賛は、ヴィルヘルム二世時代のドイツの市民階級の若者の間にすでに花開き始めていたが、それがいまや盛んになって義勇軍独特の文化となったのである。義勇軍は、暴力を理想化する反文明化的、反道徳的な新しい市民階級の代表者だった。その最も完成された姿は国家社会主義体制のうちに現れた。現代のドイツの若いテロリストもこの伝統に連なっていることを示す徴候がある。

(19) Gumbel, a.a.O., S. 29.

(20) Ebd., S. 27.

(21) Friedrich Wilhelm von Oertzen, *Kamerad reich mir die Hände*, Berlin 1933, S. 156.

(22) Ebd., S. 158f.

(23) 下層の人々は、この当時の上流階級の言葉ではいつも二通りの形で登場する。一つは、たとえば忠実で従順な下士官や兵士という形で将校が出会うような、基本的に善良で親切で従順な民衆という形であり、もう一つは戦後、反抗的で敵意を抱き、まさに暴力的で危険になった者たちという形である。「民衆」のこの二つの形態の違いは、本質的には善良な民衆が扇動者、特に共産党の扇動者にあおられたということによって説明されていた。

(24) Ernst von Salomon, *Die Geächteten*, Berlin 1931, S. 69.

(25) 詳しく見れば、義勇兵の夢には、複雑に入り組んだ三つのレベルを区別することができる。彼らには生活、収入、履歴が必要だったのである。家族のきずなには適さない流動的な社会で成長した者の第二の故郷、孤独に対する守り、愛情や友情を求め、他の人々からの好意や評価を受けての自尊心を求める欲求に応えてくれる集団が、彼らには必要だった。そして、自分の存在の彼方を指し示す課題、つまり意味を生み出すような課題が、彼らには必要だったのである。

(26) Salomon, a.a.O., S. 109.

(27) Ebd., S. 110.

(28) ほとんどの義勇兵も含めて多くのドイツ人が新しい国家と社会を嫌ったのは、敗者として生きることが彼らのドイツの偉大さの観念やプライドと矛盾していたからにすぎない。一八七一年にようやく実現した統一された堅固なドイツという昔からの夢のために、彼らは自分たちの国が軍事的に優勢な国に敗れたのであって、内部の裏切りのため敗北したのではないのを認めることができなかった。

さらに、いわゆる陰謀という伝説が非常に深い傷痕を残すことになり、それはアリバイとして、つまりドイツの古い有力者の免罪の手段として、また台頭してきた労働者階級というアウトサイダーだった者たちの集団に対する戦いの武器としても役立った。それはヒンデンブルクや皇帝政権全体から敗北や、敗北がドイツ国民に与えたさまざまな結果についての責任を免除していた。それは、身分が低いと見られていたが戦争の意外な結果として著しく勢力を伸ばした集団に敗北の責任を押しつけた。ほかの場合と同じように、汚名の重さは、有力者とアウトサイダーの関係での力の大きさに比例していた（Elias/Scotson, a.a.O.参照。［注（15）も参照］）。

軍部高官たち、特にヒンデンブルクが自らはっきりと敗北の責任を認め、ヴェルサイユ条約の署名を引き受けていたら、ドイツの発展はいくらか違っていたのではないかと思われる。彼らはそうするどころか、講和条約に調印する決定を下さず、時機が来れば新たに戦争を始める権利を確保した。これを象徴的に示しているのが、次のエピソードである。エーベルトが、政府は講和条約の条件を受け入れるべきか、それとも軍最高司令部の見解では軍事的抵抗のチャンスがあるかどうかを知りたいと電話してきたとき、――ヒンデンブルクは部屋から出ていってしまった。最高司令部の意見によれば軍事的抵抗は不可能であることを帝国大統領に報告するのは、彼の代理人であるグレーナー将軍に任された（詳細は Gordon A. Craig, *The Politics of the Prussian Army*, Oxford 1964, S. 372f. を参照されたい）。講話条約に調印する義務を負っていたエーベルトとその他の党代表者たちは、ヒンデンブルクが最終的に下した決定のために、その後も長く汚名に苦しむことになった。

（29）　たとえば Oertzen, a.a.O. (Anm. 21), S. 131.

（30）　Salomon, a.a.O., S. 144f.

（31）　議会制のドイツ共和国に対するテロリストの議会外闘争の指導者たちが、ヴィルヘルム二世時代の将校団の伝統をまだ残していた義勇軍から、二十世紀が進むとともに国家社会主義者の防衛団になっていったのは偶然ではない。高度に細分化された産業国家では、国民大衆の勢力は政府に比べて非常に大きく、政府にとっては、――操作されたイデオロギーであっても――イデオロギーにおいて被支配者の相当の部分と一致しなければ役割を果たすことはできない。一致が得られ維持されるのは、国民のかなりの部分を包括する党組織によってであり、その組織のトップには支配者が立っている。多党の議会制政権も一党独裁の政権も、人間社会の同じ発展段階における社会の組織形態である。過去数世紀の領邦国家にはなかった大衆政党が、政府と被支配者とを架橋する組織として必要であることは、私が「機能的民主化」と呼んだ過程の強制の特徴をよく示している（N. Elias, *Was ist Soziologie?*, München 1970, S. 70ff. 参照）。

(32) 後期のテロリズムの波の構造の多くの特徴は、以前の実例からも明らかにすることができる。――昔の社会状況のほうが、離れたところから見ることができるだけにいっそう明らかにすることができる。最近の出来事を見る場合には、切迫した党派闘争に出来事を引きつけて考えるために、テロリスト集団の発生原因やその発展に関する重要な問題の手がかりを見失いがちである。特にワイマール時代に関しては、そういう組織の出現を説明するためには、それが発展してくる特殊な社会状況をはっきり見据えておかねばならないという簡単な事実は明らかである。二十世紀のドイツのテロリストの暴力行為を、七〇年代のテロリズムの説明によく使われたのと同じやり方で、つまり、ある種の書物を読んだ結果とか、ある種の教師の思想の結果である、と説明してすますのは奇妙なことだろう。

(33) ここでテロリストの運動という鏡に写っているのは、ほとんど研究されたこともなく注意されたこともない現代社会の変化なのである。国家による暴力独占を破ることは、これまで男の特権であった。ごく少数の例外を除けば、女性のテロリストは最近の現象である。というのは、ここでの問題は、個人的な憎悪が自動的に噴き出して起こるか、抑えられながら起こってくる暴力行為ではないからである。――そういうものはいつでも存在したし、女性にも存在した。問題は、女性によっても男性によっても同じように行なわれる、冷静に考え抜かれた比較的に非個人的な暴力行為なのである。

(34) 政治的スペクトル上の位置の違いと、両方のテロリスト運動の間の違いには関係がある。ワイマール共和国のテロリストにとって、彼らの計画の財政状態はボン共和国のテロリストほど苦しくなかった。裕福なシンパがはるかに多かったからである。

(35) こういう過程に巻き込まれた者のどちらが、その出来事に責任があるかを争うのは、まったく無駄なことである。どちら側も互いに興奮するばかりである。どうすればそのエスカレーションを抑え、止められるかが問題なのだ。それにはふつう、力の勝っている側が弱い側よりもはるかに適している。

（36）公然と国家による暴力独占を破って現体制を揺るがし、できれば破壊しようとする暴力的な陰謀テロ組織の形成への移行は、いずれの場合も、無意味で無価値と思われる現在の国家体制を別の手段で望ましい方向へ転換させようとする努力が失敗した状況で起こった。

（37）Jochen Steffen, »Nachwort« zu: K.R. Röhl, *Fünf Finger sind keine Faust*, Köln 1977, S. 452.

（38）Hans-Joachim Klein, *Rückkehr in die Menschlichkeit*, Reinbeck 1979.

（39）Michael Baumann, *Wie alles anfing*, München 1980, S. 13.

（40）Ebd., S. 10f.

補論1　ヴィルヘルム二世時代の市民階級のエートス

（41）Rudolf Herzog, *Hanseaten*, Stuttgart/Berlin 1923, S. 126f.

（42）Ebd., S. 99.

補論2　ワイマール共和国の戦争肯定の文学（エルンスト・ユンガー）

（43）Bloem, *Volk wider Volk*, a.a.O.（Anm. 10), S. 400f.

（44）Ernst Jünger, *In Stahlgewittern*. Ein Kriegstagebuch, Berlin 1922, S. 166.

（45）Ebd., S. 288.

（46）Ebd., S. 256.

（47）Ebd., S. 257.

（48）Ebd., S. 142.

(49)　アルトゥール・ローゼンベルクは、彼の『ワイマール共和国の歴史』(Arthur Rosenberg, *Geschichte der Weimarer Republik*, Frankfurt a.M. 1961, S. 75) でこの事態を指摘している。彼はこう書いている。「本当の革命家たちはワイマールでは特に軍隊のもたらす危険を考えていたのであろう。国民議会は会議で、共和国が危険にさらされていることを説明し、祖国を救うために武器を取るように、あらゆる共和主義者にも社会主義者にも呼びかけることができたであろう。全国民がそうして武装すれば、義勇軍を無害にすることもできただろうし、反乱者の個々の行動も萌芽のうちに抑えることもできただろう。そして、東部国境をポーランドから守ることもできれば、おそらく講和条約締結の際にドイツの立場を強化することもできたであろう」。

ローゼンベルクは模範としてフランス革命やイギリス革命を引き合いに出している。彼は革命の過程をもっぱら国内的な経過として見ているわけである。そのため彼は、新しいドイツ共和国の外交上の問題を見落としている。連合国がドイツ国民の大衆蜂起 (levée en masse) を期待していたなどということはとうていありそうもないことである。そういう大衆蜂起は——たとえドイツ国防軍がそれを黙認し、武器があったとしても——陰陽に革命的なスローガンでもなければ不可能なことだっただろう。西側の連合国にはロシアの革命運動だけでもすでにかなり癇に障っていた。ドイツでそれに似たようなことが起これば、連合国にとっては、それこそ進入の合図となったことであろう。

(50)　ドイツ国防軍がその際援助したのは、議会制の共和国への共感からではなくて、この最初の革命の試みとそれに続いた独裁制の宣言を時機尚早と考えていたからである。国防軍の戦略は待機することであった。彼らの願いや希望がいかに反乱者と同じ方向へ向けられていても、将校団の年長の経験豊かな指導者たちは、軍備を拡張し多党国家を廃止して、そういう企てに十分な力をもち大衆に支持される別の体制を作る時機はまだ来ていないことをはっきり見抜いていた。ドイツ国防軍のこうしたためらいが、ようやく一九三三年に、そのときでも形式的には議会制という道を通って一党独裁が確立し、それが現存していた政党と労働組合を解体させたことに一端の責任がある。

(51)　ヒトラー運動がその敵、特に知識人によって見落とされるうえで、こういう信念がいかに一役買っていたかは、一つの引用で説明したほうがいいかもしれない。グンベルは一九二四年の著書のなかで、すでに次のように言っている

(Gumbel, a.a.O. [Anm. 16], S. 177f.)。「国家社会主義は感情的にしか分からない。あれは最も原始的な合理性の要求にも矛盾したものだ。一つの激情であり、経済的苦境から発生したものであって、そのために生じた心の歪みなのだ。あれは現実政治の諸形態とは関係がない。その観念はすべてロマン主義から生まれている。……純血種の国家というような理念は無論、実現不可能なもので、それに関連するさまざまな要求は無論、決まり文句にすぎないが、若者のなかには信奉者がいる。……もちろん、こういう理念をただちに実現しようとすれば、路上でユダヤ人を襲ったり、新聞社を破壊したりすることになる。そのくらいのレベルが、あの低劣な暴力本能にはマッチしているからだ……」。

「合理主義」とも関係のある自然から与えられた人間理性という観念は、現れつつあった絶対主義国家による鎮圧の動きや国内制圧を進める国民国家と密接に結びついて形成されたものだが、引用したこの文章には、そういう思想の代表者たちが、今日「合理主義」として知られている考え方やその理性観念では、人間間の葛藤解決のための暴力抑制という問題を、社会的共同生活の普遍的な問題としてその人間像に組み込めなかった理由が示されている。そういう思想の持ち主が、自分の代表的な概念の前提となる文明化の条件を考えていないのは、「理性」とか「悟性」とか「合理主義」といった概念に表わされている文明化の段階に対応している。彼らには自分が「合理主義」と呼んでいる運動や「理性」や「悟性」という概念が、特定形態の高度の平和を前提するものであることが分かっていないのである。そのために、社会事象としての暴力は、反合理的ではないまでも非合理的とされる領域に追いやられるだけで、実質的には不可解なものとされているにすぎない。

補論4　世界の廃墟に立つサタン

(52) Salomon, a.a.O. (Anm. 24), S. 333f.

(53) *Völkischer Beobachter* vom 14. Juli 1934. ここでの引用はMax Domarus, *Hitler. Reden und Proklamationen 1932–1945*, 1. Bd., Neustadt a.d. Aisch 1962, S. 411f. による。なお、Robert G. L. Waite, *Vanguard of Nazism*, Cambridge, Mass. 1952, S. 280f. も参照されたい。

（54）　労働者の大半にとっては、世代の問題は比較的あまり重要ではないように思われる。労働者の子供の多くの者には、資本制であれ共産制であれ、従来の産業社会では産業労働からの脱出が問題であるかぎりでは、自分の将来の選択の幅はかなり限られたものであって、ごく少数の者にしかそういう可能性はない。大多数の者は、労働者から脱出して上昇したバウマンが言うように「順応」している（a.a.O. [Anm. 39], S. 8）。労働者家庭の子女は、生活水準は上がったものの、両親と同じような暮らしをし、同じように働くのが普通である。彼らは労働者の文化的、社会的な伝統のなかに生き続けている。その伝統がたいがいの場合は、比較的分かり易いだけに、仕事の上でも私生活においても、共同生活にすっかりはまり込んでいる個人の目的達成の要求を満たしてくれるのである。

台頭してきた市民階級の集団の場合は事情が違う。彼らは——今日でもすでにそうであるように、住宅共同体という形態のような二次的集団構造によって、孤立を抑えないまでも孤立しないようにされているが——個人として孤立し、かなり自立している。そのため彼らの場合は、——先に述べたように政治的領域で——個人的な目的達成の問題が切実でアクチュアルな問題になることが多い。

（55）　「労働者的（arbeiterlich）」という形容詞を使ったのは、たいていのヨーロッパ言語と同様にドイツ語の語彙にもある間隙をこの形容詞が埋めてくれるからである。

他の階級の特徴を表わすのに、「貴族的」とか「ブルジョア的」といった形容詞を使えば分かり易いのは確かである。社会的な権力関係によって、下層階級を表わす言葉にはふつう明らかに否定的な意味合いがこもっている。有力な者は無力な者に深い傷を負わせるものである。「ブルジョア的」や「中産階級の」という概念に結びつきやすい軽蔑的な意味合いは、貴族がそういう意味合いで使ったことに由来する。労働者階級が階級闘争を意識して勢力が増大するとともに、こういう言葉が逆に下から傷を与えるものになった。

「労働者」という概念に形容詞が欠けていることは、マルクスとエンゲルスが最初に語彙の欠陥として感じたように思われる。彼らはその欠陥を従来の蔑称である「プロレタリアート」で埋めて、これを称賛の言葉に変えようとした。だが私の感覚では、「プロレタリア的」という概念には、一種の肯定的もしくは否定的な政治的評価がつきまとっていて、そのためにこの概念を純然たる学術研究では使えないように思われる。「労働者的」という表現のほうが社会学研究上の欠陥を埋めるのに適しているように思われる。

(56) Baumann, a.a.O. (Anm. 39), S. 92f.

(57) 長期にわたる戦闘が全国民の動員を必要とする時代には、平時以上に戦争が、支配者層は自分より力の劣る被支配者集団に依存することを明確にする。今世紀の二つの大戦は、勝利の後に与えられる大きな報奨を国民に約束したところにその特徴がある。その約束は決して完全には守られなかったが、そのいずれの場合も、戦後の時代は現代の政治的用語で言えば、まず明らかに「左傾」して、無力だった集団、特に労働者の勢力が増大した。その後の民主化の展開は、三歩前進、二歩後退という有名なパターンで進んでいった。

(58) 直接関わった証人による次の叙述の意味するところは明らかである (Ralf Reinders, Schlußwort im Lorenz-Prozeß. In: *die tageszeitung*, Sonderausgabe vom 11. 10. 1980, S. 60)。

「その当時、われわれの反逆には本質的に政治的な出発点があった。それは復活祭の反戦デモ行進であった。……復活祭の反戦デモ行進がAPOの一つの出発点だったのである。APOという三字が当時の世代にとって希望を意味していたが、APOとは……あらゆる階層の若い世代を代表していた議会外野党のことにほかならなかった。

われわれの反逆の一般的な政治的表現は、自分の運命は集団的に自分たちで決めることができるという願いと、そうしたいという意志であった。それは、われわれの生活を自由に築き上げ、くだらない権威や資本家の利益代表によって決定されまいとする試みであった。……

当時われわれを非常に幸せにしたのは、戦っているのはわれわれだけではないという事実だった。世界中で、資本主義、帝国主義、汚れた支配構造に対する闘争が荒れ狂っていた。ベトナムでも……アメリカそのものでも……フランスでも……中国でも……。あの時から、われわれは多くのことを学んだのである」。

これは、あの当時ドイツ連邦共和国の議会外野党の多くの人々を動かしていた思考の筋道を後の世代の人々に伝えている言葉である。あらゆる階層の若者の運動があったという確信にもかかわらず、この短い引用には、市民階級の若い知識人たちの世界的な視野がいかに重要なものであったかが示されている。マルクスを引き合いに出すのは、こういう高度の理論によって方向づけようとする要求に応えるためであった。だが、マルクスの思想は国内における特殊な力の格差の分析に限られていた。その後、人間の不平等と抑圧の問題に敏感な集団の視野には、有力者とアウトサイダーとの別の関係、特に国際的な性質をもつ一連の関係が登場してきた。しかし、十九世紀の限界のある抑圧の理論を、二十世紀の拡大した経験の範囲に合うように発展させる能力が彼らには欠けていた。そこで彼らは、新しい酒を古い皮嚢に入れるほかはなかったのである。

(59) マルクスの図式やそれを継いだものの枠内では、この葛藤が、他のすべての社会的葛藤の理論的モデルとしてだけでなく、他のすべての社会的葛藤の現実的根源として現れる。難点は、産業社会の二大階級の葛藤は、事実、十九、二十世紀の社会発展の原動力として非常に重要な役割を果たしたが、それと同時に、そのほかにも一連の重要な葛藤が存在しており、それが二十世紀における社会発展に経済的階級闘争に劣らない役割を果たし、場合によってはそれ以上の大きな役割を果たしているということである。こういう葛藤を見失わないことは、経済的な階級闘争を否定することではない。それは単にマルクス主義のすべての形態の経済一元論から生ずる欠陥を修正するとともに、そのイデオロギー的な機能を指摘するだけである。

そういう一元論によって隠蔽されている葛藤のうち、本論で直接、間接に特に注目しているのは、第一に、支配者と被支配者との葛藤（これは多党国家では一党国家とは事情が異なるが、ここでは多党国家についてのみ論ずる）。第二に、国家間の葛藤。第三に、世代間の葛藤である。これだけで尽くされているわけではない。特に社会的集団として見た場合の異性間の葛藤もこの種の葛藤に入るものだが、ここでは考察の対象としていない。国際的な葛藤も実際に重要なものであるが、これもあまり大きく取り上げない。

(60) *Der Minister und der Terrorist.* Gespräche zwischen Gerhart Baum und Horst Mahler, hrsg. von Axel Jeschke und Wolfgang Malanowski, Hamburg 1980, S. 32.

(61) Baumann, a.a.O. (Anm. 39), S. 86.

(62) これ以外にも、同じように二十世紀に起こり、実際には決して自明のことではないのに、現在ではさも自明的なことであるかのようにみなされがちな別の重点移動がある。現存の社会体制は、成長する個人の意味要求を満たすことを不可能にするわけではなくても、それを困難にする強制の原因であると考えられている。十九世紀と二十世紀初頭には、個人の目的達成を妨げるのは目に見えない内的な壁だという考えが代表的なものだった（この点についてはN. Elias, *Die Gesellschaft der Individuen*, hrsg. von M. Schröter, Frankfurt a.M. 1987 のたとえばS. 166ff. を参照されたい）。その後、この点に関して重点が移動したのは明らかである。目的達成を諦めさせる抑圧的な自己強制は、今では何よりも社会による外部からの抑圧的な強制によって説明されていて、このため、人々が自分に立ち返って自分の意味要求を満たすためには、社会を変革するか破壊するほかはないとされている。

（63）社会発展過程におけるこの葛藤の構造変化は、因果関係の意味での解明をどう試みても明らかにすることはできない。先に示唆した世代間葛藤の激化を説明する原因はいくらでも挙げることができると相変わらず考えられている。しかし連続的な変化には絶対的な始まりは存在せず、それゆえ原因というものも存在しない。実際には全体が絶えまなく動き、変化している複雑な人間関係が存在しているだけである。

（64）Iring Fetscher, »Thesen zum Terrorismusproblem«, in: *Der Minister und der Terrorist*, a.a.O.（Anm. 60）, S. 116.

（65）その際の逆説は、六〇年代に議会外野党や学生運動という形で行なわれた公然たる世代間の闘争が、対立する政治的理想をもつ二つの集団の対決、つまり世代間の対決のために比較的広い余地が開かれている社会でしか可能ではなかったということである。政治的党派は何であろうと、現代の完全に圧制的な絶対主義国家にも、潜在的には世代間の葛藤は存在するだろう。だが——それだけに、表面下では激しく燃え上がっていても——それが顕在化する可能性はない。あの数年間のドイツ連邦共和国のように世代間の葛藤が公然と現れ、公然たる戦いになりうるという事実は、政治制度が比較的に弾力に富み、体制があまり抑圧的でないことのあらわれなのである。

（66）この運動に参加した人々の証言で最も驚くべき側面の一つは、彼らがあちこちで目にし、感じ取ったものへ完全に没頭していることである。彼らは明らかに自分たちの願望の力に高度に捉えられていたので、資本主義国家が廃止されたときに起こる小さな事柄にはほとんど心を煩わせることがなかった。現存する国家を廃止することの素晴らしさを確信するには、「社会主義」のような概念だけで十分であった。現代の国家社会が崩壊する必然性への信念は、圧倒的に強力な激情に支えられた集団幻想という性格を決して失わなかった。

(67) 最近のヨーロッパにおける戦争は特殊な形態のアメリカのナショナリズムによっていくらか曖昧になっていたが、このことは合衆国についても言えることである。ベトナムの経験はこれと同じ方向に進んだかもしれない。

(68) *Der Minister und der Terrorist*, a.a.O.（Anm. 60), S. 16 参照。

(69) Ebd., S. 19.

(70) この連関で注目に値することがもう一つある。それは、古い世代に対する若い世代の当時の戦闘活動に代表者か指導者として参加していた人々の言葉を今日振り返ってみたとき、彼らの目的が正しいという道徳的確信の力と、国家や政党——つまり彼らが自分たちの行動によって権力闘争へ挑発しているすべての政治的、経済的集団——の権力手段についての理解の乏しさに、いつも改めて強い印象を受けることである。相手側には、多くの場合それに劣らず、国家社会主義者の信念に現れていたような社会的不平等や抑圧の実践と理論から離れようと努力している古い世代の人々がいた。だが、彼らは長い間の経験から政治活動には極端に慎重になっていた。自分に望ましいと思われる目的と、それを達成するために活用する集団の武器との絶えざる衝突の経験から、彼らは望ましい目的のために自ら参加するのを最初からはばかり、麻痺状態に陥っていたのである。

(71) A.a.O., S. 20.

(72) N. Elias, »Die Zivilisierung der Eltern«, in: Linde Burkhardt（Hrsg.), »…*und wie wohnst Du?*«, IDZ Berlin 1980, S. 21f. も参照されたい。

(73) ここには、第一次世界大戦と第二次世界大戦の後で、議会外野党を作ったいずれの若い市民階級のアウトサイダー集団にも見られるもう一つの類似点がある。そのいずれにとっても（さし当たりは義勇軍にも）、国家だけではないが、国家が最も重要な資金源であった。だが、そのことはほとんど意識されていなかった。

(74) この点では、ワイマール共和国の状況は注目すべきものである。当時の学生文化、特に学生団体の文化もまだ本質的には帝国の基準に従っていた。したがってその文化を規定していた規範は保守的な古いブルジョアジーの規範と一致していた。

(75) 近代化過程の初期段階を経つつある開発途上国にも、世代間の非常に激しい対立があるのは確かである。開発国の世代間葛藤とは異なり、その違いは社会発展の構造と世代間葛藤との関係にとってきわめて示唆に富んでいる。いずれの場合にも古い世代のほうが伝統や現状維持に傾き、若い世代は改革をめざすことは明らかである。だが、いわゆる開発国は、若い世代が——正当でもあり不当でもあるが——自分たちの国は向上していると感じている社会である。彼らは経済的貧困や政治的屈辱の状況から脱出したいと思っており、前の世代の人々が継承し維持したいと思っている伝統は、彼らにとっては国家的屈辱の汚名を帯びており、それに対して、若者たちは自分たちの新しく見いだされた自尊心、自国の進歩の旗手という国民的プライドを対置させる。特にヨーロッパの専制的でない地域の比較的発展した諸国では状況は正反対である。

(76) こういう自尊心を単純に「ナショナリズム」と呼ぶのは疑問である。この言葉は純粋に思想的な論じ方や主に知的な行動様式や、さらには背後に特定の階級利害が潜んでいる政党イデオロギーにも使うことができるからである。そのように理解されたナショナリズムと、思想的に必ずしも鋭く捉えられていない国民感情または国民意識とは区別したほうがいいだろう。

(77) このことは、いずれにせよ二十世紀初頭の（敵国であるイギリスが名づけた言い方だと）「好戦的愛国精神」に基づく暴力行為についてもあてはまる。

(78) ジョージ・オーウェルはある論文のなかで、イギリス人の国民感情のいくつかの側面について述べている（George Orwell, »England your England«, in: *Inside the Whale and Other Essays*, Harmondsworth 1957, Penguin, S. 72f. この書物を教えてくれたカス・ヴーテルスに謝意を表する）。少ししか引用できないが、上に述べたことを明らかにするにはそれで十分である。

「大英帝国のいろいろな人種と称される者たちが、自分たちは互いに非常に違いがあると感じているのはたしかに正しいことである。たとえばイギリス人として話しかけると、スコットランド人は嬉しそうにしない。……ところが、二人のイギリス人がヨーロッパの人と対立すると、たちどころにその違いは消えてしまうのだ。……外から見ると、生粋のロンドン子とヨークシャーの男は同じ家庭の者であるようにそっくりである。国民を外から見れば、貧富の開きも縮まるものだ。イギリスにおける財産の不平等は疑問の余地がない。それはヨーロッパのどの国よりも話にもならないほどである。……経済的に見れば、イギリスは三つや四つの国民から成り立っているのではないにしても、二つの国民から成り立っているのは確かである。だがそれと同時に、この人々の大半は、自分たち自身が唯一の国民を作り上げていると感じており、そして、自分たち同士のほうが外国人よりも似ていることを知っている。愛国心はふつう階級間の憎悪または何らかの国際主義よりも強い。一九二〇年の〈ロシアから手を引け〉という運動の）短期間を除けば、イギリスの労働者階級は決して国際的に考えたり行動したりしたことはなかった。……

イギリスでは、愛国心は階級が異なればその形態も異なる。だが、愛国心は結びつける一本の糸のようにさまざまな階級を貫いている。愛国心を本当にもっていないのは、ヨーロッパ化した知識人だけである。肯定的な感情としては、愛国心は上流階級よりも中産階級のほうが強い。労働者階級には愛国心が深く根をおろしているが、意識されてはいない。……イギリス人の有名な〈島国根性〉や排外主義は、ブルジョアジーよりも労働者階級のほうがはるかに強い。一九一四／一八年の戦争中にイギリスの労働者階級は、実に異常な規模で外国人と接触した。その唯一の結果が、彼らがヨーロッパ人全体に対する憎しみを持ち帰ったということだった。——ドイツ人に対しては例外で、彼らはドイツ人の勇気を称えていた。……イギリス人の島国根性、外国人の言うことをまじめにとろうとしない態度は、一つの愚かさであって、そのために彼らは、時々高い代償を払わねばならない。だが、それがイギリス人のカリスマへの感情（the English mystique）に大きな役割を演じている」。

(79)　「明らかに、国家はそれによって士気を挫かれたり重傷を負ったりはしなかった。そう簡単なことではない。しかし、国家による暴力独占は打ち破られた。それは打ち破られざるをえなかった……」。R. Reinders, a.a.O.（Anm. 58), S. 63.

(80)　この関係がもっと明確に見えないのは、何よりも、長期的な説明しか十分に解明できないところで、短期的な説明を求めようとする抜き難い傾向のせいである。

(81)　*Der Minister und der Terrorist*, a.a.O.（Anm. 60), S. 16.

(82)　ドイツ民主共和国という独裁国家はこの点ではもっと単純である。そこでは、少なくとも統一ある国家意識の外見を作り出すことのできる指針は、国家が独占している。国民的理想と社会的理想を組み合わせれば、マルクス主義という社会的信念の表面に国家意識の核心と、おそらく生まれつつある国民意識を作り上げることが可能になるのだ。前面の背後がどういう状態であるかを言うのは今のところは難しい。

(83) この方向での兆しが完全に欠けているわけではない。これはつけ加えておくほうが公平であろう。だがこの国家の積極的な意味や価値の意識にとっての結晶の核としては、そういう兆しは弱すぎて散発的であり、抵抗が大きすぎる。

(84) こういう態度の発展は「逸脱」として扱われている。本書ⅠAの論文とその注(6)を参照されたい。

(85) たとえばマルクス主義的なファシズムの理論でなされているような階級闘争に関する指摘は、イタリアにおけるムッソリーニとその服従者たちの台頭や、ドイツにおけるヒトラーとその信奉者たちの台頭を十分に説明することはできない。というのは、この種の葛藤がフランスやイギリスを含む多くの進歩した産業国家にも存在していたのは確かだからである。つまりドイツとイタリア以外ではどこでも、そういう葛藤は、最初は議会外野党だったが後にはテロや暴力行使を頼りにするようになった政党の独裁に至りつかなかったのであって、その理由を問題にすれば、こういう根本的な違いが、経済的構造だけを考えていては説明できないことが明らかになる。短期的な経済分析の枠内ではふつう見落とされる長期の過程が、つまり何よりも国家形成過程や文明化過程、そしてそれらの過程に結びついている平定の過程が、ここでは実に重要な役割を演じているのである。

(86) 両者を「ファッショ」と呼ぶことによって、ヒトラーによる国民的、人民主義的な独裁とムッソリーニによるそれとの違いを分からなくしてしまうことが、ヨーロッパの社会発展の理解にとって実り豊かで有益なことであるかどうかを問題にしなければならない。

(87) 最大の領主宮廷だったベルリンの皇帝の宮廷が、著しく軍隊的な特徴をもっていたのは偶然ではなかった。イギリスやフランスのような国では、ドイツよりもかなり早く国内が平定され——その象徴として軍服の着用も戦時だけに限られていた。すでにルイ十四世のときに、宮廷に軍服を着用して登場するのは普通のことではなくなっていた。イギリス人の態度はオーウェルのエッセーに最もよく示されている(a.a.O. [Anm. 78], S. 69)。その際、一九一八年までのドイツ将校団や制服を好んだ皇帝の宮廷が模範として果たした役割を見落としてはならない。

「イギリス国民のほぼすべての階級が心の底から嫌悪するのは、キリッとして威張りくさった将校とか、拍車の響きや長靴の音である。ヒトラーのことが知られる十年前、イギリスでは、〈プロシア的〉という言葉は〈ナチ〉という言葉が今日もっているような意味をもっていた。こういう感覚が深く浸透しているために、ほぼ百年前からイギリス軍の将校たちは、非番のときにはいつも背広を着ていた」。

(88) 最も有名なものは Th. W. Adorno, E. Frenkel-Brunswick たちが一九五〇年に *The Authoritarian Personality* というタイトルで出したものである (dt. Teilausgabe: Th. W. Adorno, *Studien zum autoritären Charakter*, Frankfurt a. M. 1973)。

(89) この点については N. Elias, »Introduction«, in: N. Elias/E. Dunning, *Quest for Excitement*. Sport and Leisure in the Civilizing Process, Oxford 1986, S. 26ff. 参照。

(90) 事実、独裁体制は議会制をとる多党体制以上に、完全に合理的に組織された共同生活の制度とはるかによく調和するものである。——すべてが上から下へ完全に調和してきわめて有効にすらすらと進むのである。完全に組織された独裁国家は、言い換えれば、合理性の権化なのである。

カントのように理性という概念を中心にした哲学が、絶対主義の時代に最高に発達したのも偶然ではない。カント自身は国王の専制に対してはむしろ心底から批判的であった。専制政治そのもの、つまりホーエンツォレルン家の国家はまったく不完全なものであった。だがカントが自然と人間の道徳的世界のうちに読み込んだ、普遍的法則にきわめて厳しく則った制度という理想が、プロシアのフリードリッヒ二世が若い頃代表していたような、啓蒙をへた絶対主義の理想的な国家像のうちに強力な支えを見いだしたのは確かである。

上に説明した側面を明確に言えば、古典的理性にとっては葛藤は決して存在しない。カントも自然の国や道徳の国を最高に調和した領域とみなしている。現実には人間の間には葛藤が起こると言えるかもしれないが、すべての人間が理性的に行動し、各人が自然法則に従うように国法に従うならば葛藤は起こらない。葛藤は異常なものであり、人間の共同生活の障害だからである。人間の共同生活は——本当に理性の命令に従うならば——摩擦なく調和して動いてゆくものなのである。

(91) 最高の地位にある人々の意見の違いや対立は、国民大衆にはせいぜいで間接的に噂かゴシップでしか伝わらない。大体において、専制的な支配を受けている国家の有力者は閉鎖的で統一のとれた前線を形成している。

（92）ある種の政治理論のように、絶対主義的または専制的体制から議会体制への変形を、国家的な共同生活のより合理的な、またはより自由な形態への知的な決定の結果としてのみ理解し、そこに結びついている文明化の問題を無視するならば、伝統的な種族体制から議会制によって支配される国家というレベルの統合への途上にある、あるいは場合によっては、長期の独裁的な一党国家から議会制をとる多党国家への途上にある現代社会の困難を理解することもできなくなってしまう。

（93）その他の困難として、議会の次元での激情の抑制のレベルは、選ばれた議員たちがそれに対していつも自分の行動の責任を取らねばならない広範な大衆のレベルよりしばしばはるかに高いことが挙げられるだろう。これやその他の理由で、現代の議会制の特質の一つとして、かなり抑制して進められる議会や政府の次元での現実の権力闘争と、情緒にはるかに強烈に訴える理想像や、政治家によって大衆に書物や講演で提示されるスローガンや標語の人工的な激情との分裂を挙げることができる。この問題が先鋭化するのは、現代社会のまさに政治的な対決が、昔の宗教戦争の役割にも似た役割を果たしていることが多いからである。だが、個人的激情を抑制して行なわれる議会闘争の事実経過のうちには、宗教戦争に見られるような情緒的な欲求が働いているという見方に共鳴するわけにはいかない。

IV　文明化の挫折

（1）以下のテクストが書かれたのは一九六一／六二年である。アイヒマン裁判に関連する箇所は英語原文では現在形で書かれている。（編者注）

（2）この点および以下のことについては、G. Reitlinger, *The Final Solution*, London 1953 参照。

（3）たとえば Dr. W.F. Könitzer und Hansgeorg Trurnit（Hrsg.）, *Weltentscheidung in der Judenfrage*. Der Endkampf nach 3000 Jahren Judengegnerschaft, Dresden 1939 を参照されたい。

（4）どういう種類の信条がどんな状況でこういう役割を果たすかという一般的な問題は、この研究の枠を超えている。だが本論のような限られた研究も、その問題を正しいパースペクティヴで眺め、その重要さを知るには役立つだろう。

（5）Artikel »Reich«, in: Fischer-Lexikon *Geschichte*（Bd. 24）, hrsg. von Waldemar Besson, Frankfurt a.M. 1961 参照。

（6）　ヒトラーの『政治的遺言書』には次のような文章がある。「そのうえ私は、扇動された大衆を喜ばせるために、ユダヤ人が仕組んだ新しい芝居を必要とした敵の手中に落ちようとは思わない。そこで私はベルリンに留まって、総統兼首相の座をもう保てないと思われたら、その時には進んで自決することにした」（Max Domarus, *Hitler. Reden und Proklamationen 1932–1945*, Bd. II/2, München 1965, S. 2237 から引用）。

（7）　*National Fellowship* のある広告の抜粋である。

（8）　同じような状況のもう一つの重要な実例は、ポルトガルでの最近の出来事である。一九六一年十二月二十日の『デイリー・テレグラム』紙は「ゴアを失いリスボンに衝撃走る。ラジオには帝国葬送曲」という見出しの特派員報告を載せたが、そこには、出来事の事実経過が伝統主義的エリートの共同幻想と衝突し、エリートが突如として事態を知って衝撃を受ける危機的な瞬間の典型的な様相が生き生きと描かれている。真実に直面する時が来たのだ。それまでは外が見えず自分たちの信念を互いに強め合っていた者たちが、自分たちの帝国とともに帝国と結びついていた永遠の偉大さと優位という夢も、失われた事実を直視せざるをえなくなったのである。

「リスボンは今晩、ゴアの消息筋によってまっ二つに割れた。カラチで傍受された〈パンジムとマルマガオでは英雄的抵抗が続けられている〉というラジオ放送を当局は確認していない。

用意が整えば、戦闘はまもなく終わるものと考えられている。十五世紀に創始されたジェロミーノ教会でヴァスコ・ダ・ガマがインドへの発見の旅にもっていった移動式祭壇で今晩行なわれた、ゴアでの特別ミサには、数千人の人々が出席した。

一日中、ポルトガルのラジオ放送は荘重な音楽しか流さなかった。帝国の葬儀のように聞こえた――実際に葬儀だったのだ。

一つの神話が消滅した。

今日は、ポルトガル人が自分たちは世界的強国ではないことを初めて認めた日なのだ。ゴアを突然失ったことが、サラザール政権を長年支えてきた神話を壊してしまったのである。

ここには、ポルトガルは軍事的にも経済的にも弱いが、特別な精神力をもっていて、それがポルトガルをアジアやアフリカで、人種を差別しないキリスト教的な文明化を進めるという使命を果たすヨーロッパ唯一の国としているのだという信念がある。

この信念に基づいてポルトガル人は、他の諸国には絶対無理と思われていたアンゴラで植民地戦争をこれまで続けることができた。そういう戦争を続ける勇気があるかどうかが問われているのである」。

（9）Fritz Fischer, *Griff nach der Weltmacht*, Düsseldorf 1961.

（10）Bruno Bettelheim, *Aufstand gegen die Masse*. Die Chance des Individuums in der modernen Gesellschaft, München 1964, S. 136f.

（11）Hans Frank, *Die Technik des Staates*, 2. Aufl., Krakau 1942, S. 15f.

（12）これらの手紙は、偶然に著者が入手した約三百通の手紙の一部である。こういう証言はめったにあるものではないから、それを記録しておくだけでも十分に価値があると思われる。——以下では固有名詞はすべて仮名とするか分からないようにした。綴りや句読点は念入りに訂正を施した。

（13）こういう個人的な表現については慎重を期さねばならないが、そこには一つの問題があって、それを述べておいたほうがいいだろう。フランスその他で、国家社会主義体制に対する抵抗が国民大半から支持されたのは、外国の圧制者に対して反抗することで、さまざまな階層の人々が結束し、政治的には意見の異なる人々が共通の敵への敵意においてしっかり結びついたからであった。それに対してドイツの抵抗運動には、国民の広範な支持が欠けていた。それは国家社会主義以前の古いエリートの生き残りの間の結束に基づいており、そこでは昔の軍人エリートが支配的役割を演じていた。将校や貴族がヒトラー暗殺でも主役を演じたという事実が、ドイツ国民大衆の間に総統への共感を強化したということもありそうなことだった。昔の支配階級と比べれば、ヒトラーが遙かに「民衆的人間」だったのは確かなことだからである。

（14）［一九八四年の追記］　今世紀における諸国家の発展を見れば、比較的少数の有力者、特に支配的地位にある者と比べて、被支配者の幸不幸や生死について決定をくだすうえで、国民大衆がいかに無力な立場にあるかを改めて認めざるをえない。そういう決定が致命的な間違いであることが分かる場合は少なくない。だがそれが分かっていても、被支配者は決定を変更させうる立場にないことがほとんどだった。大衆の力はそれには及ばないのである。そして多くの場合、大衆は自分たちが間違った決定の犠牲者であることを全然知らなかった。それどころか大衆はしばしばそうした間違った決定に心から賛成し、歓声を上げたかもしれない。抵抗運動はたいてい、自国政府に対してだけではなくて、自分の国の運命がかかっている外国政府の決定に対しても被支配者の無力を証明するだけである。

今日はまさにそういう状況である。世界中の諸国民が今日ではモスクワやワシントンの政府高官がくだす決定になすすべもなく左右されていることが、なぜはっきり言われないのだろうか？ 自分の無力が分かっても、人類全体の運命を握っている二大国の支配者たちを、被支配者よりも包括的な知識をもって、内外の圧力に縛られることなく自由に決定をくだす人々だと考えてはならない。彼らに左右される被支配者よりも、大国政府の情報量は多く、決定範囲も広い。だが大国政府も自分には分からず、それが存在することにもたいてい気づかない錯綜した力の圧力のもとで決定をくだすのである。それだけに、被支配者が自分たちの将来の運命を左右する無計画な過程の総体を知り、それを理解する可能性は少ない。

(15) 特に政治的な言葉に着目して選んだ上に紹介した手紙の抜粋では、この傾向が少し分かりにくいかもしれない。

V ドイツ連邦共和国について

＊ 以下の論文は一九七七年十月から一九七八年三月までの間に、『シュピーゲル』誌の依頼に応えて書かれたものである。——ミヒャエル・シュレーターの協力に感謝する。

(1) *Der Spiegel*, Jg. 1977, Nr. 42, S. 188 参照。

(2) Norbert Elias, »Adorno-Rede. Respekt und Kritik«, in : Norbert Elias, Wolf Lepenies, *Zwei Reden anläßlich der Verleihung des Theodor-W.-Adorno-Preises 1977*, Frankfurt a.M. 1977, S. 61.

(3) »On Britain's Conscience«, in : *Times* vom 20. Februar 1978. この記事は次のように続いている。「イギリスの紋章の最も大きな汚点の一つは、第二次世界大戦後に非常に多くのソ連市民が本国へ送還されたことである。送還されるより自殺を選んだ者もあった。ソ連国境を越えるとすぐ殺された人々も多い。非常に多くの人々が収容所のひどい環境のために死亡した。生き残った者はわずかである」。
（4） *Economist*, 17. September 1977, S. 13.

編集後記

本書には、十九、二十世紀におけるドイツの発展に関するノルベルト・エリアスの論文が集められている。諸論文の中心は二つの連関した主要問題であって、その一つの問題は『文明化の過程』第一部「〈文化〉および〈文明化〉という概念の社会発生について」においてすでに論じられたものであり、もう一つの問題は国家社会主義における野蛮化現象と、それを可能にしたドイツの国家形成と文明化過程の特殊な型およびその影響に関するものである。

ここに掲載された論文の選択と配列は、著者によって承認されたものであるが、最終的責任は編者にある。たしかに――それぞれの表題に示されているように――大半のテクストは広範な問題を提起するために書かれており、ドイツの出来事はそれを説明するための素材として使われている。だがそこではドイツとの関係が非常に重要なので、それを論文選択の原則として一巻にし、一種の完結性を与えるのが適当と思われた。

それぞれの論文は（エリアスが一時ドイツに帰国していた数年を主とする）かなり長い期間に、まったく独立に書かれたものである。この事情によって思想展開のいくらかの繰り返しのあるのが説明できるだろうが、そのおかげで、非常に独自の理論的・実践的な研究の連続性や発展を追うこともできる。

（注や補足のない）第Ⅲ篇を除けば、ここに公表されるテクストは、いずれも著者自身によって印刷可能な状態まで仕上げられてはいなかった。このため公表できる形にするには多少とも編集作業が必要だったので、編者は著者の了解を得て作業を行なった。

「序論」は本書刊行のために新たに書かれたものである。

第I篇は一九七八年十二月十八日に行なわれたビーレフェルト大学での講演との関連で出来上がったものである。第I篇Aの大部分は準備されていた講演原稿である（結論は新しく書かれた）。第I篇Bはその中心テーゼをその後展開したものである（いずれも編者が節を分けている）。元々の原稿には多種多様な別の原稿が含まれ、順序もさまざまである。ここに発表するものは、編者によって全体を包括するように編集されたものである。原文は節に分け、一部は段落も分け、慎重に圧縮するとともに、言葉遣いも点検した。その作業に当たっての基本方針は、最大限に実質を首尾一貫した形で公表するということであった。

第II篇は、おそらく『文明化の過程』第一部を英語版のために独立の概念の社会学的研究に拡大しようとする計画との関連で、六〇年代後半に出来上がったものであろう。編者が原文をドイツ語に翻訳したが、原文は非常に奇麗に清書されていた。いくつかの断片的続編を注に掲げた。小見出しをつけ（16節以降の）節を分けたのは編者である。

第III篇は、一九八〇年九月十八日の第二十回ドイツ社会学者会議での講演との関連で書かれたものである。手直しされた講演原稿は *Lebenswelt und soziale Probleme.* Verhandlungen des 20. deutschen Soziologentages zu Bremen 1980, hrsg. von Joahim Matthes, Frankfurt/New York 1981, S. 98–122 に発表された。その原稿をここでは編者が少し縮め、新たに節を分け、著者が残していた講演のスタイルのなごりを取り去って掲げた。始めの二節にはたまたま後の原稿を、そして第3節の終わりには以前の原稿を取り入れている。そのほかにも、元々の原稿とは異なる原稿や順序の違う原稿から作った（編者が表題をつけた）補足や無数の注をつけ加えている。この作業も第I篇の場合と同じ原則で行なった。

第IV篇は一九六一／六二年に出来上がったものである。編者が（7節以降は）節を分け、翻訳したが、英語で書かれた原稿は清書され、何個所か手書きの訂正や書き込みがあった。最後から二番目の節は未完成の結論部分から採ったもので、最後の節は草稿から採ったものである。

第V篇は一九七七／七八年のものである（注参照）。この原文は何個所かを削除した形で *Merkur*, 39. Jg.（1985）, A. 733-755 に載せられたが、ここでは省略のない形で掲載している。

ミヒャエル・シュレーター

訳者あとがき

本書は Norbert Elias, *Studien über die Deutschen*, Machtkämpfe und Habitusentwicklung im 19. und 20. Jahrhundert, Hrsg. von Michael Schröter, 2. Aufl., Suhrkamp, 1989 の全訳であるが、原書では脚注になっている注を、訳書では巻末にまとめた。その際、注の番号は原書の番号をそのまま踏襲している。原書の「十九、二十世紀における権力闘争とハビトゥスの展開」という副題は本書の内容をそのまま表現してはいるが、これでは誤解を招きかねず、著者の関心と本書を貫く主題を示すにも程遠いために、本書では最も重要な一篇のタイトルをとって副題を「文明化と暴力」に改めた。

編者ミヒャエル・シュレーターの「編集後記」に示されているように、本書は一九六一年から一九八〇年までの、さらに本書のために新たに書かれた重要な「序論」も入れれば、ほぼ三十年間にわたってさまざまな機会に発表された論文を集めたものである。したがってどの論文も深い関連はあるがそれぞれ独立した論文であって、どういう順序で読んでも理解に支障はない。だが、「序論」はともかくとして、著者の意図を捉えるためには、本書の順序よりも発表された順序で、すなわちまずIV（一九六一／六二年）から始めて、次にII（一九六〇年代後半）、V（一九七七／七八年）、I（一九七八年）、III（一九八〇年）という順序で読むほうが少なくとも誤解は防げると思われる。

エリアスが本書で取り組んだのは、過去からのカタルシスにほかならない。本書がそうであるだけでなく、彼のいわゆる「発展社会学」が、もともとそういう意図のもとに構想されたものであった。本書ⅠAの注(8)の「文明化の問題は最初は個人的な問題として現れた」という言葉がそれを物語っている。本書も「文明化理論」の応用問題とかドイツへの適用といった性質のものではない。思考の順序はまったく逆なのである。

過去が汚辱にまみれていればいるほど、過去を意識の外へ追い出そうとする。何もなかったような顔をしたがる。忘れたい過去、取り消してしまいたい過去。過去は必ずしも美しい思い出としてあるわけではない。それどころか、今ここにいる自分にとって厳しく責任を問いかけるものとして、過去は現在のうちに生き続けている。過去は決して過ぎ去ったものでもなければいずれ消えてしまうものでもない。過去はあくまで現在を規定するものとして、現在に重くのしかかっている。自然破壊や戦時中の残虐行為だけでなく、言葉をはじめ振る舞い方や作法や感覚など、要するにエリアスの言う「行動様式や感じ方」つまり「ハビトゥス」として、過去は意識や思考の枠組みであるまえに、身体感覚となりきった「気質」あるいは「体質」となって現在している。したがって、服を脱ぐように過去を脱ぎ捨てることはできない。むしろ服を脱ぐ行為そのものにも「作法」がつきまとう。だが過去に対する自分の評価基準そのものであるその「作法」をも生成の「ダイナミックス」において見てゆこうとするかぎり、そこには過去に対する断罪もなければ、現在の謳歌もありえない。しかしそれはいわゆる相対主義とかニヒリズムあるいはペシミズムというものではない。その態度は、どこまでも自分自身をも生成する世界のなかで自ら生成するものとして捉え、したがって何らかの絶対的な始まりを前提することなく、始まりと言えば現在只今においてそのつど始まる始まりだけがあるようなところに身を置いて、現在自らに問いかけられてくる問いに対して、「目撃者」が自分の見たままに証言しようとする態度である。「目撃者」を支えるものはおそらく「したたかなペシミズム」以外にはない。自分の基準をも含めて生成の「過程」に突き戻してゆくところに、苦渋が伴うのは免れようがない。「将校のような」印象を与えたと言われるエリアスが本書ⅠB「決闘を許された社会」の変動を追うときにも、特に学生の慣習を述べるとき、彼にもその種の苦い思いがなかったわけではあるまい。しかしそういう苦痛をも乗り越えること、つまり「自己に対する絶対的自由」が、過去からの「浄化」をもたらし、過去を「脱皮」することを可能にする。そして、およそ人間が過去を「離脱」し、あるいは過去を「脱皮」しないかぎり、現実に対するアクチュアルな対応ができないのが人間の事実であり、そこに過去からの「カタルシス」が大きな問題となる理由がある。

エリアスは一九三三年にはナチズムの脅威を感じてパリへ逃れ、その二年後にはイギリスへ渡らざるをえなかった。ナチズムにおいて「傍若無人な行動、本来の良心の弛緩、粗野と野獣性へ向かう潜在していた傾向が現実となった」ことを見届けたエリアスは、事態を単に「ファシズムの問題」として「近視眼的」に取り上げるのでは不十分だと考える。彼は射程を伸ばして中世にまで遡って「文明化過程という意味での行動や感情の変化」を徹底的に解明せずにはおれなかった。こうして一九三六年に書き上げられたのが『文明化の過程』である。この書は三九年に出版されたが、一九四一年に母ゾフィー・エリアスはアウシュヴィッツで虐殺されている。こういう体験に基づいて、エリアスは「時代の体験者」として、もはや「文化」や「文明」としてではなく、複雑な絡み合いのなかで生成し、変動してゆく「文明化」として見てゆかねばならないことを実感する。そういう体験から生まれた書がコンドルセの「人間精神進歩の歴史」という夢想を連想させたとすれば、それはそう読んだほうの責任である。「理性」や「精神」の実現とか勝利を信ずる信仰が妄想であり、過去を貶めることによって現在を是認し美化しようとする悪質な策略であることは歴然としている。それは過去から「浄化」されることなく、むしろ抑圧し、いずれは過去からの手痛い報復を受けざるをえない欺瞞である。抑圧のない平等な社会が実現し、世界が一つになるだろうというのは気休めでなければ、その理想への出発点に立ったという現状肯定にほかならない。そういう妄想を捨てることは、非合理や異常という烙印を何ものにも押すことを拒否することでもある。そういう烙印を押すことは世界を一つの枠に閉じ込めてゆくことにしかならない。少なくともそれによって非合理とか異常と目されるものが理解される可能性は消えてしまうだろう。エリアスがめざすのは、ナチズムならナチズムという「理解し難いもの」を見えるままに語ることによって「よりよく理解する」ということと以外にはない。したがってエリアスは「私にとって社会学とは、現代の社会生活の理解し難いものをよりよく理解し、説明できるようにする学問である」とも書いている。

エリアスは『文明化の過程』に長文の序論を添えて、因果連関や構造へ現実の事象を還元する思考を形而上学的思考として厳しく批判している。それは特にパーソンズの理論に対する批判として展開されているが、それは決して「構造」や「連関」に対して「過程」や「発展」を対置して、新しい「発展社会学」という壮大な体系を構築しようとする意図を表明したものではなかった。およそ「ダイナミックス」を何らかの「スタティック」なものに閉じ込めようとする欲望は彼にはなかった。むしろその序論の主旨は、生成する世界の外部から眺める「観察者」の立場と「目撃者」の態度との違いを明らかにすることにあったのである。拙訳『モーツァルト――ある天才の社会学』のあとがきでも指摘したが、エリアスの「社会学的考察」はあくまでも「目撃者」の証言として述べられる。そのことを彼は本書の「序論」の冒頭で、「ここに発表されるいくつかの論文の背後に――なかば隠れて――いるのは、ほぼ九十年にわたって出来事を体験してきた目撃者である」と明確に述べている。以上述べた意味で、この言葉は本書のみならずエリアスの「社会学」全体の根本的態度を一言で言い表わした重要な言葉だと言っていい。エリアスにとって社会とは、人間が言葉と行為によって織り上げる「過程」である。人間が織り上げるということは、社会が人間の意志によって計画的に築き上げられた、人間にとって透明な世界であるという意味ではない。エリアスは社会そのものを「計画なき過程」と考え、生起する出来事の一部として人間の行動を捉えるからである。エリアスは自分自身を巻き込んでダイナミックに動いてゆく世界の出来事の「目撃者」すなわち「時代の体験者であるとともに研究者」なのである。

したがって、デュルが鋭く批判したような読みの誤りがあったり、時に一面的な解釈と思われる個所があるとしても、エリアスの最も根本的な概念である「文明化」を「進歩信仰」や「合理主義」に結びつけて考える余地はまったくない。この言葉は「計画なき過程」のダイナミックスを一言で表現するものにすぎない。それは、「過程」という言葉が思わせるような、明確な始点から結末に至る直線的な世界ではない。「過程」がいかにもそのようにしか見えないのは、「過程」を外部から眺める観察者にとどまっているからである。「過程」が果てしない過去を背負い未来をはらんでいるかぎり、その「過程」には「始まり」も「原因」もなければ「目的」もない。少なくともその「過程」のなかに生きている「当事者」にとってはそういうものが見えるはずはない。このためエリアスは「文明化は終わっていない」つまり「終わり」がないと言うのであり、『文明化の過程』の最後に「文明化はまだ終わっていない、まだ進行中である」というドルバックの言葉を引いたのもこの意味においてであった。それがいかにも理想的段階へ進みつつあると言っているかのように理解されたとすれば、一つの思想が本当に理解されることの難しさを痛感させられる。本書の「序文」や「注」を注意して読んでもらえば、エリアスの真意は分かるはずである。

エリアスの言う「過程」の実態は、本書の各所に述べられている「ダブルバインドの過程」の説明に典型的に示されている。相手からの脅威を感じて不安を募らせ、防御を固めることが逆に相手を硬化させ、そのため相手への不安がさらに高まって、相互に脅威と不安の「ダブルバインド」に陥り、自律性を失ってほとんど自動的に制御しようもない破滅への道をたどってゆく過程の分析の底に働いているのも、闘争過程の心理学的洞察ではなく「当事者」の目である。「闘争」は決して否定的なものとしてではなく、むしろ本質的に「文明化」の構成要素として捉えられ、「闘争」の展開こそが「文明化の過程」そのものだと考えられ、「挫折」も「文明化の過程」の重要な契機として含まれている。エリアスは「闘争」を「階級闘争」として捉える「経済的一元論」を退けて広い意味での「世代間の葛藤」を重視している。これも基本的に「階級」という「スタティックな」捉え方を避けるためであるとともに、「闘争」が人間生活のもっと多重的な意味連関に関わっているという認識に基づいていることである。しかも「意味」や「目的達成」を求めずにおれない人間の欲求をいわゆる「文化」の問題とするのではなく、そこにも複雑な関係の時間的展開、すなわちエリアスの愛用する言葉で言えば「ダイナミックス」を見届けようとするのである。

こういう目をもてば、「社会階層」も流動的な展開のなかで捉えられるのは当然だが、エリアスは変動する「上流階級」または「有力な階層」のメルクマールとして「決闘を許された（satisfaktionsfähig）」という独自の概念を有効に駆使している。この語は、名誉挽回のために決闘を申し込む資格があるとともに、他者からの決闘の申し入れに応える義務を負うことを意味している。端的な訳語がないため、一応「決闘を許された」と訳したが意味はそういうことである。舌足らずな点はご容赦願いたい。ともかくこの言葉は、エリアスがドイツ人の「国民的体質」の形成に決定的な役割を果たしたと見る一つのファクターを表わす言葉である。無論「体質」は生物学的な素質でなく、あくまで歴史的に形成され、時代とともに変容してゆくものだが、明らかに個人的行動様式を指すとき以外は、「ハビトゥス」を敢えて「体質」

と訳したのも、「構造」を内面化したものとして捉えられているブルデューのハビトゥス概念との混同を避けるためにすぎない。

エリアスは「序論」の最後に、「人類全体が環境破壊や核戦争の可能性におびやかされていることも明らかである。それとともにヒトラー問題をはるかに超えた生命の問題が現れている。過去の問題は重要である。多くの点で過去はまったく未解決のままだ。だがわれわれは今日一つの転換点に立っているのである。体質の問題を含めて古い問題の多くが現実性を失い、前代未聞の新しい問題がいたるところに現れている」という重要な指摘を行なっている。

今日も無視できないネオ・ナチズムの運動をはじめ、歴史修正主義によるナチの記憶を抹殺しようとする動きをめぐって展開された「歴史家論争」も考え合わせてみれば、その動きの底にある「国民的体質」を過去に遡って意識化しようとする努力は「現実性を失った」どころか、むしろ「まったく未解決のままだ」と言わねばならない。アイヒマン裁判を機に書かれた第Ⅳ篇あるいは第Ⅲ篇補論5を読めば、たとえばオウム事件をめぐって、戦後教育の結果だとか科学精神の無理解の所産として片づけたり、個人の体質やルサンチマンに問題を矮小化する「近視眼的」な議論が横行する事態も思い合わされて、改めてエリアスの姿勢に大いに学ぶべきところがあるのに気づかれるであろう。情報化の進展に伴う身体の深部における変化を捉えることが不可欠であろうし、またエリアスがその論文で示している書簡の読み方に見られるような仕方で、幻滅が日常化してもはや幻滅も消えた若者の心情を読み取ることも必要である。そういう必要を覚えることもなく短絡的な断定をくだしている識者自身をも規定している「体質」をエリアス的手法で照明する必要がある。したがって、この「古い問題」が「現実性を失った」と言えるとすれば、それは過去からの「カタルシス」をへた者である限りにおいてである。しかしエリアス自身にしても完全に過去から浄化されているわけでない以上、この言葉の意味は、「古い問題」以上に切迫した問題が現れて、つまりそれ以上に「現実的な」問題が現れたということ以外にはない。もともと過去からの「浄化」は、あくまでも「共通の未来への態度」を見定めることをめざしていたのである。この意味で、一九九〇年の死去のおそらく前年に書かれたと思われる「序論」は、第V篇の深い憂慮に裏づけられた真摯な提言と合わせて、エリアスの学問の根底をなす構えを伝えたものとして注目に値する。

やがて終わりを迎えようとしている二十世紀はまさしく暴力の世紀であった。二度の世界戦争において世界そのものが戦争状態にあることを露呈した。たしかに「暴力」は現代の決定的な問題である。問題は決して戦争や大量虐殺に限らない。人種の対立は無論、無差別テロや校内暴力などに至る国内外のさまざまの陰湿な事件もすべて「暴力」の問題に収斂する。この点ではエリアスが「暴力」の問題を性差別や自然破壊まで視野に入れているのはさすがである。本書が「ドイツ人論」と題されているために誤解される恐れは多分にあるが、エリアスは暴力の問題を現代のあらゆる産業社会に共通する問題として考えているのであって、決してドイツ人特有の問題として取り上げているのではない。ましてやナチズムを、ドイツ人の特異体質や精神異常に起因するものとして片づけようとしているのではない。そういう誤解を防ぎ、問題設定の一般的な連関を示すために、副題を敢えて「文明化と暴力」としたのである。だが「文明化過程」と「暴力」との関連を解明しようとするとき、「ナショナリズム」が一つの重要な問題となることはあまりにも明らかである。エリアスも第II篇「ナショナリズムについて」でこの問題を取り上げているが、議論がドイツに限られているため、タイトルが思わせるほど本格的な議論ではなく、特に比較の対象とされている各国にも共通する「帝国主義」について突っ込んだ論及が見られないのは残念である。またニーチェを「決闘を許された社会」の思想的代弁者とする一面的な解釈も、本来ならエリアスが共鳴するはずのニーチェの形而上学解体のねらいを読み誤らせて、エリアスの言う過去からの「浄化」、ニーチェならば「離脱」と言う思考のアクチュアリティを見落とさせかねない。このことは特に八〇年代から世界的に反動の動きが顕著であるだけに特に警戒すべきことだと思われる。ともかく「帝国主義」についてもサイードのような意識をもつかぎり、エリアスにも残っていると思われるヨーロッパ中心主義という過去の亡霊から脱け出して、「文明化」そのものの根底にあってその過程を動かしている「暴力」の本質、他者を否定して自然をもわがものとし、世界全体を支配下に収めようとする力の本質を見極めねばならぬことは確かである。それこそわれわれが自ら遂行すべき最大のカタルシスと言えるだろう。

なお最近、Norbert Elias, *The Germans*, Power struggles and the development of "habitus" in the nineteenth and twentieth centuries, Edited by Michael Schröter and translated from the German by Eric Dunning and Stephen Mennell, Oxford という本書の英訳が出版された。そのことを知ったのがこの「あとがき」を書いている段階だったため参照することができなかった。

本書のような恐るべき洞察を含む書を翻訳し多くのことを考える機会を与えてくださっただけでなく、英訳の書評のコピーまでお送りくださった法政大学出版局の稲義人氏にはご配慮に深く感謝するとともに、完成の大幅な遅れをお許し願いたい。今回も大変お世話になった松永辰郎氏にも心からお礼申し上げる。

一九九六年九月

青木隆嘉

《叢書・ウニベルシタス　548》
ドイツ人論
文明化と暴力

1996年12月5日　　初版第1刷発行
2015年8月31日　新装版第1刷発行

ノルベルト・エリアス 著
ミヒャエル・シュレーター 編
青木隆嘉 訳
発行所　一般財団法人　法政大学出版局
〒102-0071 東京都千代田区富士見 2-17-1
電話03(5214)5540 振替00160-6-95814
製版，印刷：三和印刷　製本：積信堂

Printed in Japan

ISBN978-4-588-14020-4

著　者

ノルベルト・エリアス（Norbert Elias）
1897年ブレスラウ生まれのユダヤ系ドイツ人社会学者．地元のギムナジウムを経てブレスラウ大学に入学．そこで医学や哲学を学ぶ．第一次世界大戦では通信兵として従軍する．その後，ハイデルベルク大学でリッケルト，ヤスパースなどに哲学を学び，アルフレート・ヴェーバー，カール・マンハイムの下で社会学の研究に従事する．フランクフルト大学に移り，マンハイムの助手として働く．ナチスに追われフランスやイギリスに亡命．1954年57歳でレスター大学社会学の専任教員に任命される．レスター大学を退職した後にガーナ大学社会学部教授として招聘される．レスター大学では数多くの有能な若手社会学者を指導し，社会学，心理学，歴史学などの該博な知識に裏打ちされた独自の社会理論を構築する．邦訳書に，『文明化の過程』，『宮廷社会』，『社会学とは何か』，『参加と距離化』，『死にゆく者の孤独』，『時間について』，『諸個人の社会』，『モーツァルト』，『定着者と部外者』（共著）〔以上，法政大学出版局〕などがあり，その他にも英語とドイツ語で書かれた数多くの論文がある．1977年第一回アドルノ賞を受賞．ドイツ，フランス，オランダの大学からも名誉博士号や勲章が授与された．1990年オランダで93年の生涯を終える．

訳　者

青木隆嘉（あおき たかよし）
1932年福岡県に生まれる．京都大学大学院文学研究科博士課程単位取得退学（哲学専攻）．大阪女子大学名誉教授．著書：『ニーチェと政治』，『ニーチェを学ぶ人のために』，共著：『実践哲学の現在』（以上，世界思想社），『過剰としてのプラクシス』（晃洋書房）ほか．訳書：アーレント『思索日記』Ⅰ・Ⅱ（レッシング・ドイツ連邦共和国翻訳賞受賞），エリアス『モーツァルト』，シュトラウス『始まりの喪失』，エーベリング『マルティン・ハイデガー』，ピヒト『ニーチェ』，アンダース『寓話・塔からの眺め』，『世界なき人間：文学・美術論集』，『異端の思想』，『時代おくれの人間』上下，カネッティ『蠅の苦しみ：断想』，ブルーメンベルク『神話の変奏』（以上，法政大学出版局），クリステヴァ『ハンナ・アーレント講義：新しい世界のために』（論創社）ほか．